成都轨道交通集团有限公司岗位培训系列教材

自动售检票系统（AFC）检修工

成都地铁运营有限公司　编

西南交通大学出版社
·成都·

图书在版编目（CIP）数据

自动售检票系统（AFC）检修工 / 成都地铁运营有限公司编. —成都：西南交通大学出版社，2017.12
（2024.2 重印）
ISBN 978-7-5643-5851-8

Ⅰ. ①自⋯ Ⅱ. ①成⋯ Ⅲ. ①城市铁路 – 旅客运输 – 售票 – 铁路自动化系统 – 检修 Ⅳ. ①U293.2

中国版本图书馆 CIP 数据核字（2017）第 264328 号

自动售检票系统（AFC）检修工

成都地铁运营有限公司 编

责任编辑 / 李 伟
助理编辑 / 梁志敏
封面设计 / 墨创文化

西南交通大学出版社出版发行
（四川省成都市二环路北一段 111 号西南交通大学创新大厦 21 楼　610031）
发行部电话：028-87600564　028-87600533
网址：http://www.xnjdcbs.com
印刷　四川森林印务有限责任公司

成品尺寸　185 mm×230 mm
印张　21.5　字数　464 千
版次　2017 年 12 月第 1 版
印次　2024 年 2 月第 5 次

书号　ISBN 978-7-5643-5851-8
定价　49.50 元

课件咨询电话：028-87600533
图书如有印装质量问题　本社负责退换
版权所有　盗版必究　举报电话：028-87600562

成都轨道交通集团有限公司岗位培训系列教材
编委会

主　任　沈卫平
副主任　饶　咏
委　员　章　扬　徐安雄　朱　均　刘　兵　丁　超　陈　辉
　　　　谢　斌　侯慧芳　向娅莉　李向红　曾东亮　廖理明
　　　　冉　洪　孙永全　魏立源　王　磊

《自动售检票系统（AFC）检修工》
编写人员

王　军　苏含贵　刘　锲　付尚武　谢林杉　刘重志　袁　翔

序
PREFACE

中国共产党第十八次全国代表大会以来，随着我国城市化进程的不断加快，城市轨道交通取得了长足发展。地铁，作为一种独立的轨道交通系统，凭借其运行速度快、载客能力强、舒适度高、能耗较低，且在行驶过程中不受地面道路拥挤状况影响等优势，已成为当前各大城市缓堵保畅最有效的方式。截至2017年6月30日，我国已有29座城市开通运营轨道交通线路，合计运营线路136条，运营总里程达到3 529 km；我国已步入城市轨道交通高速发展时期。

作为西部政治、经济、文化中心，成都市制定了"轨道交通引领城市发展格局"的轨道交通发展战略，大力实施轨道交通加速成网计划，预计到2022年，地铁运营里程将突破600 km。轨道交通的快速发展，需要清晰的、与各发展阶段相适应的组织管理模式，也需要与发展战略相适应的、具有前瞻性的人力资源管理体系，更需要在此基础上构建员工培训和发展体系，以指导运营人才的自我培育。因此，只有提炼并总结运营经验，加速人才培育，才能有效解决轨道交通人才短缺的问题，确保后续线路的顺利开通与安全运营。

基于愈加凸显的轨道交通专业人才培养需求，成都轨道交通集团有限公司下属成都地铁运营有限公司通过总结7年来的运营管理经验，历时一年完成了"成都轨道交通集团有限公司岗位培训系列教材"的编写工作。本套培训教材，涵盖行车调度、电客车司机、站务、通信、信号、供电等地铁运营主要专业（岗位），同时结合各专业的岗位标准、培训标准、认证标准，对专业涉及的基础知识、岗位知识和故障（应急）处理进行了总结和分析，既能够满足加速成网发展背景下的地铁员工培训需要，也能为职业院校轨道交通相关专业人才培养提供一定的借鉴。

由于水平、能力有限，本套书中还有诸多不足之处，恳请各位读者、同行不吝指正，我们将在后续实践中不断丰富和完善教材内容。

成都轨道交通集团有限公司
2017年11月

前言 FOREWORD

随着我国城市化进程不断加快，城市轨道交通作为缓解城市交通压力的重要组成部分，也进入迅猛发展时期。经济发达国家的交通发展历史告诉我们，只有采用大客运量的地铁和轻轨交通系统，才能从根本上改善城市的公共交通状况。当前，在国家加快城市轨道交通建设这一大背景下，如何快速而高效地培养合格的地铁运营人才，直接关系到地铁的安全运营。

自动售检票系统（AFC）是城市轨道交通的重要组成部分，其直接面向乘客提供售检票服务，因此其运行状态将直接影响轨道交通的客运服务质量，从事该系统维保工作的 AFC 检修工岗位人员肩负着为乘客提供优质客运服务的重任。《自动售检票系统（AFC）检修工》分别从 AFC 系统基础知识、车站各类终端设备、各级系统的功用原理及组成、AFC 系统工程施工及与其他系统的技术接口知识、故障应急处理、新技术在 AFC 系统中的应用等九个章节，较为详尽地介绍了 AFC 检修工岗位人员应具备的知识与技能。

本教材的编写基于成都地铁现有 1 号线自动售检票系统设备，并结合岗位实际进行编写，随着成都地铁线网的不断发展、新技术的应用，生产实际也在随之变化，部分系统及设备存在升级换代的可能，学员在今后的学习和工作中务必密切联系实际，应以实际系统和设备的相关手册为准。

教材的编写是一项探索性工作，由于编者的能力有限、经验不足，书中难免存在不足之处。欢迎读者对教材提出宝贵意见和建议，以便教材修订时补充更正。

感谢四川交通职业技术学院教职人员在本教材出版前的质量评价环节提出的宝贵修改意见。

编　者

2017 年 11 月

目录 CONTENTS

概　述 ··· 1

第一部分　基础知识

第一章　自动售检票系统（AFC）基础知识 ··· 3
第一节　AFC 系统概述 ·· 3
第二节　车　票 ·· 11
第三节　车票读写器 ··· 43
第四节　AFC 系统终端设备（SLE） ·· 48
第五节　车站计算机系统（SC） ·· 54
第六节　线路中央系统（LC） ··· 55
第七节　AFC 清分系统（ACC） ·· 56
第八节　AFC 系统设备命名规范 ·· 58
复习思考题 ·· 61

第二部分　岗位知识

第二章　自动售票机 ·· 65
第一节　设备外形与组成 ··· 65
第二节　设备总体构架 ·· 70
第三节　设备功能 ··· 74
第四节　设备主要模块及部件 ·· 82
第五节　设备操作界面 ·· 127
案　例 ·· 136
复习思考题 ·· 137

第三章　自动检票机 140

第一节　设备外形与结构 140
第二节　设备部件组成及布局 147
第三节　设备总体架构 149
第四节　设备功能 153
第五节　设备主要模块及部件 162
第六节　设备操作界面 184
复习思考题 189

第四章　票房售票机 193

第一节　设备外形与结构 193
第二节　设备组成 193
第三节　设备总体架构 195
第四节　设备功能 199
第五节　设备主要模块及部件 205
复习思考题 212

第五章　自动验票机和便携式验票机 215

第一节　自动验票机 215
第二节　便携式验票机 219
复习思考题 222

第六章　SC、LC、ACC 系统 223

第一节　SC 系统 223
第二节　LC 系统 244
第三节　ACC 系统 260
第四节　AFC 网络系统 275
第五节　AFC 系统时钟同步 281
复习思考题 287

第七章　AFC 系统工程施工及与其他专业的接口 292

第一节　AFC 系统工程图纸 292
第二节　AFC 系统车站设备施工 297
第三节　AFC 与其他系统的技术接口 302
案　例 307
复习思考题 309

第三部分　故障处理

第八章　故障处理 ... 312
第一节　设备故障处理方法 ... 312
第二节　重大故障处理 ... 314
第三节　应急处置典型案例 ... 317
案　例 ... 318
复习思考题 ... 319

第四部分　新技术应用

第九章　新技术在 AFC 系统中的应用 ... 320

复习思考题答案 ... 323

参考文献 ... 328

附录一　名词解释 ... 329

附录二　常用术语缩写表 ... 331

概 述

在地铁各专业系统中，AFC（Automatic Fare Collection，自动售检票）系统扮演着十分重要的角色，它不但为乘客提供自动售票和自动检票服务，也为轨道交通运营商的科学管理提供可靠的数据，是现代轨道交通先进性的重要体现。

许多人可能认为 AFC 系统仅仅是售票和检票，仅仅是进站和出站，事实上从严格意义上来说，AFC 系统是基于自动控制、计算机网络通信、现金自动识别、微电子计算、机电一体化、嵌入式系统和大型数据库管理等高新技术运用，实现轨道交通售票、检票、计费、收费、统计、清分、管理等过程的自动化系统。

AFC 系统以其高度的智能化设计，扮演着售票员、检票员、统计、审计等多种角色，通过数据收集和控制系统实现了票务管理的高度自动化。AFC 系统的便捷和准确性大大优于传统的纸票售票方式，它可以克服人工售检票模式中固有的速度慢、财务漏洞多、出错率高、劳动强度大等缺点，有效防止假票，减少人工出错的几率，提高管理水平，减轻劳动强度。它不仅是地铁和交通系统发展的一个趋势，也是城市信息化建设的一个重要体现。

国外经济发达城市的轨道交通，已普遍采用了这种管理系统，并发展到相当高的技术水平。我国城市轨道交通自动售检票系统和设备最初是从国外引进的，近年来我国进行了大量的开发和研制工作，提供了多种形式的产品，技术水平也在不断提高。随着移动互联网的崛起，智能手机的普及，电子票据的使用已经非常方便，给人们提供了更快捷、简便的乘行服务，在提高设备使用效率、降低地铁运营成本方面也取得了显著成效。

AFC 的层次结构是按照全封闭的运行方式，以计程、计时收费模式为基础，采用非接触式 IC 卡为车票介质的组成原则，根据各层次设备和子系统的功能、管理职能和所处的位置进行划分的。共分为车票、车站终端设备、车站计算机系统、线路中央计算机系统、清分系统五个层次。

其中车票是乘客乘车的凭证，目前均采用非接触式 IC 卡作为轨道交通车票，它记录了乘客一次完整旅行的费用、时间、乘车区间等信息。车票根据使用性质可分为单程票类、储值票类和地铁专用票类。单程票是回收类车票，在乘客出闸时需要投入闸机回收口进行回收，储值票和地铁专用票为非回收类车票。成都地铁统一使用方卡型车票作为单程票车票媒介。

车站终端设备主要包括自动售票机（TVM）、自动检票机（AGM）、票房售票机（BOM）、自动验票机（TCM）和便携性验票机（PCA）等类型，这些设备部署在车站站厅，直接面向乘客提供售检票服务。乘客可通过 TVM、AGM、TCM 实现自助购买单程票、对储值卡充值、自助检票过闸、自助查验车票信息；可通过 BOM 实现人工购票、充值、查验车票信息、处理超时超程及车票更新等业务；车站站务人员使用 PCA 查验乘客车票信息。

车站计算机系统负责把一个车站的 TVM、AGM、BOM、TCM 等 AFC 车站终端设备联系在一起，对车站终端设备进行状态监控，并收集本站产生的交易和审计数据。

线路中央计算机系统包括服务器、工作站、打印机和网络设备等，收集本线路 AFC 系统产生的交易和审计数据，并将此数据传送给城市轨道交通清分系统，与其对账。

清分系统包括服务器、工作站、打印机和网络设备等，其主要功能是统一城市轨道交通 AFC 系统内部的各种运行参数、收集城市轨道交通 AFC 系统产生的交易和审计数据并进行数据清分和对账。

AFC 系统的运行状况直接影响轨道交通的客运服务质量，从事该系统维保工作的 AFC 检修工肩负着为乘客提供优质客运服务的重任。AFC 检修工以班组为单位常驻车站，在班组长的领导下，负责管辖范围内 AFC 设备的故障处理和计划性检修任务。具体工作包括接报车站设备故障并及时处理，恢复设备正常运行；承担重大设备故障或安全事件的抢修救援任务；定期开展车站设备巡检及专项检查工作，及时发现问题并进行整改；承担设备计划性检修任务，提升设备性能；严格遵守公司各级规章制度和工作流程，积极参与班组管理工作，承担布置的安全、技术、物资、培训等方面的任务，认真做好班组标准化台账管理。

本教材能较好地体现当前成都地铁 AFC 检修工的岗位要求和工作内容，实现培训教育与岗位技能的有效对接，帮助读者加深对 AFC 检修工岗位的了解。对于提高从业人员基本素质，掌握地铁 AFC 检修工岗位的核心知识与技能有直接的帮助和指导作用。

第一部分　基础知识

第一章　自动售检票系统（AFC）基础知识

【本章学习重点】

> 本章学习重点是自动售检票系统（Automatic Fare Collection，AFC）的组成及主要功能，AFC 系统的主要业务流程，非接触式 IC 卡车票的特点、主要类型及应用分类，以及相关的票务规则。作为 AFC 设备检修人员，还应掌握 AFC 系统设备的命名规范。

第一节　AFC 系统概述

第一目　AFC 系统的发展历程

AFC 系统作为城市轨道交通收费运营的重要子系统之一，主要解决的是向乘客提供车票发售服务、进出站检票服务以及由此产生的一系列乘客服务需求，同时完成城市轨道交通运营客流统计和票务收入的统计。

在过去的几十年中，由于众多高新技术在售检票系统方面得到广泛应用，城市轨道交通售检票系统经历了从无到有的发展历程，系统应用日趋完善。如今的 AFC 系统以其高度的智能化设计，扮演着售票员、检票员、会计、统计、审计等多种角色，通过数据收集和控制系统实现了票务管理的高度自动化。随着电子技术的高速发展，自动收费系统的理念和技术已发生了巨大变化，一卡通、电子钱包等便利手段的应用越来越普及。AFC 系统向网络化阶段发展成为城市轨道交通系统发展的一个趋势，也是城市信息化建设的一个重要体现。

城市轨道交通售检票系统的发展大致经历了三个阶段：

第一阶段：轨道交通运营初期阶段。在国内，北京地铁是最早建成并投入运营的城市轨道交通工程，从运营开始到 20 世纪 90 年代一直采用人工售检票。20 世纪 90 年代，随着上海地铁的建设，上海成为国内最早开始探索自动售检票系统的城市。但是在引进 AFC 系统之前，上海地铁也是采用纸质车票作为车票媒介和人工售检票方式，这种方式虽然在设备方面投资不大，但是却需要大量的售检票工作人员，通过人工实现的信息数据统计在及时性和准确性方面也是无法与 AFC 系统比拟的。

第二阶段：AFC 系统的起步阶段。我国城市轨道交通首个 AFC 系统供货合同的签订正值 20 世纪 90 年代中期，当时国际上的磁卡 AFC 系统技术已相当成熟，而 IC 卡技术在交通收费方面的应用研究才刚刚开始，巴黎地铁和中国香港地铁正考虑将非接触 IC 卡应用到轨道交通及公交收费方面，我国对公交 IC 卡应用的研究还只处于接触式 IC 卡水平。由于当时 IC 卡成本非常高，所以在磁卡、IC 卡、条形码车票等多种媒介之间，一般倾向于选择磁卡，或者是同时包括磁卡和 IC 卡两种介质类型。

1999 年 3 月 1 日，上海轨道交通 1 号线 AFC 系统投入运营，从此上海城市轨道交通系统实现了购票、检票、计费、统计全过程自动化。2000 年，上海轨道交通 2 号线开通运营，同步启用 AFC 系统，与 1 号线共享一个中央计算机系统，并设计了两种不同用途的车票：① 单程票采用循环使用的薄卡型塑质磁票；② 储值票采用当时国际上先进的非接触式 IC 卡。为实现上海市城市公共交通"一卡通"工程，上海地铁在 2000 年年底完成了非接触式 IC 卡和读卡器的更换工作；同时，实现了地铁运营方与城市公共交通卡的交易数据与财务结算功能。之后，AFC 系统在中国内地的城市轨道交通中投入使用，逐步展现出良好的票务管理水平和高效的客流处理能力，使地铁公司票务收益管理以最少的人力物力实现了高效低成本的运作，其发挥的作用得到了设计者、建设者和乘客的普遍认可。

第三阶段：AFC 系统的网络化阶段。在短短几年内，IC 卡技术在城市轨道交通 AFC 系统中的应用由研究摸索迅速发展到大规模的实际应用。非接触式 IC 卡以其使用方便、储存量大、保密性强、可一卡多用等特性，逐步取代了磁卡的地位，成为各城市轨道交通收费系统的首选票质媒介。非接触式 IC 卡技术在城市轨道交通 AFC 系统的大规模应用，猛烈冲击着以磁卡为车票媒介的已有 AFC 系统，同时也推动了新建线路的 AFC 系统的功能扩展和性能提高，使系统结构更为简单、高效，成本更为低廉。

在这个阶段，上海地铁在建设新线的同时，开始对既有线路的磁卡 AFC 系统进行改造。

2001 年 10 月，上海轨道交通 3 号线启用西班牙 INDRA 公司的 AFC 系统，其中单程票使用一次性卡型纸质磁票。

2002 年，上海轨道交通 1 号线北延伸段 11 个车站开通。这是我国第一条国产化的 AFC 系统，车票采用与原上海轨道交通 1 号线兼容的薄卡型塑质磁票，并且首先实现了与国外引进的 AFC 系统"一票通"，以及中央系统间的互联和数据交换。

2005 年 12 月底，上海建成了新标准的自动售检票网络化系统，并完成对 1、2、3 号线 AFC 系统的改造，上海轨道交通 4、5 号线 AFC 系统也开通运营。与此同时，上海轨道交通清分中心成立，负责发行票卡和收益清分工作，全路网统一采用卡型塑质非接触式 IC 卡作为车票媒介，以及计程计时的计费方式，实现了付费区内直接换乘以及多元收益方的精细清分。至此，上海地铁自动售检票网络化系统的格局已经形成，后续新建线路均按自动售检票网络化系统的技术标准进行建设和接入。

北京和广州两个城市轨道交通 AFC 系统的发展，也经历了相似的历程。现在全国新建的城市轨道交通 AFC 系统都选用了非接触式 IC 卡技术，直接进入第三阶段，建立网络化的 AFC 系统，实现各线路之间的互联互通和多元收益方的精细清分。

国内其他城市的轨道交通 AFC 系统之间虽然有所差异，但从本质上来说，其基本原理和功能都大同小异，尤其在数据统计、客流分析方面基本上都是相似的，主要差异集中表现在 AFC 系统的车票媒介类型和终端设备上。

现在全国新建的城市轨道交通 AFC 系统都选用了非接触式 IC 卡作为车票媒介，但是在单程票外形的选择上存在两种情况：方卡型单程票和筹码型（TOKEN）单程票。筹码型单程票在处理机构内部依靠自由落体方式实现自身的传送，不需要额外的传送机构，因此其 AFC 设备结构简单，维修成本低，车票回收容易；而方卡型单程票更便于携带且表面适合做广告宣传，但对应的传送设备结构较复杂。票务系统中影响最大的因素之一是车票制式，它决定了系统信息的组成以及票卡处理设备的选择。其中，车票媒介是乘客使用情况的信息载体，也是系统运营数据的关键源头。一旦系统的车票制式确定，再对其进行更改将会造成极大的影响，所以对车票制式的选择需要特别慎重。

终端设备的差异主要体现在自动检票机通道阻挡装置的选用上，分为三杆装置和门式装置。三杆装置的优点是结构简单、成本低、维护方便，但通行率较低；门式装置必须通过通行传感器来检测乘客位置，因此结构复杂、成本较高，但可以提供更宽的通道宽度和更高的通行速度，方便轮椅人士、推折叠式婴儿车的乘客，因此人性化程度较高。

第二目　AFC 系统的组成及工作原理

AFC 系统是融计算机技术、通信、网络、数据库、非接触式 IC 卡、系统集成等多项高新技术于一体的自动化售票、检票系统，实现对城市轨道交通的售票、检票、计费、收费、统计、清分结算和运行管理等全过程的自动化管理，同时也为决策提供客流、收入等各类信息支持。

一、AFC 系统的架构

城市轨道交通 AFC 系统共分为车票、车站终端设备、车站计算机系统、线路中央计算机系统、清分系统五个层次，如图 1-1 所示。

该层次结构是按照全封闭的运行方式，以计程收费模式为基础，采用非接触式 IC 卡为车票介质的组成原则，根据各层次设备和子系统的功能、管理职能和所处的位置进行划分的。目前确定的五层结构形式，是根据我国国情和城市发展现状，综合考虑了轨道交通建设的特点（如线路多而复杂、建设周期长、多个业主单位等）而设置的，具有一定的可伸缩性。

对各层次必须实现的功能和要求有如下规定：

第一层：车票，是乘客所持的车费支付媒介，规定了储值卡和单程票两种车票类型的物理特性、电气特性、应用文件组织以及安全机制等技术要求。

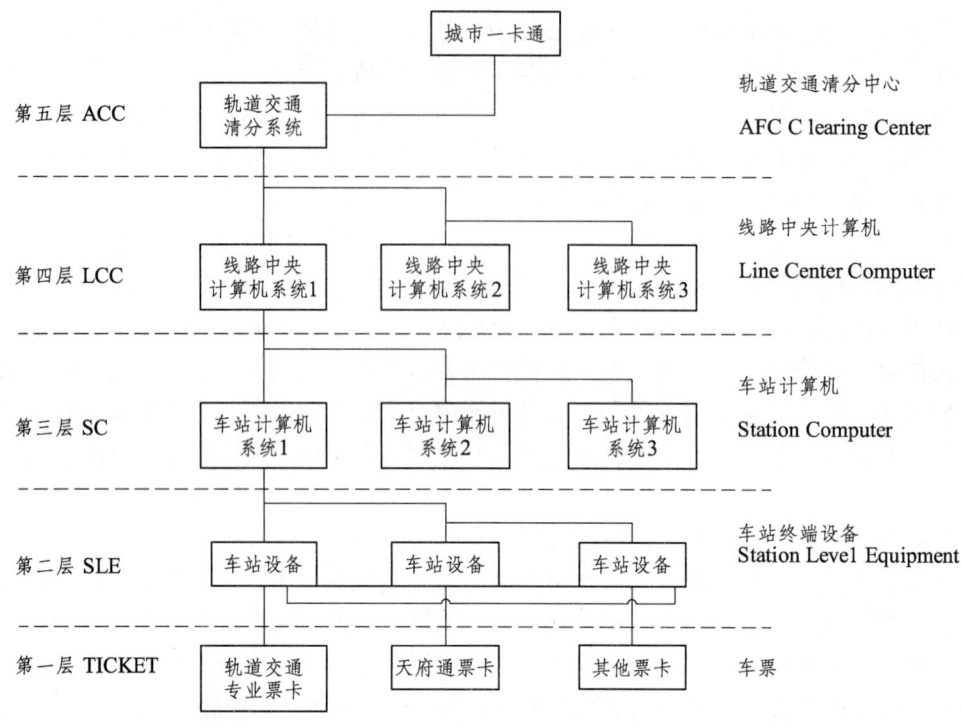

图1-1 AFC系统五层架构示意图

第二层：车站终端设备，安装在各车站的站厅，直接为乘客提供售检票服务。规定了车站终端设备及其运营管理的技术要求。

第三层：车站计算机系统，其主要功能是对第二层车站终端设备进行状态监控，并收集本站产生的交易和审计数据。规定了系统的数据管理、运营管理及系统维护管理的技术要求。

第四层：线路中央计算机系统，其主要功能是收集本线路AFC系统产生的交易和审计数据，并将此数据传送给城市轨道交通清分系统，以及与其进行对账。规定了对该线路的车票票务管理、运营管理及系统维护的技术要求。

第五层：清分系统，其主要功能是统一城市轨道交通AFC系统内部的各种运行参数，收集城市轨道交通AFC系统产生的交易和审计数据，并进行数据清分和对账，同时负责连接城市轨道交通AFC系统和城市一卡通清分系统。规定了对车票管理、票务管理、运营管理和系统维护管理的技术要求。

二、AFC系统的组成

AFC系统是一个计程计时的封闭式全自动收费系统，以非接触式IC卡为车票媒介，记录乘客购买车票的费用和进出车站的站点及时间等信息。该系统主要由车站级设备和中央级设备组成，其中车站级设备由自动售票机（TVM）、自动检票机（AGM）、票房售票机（BOM）、自动验票机（TCM）、便携式验票机（PCA）、车站计算机（SC）和管理工作站等组成；中央级设备包括编码分拣机（E/S）、线路中央计算机系统（LCC）、AFC清分中央计算机系统（ACC），如图1-2所示。

AFC系统是集中了多项先进技术，在城市轨道交通范围内实现车票销售、车票检票、车票管理、客流管理、收入管理、设备监控、设备管理等，并具备与城市公交一卡通进行自动收益清分能力的电子支付系统。

AFC系统采用基于TCP/IP的网络架构，实现稳定、高速的设备信息传送，并确保设备安全运行、监控和运营数据的及时收集，如图1-3所示。其后台采用分布式设计的大型数据库，数据处理系统采用共享磁盘阵列的双机切换工作方式，最大限度地保证了系统运行的安全，提高了系统运行的可靠性。图形化的管理界面及WEB方式的报表访问，给用户提供了简单、实用、容易修改的运行环境。其独特的SAM卡认证密钥管理系统，将系统设备、票卡有机联系起来，在实现不同系统的无障碍切换使用的同时，也保障了运营收益的安全可靠。

三、AFC系统的主要工作流程

（一）初始化车票

为了实现自动售检票，首先必须对各种类型的车票按一定规则进行初始化。车票主要分为单程类车票和储值类车票。

（二）购票、充值

乘客从BOM或TVM处购买单程票，或者对储值票进行充值。BOM、TVM上记录有乘客的购票或充值信息，并上传给SC及后续系统。

（三）进站、出站

乘客持车票通过AGM进站，AGM判断其有效性，有效则向票卡内记录进站信息并打开闸门，允许乘客通过；否则AGM将关闭闸门，禁止乘客通过并发出警告提示。

乘客到达目的站后持车票通过AGM出站，AGM判断其有效性，有效则向票卡内记录出站信息，回收单程票并打开闸门，允许乘客通过；否则AGM将关闭闸门，禁止乘客通过并发出警告提示。AGM记录每一次乘客的进站、出站信息，并上传给SC及后续系统。

（四）异常处理

乘客在TVM上进行购票、充值交易或在闸机上进行进出站检票时若出现异常，可到BOM上由车站票务人员按规则进行车票更新处理或乘客事务处理。BOM记录乘客的车票更新或乘客事务处理信息，并上传给SC及后续系统。

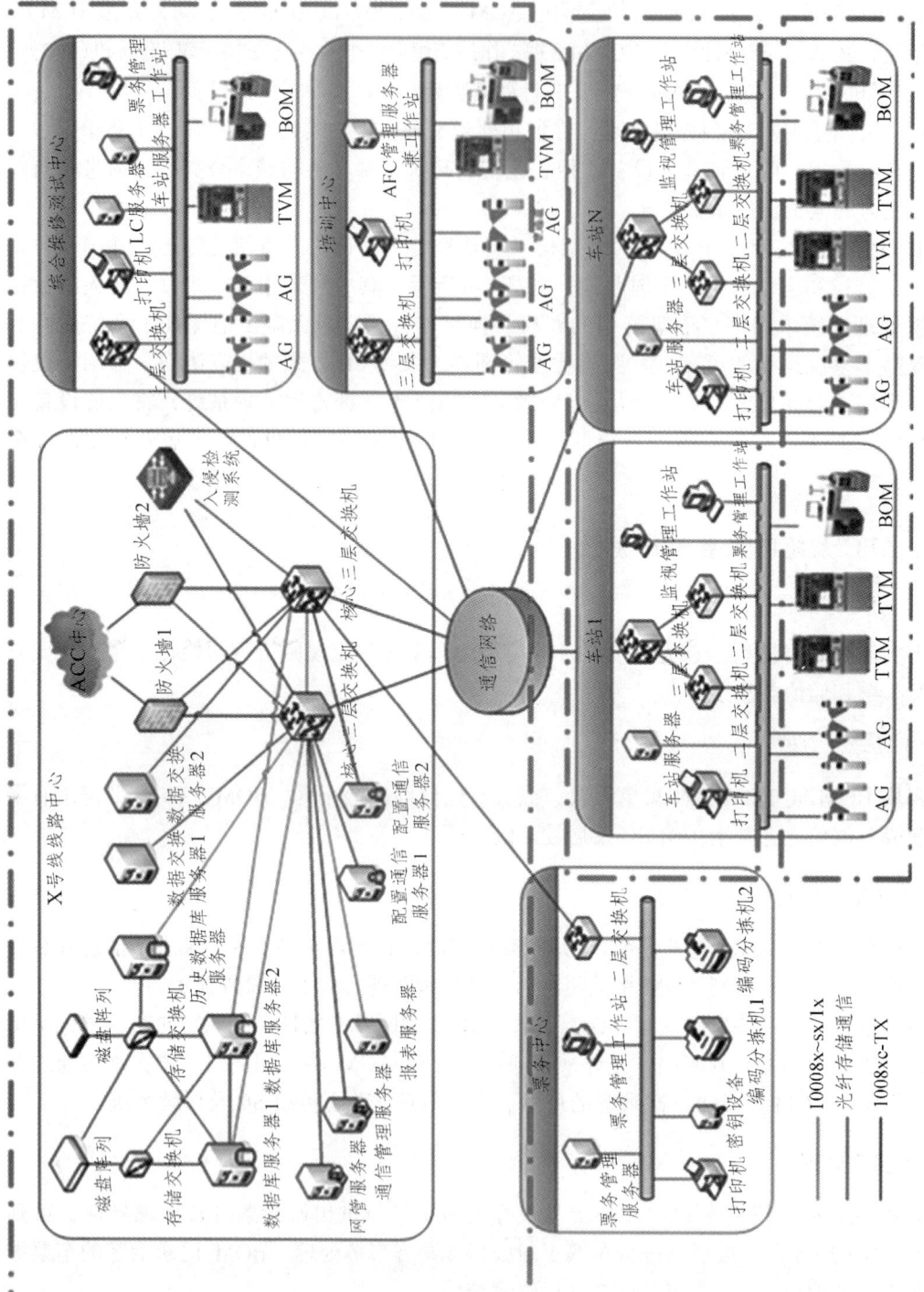

图1-2 AFC系统的典型构成

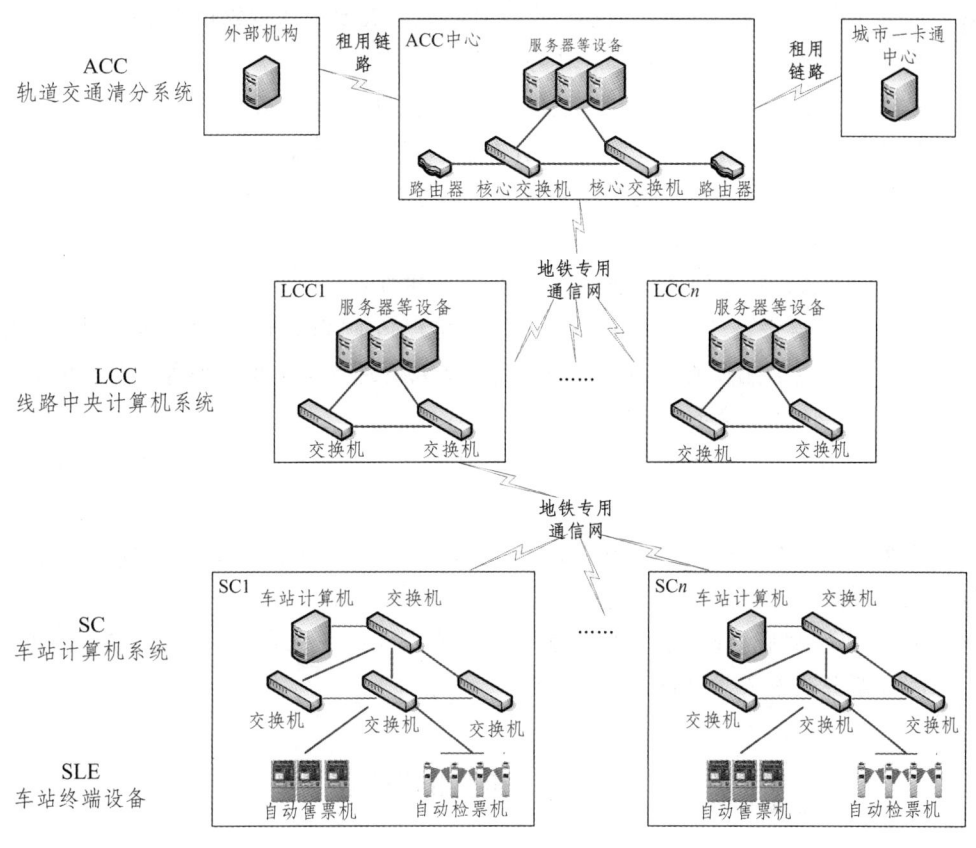

图1-3 AFC系统网络构成示意图

（五）信息处理

SC接收到设备上传的信息（主要包括交易数据、设备状态数据等），进行车站级分类处理并将这些数据打包再上传给线路中央计算机管理中心（LC），LC接收后进行线路级分类处理并将这些信息发送给ACC，在ACC内实现全线网的客流统计和票务收入的清分。另一方面，票务政策中的相关规定会以各种参数的形式从ACC逐级下发到各线路计算机系统、各车站计算机系统和各终端设备，以确保各车站设备执行统一的票务政策；LC、SC还可以向车站内的终端设备发布命令，查询设备工作状态，控制设备运行模式。

四、AFC系统的主要功能

轨道交通AFC系统出清分中央计算机系统、线路中央计算机系统、车站计算机系统、终端设备、车票媒介、网络、各种接口和运作制度组成。其实现的主要功能如下：

（1）完成车票制作、售票、检票、票务统计分析等工作。

（2）实现中央系统、车站系统和终端设备之间的数据传输和处理。

（3）及时、准确地进行客流及票务数据的收集、整理、汇总和分析。

（4）实现轨道交通收益方的清分结算以及关联系统等外部接口之间的清分结算，同时可通过银行或金融机构实现账务划拨。

可以从以下几方面体现轨道交通 AFC 系统的优越性：

（1）高效的 AFC 设备使车站客流井然有序，可提高乘客的通行效率，大大精减了车站服务人员，减少了有意、无意的逃票，有利于提高运营管理水平，保证票务收益，同时也提升了城市轨道交通行业的社会形象和服务区域形象。

（2）AFC 系统可大大减少现金交易、人工记账及统计工作，同时也极大提高了数据的准确率和工作效率。

（3）准确的客流及票务统计分析数据为运营调控、市场营销、新线建设提供了科学的决策依据，也为提高服务质量和信息处理能力创造了条件。

（4）AFC 系统是基于参数控制的智能信息系统，可对多种运营参数或设备参数进行灵活设置，以满足票务政策和客运服务需求的调整。

第三目　AFC 系统的发展方向

随着城市轨道交通的快速发展、相应技术的进步以及不同政策组合的灵活应用，城市轨道交通 AFC 系统总的发展趋势是标准化、简单化、人性化和集成化。

一、标准化

为实现城市轨道交通售检票系统的简捷和大集成，必须加快 AFC 系统有关标准、规范的制定和完善，统一系统设备和终端设备，使系统达到互联互通；采用统一的车票媒介，实现不同线路之间的方便换乘。

二、简单化

为适应快节奏的社会生活，乘客必然选择操作简单、出行高效简单的交通工具。城市轨道交通 AFC 系统必然向操作简单化方向发展。AFC 系统的简单化包括：①将复杂的 AFC 系统通过系统集成，简化乘客的使用操作；②通过人性化的设计，提高乘客的操作效率。

三、人性化

AFC 系统本来就是密切结合应用和效益的系统，从"以人为本"的理念出发，AFC 系统的操作方式和界面也必然越来越人性化。AFC 系统的人性化包括：① 根据人体工程学基本原理设计终端设备的人机界面；② 设计符合乘客习惯的操作方式；③ 设计合适的出入口通道，方便轮椅人士、推折叠式婴儿车的乘客；④ 系统能向人们提供越来越多的相关信息。

四、集成化

城市轨道交通网络化运营的形成，使 AFC 系统规模越来越大，同时轨道交通与其他交通方式之间的关系也越来越密切。互相兼容、联乘优惠、跨系统结算等，必然使各种系统间的关联度越来越高。建立统一、标准化、跨平台、跨系统的 AFC 系统应用平台是未来 AFC 系统发展的必然方向。

采用通用件、通信和数据交换技术构建可靠、安全、易用、可扩展、互联性高的系统架构，是 AFC 系统的要求，也是未来发展的趋势。在实施过程中，必须注意针对 AFC 系统数据结构的特点和系统对安全性的要求，加强系统的集成管理，以满足 AFC 系统规模扩大和关联度增加的要求。

第二节 车 票

第一目 车票介质与识别方式

在城市轨道交通售检票系统中，车票是乘客乘车的凭证，它记载了乘客从购票开始，完成一次完整旅行所需要和产生的费用、时间、乘车区间的信息。由于车票上记载了有关乘车信息，因而也将车票称为车票媒介。

不同车票媒介记载信息的方式和数量是不同的，根据信息记载方式的不同，识别方式也不同。不同的车票媒介对应不同的识别系统。

根据车票信息认读方式的不同，车票媒介可分为视读和机读两种。信息记录介质分为印刷、磁记录和数字记录三种。售检票方式分为人工方式、半自动方式和自动方式。每种售检票方式都要涉及不同的车票媒介和识别技术，由不同的终端设备或人工完成。

车票的有效性是通过车票媒介携带的信息识别的，可以是人工识别（即人工售检票），也可以是自动识别（即自动售检票系统）。人工识别是通过人的眼睛获取车票的可视信息，确定车票的有效性；自动识别是通过识别装置（即终端设备）和被识别物（即车票）之间的信息交互，自动获取被识别物的相关信息，并提供给计算机处理系统完成相关处理的一种技术。

目前，常见的车票媒介有三种：纸质、磁卡和 IC 卡。

一、纸质车票

常见的纸质车票是将车票的相关信息印刷在车票上，通过人工方式或专用设备来识别，且印刷在车票上的信息只供读取而不能改写。纸质车票主要分为普通纸质车票和条形码纸质车票。

（一）普通纸质车票

将车票的所有信息都直接印刷在车票上，由票务人员视读确认。

（二）条形码纸质车票

条形码（Barcode）纸质车票是将车票的相关信息通过条形码编码存储，由条形码扫描仪完成信息的识别。

一维条形码是将宽度不等的多个黑条和空白，按照一定的编码规则排列，用以表达一组信息的图形标识符。常见的条形码是由反射率相差很大的黑条（简称条）和白条（简称空）排成的平行线图案。

二维条形码是一种比一维码更高级的条码格式。一维码只能在一个方向（一般是水平方向）上表达信息，而二维码在水平和垂直方向都可以存储信息。由于一维条形码只能由数字和字母组成，信息容量小，因而应用范围受到一定的限制。而二维码能存储汉字、数字和图片等信息，具有信息容量大、可靠性高、保密防伪性、易于制作、成本低等优点，因此应用领域更为广泛。

条形码技术作为一种先进的信息采集和输入技术，已经被广泛应用于诸多需要信息自动处理和工业生产自动化的行业。

二、磁卡车票

磁卡车票是在基质上设置磁记录区域，通过磁性载体存储有关信息，由磁卡读写设备获取相关信息；另外，磁记录区域的信息是可以修改的。

磁卡是一种利用磁记录特性对有关信息进行记录交换的卡片。它由高强度、耐高温的塑料或纸质涂覆塑料制成，防潮、耐磨且有一定的柔韧性，携带方便，使用较为稳定可靠。通常，磁卡的一面有磁涂层（面或条），另一面则印刷有如插入方向说明等的提示性信息。为了简化设备结构，大部分系统的磁卡上还会有定位孔槽等标识。

磁卡车票技术发展于20世纪70年代,围绕磁性车票的AFC系统设备应用已久,从技术上讲还是比较成熟的。

(一)磁卡车票的优点

(1)可以进行机读,提高了售检票系统的自动化程度。

(2)磁卡车票的信息是可以改写的,因此磁卡车票可回收重复使用。

(二)磁卡车票的缺点

(1)AFC系统要频繁地对磁卡车票进行接触式读写,不可避免地要投入大量人力物力,以完成对磁头进行消磁和除尘清洗等工作。

(2)磁卡车票的AFC系统设备需要较精密的传输机构,因其机械结构复杂,精密度要求高,使得设备造价较高,对维护人员素质要求也较高。另外,由于机构动作频繁,造成机械磨损后的维护成本较大。

(3)磁条的读写次数有限制,当磁卡使用到一定次数后,就会对磁条读写产生影响。

(4)容易受强磁场干扰而改变存储内容。

(5)由于其密钥是随票携带的,容易被复制伪造。

三、IC卡车票

IC卡车票是将车票的所有信息存储在车票的集成电路中,再由IC卡读写设备获取相关信息。其特点是信息存储量大,并且可以修改。

目前广泛使用的是IC卡车票介质。

第二目 IC卡车票

IC卡(Integrated Circuit Card)又称集成电路卡,或智能卡(Smart Card),是法国人Roland Moreno于1970年发明的。同年,日本发明家Kunitaka Arimura获得首项IC卡专利,距今已有40多年的历史。

IC卡将具有存储、加密技术处理能力的集成电路芯片镶嵌于塑料基片中,封装成卡的形式。其技术涉及微电子、计算机和信息安全等,核心是卡用芯片技术。IC卡的特点是具有存储和输出数据的能力,且体积小、存储容量大、安全性高、使用方便。

IC卡为现代信息处理和传递提供了一种新手段,作为一种新工具,IC卡已被应用到众多领域。在城市轨道交通中,使用IC卡作为车票介质,将车票的所有信息存储在IC卡车票的集成电路中,由 IC 卡读写设备获取相关信息。

一、IC 卡的分类

IC 卡通常有两种分类方式:按卡中的集成电路分为存储器卡、逻辑加密卡和 CPU 卡;按读写方式分为接触式 IC 卡、非接触式 IC 卡和双界面 IC 卡。

(一) 按集成电路分类

1. 存储器卡

存储器卡(Memory Card)是由一个或多个集成电路芯片组成,并封装于人们携带的卡片内,具有记忆存储功能,不带微处理器(CPU)。存储器卡的物理结构如图 1-4 所示。

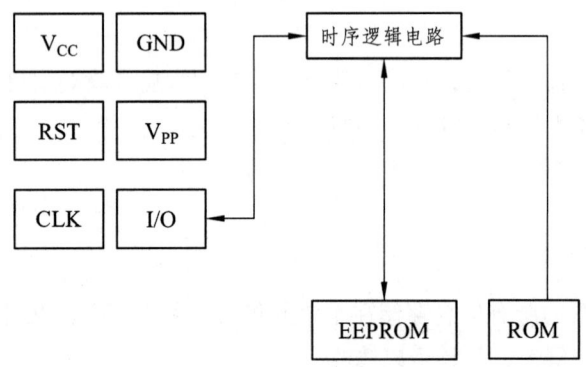

图 1-4 存储器卡的典型结构

2. 逻辑加密卡

存储器卡内部芯片只是一个存储器,根据需要可增加一个逻辑保护电路,应用中可能存在卡内数据被修改和伪造以及数据读写错误。为提高存储器卡的安全性,通常在存储器中集成一些安全算法。

集成电路为标准的串行 EEPROM 时为非加密存储器卡,卡中集成电路为带有加密逻辑的串行 EEPROM 称为加密存储器卡,也称为逻辑加密卡。

数据通过卡的 I/O 口传入和传出,电子式可清除程序化只读存储器(EEPROM)主要用于存储应用数据。对 EEPROM 数据的存取操作由安全逻辑电路控制,同时可以执行一些简单的加密功能。只读存储器(ROM)用于存储一些识别数据。

具有安全算法的逻辑加密卡结构如图 1-5 所示。

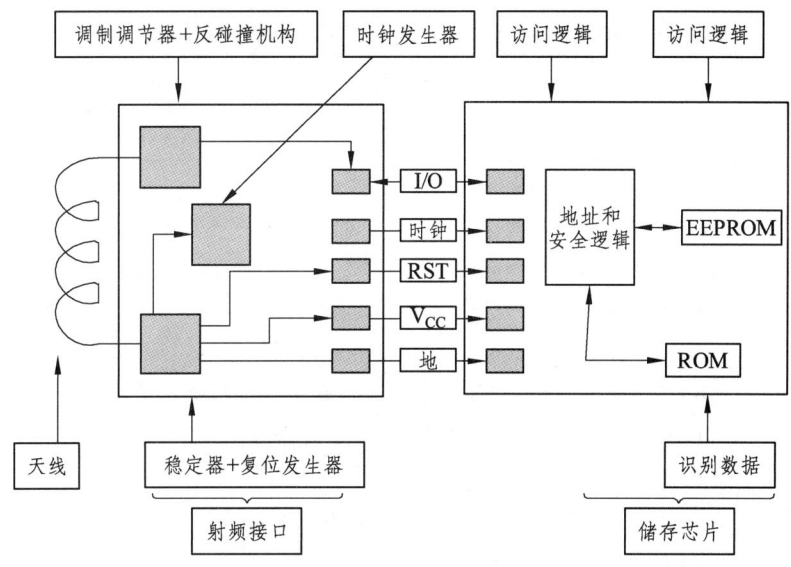

图 1-5 逻辑加密卡的物理结构示意图

3. CPU 卡

CPU 卡又称为微处理器卡,由一个或多个集成电路芯片组成,并封装于人们携带的卡片内。集成电路中有微处理器和存储器,CPU 卡具有暂时或永久数据存储能力,其内容可供外部读取或供内部处理和判断之用;同时还具有逻辑处理功能,用于识别和响应外部提供的信息或芯片内部判定路线及指令执行等逻辑运算。CPU 卡的物理结构示意图如图 1-6 所示。

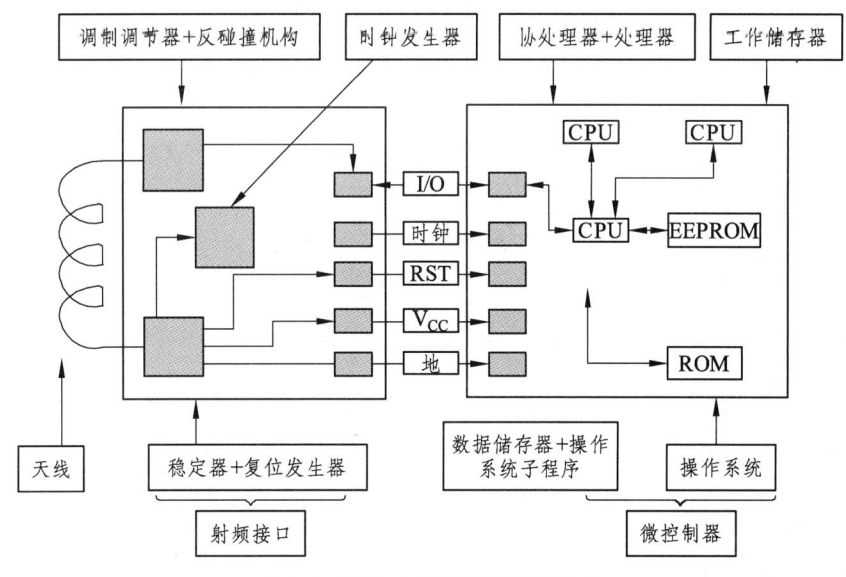

图 1-6 CPU 卡的物理结构示意图

15

表1-1显示了按集成电路分类的三种IC卡的特点和应用场合。

表1-1　存储器卡、逻辑加密卡、CPU卡特点比较

序号	种类	特　点	应用场合
1	存储器卡	1. 直接将EEPROM芯片封装在卡片上； 2. 外部设备可以直接访问EEPROM中的任何一个单元； 3. 存储卡无法对合法或非法的读写设备进行判断和识别； 4. 无法对数据进行安全性保护； 5. 非常容易被攻击； 6. 需要额外的安全措施保护卡上的数据（如MAC押码）	安全性低的场合，例如考勤机的事件记录和导出等
2	逻辑加密卡	1. 逻辑加密卡将EEPROM芯片封装在卡片上的同时，也将一组硬件逻辑电路封装在卡片上； 2. 外部读写设备必须通过硬件逻辑电路的判断后才能访问EEPROM中的存储单元	安全性中等的场合，例如IC卡水表、门禁、门锁等
2	逻辑加密卡	3. EEPROM芯片的接口并不直接对外； 4. 逻辑加密卡可以对外部合法和非法的读写设备进行识别判断； 5. 逻辑加密卡对内部EEPROM中的数据进行了安全性保护； 6. 逻辑加密卡的安全级别依然较低	安全性中等的场合，例如IC卡水表、门禁、门锁等
3	CPU卡	1. CPU卡将EEPROM芯片封装在卡片上的同时，将微处理器芯片（CPU）也封装在了卡片上； 2. 外部读写设备只能通过CPU与IC卡内的EEPROM进行数据交换，EEPROM的数据接口在任何情况下都不会与IC卡外部的数据线连接； 3. 卡片上带有硬件加密运算加速器（DES/3DES，PKI）； 4. 带有卡操作系统COS； 5. 卡片上的CPU和COS对所有操作进行控制； 6. 在数据处理过程中，外部读写设备只和CPU交换信息； 7. 多种安全保障措施，有极高的安全性	安全性要求高的场合，例如金融、保险、交警、政府

（二）按读写方式分类

1. 接触式IC卡

接触式IC卡是将IC卡的绝大部分电气部件进行封装，而将与外部连接的线路做成触点外露，按一定的规则排列接触电极。在进行读写操作时卡片必须插入读卡器的卡座中，通过触点与读写设备交换信息。

1）接触式 IC 卡的优点

（1）保证了卡的抗磁性、抗静电及抗各种射线的能力，同时抗机械、抗化学破坏的能力也很强。

（2）容量远比磁卡大，可以做到几千字节。EEPROM 可以分区，且可以设置不同的访问级别，这就为不同的信息处理及一卡多用提供了方便。

（3）加密能力优于磁卡。首先体现在芯片的结构和读取方式上，由于容量大而且存储器的读取和写入区域可以任意选择，因而灵活性大，即使一般的非加密存储器卡，采用特定的技术，也具备较强的保密性。对于加密存储器卡，存储区的访问受逻辑电路的控制，只有密码核对无误后，才能进行读写操作。且密码核对次数有规定，超过限制的次数，卡将锁死。

（4）其相关设备的成本较磁卡低。

2）接触式 IC 卡的缺点

（1）使用时存在 IC 卡芯片触点与读写设备插座之间频繁的机械接触，容易造成两者磨损及由于接触读写而产生的各种故障。例如，由于粗暴、倾斜或不到位插卡，非卡外物插入，以及灰尘、氧化、脱落物或油污导致接触不良等原因造成的故障。

（2）由于集成电路芯片有一面在卡片表面裸露，则容易造成芯片脱落、静电击穿、弯曲、扭曲损坏等问题。

（3）卡片触点上产生的静电可能会破坏卡中数据。

（4）存在因环境腐蚀及保管使用不当造成卡触点损坏导致 IC 卡失效的问题。

（5）由于插拔卡的速度较慢，完成一次操作需要的时间比较长，严重影响其用于有快速响应需求的场合，例如地铁、公交及高速公路的收费。

2. 非接触式 IC 卡

非接触式 IC 卡通过 IC 卡的收发天线与读写设备交换信息。

这类 IC 卡具有抗磁场和静电破坏功能。由于非接触式 IC 卡不存在外露接触电极，不怕潮湿和污染，因此可以有效避免这些机电系统频繁产生故障。另外，非接触式 IC 卡读写不会产生机械摩擦，不需要与读写机具接触，读写无方向性，操作方便，一般读写距离可达 10 cm，卡片抗弯折能力强，使用寿命长。

非接触式 IC 卡由于具有成本低、使用安全可靠、易于构造专用读写设备和后台管理系统，以及高安全保密性（难以复制）和大存储容量，特别是十分容易与计算机系统交换数据的优点，而广泛应用于小额电子钱包消费、城市公共交通、轨道交通、社会医疗保障、社会补给保障、电子身份识别和电子护照等众多领域，并且取得了良好的社会效益和经济效益。

目前在轨道交通自动售检票领域内广泛使用非接触式 IC 卡作为车票介质，后续章节将对此进行重点介绍。

3. 双界面 IC 卡

双界面卡是基于单芯片的、集接触式与非接触式接口为一体的智能卡。它有两个操作界面，对芯片的访问可以通过接触触点，也可以相隔一定距离，以射频方式完成。两个界面分别遵循不同的标准：接触界面符合 ISO/IEC 7816；非接触界面符合 ISO/IEC 14443。

这两种接口共享同一个微处理器、操作系统和 EEPROM。卡片包括一个微处理器芯片和一个与微处理器相连的天线线圈，由读写器产生的电磁场提供能量，通过射频方式实现能量供应和数据传输。

双界面卡尤其适用于接触和非接触混合应用的领域。它的主要特点是：方便、安全、灵活、支持多应用。

二、非接触式 IC 卡

（一）概　述

非接触式 IC 卡又称射频卡，它将一个射频接口电路和感应天线集成到原有 IC 卡芯片中，并封装到塑料材质内，使芯片及天线无任何外露部分。它成功地将射频识别技术和 IC 卡技术结合起来，通过无线方式传输能量和数据，解决了无源（卡中无电源）和免接触的难题，是电子器件领域的一大突破，是世界上近几年发展起来的一项新技术。

非接触式 IC 卡在一定距离范围内（通常为 5～10 mm）靠近读写器表面，通过无线电波的传递来完成数据的读写操作，卡本身无电源。读写器对卡进行读写操作时，发出的信号由两部分叠加组成：一部分是电源信号，该信号被卡线圈接收后，通过有关电路产生一个瞬间能量供给芯片工作；另一部分则是指令和数据信号，指挥芯片完成数据的读取、修改、储存等，并将信号返回读写器。

非接触式 IC 卡内部分为系统区（CDF）、用户区（ADF）两部分：系统区是供卡片制造商、系统开发商和发卡机构使用的区域，而用户区则用于存放持卡人的相关数据信息。借助于先进的管理软件，以及可脱机的操作方式，非接触式 IC 卡的读写系统在硬件结构和操作过程上都得到了很大的简化。

因此，非接触式 IC 卡不但具有原有 IC 卡存储容量大、安全性高、应用范围广（一卡多用）、对网络要求低的特点，还具有可靠性更高、可并行处理、操作简单等优点。由于非接触式 IC 卡的这些优点，使得它特别适用于公路自动收费系统、公共交通 AFC 系统和电子钱包等应用环境。随着制造成本的降低，封装形式的多样化，其应用范围将越来越广。

（二）优缺点比较

与接触式 IC 卡相比较，非接触式 IC 卡具有如下特点：

1. 可靠性高

非接触式 IC 卡与读写器之间无机械接触，避免了由于接触读写而产生的各种故障。此外，非接触式卡表面无裸露芯片，无须担心芯片脱落、静电击穿、弯曲损坏等问题，既便于卡片印刷又提高了使用速度。

2. 操作方便

对于非接触通信，读写器在大约 8 cm 的范围内就可以对卡片进行操作，使用时不必插拔卡，且没有方向性，卡片可以在任意方向掠过读写器表面完成操作，大大提高了使用速度，方便了用户。

3. 防冲突

非接触式卡中有快速防冲突机制，能防止卡片之间出现的数据干扰。因此，读写器可以"同时"处理多张非接触式 IC 卡，这样既提高了应用并行性，又提高了系统的工作速度。

4. 加密性能好

非接触式卡的序列号是唯一的，制造厂家在产品出厂前就已将此序列号固化，不可更改。非接触式卡与读写器之间采用双向验证机制，即读写器验证 IC 卡的合法性，同时 IC 卡也验证读写器的合法性。

5. 适合于多种应用

非接触式卡的存储器结构特点使它能够一卡多用，在不同的应用系统中，用户可以设定不同的密码访问条件。

（三）非接触式 IC 卡系统结构及工作原理

非接触式 IC 卡系统由读写器和非接触式 IC 卡两部分组成，如图 1-7 所示。

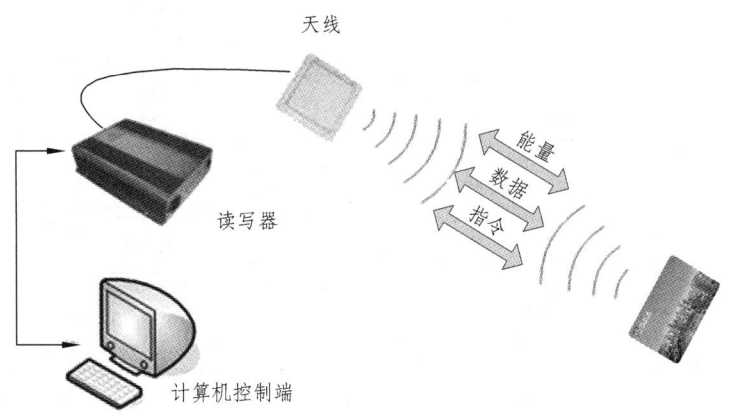

图 1-7　非接触式 IC 卡应用系统结构示意图

在此系统中,非接触式 IC 卡在一定距离范围(通常为 5~10 mm)靠近读写器天线表面,并与读写器之间通过射频信号进行近距离通信,从而实现数据交互。二者之间的通信频率为 13.56 MHz。非接触式 IC 卡本身是无源卡,当读写器对卡进行读写操作时,读写器发出的信号由两部分叠加组成:一部分是电源信号,该信号被卡接收后,与本身的 LC(谐振电路)产生一个瞬间能量来供给芯片工作;另一部分则是指令和数据信号,指挥芯片完成数据的读取、修改、储存等,并返回信号给读写器,完成一次读写操作。读写器一般由单片机、专用智能模块和天线组成,并配有与 PC 的通信接口、打印口、I/O 口等,以便应用于不同的领域。

(四)非接触式 IC 卡工作原理

Mifare 是恩智浦半导体(NXP Semiconductors)所拥有的 13.56 MHz 非接触性辨识技术。Mifare 卡是目前世界上使用量最大、技术最成熟、性能最稳定的一种感应式逻辑加密 IC 卡。恩智浦半导体并没有制造卡片或卡片阅读机,而是在开放的市场上出售相关技术与芯片,卡片和卡片阅读机制造商再利用它们的技术来创造独特的产品给一般使用者。

Mifare 系列非接触式 IC 卡遵循 ISO14443A 标准,包括 Mifare S50、Mifare S70、Mifare UltraLight、Mifare Pro、Mifare Desfire 等。由于 Mifare 的巨大影响力,业内有时把其他公司生产的遵循 ISO14443A 标准的射频卡也称为"Mifare",尤其是 Mifare S50 卡片,几乎就是 ISO14443A 标准的代言人。Mifare 系列卡片有时也根据卡内使用芯片的不同,将 Mifare UltraLight 和 Mifare UltraLight C 称为 MF0,Mifare S50 和 S70 称为 MF1,Mifare Pro 称为 MF2,Mifare Desfire 称为 MF3。

Mifare 非接触式 IC 卡内部结构主要由射频接口电路、数字电路、EEPROM 存储单元电路和卡片天线四部分组成(见图 1-8)。

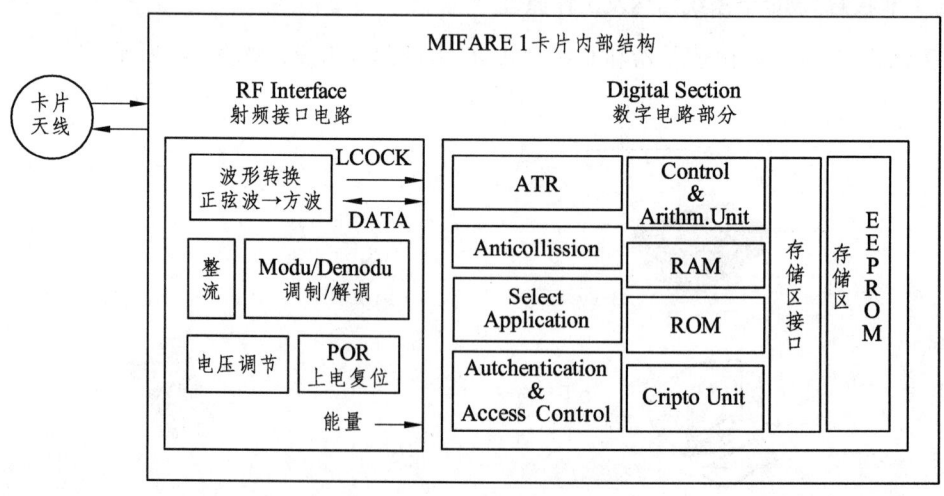

图 1-8 非接触式 IC 卡内部结构

1. 射频接口电路

RF 射频接口电路的主要部分为波形转换模块。它可接收卡片读写器上 13.56 MHz 的无线信号，一方面送调制/解调模块，另一方面进行波形转换，将正弦波转换为方波，然后对其整流滤波，由电压调节模块对电压进行进一步的处理（如稳压等），最终输出供给卡片上的各电路，并且从载波中提取电路正常工作时需要的时钟。POR 模块主要是对卡片上的各个电路进行 POWER-ON-RESET（上电复位），使各电路同步启动工作。

2. 数字电路

数字电路部分：主要包括 ATR 模块、AntiCollision 模块、Select Application 模块、Control & Arithmetic 单元、RAM/ROM 单元、Crypto 单元。

Control & Arithmetic Unit（控制及算术运算单元）：这一单元是整个卡片的控制中心，是卡片的"头脑"。它主要对整个卡片的各个单元进行微操作控制，协调卡片的各个步骤；同时它还对各种收/发的数据进行算术运算处理、递增/递减处理、CRC 运算处理等，是卡片中内建的中央微处理机（MCU）单元。

RAM/ROM 单元：主要是配合控制及算术运算单元，将运算的结果进行暂时存储。如果某些数据需要存储到 EEPROM，则由控制及算术运算单元取出送到 EEPROM 存储器中；如果某些数据需要传送给读写器，则由控制及算术运算单元取出，经 RF 射频接口电路的处理后，通过卡片天线传送给卡片读写器。RAM 中的数据在卡片掉电后（卡片离开读写器天线的有效工作范围内）将被清除；同时，ROM 中还固化了卡片运行所必需的程序指令，由控制及算术运算单元对每个单元进行微指令控制，使卡片能有条不紊地与卡片读写器进行数据通信。

Crypto Unit（数据加密单元）：完成对数据的加密处理及密码保护。加密的算法可以为 DES 标准算法或其他算法。

3. EEPROM 存储单元电路

EEPROM 存储单元电路用来存储关键数据，它通过 EEPROM 接口电路与数字部分进行通信，为数字部分提供必要的数据或数据读写指令执行的结果。EEPROM 中的数据在卡片掉电后（卡片离开读写器天线的有效工作范围内）仍将被保持。用户所要存储的数据被存放在该单元中，不同类型的卡片具有大小不同的存储容量。

4. 卡片天线

非接触式 IC 卡的天线一般有绕线天线、蚀刻天线（或印刷天线）等形式。

传统方式采用绕线天线，其模块封装工艺较为复杂，需要把封装好的模块从载带上冲切下来，然后和绕线天线的两个触点进行碰焊，以此来完成非接触 IC 卡的电路部分。但焊点在生产和使用中可能出现的连接不可靠是其致命弱点。

随着微电子器材生产装备技术的发展，出现了蚀刻天线（或者印刷天线）。蚀刻天线在生产工艺上不需要从载带冲切模块和碰焊，这不仅简化了模块的封装过程，而且还实现了焊区与焊区的直接导连，减小了互连产生的杂散电容、互连电阻及互连电感，提高了非接触IC卡的可靠性。同时，由于采用了芯片直连技术，使得生产出的天线层在厚度上能够控制在0.26 mm以内，从而能生产出厚度小于0.5 mm的非接触IC卡。

（五）Mifare卡通信流程

Mifare卡通信流程示意图如图1-9所示。

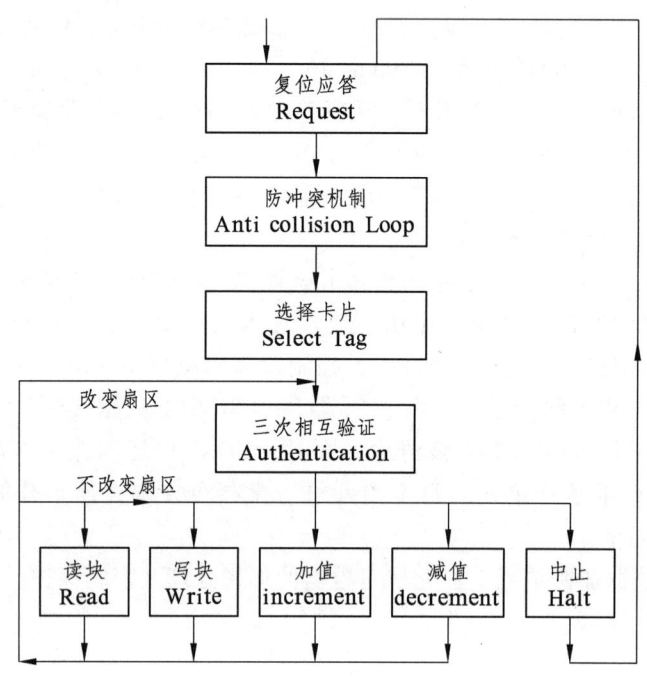

图1-9　Mifare卡通信流程示意图

1. 复位应答（Request）

读写器呼叫磁场内的卡片，卡片对呼叫做出应答。由于磁场内可能有刚进入磁场并得电复位处于休闲状态的卡片，也可能有已经被读写器操作过，被读写器发送休眠命令进入休眠状态的卡片，对这两类不同的卡片，读写器使用两种不同的命令进行呼叫。其中卡请求（REQA）只能呼叫处于休闲（Idle）状态的卡片，卡唤醒（Wake up）可以呼叫所有卡片，包括处于休眠（Halt）和休闲状态的卡片。

收到卡呼叫命令后，卡片将对命令做出应答（Answer To Request，ATQA），告诉读写器自己是否遵守面向比特的防冲突机制，读写器以特定的协议与它通信，从而确定该卡是否为Mifare射频卡，即验证卡片的卡型。通常情况下，Mifare S50的ATQA是0004H，Mifare S70

的 ATQA 是 0002H，Mifare UltraLight 的 ATQA 是 0044H，Mifare Light 的 ATQA 是 0010H，Mifare Desfire 的 ATQA 是 0344H。

2. 防冲突机制（Anticollision Loop）

当有多张卡进入读写器操作范围时，防冲突机制会从中选择一张进行操作，未选中的则处于空闲模式等待下一次选卡，该过程返回一个被选中的卡的序列号。序列号 Serial Number 存储在卡片的 Block 0 中，共有 5 个字节，实际有用的为 4 个字节，另一个字节为序列号 Serial Number 的校验字节。智能的反冲突功能允许同一工作区域中有不止一张卡同时工作，反冲突算法每次只选择一张卡，确保对被选中的卡正确执行操作，而且同一区域中其他卡的数据不会被破坏。

3. 选择卡片（Select Tag）

选择被选中的卡的序列号，并同时返回卡的容量代码。

4. 三次相互认证（Authentication）

射频识别系统中，由于卡片和读写器并不是固定连接为一个不可分割的整体，二者在进行数据通信前如何确认对方的合法身份就变得非常重要。Mifare 系列产品不仅卡片要认证读写器的身份，读写器也要认证卡片的身份，这种认证称为相互认证。

最常见的相互认证是双方见面时一方给另一方一个随机数，让对方利用密码和约定的算法对这个随机数进行运算，如果结果符合预期则认证通过，否则认证不通过。

完整的三次相互认证如图 1-10 所示：卡片先向读写器发送一个随机数 B，读写器用事先约定的有密码参与的算法对随机数 B 进行运算，然后把运算的结果连同随机数 A 一起送给卡片。卡片收到后先检查读写器对随机数 B 运算的结果是否正确，如果不正确就不再往下进行，如果正确就对随机数 A 用事先约定的有密码参与的算法进行运算，然后把运算的结果送给读写器。读写器收到后检查这个结果是否正确，如果正确就通过认证，如果不正确就没有通过认证。

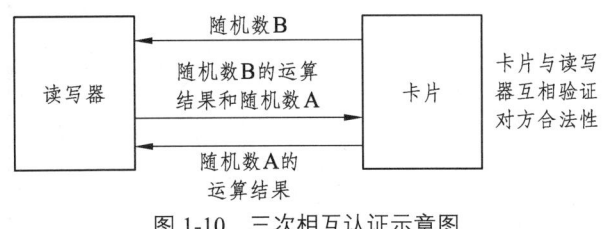

图 1-10 三次相互认证示意图

5. 存储器操作

三次相互认证后可执行下列操作：

（1）读（Read）：读数据块。

（2）写（Write）：写数据块。

（3）减值（Decrement）：减少数据块内的数值，并将结果保存在临时内部数据寄存器中。

（4）加值（Increment）：增加数据块内的数值，并将结果保存在数据寄存器中。

（5）暂停（Halt）：将卡置于暂停工作状态。

（六）常见 Mifare 非接触式 IC 卡分类

Mifare 系列卡片有时也根据卡内使用芯片的不同，将 Mifare UltraLight 和 Mifare UltraLight C 称为 MF0，Mifare S50 和 S70 称为 MF1，Mifare Pro 称为 MF2，Mifare Desfire 称为 MF3。常用的有 UltraLight、UltraLight C、S50 和 S70。

1. Mifare UltraLight 和 Mifare UltraLight C

Mifare UltraLight 又称为 MF0，从 UltraLight（超轻的）这个名字就可以看出来，它是一个低成本、小容量的卡片。低成本，是指它是目前市场中价格最低的遵循 ISO14443A 协议的芯片之一；小容量，是指其存储容量只有 64 字节。

Mifare UltraLight 的 512 bit 存储容量分成 16 个 Page，每个 Page 包含 4 个字节，如图 1-11 所示：

Byte Number	0	1	2	3	Page
Serial Number	SN0	SN1	SN2	BCC0	0
Serial Number	SN3	SN4	SN5	SN6	1
Internal / Lock	BCC1	Internal	Lock0	Lock1	2
OTP	OTP0	OTP1	OTP2	OTP3	3
Data read/write	Data0	Data1	Data2	Data3	4
Data read/write	Data4	Data5	Data6	Data7	5
Data read/write	Data8	Data9	Data10	Data11	6
Data read/write	Data12	Data13	Data14	Data15	7
Data read/write	Data16	Data17	Data18	Data19	8
Data read/write	Data20	Data21	Data22	Data23	9
Data read/write	Data24	Data25	Data26	Data27	10
Data read/write	Data28	Data29	Data30	Data31	11
Data read/write	Data32	Data33	Data34	Data35	12
Data read/write	Data36	Data37	Data38	Data39	13
Data read/write	Data40	Data41	Data42	Data43	14
Data read/write	Data44	Data45	Data46	Data47	15

图 1-11　Mifare UltraLight 卡存储结构示意图

而 Mifare UltraLight C 则有 48 个 Page，每个 Page 包含 4 个字节，存储容量为 192 字节。

2. Mifare S50 和 Mifare S70

Mifare S50 和 Mifare S70 又常被称为 Mifare Standard、Mifare Classic、MF1，是遵循 ISO14443A 标准的卡片中应用最为广泛、影响力最大的两类。而 Mifare S70 的容量是 S50 的 4 倍，S50 的容量是 1 K 字节，S70 的容量为 4 K 字节。读写器对这两类卡片的操作时序和操作命令完全一致。

Mifare S50 和 Mifare S70 的每张卡片都有一个 4 字节的全球唯一序列号，卡上数据保存期为 10 年，可改写 10 万次，可读无限次。一般的应用中，不用考虑卡片是否会被读坏写坏的问题，当然暴力损坏除外。

Mifare S50 把 1 K 字节的容量分为 16 个扇区（Sector0 ~ Sector15），每个扇区包括 4 个数据块（Block0 ~ Block3，我们也将 16 个扇区的 64 个块按绝对地址编号为 0 ~ 63），每个数据块包含 16 个字节（Byte0 ~ Byte15），如表 1-2 所示。

表 1-2 Mifare S50 卡数据结构

扇区号	块号	数据存储空间	块类型	总块号
扇区 0	块 0	厂商代码	厂商块	0
	块 1		数据块	1
	块 2		数据块	2
	块 3	密码 A　存取控制　密码 B	控制块	3
扇区 1	块 0		数据块	4
	块 1		数据块	5
	块 2		数据块	6
	块 3	密码 A　存取控制　密码 B	控制块	7
...	...	...	...	...
扇区 15	块 0		数据块	60
	块 1		数据块	61
	块 2		数据块	62
	块 3	密码 A　存取控制　密码 B	控制块	63

Mifare S70 把 4 K 字节的容量分为 40 个扇区（Sector0 ~ Sector39），其中前 32 个扇区（Sector0 ~ Sector31）的结构和 Mifare S50 完全一样，每个扇区包括 4 个数据块（Block0 ~ Block3），后 8 个扇区每个扇区包括 16 个数据块（Block0 ~ Block15）。我们也将 40 个扇区

的 256 个块按绝对地址编号为 0~255），每个数据块包含 16 个字节（Byte0~Byte15），如表 1-3 所示。

表 1-3　Mifare S70 卡数据结构

扇区号	块号	数据存储空间	块类型	总块号
扇区 0	块 0	厂商代码	厂商块	0
	块 1		数据块	1
	块 2		数据块	2
	块 3	密码 A　　存取控制　　密码 B	控制块	3
…	…	…	…	…
扇区 31	块 0		数据块	124
	块 1		数据块	125
	块 2		数据块	126
	块 3	密码 A　　存取控制　　密码 B	控制块	127
扇区 32	块 0		数据块	128
	块 1		数据块	129
	…	…	数据块	…
	块 14		数据块	142
	块 15	密码 A　　存取控制　　密码 B	控制块	143
…	…	…	…	…
扇区 39	块 0		数据块	240
	块 1		数据块	241
	…	…	数据块	…
	块 14		数据块	254
	块 15	密码 A　　存取控制　　密码 B	控制块	255

每个扇区都有 2 个独立的密码及访问控制，放在每个扇区的最后一个 Block，这个 Block 又被称为区尾块。S50 的区尾块是每个扇区的 Block3，S70 的前 32 个扇区也是 Block3，后 8 个扇区是 Block15。

S50 和 S70 的 0 扇区 0 块（即绝对地址 0）用于存放厂商代码，已经固化，不可更改，卡片序列号就存放在这里。除了厂商块和控制块，卡片中其余的块都是数据块，可用于存储数据。

3. 常见 Mifare 卡技术指标

常见 Mifare 卡技术指标如表 1-4 所示。

表 1-4 常见 Mifare 卡技术指标

序号	项目	Mifare Ultralight 卡	Mifare Ultralight-C 卡	Mifare S50	Mifare S70	Mifare Desfire
1	存储容量	64 Byte	192 Byte	1 KByte	4 KByte	2 KByte/ 4 KByte/ 8 KByte
2	擦写次数	10 000 次	10 000 次	200 000 次	200 000 次	500 000 次
3	数据保留时间	5 年	5 年	10 年	10 年	10 年
4	存储组织	16 页,每页 4 Byte	48 页,每页 4 Byte	16 扇区,每个扇区 4 个块,每个块 16 Byte	共 40 个扇区:前 32 个扇区,每个扇区 4 个块;后 8 个扇区,每个扇区 16 个块,每个块 16 Byte	存储空间的组织采用柔性文件系统
5	符合协议	ISO/IEC14443A	ISO/IEC14443A	ISO/IEC14443A	ISO/IEC14443A	ISO/IEC14443A
6	工作频率	13.56 MHz	13.56 MHz	13.56 MHz	13.56 MHz	13.56 MHz
7	波特率	106 Kb/s	106 Kb/s	106 Kb/s	106 Kb/s	106～848 Kb/s
8	防碰撞	是	是	是	是	是
9	工作距离	可达 10 cm	可达 10 cm	可达 10 cm	可达 10 cm	可达 10 cm
10	物理卡号长度	7 Byte	7 Byte	4 Byte	4 Byte	7 Byte
11	访问密钥数	—	1 个密钥	每扇区 2 个密钥	每扇区 2 个密钥	每种应用最多 14 个密钥

续表

序号	项目	Mifare Ultralight 卡	Mifare Ultralight-C 卡	Mifare S50	Mifare S70	Mifare Desfire
12	轨道交通典型应用	回收类车票（单程票）	回收类车票（单程票）、非回收类车票（日次票等、纪念票）	非回收类车票（储值票、员工票、纪念票）	非回收类车票（储值票、员工票、纪念票）	非回收类车票（储值票、员工票、纪念票）
13	封装类型	1. 方卡（薄卡） 2. 筹码（TOKEN）	1. 方卡（薄卡） 2. 筹码（TOKEN）	1. 方卡（厚卡） 2. 异形卡	1. 方卡（厚卡） 2. 异形卡	1. 方卡（厚卡） 2. 异形卡

（七）非接触式IC卡的外观

非接触式IC卡车票，根据其在轨道交通的不同使用方式，可划分为回收类车票和非回收类车票。根据实际需求，其内部可以封装各种类型的IC卡芯片，具有不同大小的存储容量，其外观可以分为方卡型车票、筹码型车票或者各种形状的异形车票。

方卡型IC卡内部由集成电路、天线和封装材料构成。常见的方卡型IC卡结构如图1-12所示。

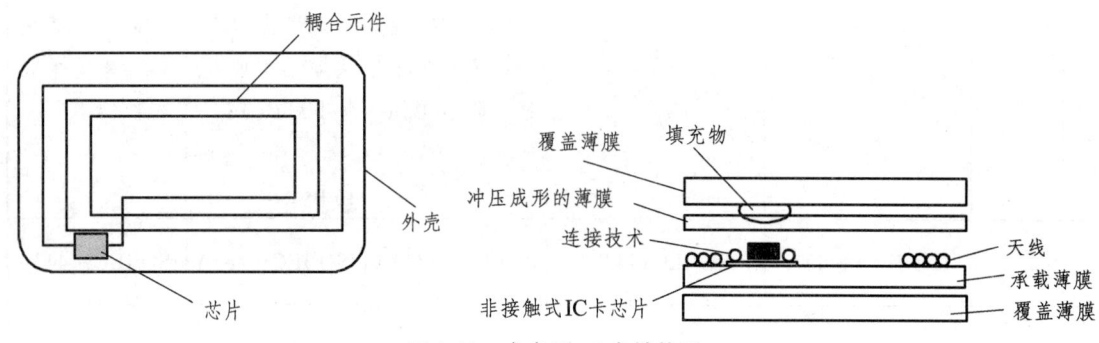

图1-12 方卡型IC卡结构图

方卡型IC卡（见图1-13）的额定尺寸是ISO/IEC 7810中规定的ID-1型卡的尺寸，为：85.60 mm×53.98 mm（长×宽）。其中，回收类票卡厚度一般为0.50 mm，简称为薄卡，非回收类票卡厚度一般为0.76 mm，简称为厚卡。

筹码（Token）型车票是在直径为30 mm，厚度为2.0 mm的非金属材料圆盘内，嵌装集成电路及天线，通过电感耦合方式与读写器进行交互操作的IC卡车票。筹码型车票一般用作单程票，如图1-14所示。

筹码型单程票与方卡型单程票在系统结构和应用软件等方面保持一致，只是在终端设备内部，筹码型单程票的传送可借助其外形特点，依靠自身重力和滚动来实现，而方卡型单程票则要依靠专门的传输装置。两种类型的车票优缺点比较详见表1-5。

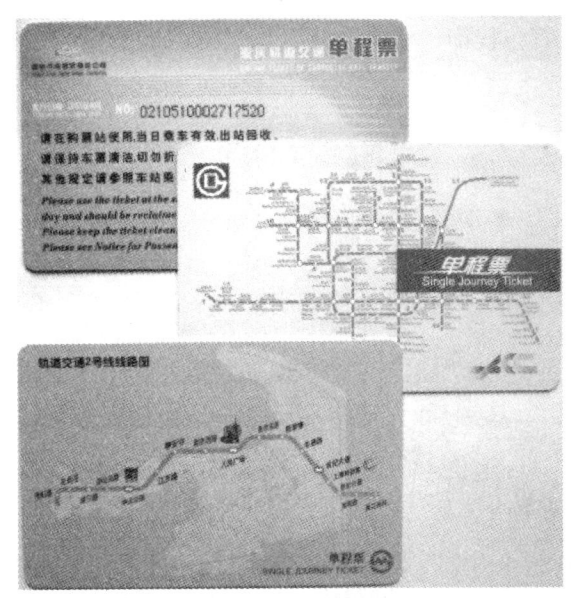

图1-13 方卡型IC卡车票

图1-14 筹码型IC卡车票

表1-5 筹码型单程票与方卡型单程票优缺点对比表

序号	比较项目	筹码型单程票	方卡型单程票
1	结构强度	坚硬不易损坏	容易被折弯或发生物理上的损坏
2	广告载体	表面可以做广告并反复印刷,清洁较方便,可适当降低成本	表面适合做广告,效果较好,但清洁较难
3	传送机构的复杂性	筹码型车票在传送中,借助其外形特点,采用自由滚动方式,AFC设备结构简洁,不需要额外的传送装置,维修成本低,车票回收容易	终端设备需要专门的传输装置来传送方卡单程票,存在较多的机械动作,维修成本相对较高,车票回收相对复杂
4	外形	筹码型车票形式与方卡型储值票形式明显相异,乘客使用时不容易出现误操作	方卡单程票与其他票卡外形相同,乘客使用时可能会出现误操作

异形卡车票有别于普通方形IC卡的固有外形,弥补了方形IC卡不便保管的缺陷,既有

卡通造型的手机挂饰，也有时尚的钥匙挂饰、背包挂饰、钱包挂饰等，让 IC 卡变得生动可爱，更显时尚个性，如图 1-15 所示。

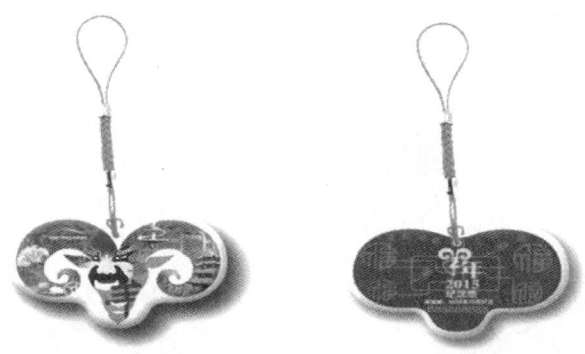

图 1-15　异形 IC 卡车票

异形 IC 卡车票由于其外形尺寸不规范，不能作为单程票在自动售检票设备内进行传送处理，其使用的芯片与方卡型储值票芯片一致，所以一般均用于储值卡型车票，满足乘客的个性化需求。

第三目　车票应用分类

城市轨道交通是高投入、高效益的服务型产品，其高效益主要体现在对社会经济的间接推动和对社会生活的维持上，同时它又可以采取适当的票价策略获得部分经济效益，因而又是一项准公共产品。由于不同国家、不同地区采取的扶持政策不同，各地票卡种类也存在很大差异。

根据城市轨道交通的特点，按车票使用性质，票卡可分为单程票、储值票和专用票三大类。按计价方式不同，票卡又可分为计次票、计时票、计程票、计时计程票、计时计次票和专用票六大类。按照车票是否可回收，车票又分为回收类车票和非回收类车票。

由于各城市地铁公司根据各自实际情况制定票务政策，各地发行车票的种类及处理规则都有差别（或者是票种的名称不一样），并且也会随着轨道交通的发展而有所调整。

一、典型票种基本概念

（一）单程票类

单程票是指乘客以一定的金额购得一次旅程服务承诺，只可以进行一次进站和一次出站行为的车票。通过系统参数设置，可定义单程票的有效期限和区间。单程票一般分为以下几种：

（1）普通单程票：单程票中使用最多最广泛的一种车票，乘客购票时完成对票卡的赋值；当日当站限时限距使用，出站时由闸机回收。

（2）应急单程票（预制票）：一般情况是预先对一定数量的车票进行赋值，在车站遇到大客流的时候，由车站工作人员人工发售。应急票的使用方式与普通单程票相同，只是由于其进行了预先赋值，对资金票卡的管理措施有更多要求。该票种主要是为了避免大客流对部分车站的购票或进站产生冲击。

（3）出站票：出站补票使用，发售当天当站有效，出站回收。

可重复使用的单程票卡在回收后通过必要的程序，在一定程度上可以循环使用，这样可以降低每乘次的票卡媒介使用成本，但也会给票卡管理增加物流、清洁等管理难度。

（二）储值票类

储值票是指可反复充值以保证车票内预存有一定资金，在金额足够的情况下可多次使用，每次使用时根据费率表扣除乘车费用的车票。储值票可以分为以下几种：

（1）普通储值票：储值票中使用最多最广泛的一种车票，可反复充值使用，每次使用根据费率表扣费。

（2）优惠票：根据需要给予一定折扣优惠的车票，如老人票、儿童票等。

（3）纪念票：为某种题材专门制作发行的纪念性票卡，可供收藏用，在有效期内使用，不计程，出站不回收。

（4）乘次票：被赋予固定乘次许可，在有效期及许可范围内可以重复使用。通常该种车票在使用时只计次数，不计里程。

储值票的特点是在发售给乘客后，都由乘客持有，在一定的条件下可多次使用，并且每次通过出站闸机时，都无须回收。

（三）地铁专用票类

地铁专用票类是一种不同于单程票和储值票的特殊票种，由运营方根据某种特殊需要，赋予特定使用许可的车票。地铁专用票主要包括员工票和测试票，一般分为以下几种：

（1）员工票：供轨道交通相关从业人员工作使用。

（2）测试票：一种对 AFC 系统设备进行维护诊断的特殊车票，只能在设备处于维护模式由维修人员测试设备时使用。

（3）其他特殊票种：如车站通行卡，它是一种可以在进站闸机或出站闸机上连续多次刷卡通行的票种，主要供站务人员在闸机现场为乘客处理闸机通行机会被误用的情况。乘客闸机通行机会被误用主要是指乘客持自己的卡刷卡或投卡后，没有及时通过闸机，或通行机会被其他乘客误用、自己无法通行。站务人员在现场核实情况后使用车站通行卡开启闸机扇门，放行当事乘客，避免乘客到人工票亭进行乘客事务处理，这样既方便了乘客，也降低了售票员的工作量。这类票卡权限较大，因此应制定严格的规章制度规范其使用。

在各种使用条件下，可以将以上几种车票的类型进行组合使用，或者与其他票卡进行兼容使用。

随着技术和需求的变化，车票的类别、功能和使用方式的变化也将对系统提出不同的要求。在不同的使用环境，运营方可以通过中央计算机系统灵活地对车票种类进行定义扩展。

二、车票分类

下面介绍一套较完整的票种分类及处理规则，供大家学习。

票卡根据发行机构不同可以分为地铁专用票和外部票卡两类。

根据票卡在出站闸机上是否出站回收，将票卡分为回收类和非回收类。

其中，单程类票卡统称为回收类票卡；储值票、计次票、日次票、纪念票、月票、区域月票以及员工票统称为非回收类票卡。

（一）票卡种类说明

按发行单位进行分类：

（1）地铁专用票卡，包括单程票、出站票、预制票、零元票、纪念票、定次票、日次票、储值票、月票、区域月票及员工票。

（2）第三方（一般是城市通卡公司）等外部发卡机构发行的票卡，包括"城市通"普通卡、学生卡、老年卡等。

（二）回收类车票

回收类票卡指出站需要回收的票卡，包括单程票、出站票、预制票、零元票。

1. 单程票

单程票适用于所有乘客，是供乘客搭乘一次轨道交通列车所发售的票卡。

正常情况下，单程票仅限于在发售车站当日使用，限单人、单次、限时使用，限购票站进站。在乘客出闸时，单程票被出闸机回收，不可挂失。乘客持票超程或超时出站，需按规定补票出站。

2. 出站票

出站票是供乘客补票出站的票卡，其实质是在付费区发售的单程票。在票卡标志上显示为出站票，产生的交易格式中，设置一个出站票标志，以标识此交易是出站票。出站票在发出后的当日限定时效内、本站单人出站使用，不可挂失。

3. 预制票

预制票是指经过编码分拣设备预先赋值的单程票，适用于车站出现大客流或其他特殊情况时，车站根据实际情况在车站票亭或者临时票亭出售。其使用规则同单程票。

4. 零元票

零元票是为乘客免费进出站而使用的票卡，其实质是金额为零的单程票。限免票乘客本人使用，在乘客出闸时，零元票被出闸机回收，不可挂失。

（三）非回收类车票

非回收类票卡指出站不需要回收的票卡，包括纪念票、日次票、储值票、月票及员工票。

1. 纪念票

纪念票被赋予一定的面值，在有效期内可以一次或多次使用，扣款方式与单程票类似，使用完后不回收。

纪念票包括定值纪念票、定次纪念票。

1）定值纪念票

在有效期内使用，每次乘车按里程计费；采用 Mifare UltraLight C 芯片、卡式封装；出站不回收，不可挂失，不可充值。

2）定次纪念票

在有效期内计次数使用，每次乘车不计里程；采用卡式封装，出站不回收，不可挂失，不可充值。

2. 日次票

日次票是在购票后第一次进站起在规定期限可多次使用，使用时只计乘次不考虑乘距。日次票采用 Mifare UltraLight C 芯片、卡式封装；不可挂失，不可充值。车票完成最后一次旅程后 AGM 不回收。

日次票一般在 BOM 发售。日次票在通过 AGM 时，AGM 将显示车票剩余使用次数。

3. 储值票

持票人可用储值票进行预充值，持储值票乘车时，从卡中扣除乘车费用。

储值票包括普通储值票和纪念储值票，采用卡式封装，出站不回收。普通储值票分记名储值票和非票记名储值票，记名储值票在车票表面留有乘客照片的位置，可挂失，可充值。

若储值票在出站时发现余额不足，根据 ACC 设置分为允许透支一次或不允许透支两种情况。当允许透支时，将提示乘客透支并在车票内写入相关透支信息，并在乘客充值时扣除透支金额；当不允许透支时，乘客需补购出站票出站。该设置可通过参数下载到设备端，由参数控制是否允许透支。

储值票可由 ACC 设置不同的票种。不同的票种在检票时有相应的信息提示。

4. 月票/区域月票

乘客可在车站服务中心的 BOM 购买月票,最多提前一个月购买。月票采用计期计次模式,即乘客购买月票后,在一个月内最多可以使用一定次数,每乘坐 1 次扣除一个乘次。

月票采用卡式封装,出站不回收,不记名,不挂失,可充值。

月票充值后剩余次数仅对生效的适用月份有效。

区域月票除了限制乘客在固定区域内乘车外,其余业务规则与月票一致。

5. 员工票

(1)普通员工票:由地铁员工持有,检查进出站次序,不限乘车区域、乘车次数或里程。采用卡式封装,出站不回收,可挂失,不可充值。

(2)区域员工票:由地铁保洁人员或维护人员持有,不检查进出站次序,限制乘车区域,不限制次数或里程。采用卡式封装,出站不回收,可挂失,不可充值。

(3)特殊员工票:用于特殊场合使用的员工票,如领导视察时或大客流情况下应急疏散客流,不检查进出站次序,不限制乘车区域,不限制次数或里程。采用卡式封装,出站不回收,可挂失,不可充值。

(四)测试票

测试票是用于对 AFC 车站终端设备进行维修诊断的特殊车票,这种车票只能在设备处于维修模式时使用,同样也只能在地铁 AFC 系统中使用。测试票包括回收型和不回收型,以满足设备测试的需要。

(五)备用票

为方便票务体系的扩展,建立多种收费体制,应预留备用票种。系统可对其票种、功能、计费方式、处理方式等参数进行设置。

第四目 车票运作流程及管理

票卡是整个轨道交通 AFC 系统的信息源头。票卡信息的正确有效能确保系统的正常运作。一方面,票卡是有价凭证,有效票卡的流动实际代表着资金的流动,一旦票卡管理不善,将会造成经济损失。在历史上曾出现很多票卡造假、串换资金等违法行为。既有系统外的不法行为,也有内部人员的舞弊行为,因此,必须从资金管理的角度看待票卡管理。

通常有专门的机构对票卡的发行、发售、使用、票务处理、回收等全过程进行严格规范的管理。该机构通过对票卡进行初始化,使得票卡成为在系统内可以使用的媒介;同时也负责车票的赋值发售、使用管理、进/出站处理、更新、加值、退还、回收、监督管理、注销及黑名单等规范流程的管理。

票卡发行及使用主要包括车票编码定义、车票初始化、车票的赋值发售、车票的使用、车票使用管理、车票的进/出站处理、车票的更新、车票的加值、车票的退换、车票的回收等工作环节。

一、车票的生命周期

票卡生命周期包括初始化、发售、充值、更新、进站、出站、扣值、退款、注销、重编码等。其中，初始化、注销、重编码等票卡状态的改变，在ACC票库层级通过车票编码分拣机（E/S）操作实现；发售、充值、更新、进站、出站、扣值、退款等票卡状态的变更，则随票卡在车站中流转使用时由车站终端设备（SLE）进行更改。

票卡生命周期具体如图1-16所示。

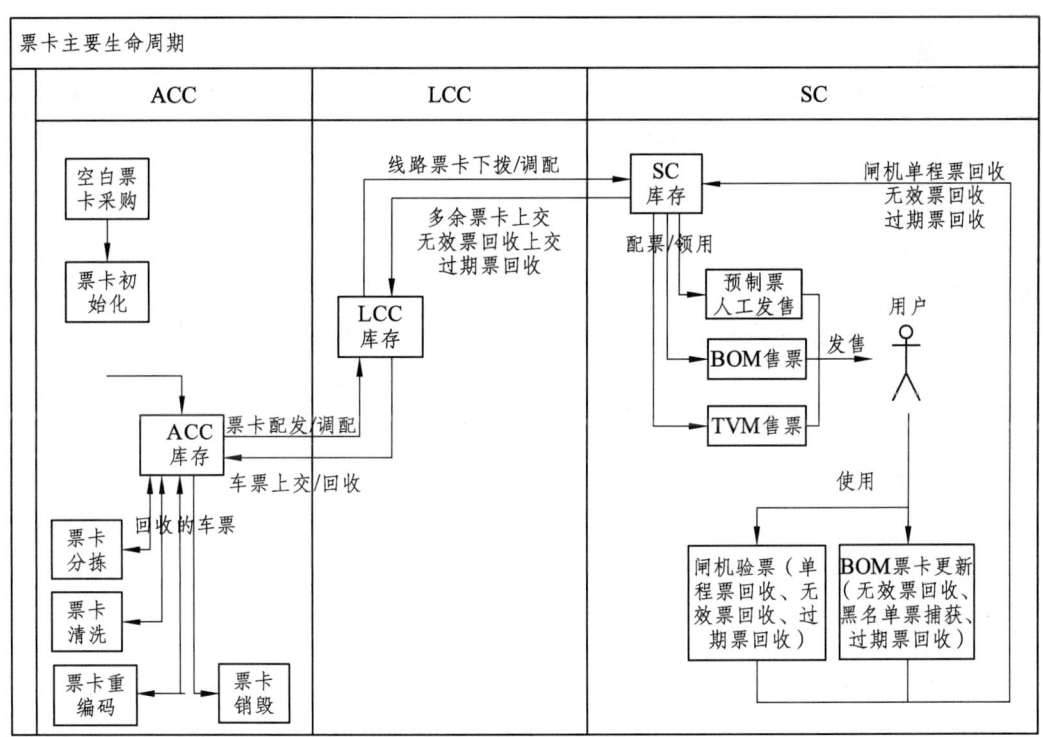

图1-16 票卡生命周期图

二、车票编码定义

城市轨道交通管理单位负责轨道交通专用票种类型的定义、业务规则制定以及车票发行。车票编码定义包含车票类别、车票编号、车票票值、车票时效、使用范围等信息。

（一）车票类别

车票类别标志了车票的分类情况，对应不同的应用方式和处理规则。车票类别在编码时确定。乘客可根据自己的需要购买规定范围内不同类别的车票。

（二）车票编号

车票编号可分为卡面编号、物理卡号和逻辑卡号。

（1）卡面编号是票卡生产厂商在制作车票媒介时印刷在车票表面上的系列编号，可标明生产者代码、批次等信息。

（2）物理卡号即非印刷票卡媒介产品的序列号，由车票媒介生产厂商在出厂时直接写在车票芯片内。

（3）逻辑卡号是为了确保AFC系统能够跟踪流通中的车票使用情况和针对某张或某些车票进行功能设置而赋予的系列编号。在车票初始化时由编码机对票卡进行逻辑卡号写入。一般情况下，逻辑卡号是卡面编号的一部分。

在车票制作和使用过程中，中心数据库可通过车票的票面编码、物理卡号和逻辑卡号之间建立的关联关系，对车票的使用情况进行有效防伪和跟踪。

（三）车票赋值

车票票值也就是车票所含可乘车的资金，它是记录在车票上的、可以用于乘坐城市轨道交通工具的金额。

通常，使用单程票的乘客在出站时如果其车票中的票值小于本次旅程的应付费用，则不予放行，需要补足费用后才能出站。使用储值票的乘客乘车后，将在其票卡的预存资金中扣除此次行程的费用，如果票卡中的预存资金金额为零或为负值，一般不允许进站乘车。

（四）车票时效

各种类别的车票都有各自不同的有效期，车票只能在系统设定的有效期内使用。如果车票即将过期或者已经过期，须进行延期等更新处理后才能使用。

（五）使用范围。

各种类别的车票都有特定的使用范围（如线路、车站等），以规范使用秩序。

三、车票采购

ACC通过库存管理功能了解城市轨道交通路网内每一条线路的票卡流量，并进行库存预测，同时系统设计安全库存参数，根据设定的阈值，提供自动报警功能，根据预测结果启动采购程序，包括打印采购单、审批等，管理系统也能完全监控整个采购程序，最后也会根据购买活动更新储存水平和分配。在运行模式，库存管理系统可以显示实时库存信息，包括已售、入站、出站及流失率数量，以帮助票卡流程管理。

进行票卡采购预期值分析时，系统以预设库存量、票卡流失率、票卡故障率、票务总中心库存量、线路票务分中心的库存量、车站票务室的库存量、车站设备中的剩余库存量及乘客手中的票卡作为主要分析数据，为ACC票卡采购提供合理依据。

四、车票初始化

初始化是对城市轨道交通专用票卡进行格式化，根据轨道交通系统的统一要求，创建应用文件结构，写入初始发行信息，装载系统要求的密钥的过程。

所有车票投入使用前，都必须由专门的机构进行初始化，分配车票在系统内的唯一编号，同时生成车票相关的安全数据。

轨道交通专用票卡的初始化一般通过编码机完成，特殊票卡（如员工票）可以通过专用的发卡系统完成。

只有经过初始化的票卡才能在系统中流通使用。

车票初始化工作是通过编码或分拣机进行的。只有经过初始化后的车票才可以分发至各车站进行发售。在初始化时，操作员针对不同类型的车票设置系统参数及系统应用数据来进行初始化编码。

（一）车票初始化的编码内容

（1）安全密钥及防伪数据。

（2）车票编号数据。

（3）车票状态数据。

（二）车票初始化必须完成的工作

（1）设备读取车票上唯一的物理卡号，验证初始密钥。

（2）初始密钥验证成功后，将逻辑卡号、安全数据、编号数据及系统应用数据写入车票。

（三）将车票信息记录到中央数据库

1. 轨道交通专用票

由清分中心车票管理系统的初始化编码机进行初始化，然后按批次总量分发调配给各线路中央。经过初始化处理后，每一张车票都将作为唯一标识。

2. 公共交通卡

城市通卡车票由城市通卡公司对其进行初始化处理。

五、车票赋值发售

部分单程票、计次票和纪念票发售前需要先在 E/S 进行集中赋值，然后按照轨道交通票务中心制定的有值车票分发、回收管理办法，将车票分发到线路。

初始化的车票必须经过赋值处理后才能够正常使用。对车票的赋值可由编码/分拣机执行或由车站内的自动售票机、半自动售票机在车票出售时进行。

（1）部分需要提前赋值的车票（如预制票），可以在专门的编码/分拣机进行赋值，在需要的时候，在车站进行人工发售。

（2）对车票赋值时，必须先对车票进行有效性检查，再将赋值信息写入车票，但不能修改票卡发行时的初始化数据。

（3）不同类型车票的赋值数据由系统参数确定。

各种车票发售设备虽分散在轨道交通服务范围内，但它们遵循的规则必须一致，因而发售设备的发售许可、可发售票卡类型和票价参数等，通常由中央计算机系统下载参数统一设定。车票发售完后，要将车票信息报送中央数据库。

六、车票的使用

车票通过赋值/发售后，即可投入使用。

（一）车票的进出站处理

所有车票的详细使用记录最终需要保存在中央计算机系统，以便对车票使用情况进行统计和分析。车票的每次详细使用记录至少包括车票类别、车票编号、交易类型、车票交易序号、交易时间、交易设备编号、上次交易时间、上次使用设备、交易金额、车票余值等信息。

若乘客使用了无效（或失效）车票，检票机将拒绝接收，并引导乘客到半自动售票机对车票进行分析和处理，如图1-17所示。

典型的车票使用过程描述如下：

（1）车票在自动售票机或半自动售票机上出售，并写入"出售纪录"（如出售时间、线路车站号、售票设备编号、车票赋值/余额等）信息。

（2）车票经进站检票，进站检票机处写入"进站纪录"（如进站时间、线路车站号和进站检票机编号等）信息。

（3）车票经出站检票机检票，依据不同类型车票进行不同的处理，如对乘次票（或储值票），将在出站检票机处写入"出站纪录"，并扣除一个乘次（或行程费用），回收票卡由检票机的回收装置完成，并清除票卡上一次的发售、进站和出站等运营信息。

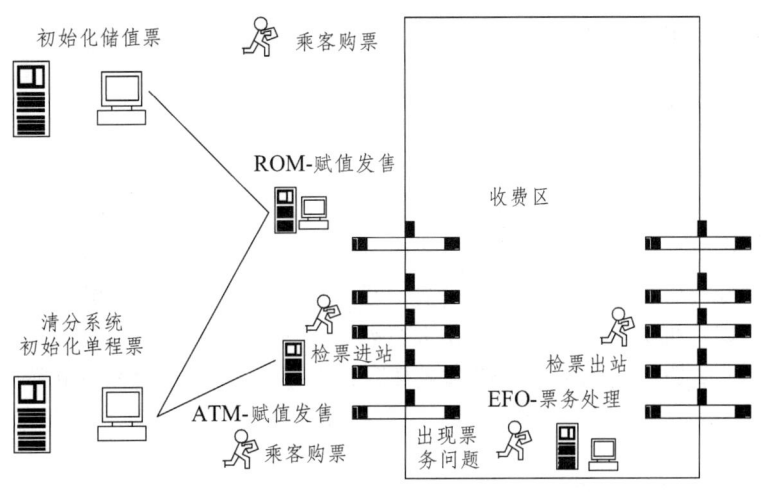

图 1-17 车票分析和处理流程示意图

（4）经出站检票机回收的车票，可直接送往自动售票机进行出售。

普通车票的检验遵循一进一出的次序，即先有一次进站再发生一次出站，如果乘客在进站时未经检票（或标识不清），或在出站时未经检票（或标识不清），就会造成因进出次序不匹配而导致车票的暂时性无效，通常需要由半自动售票机来完成更新。

对车票的进出站次序的检查也可以由中央计算机系统来操控，可通过中央计算机系统设定某个、某部分或全部的车站是否对车票进行进出站次序检查；或设定对某一类车票的进出站次序是否进行检查。

（二）车票的更新

在半自动售票机对车票进行分析后，若为进/出站次序错误、超时、超程等无效原因，则可对车票进行更新处理。中央计算机系统分别设定进/出站码更新的时间和车站限制、进/出站码更新的费用、超时更新的费用、超程更新的计费方式、收费方式、更新次数等。

根据车票的分析结果如果同时存在两种及两种以上需更新的项目，则应对每项更新处理进行确认，并按照运营规则进行处理。

在进行更新处理时，半自动售票机相应更新车票的进/出站状态、时间及费用，并记录更新标志等信息。

单程票更新操作时不对单程票余值进行修改，通常另行收取费用。更新储值票时，可从储值票上扣除收费金额，乘客也可以选择用现金另行支付。

（三）车票的加值

储值票可以通过半自动售票机或自动加值机进行加值。中央计算机系统可设置加值的金额限制、允许加值的车票类型及加值优惠等。

七、车票的退换

在乘客要求退票时，半自动售票机能办理退款业务。通常退款处理方式可根据车票是否被损坏而分为即时退款或车票替换两种方式。中央计算机系统可设置退款条件、使用次数限制、余额限制、费用等以确保退票处理有足够的安全性，防止欺骗行为的发生。

对车票进行分析后，符合系统设置参数的车票（允许被替换的类型、满足回收条件等）可以通过半自动售票机进行替换处理。在进行替换处理时，在被替换的车票上写入有关的替换信息，但车票上的原有信息不能被修改或抹除，车票上的所有余值/剩余乘次及优惠信息完全转入新的车票。

八、车票的配发、调配、收缴

（一）配 发

由票卡发行单位根据客流情况，将初始化后的车票配发到各车站。

（二）调 配

经过一段时间的持续运营，由于客流的不均匀性，可能会造成车票在各线路、各站上的分布不均匀。有些线路、站点滞留大量的车票，而有些线路、站点则车票短缺，为了提高车票的使用效率，可以采用调配的方式。

另外，经过一段时间的使用，单程票可能在回收和发售阶段发生磨损或在使用过程中发生损坏，清分中心应定期向线路回收使用时间过长的票卡，同时向线路中央补发新的票卡。对回收的票卡，清分中心进行分拣后决定票卡是否报废，对报废票卡进行销毁。

依据各线路的票卡存量和清分中心的库存信息，进行票卡调配决策后，需人工录入各线路的调配决定，生成调配记录。调配申请后，必须要经过审核，再根据申请的内容进行票卡的调配。

（三）收缴（回收）

在系统流通的票卡使用一段时间后，都会出现不同程度的磨损，所以有必要对票卡进行定期回收和更换。所有票卡在初始化编码的时候，都将被编上初始化时间，系统也会根据各种票卡的使用情况，设置票卡的使用有效期。编码分拣机在对单程票进行分拣时，判断票卡计数器是否达到参数限制的最大使用次数，编码分拣机将已经超过最大使用次数的票卡和指定票卡分拣出来。

系统将回收以下票卡：
（1）超出票卡有效使用期或次数的票卡。

（2）由于折损而不能继续使用的票卡。
（3）乘客要求退款的票卡。
（4）票面广告到期的单程票。

九、车票挂失

乘客遗失记名储值票后，可到车站通过 BOM 进行挂失申请，为防止他人冒充票卡所有人挂失的情况发生。挂失申请时必须提供卡片申请时填写的有效证件，票务人员负责核对票卡挂失请求资料，确认卡片挂失，该卡的账号和挂失时间将被记录至票卡黑名单，以参数形式下发至终端设备。

十、车票分拣

编码分拣设备对回收至清分中心的票卡，按照各种预设条件进行分拣归类。

十一、车票的重新编码

已回收的票卡，经过人工或编码分拣机分拣后，仍然可以使用的票卡通过编码分拣机进行重新编码。

ACC 记录重新编码后的信息，经过重新编码的票卡可以正常流通。

十二、车票的注销

票卡在频繁使用的过程中，应当建立适当的制度对其使用状况进行及时检查。一旦发现不宜继续使用的票卡要及时注销，删除流通数据库中这些票卡的编号或将这些注销票卡信息放进已注销票卡数据库中，并销毁已注销票卡。

对于由于参数设置和生命周期即将到限的票卡，系统可对其进行注销处理，以结束其生命周期。注销票卡将不能再投入系统使用。

ACC 可对单张、批量的票卡进行注销操作。ACC 将保存所有的票卡注销记录。

ACC 收回的物理损坏票卡、过期票卡、黑名单票卡、乘客退款票卡等，由 ACC 系统统一注销。

十三、车票的销毁

当 ACC 收回物理损坏票卡及过期票卡后，可启动销毁流程。票务管理中心系统通过初始化编码设备检验或人工输入票卡号，相关票卡信息上传至 ACC 系统，票卡计划员完成核对确认后打印销卡清单，在票务管理中心系统会记录销毁数据及计算库存量，供审计以及预测采购计划之用。

十四、黑名单票卡

（一）黑名单票卡基本概念

黑名单票卡是指因某种原因导致该车票被系统禁止使用的车票。

黑名单票卡包括遗失公务票（员工票、车站工作票等）、存在恶意舞弊行为的车票、员工离职后未上缴的员工票、因特定原因不再继续使用但又无法全面回收的票卡等。

（二）黑名单票卡管理流程

地铁黑名单票卡由地铁安全稽查相关部门统一管理，通过 AFC 系统中的黑名单参数，实现该类票卡在 AFC 系统各终端设备上的识别与拦截。

地铁不负责维护外部发卡机构发行票卡的黑名单数据管理，只是定期接收其黑名单数据，在下发黑名单参数时与地铁黑名单一起下发至各车站设备。

其管理流程如下：

1. 黑名单票卡来源

黑名单根据票卡异常检查和挂失而产生。外部机构发行卡的异常检查由外部机构的系统完成。地铁相关部门对自己发行的员工票、特种票（纪念票、计次票等）进行黑名单管理，这些票异常检查将至少包括如下内容：

（1）交易时间异常。

（2）交易计数器异常。

（3）票卡余额异常。

（4）票卡编号异常。

（5）票卡票种异常等。

2. 黑名单设置

在 ACC 中的参数管理模块中输入/导入拟设黑名单的票卡 ID 列表。

3. 参数下发

ACC 生成参数并下发，各终端设备接收到此参数后立即生效。

4. 票卡拦截

当被设为黑名单的票卡在设备上使用时，设备根据该票卡所属的黑名单类型作对应处理（拒绝进出站或锁卡），并根据需要产生交易记录。ACC 系统根据票卡拦截生成的锁卡交易更新黑名单信息，将已锁卡的卡号从黑名单表中剔除，减少黑名单的管理数量，提高刷卡时黑名单的判断速度。

黑名单参数中规定车站终端设备的处理方式分为如下几种：

(1)不允许在设备上使用,在 AGM 上警示灯亮及蜂鸣器响。
(2)允许正常进出。
(3)允许正常进站,不允许出站,在出站时 AGM 上告警指示灯闪烁并报警。

黑名单票卡在终端设备的使用记录会即时上传到车站计算机、线路中央计算机和清分中心。

AFC 系统及终端设备收到黑名单参数后,立即生效。终端设备若检查到票卡属于黑名单票卡时,根据参数的处理要求对该票卡进行处理。

5. 票卡解锁

经确认不再具有安全隐患的票卡,可由相关部门从黑名单参数中删除该项记录,并重新下发黑名单参数列表,同时该张票卡需要进行解锁操作,消除票卡内的黑名单锁标记,该票卡才可正常使用。

第三节 车票读写器

车票读写器并不是一种独立的自动售检票设备,但车票读写器却是每一种自动售检票设备内部都必不可少的关键部件,它主要完成车票的读写处理功能。

第一目 读写器的工作原理

尽管不同厂家设计的车票读写器看起来千差万别,但产品总体架构基本都是类似的,一般使用嵌入式主控单元(MCU)作为主流控制器,组成部分包括连接射频模块、存储器、安全模块、通信接口及其他外设。其基本结构如图 1-18 所示。

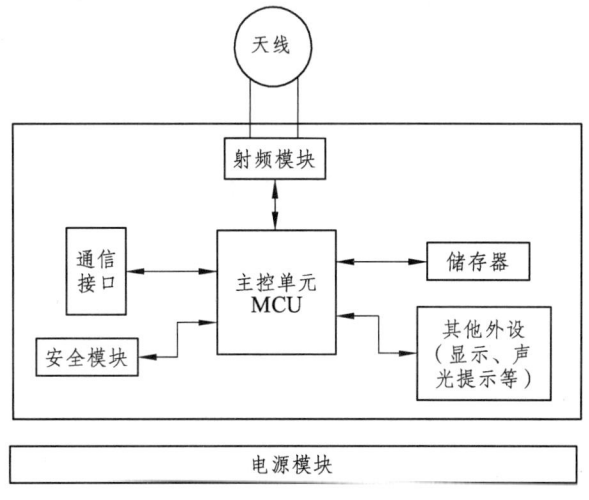

图 1-18 车票读写器基本结构图

读写器通常使用SAM卡作为安全模块。SAM卡是一种内置加密算法的IC卡,保存了系统使用的密钥。读写器中的存储器通常使用EEPROM或FLASH,失电时保存的数据不会丢失。射频模块用来完成与非接触式IC车票的通信,射频模块通过天线发送和接收电磁波信号,将数字信号进行调制处理后通过天线发送给车票,将天线接收到的信号进行解调处理后变成数字信号返回给MCU处理。车票读写器的通信接口用于读写器与主控单元之间的通信,通常采用串行通信方式,常见的通信方式有RS232、USB等。

第二目 读写器的基本功能

车票读写器的交易流程与车票的数据结构和应用系统的设计密切相关。在AFC系统中,车票读写器通常不作为一个独立的设备,而是在各种设备的主控单元的控制下进行工作。车票读写器主要完成的功能如下:

(1)根据车票数据结构的定义读取车票数据并将有关信息返回给主控单元。

(2)根据密钥体系的设计发送指令给安全模块,用于计算车票密钥,并使用安全模块计算出车票密钥对车票进行认证。

(3)根据主控单元发送的指令完成车票的交易处理,将交易处理的结果返回给主控单元。

(4)根据车票交易的处理流程要求完成车票数据保护和交易恢复操作,保证车票交易的完整性和原始性。

由于非接触式IC卡车票交易时无须与读写器发生接触,车票可以在运动中完成交易,为防止交易过程中车票离开天线场造成的交易中断,车票读写器的软件设计必须做好对交易过程中车票数据的保护,保证车票的交易完整地完成或取消未完成的交易,恢复车票数据。非接触式IC卡车票读写器软件设计的主要难点就是解决好车票数据保护和恢复的问题,常用的方法是在车票及读写器内保存备份的交易数据,在交易意外中断时可以利用备份数据恢复车票中原有的数据。

第三目 读写器的功能指标

读写器具有如下功能:

(1)可读写符合IS0/IECl4443(1-4)TYPE A/B标准的非接触IC卡。

(2)支持非接触IC卡的防冲突功能,能根据应用需求对同时在读写区的卡片进行选择读写或均不做处理。

(3)支持符合IS0/IEC7816(1-3)标准及建设部标准的SAM卡驱动,可驱动8个SAM卡。

(4)读写器通过RS232串口或USB Slave口或RJ45网口与外部控制器进行通信连接。

(5)读写器通过内部驱动LED或峰鸣器指示读写器工作状态。

（6）读写器通过 50 欧同轴电缆与天线连接。

（7）读写器通过外部低压直流电源提供工作电压。

（8）读写器和车票应具有良好匹配的天线品质因素和工作频率，保证乘客所持非接触车票以任何角度、任何划动速度进入有效读写区域，均能可靠地、高效地、安全地完成读写操作。

（9）读写器硬件实现加密算法：DES（对称密钥体系）RSA（非对称密钥体系）。

（10）读写器应能够进行在线应用更新。

（11）读写器采取稳压、短路、过载及掉电保护措施。外部电源失电时，不应破坏或改变读写器的数据。

（12）读写器应具有较强电磁防护能力，符合国际电磁兼容标准，手机及轨道交通系统等电子电气设备不应影响读写模块的使用。

第四目　读写器的组成

读写器模块主要由主板、SAM 板组成，另外还包括接收和发送射频信号的天线板，以及用于两者连接的射频馈线。

读写器模块的主板、SAM 板相互插接在一起，安装在壳体内，通过主板上的通讯接口及电源接口与上位机等其他模块进行连接。主板是整个读写器的核心部件，包含了处理器、存储器、射频模块、安全模块、通讯模块、电源模块等。SAM 板是读写器的扩展组件，其上 SAM 卡插槽用于安装 SAM 卡，SAM 卡主要用于进行系统的密钥认证。其外观如图 1-19 所示。

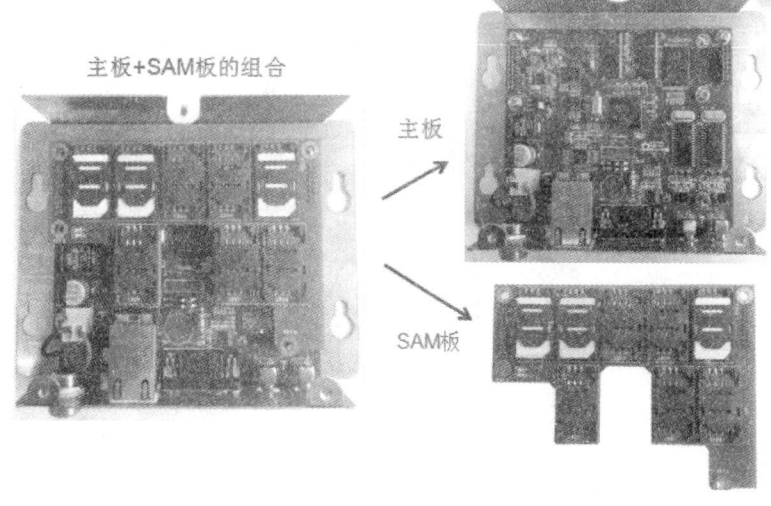

图 1-19　车票读写器主板及 SAM 板外观图

天线板安装在终端设备上需要处理车票的部位附近，以缩短与车票的读写距离，天线板通过射频馈线与读写器模块的主板连接。通常读写器主板具有 2 个天线板接口，可以支持同时接入 2 个天线板。根据安装位置可以配置不同尺寸规格的天线板。天线板外观如图 1-20 所示。

 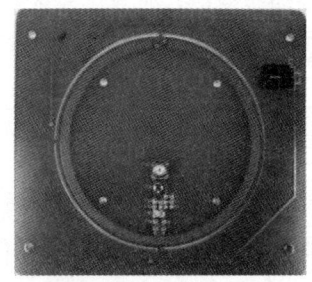

图 1-20　不同类型的天线板外观图

第五目　读写器的接口规格

1. 通信接口：

物理接口：RS-232 串口一个；RJ45 网口一个。

通信速度：RS-232 串口波特率缺省 115200 bps；RJ45 网口速度 10/100 M。

2. 电源接口：

物理接口：航空插头。

电源功率：DC 9-24 V，功耗≤5 W。

读写器通信及电源接口如图 1-21 所示。

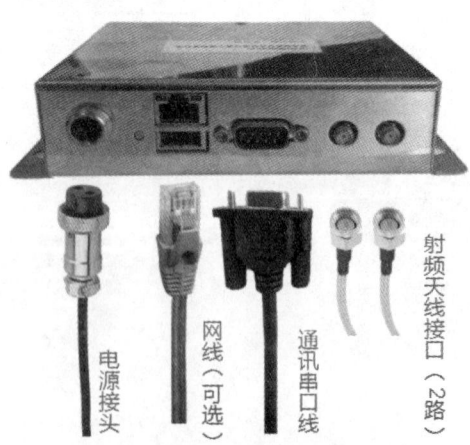

图 1-21　读写器通信及电源接口图

第六目　AFC 设备读写器的配置数量及方式

表 1-6 列出了各类终端设备内部车票读写器的配置情况，部分设备采用了一个读写器主控板配置两个天线板的"双天线"结构。

表 1-6　AFC 设备读写器的配置数量及方式

序号	设备名称		读写器数量	用　　途
1	自动检票机	单向进站通道	1	处理进站车票
2		单向出站通道	1	使用同一个读写器，连接不同的天线，分别处理出站时的储值票和单程票
3		双向通道	2	一个读写器处理进站车票，另一个读写器处理出站车票
4	自动售票机		1	自动售票机的读写器采用一块控制板连接两个天线的方式，一个天线用来读写单程票，另一个天线用来读写储值票
5	半自动售票机		2	单程票出票机构读写器和桌面读写器各一个
6	自动验票机		1	查询车票的相关信息
7	便携式检票机		1	专用读写模块

第七目　SAM 卡的功能

SAM（Security Access Module）卡是一种具有特殊性能的 CPU 卡，用于存放密钥和加密算法，可完成交易中的相互认证、密码验证和加密、解密运算，一般用作身份标志。其外观如图 1-22 所示。

图 1-22　SAM 卡外观图

在发卡时，将主密钥存入 SAM 卡中，然后由 SAM 卡中的主密钥，对用户卡的特征字节（如应用序列号）加密生成子密钥，将子密钥写入用户卡中。由于应用序列号的唯一性，使每张用户卡内的子密钥都不同。

密钥一旦写入卡中，则不会在卡外出现。在使用时，由 SAM 卡的主密钥生成子密钥存放在 RAM 区中，用于加密、解密数据。

第四节 AFC 系统终端设备（SLE）

第一目 AFC 系统终端设备概述

AFC 终端设备也称作 AFC 车站级设备（Station Level Equipment，SLE），是设置在地铁车站内面向乘客操作使用的设备，将自动根据票务处理规则对售、检车票进行处理，并生成和保存车票处理的结果及其他管理信息。在 AFC 系统中，SLE 是设备数量最多、使用频率最高、最具代表性的设备，也是乘客自助使用的地铁设备。

AFC 系统中的终端设备根据用途主要可分为自动检票机（AGM）、自动售票机（TVM）、半自动售票机（BOM）、自动验票机（TCM）和便携式验票机（PCA）等。

本章节结合车站设备布局、乘客交易流程对 AFC 系统终端设备做简要介绍，后续章节将对各类终端设备进行详细介绍。

第二目 车站 AFC 设备布局及车票交易流程

AFC 终端设备（TVM、AGM、BOM、TCM）安装在地铁车站的站厅区域，如图 1-23 所示。

AFC 系统由于采用封闭式的票务管理模式，因此使用闸机和隔离栏杆将车站站厅公共区划分为付费区和非付费区。

TVM、TCM 布置在非付费区，乘客可在此区域通过 TVM 购买单程票或对储值卡进行充值，或者使用 TCM 查询自己的票卡信息，如票卡状态、余额或历史交易等信息。

AGM 布置在付费区与非付费区的分隔带上。乘客持有效车票经过进站闸机检票后，即可从非付费区进入付费区，开始旅程。到达目的车站后，再持车票经过出站闸机检票后，完成该次旅程。

BOM 也布置在付费区与非付费区的分隔带上，可同时对处在付费区或非付费区的不同乘客服务。如对于非付费区的乘客，可进行兑换零钱、人工售卖单程票、人工充值、非付费区的车票更新等乘客事务；而对于付费区的乘客，可进行付费区的车票更新等乘客事务。

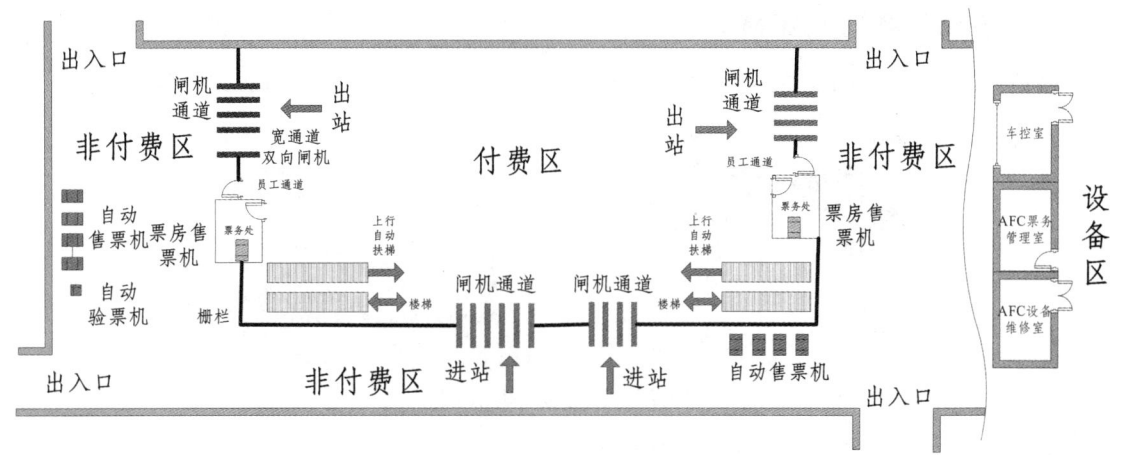

图 1-23　标准车站 AFC 终端设备布置示意图

第三目　AFC 系统车站终端设备类型

一、自动售票机（TVM）

自动售票机（Automatic Ticket Vending Machine，TVM）设备外观如图 1-24 所示。

图 1-24　TVM 设备外观图

安装位置：车站非付费区。

主要功能：自动售票机采用触摸屏方式，实现乘客自助操作；接收硬币、纸币支付方式，并可自动找零；发售单程票，对储值卡充值。

二、自动检票机（AGM）

自动检票机（Automatic Gate Machine，AGM），也称闸机（GATE），其外观如图 1-25 所示。

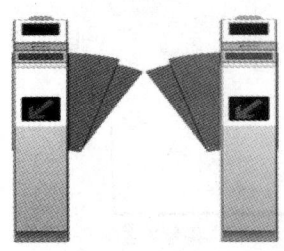 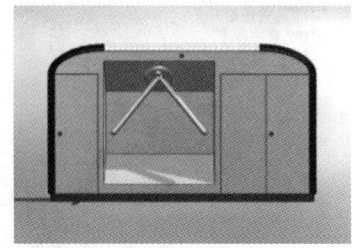

图 1-25　自动检票机示意图

安装位置：安装在付费区和非付费区的分隔带上。

主要功能：对各类车票进行读写操作和合法性确认，自动完成进、出站检票、计费、扣费操作。

闸机分类如下：

（1）闸机按照阻挡装置可分为转杆式闸机、剪式扇门闸机、拍打式扇门闸机等多种类型，分别如图 1-26、图 1-27、图 1-28 所示。

图 1-26　转杆式闸机

图 1-27　剪式扇门闸机

图 1-28 拍打式扇门闸机

剪式扇门闸机按照通道宽度可分为标准通道闸机（宽度 550 mm）、宽通道闸机（宽度 900 mm），宽通道闸机主要满足残疾人乘坐轮椅或携带大件行李的乘客通行，如图 1-29 所示。

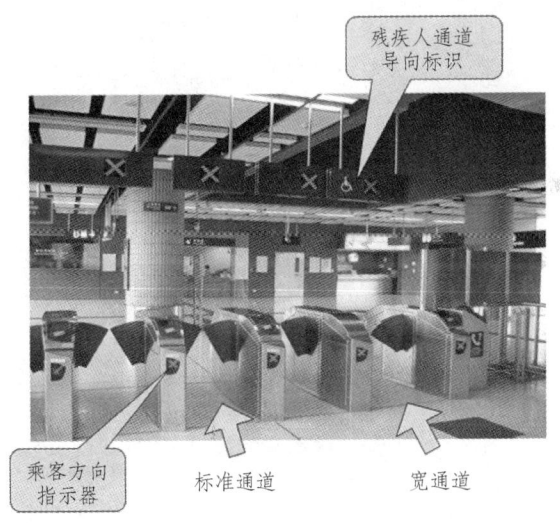

图 1-29 标准通道及宽通道闸机

（2）闸机按照其功能划分，可分为进站闸机、出站闸机、双向闸机。

三、票房售票机（BOM）

票房售票机（Booking Office Machine，BOM），也称半自动售票机，如图 1-30 和图 1-31 所示。

安装位置：BOM安装在票亭内，票亭布置在付费区和非付费区的分隔带上，可面向付费区和非付费区对乘客进行票务处理。

主要功能：由车站售票员操作，人工收费，完成车票发售、充值、退票、补票、车票更新及查询等工作。

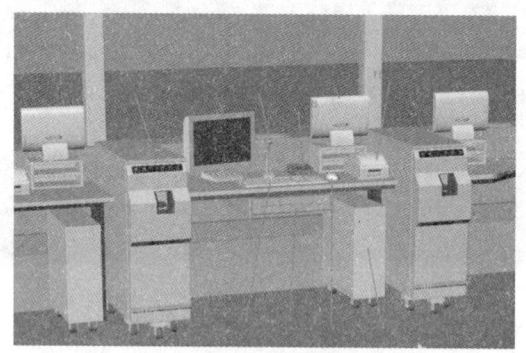

图1-30　票房售票机组成示意图

图1-31　票房售票机和票亭

四、自动验票机（TCM）

自动验票机（Ticket Checking Machine，TCM）如图 1-32 所示。
安装位置：车站非付费区。
主要功能：用于乘客自助查询车票的相关信息，包括车票金额、有效期、卡号和近期交易记录等。

图 1-32　自动验票机

五、便携式验票机（PCA）

便携式验票机（Portable Card Analyzer，PCA）如图 1-33 所示。
功能：供车站票务及稽查人员随身携带使用，以方便其随时随地查验乘客车票。

图 1-33　便携式验票机

第五节　车站计算机系统（SC）

第一目　SC 系统的构成

车站计算机系统（SC）的构成如图 1-34 所示。

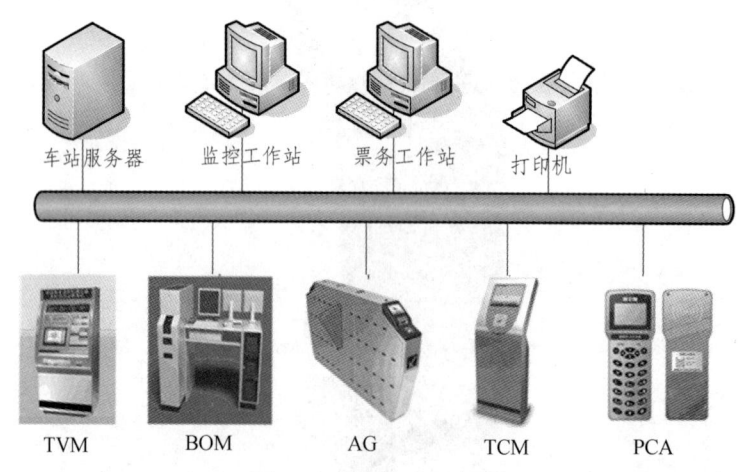

图 1-34　SC 构成示意图

第二目　SC 系统的主要功能

SC 系统的主要功能如表 1-7 所示。

表 1-7　SC 系统的功能

编号	业务功能	业务功能概述
1	数据管理	完成车站的数据采集与采集过程中异常情况的处理，并将相关数据转发 LC
2	参数管理	接收 LC 下发的参数并转发至终端设备
3	设备监控	完成对 SLE 的监视与控制，包括状态监视与客流监视；完成对设备交易数据的实时查询功能
4	模式管理	将 LC 下发的模式信息转发给站内终端设备
5	时钟管理	和 LC 同步时钟，并保证站内时钟统一
6	运营结束处理	完成数据有效性和完整性校验、定时任务处理以及生成相关结算报表
7	车票管理	完成车站车票管理，完成和 LC 车票管理的接口
8	票务管理	完成对售票员结算、设备收益统计、车站收益统计

续表

编号	业务功能	业务功能概述
9	系统管理	1. 日志管理：处理自身和设备上传的日志信息，并提供日志分析查询功能； 2. 软件管理：完成车站内各设备软件版本的统一管理与控制，并完成软件版本查询与跟踪； 3. 数据备份和恢复：完成数据库的备份与恢复
10	紧急按钮	在紧急情况下，通过综合后备盘（IBP盘）的紧急按钮实现闸机紧急放行的控制

第六节 线路中央系统（LC）

第一目 LC的构成

线路中央系统（LC）的构成如图1-35所示。

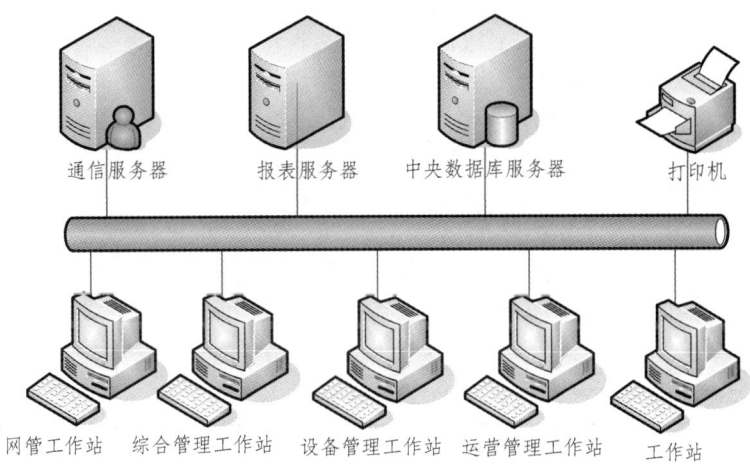

图1-35 线路中央系统（LC）构成示意图

第二目 LC的主要功能

线路中央系统（LC）的主要功能如表1-8所示。

表1-8 线路中央系统（LC）的功能

编号	业务功能	业务功能概述
1	数据管理	完成AFC系统的数据采集与采集过程中异常情况的处理，将数据上传ACC
2	用户权限	设置本线路操作员账号与权限，并作为参数下发

续表

编号	业务功能	业务功能概述
3	参数管理	接收并下发 ACC 运营参数，维护本线路内设备的参数版本，接收 ACC 参数后自动下发到设备
4	监控管理	完成对下级系统和设备的监视，包括状态监视与客流监视，能够完成线路设备整体情况监控和单站设备监控
5	模式管理	和 ACC 接口，执行 ACC 下发的模式，完成线路内模式的管理与下发以及模式履历的跟踪
6	时钟管理	和 ACC 同步时钟，并保证线路内时钟统一
7	运营结束处理	在每天运营结束后执行，主要完成数据有效性、完整性校验，定时任务处理以及生成相关清算报表的功能
8	车票管理	完成 LC 的车票管理，对 LC 内的车票监控、调配、跟踪，完成和 ACC 车票管理的接口
9	票务管理	1. 收益统计：统计线路收益数据，如发售收益统计、运营收益统计、现金收益统计等； 2. 收益审计：审计系统产生的收益相关数据； 3. 对账管理：完成和 ACC 的对账； 4. 客流统计分析：完成客流的分析，作为车票调配的依据
10	系统维护	1. 用户管理：设置系统用户信息； 2. 权限管理：完成对系统用户的权限分配； 3. 日志管理：完成日志的收集、查询、分析； 4. 软件管理：完成系统内各设备和各系统软件版本的统一管理与控制，并完成软件版本查询与跟踪； 5. 数据备份和恢复：完成数据库的备份与恢复
11	设备管理	完成设备的登记和基本信息维护

第七节 AFC 清分系统（ACC）

第一目 ACC 的构成

AFC 清分系统（ACC）的构成如图 1-36 所示。

第二目 ACC 的主要功能

ACC 的主要功能如表 1-9 所示。

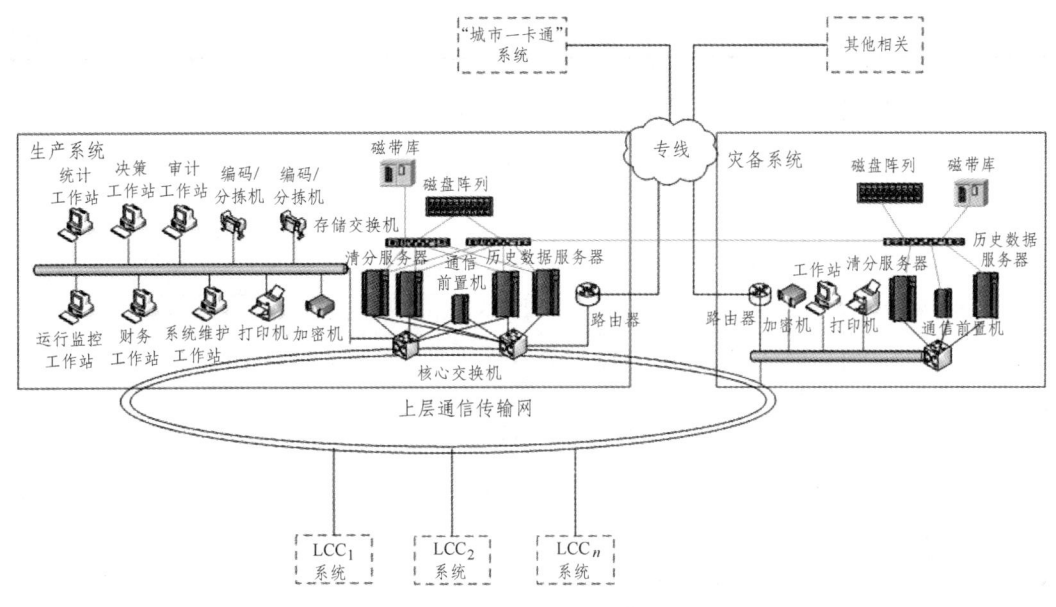

图 1-36　ACC 构成示意图

表 1-9　ACC 系统的功能

编号	业务功能	业务功能概述
1	票卡管理	1. 票卡类型定义与发行：定义票种类型与业务规则； 2. 车票生产管理：包括车票生产任务、车票生产、车票生产跟踪，对整个生产过程的跟踪和控制； 3. 车票库存管理：负责完成线路中心的车票管理，以及简单的车票出入库操作，保证系统库存电子账和车票实物的一致； 4. 车票调配管理：完成线路内车票的监控、调配
2	清分清算管理	负责完成和外部系统的收益清分清算及对账工作
3	运营管理	1. 客流统计与分析：生成各种客流报表，实现客流分析和预测； 2. 设备管理：管理线路中央、车站计算机及终端设备信息； 3. 系统运营模式管理：制定轨道交通 AFC 系统的运营模式，实现轨道交通路网运营模式的查询、控制与下发； 4. 票价制定：制定轨道交通路网票价方案，完成票价表的生成及下发； 5. 运营参数管理：制定、修改、下发由 ACC 控制的系统参数、编码； 6. 时钟管理：与通信时钟源同步，并作为 AFC 系统的唯一时钟源，提供下层系统时钟同步功能； 7. 黑名单管理：完成黑名单数据的维护并下发至下级系统或设备

续表

编号	业务功能	业务功能概述
4	交易数据处理功能	1. 交易数据采集：接收各线路 LCC 上传的交易明细数据； 2. 交易数据认证：ACC 在收到各线路 LCC 上传的数据后，立即对数据合法性进行检查，包括完整性、有效性、内容合法性检查等； 3. 交易数据稽查：包括轨道交通专用票卡交易序号连续性、卡余额连续性及卡余额合法性
5	密钥管理	管理轨道交通专用密钥，管理 SAM 卡的发放、回收、销毁
6	系统维护	1. 用户及权限管理：维护 ACC 系统用户信息，完成对 ACC 系统用户的权限分配； 2. 数据备份和恢复：完成 ACC 系统数据的备份与恢复； 3. 系统日志管理：完成日志的收集、查询与分析
7	灾备管理	远程异地备份中心设有独立的备份数据库，日常工作时备份中心数据库中的数据与 ACC 生产中心数据库保持实时同步。当 ACC 生产系统从灾难或严重故障中恢复后，可使用异地备份中心的备份数据恢复 ACC 生产中心数据库的数据，保证数据的完整性和安全性
8	报表管理	由 ACC 系统自动生成，或由清分中心相关人员在 ACC 管理控制台中人工生成各类报表
9	数据分析与决策支持	通过对系统数据的分析，提供调整运营车辆/车次的组织和运输能力的必要依据，来满足地铁目前的管理运营要求

第八节　AFC 系统设备命名规范

在 AFC 系统内，设备类型及设备数量较多，需要制定统一的命名规范来标识每一台设备的基础信息。

设备基础信息至少包括设备全局 ID、设备 IP 地址及设备铭牌，这些信息是 AFC 系统运行及维护的关键数据。

第一目　设备全局 ID

设备全局 ID 由 9 位数字构成，包括线路号（2 位）、车站代码（2 位）、设备类型代码（2 位）和设备序列号（3 位）四部分。设备全局 ID 可以唯一标识每台设备。设备全局 ID 编码规则如下：

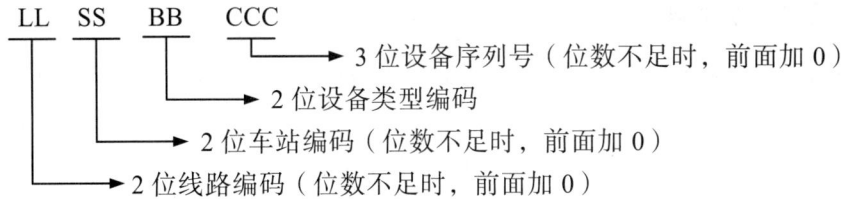

设备类型代码定义如表 1-10 所示。

表 1-10 设备类型代码表

设备类型代码	设备类型	设备铭牌规则
20	BOM	BOM×× ×
22	TVM	TVM×× ×
23	TCM	TCM×× ×
24	PCA	PCA×× ×
40	AGM（进闸机）	ENG×× ×
41	AGM（出闸机）	EXG×× ×
42	AGM（双向闸机）	TWG×× ×
51	AGM（移动进站闸机）	MNG×× ×
52	AGM（移动出站闸机）	MXG×× ×

第二目 设备 IP 地址

AFC 系统内每台具有计算机主控单元的设备均分配有线网内唯一的 IP 地址，每台设备的 IP 地址与设备全局 ID 具有一定的对应关系。IP 地址规则如下：

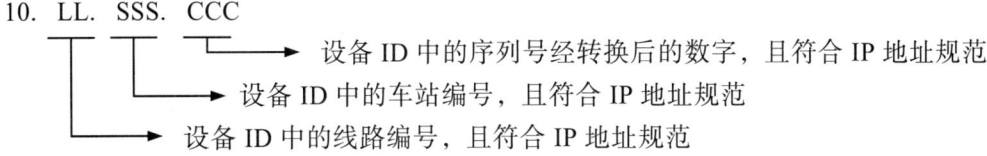

一、车站系统 IP 地址规划

车站中央系统 IP 地址采用 10.LLL.SSS.0/255.255.255.0 网段，其中 LLL 为所属的线路编号，SSS 表示所属的车站编号。

应用服务器采用 10.LLL.SSS.031-10.LLL.SSS.040 网络 IP 地址。

管理工作站采用 10.LLL.SSS.041-10.LLL.SSS.050 网络 IP 地址。

二、车站设备 IP 地址规划

SLE 系统 IP 地址考虑到站级设备的数量主要是以 TVM 和 AGM 占大多数，站级设备按以下原则进行设置：

BOM 采用 10.LLL.SSS.051-10.LLL.SSS.070 网段 IP 地址。
TCM 采用 10.LLL.SSS.071-10.LLL.SSS.080 网段 IP 地址。
PCA 采用 10.LLL.SSS.081-10.LLL.SSS.100 网络 IP 地址。
AGM 采用 10.LLL.SSS.101-10.LLL.SSS.200 网段 IP 地址。
TVM 采用 10.LLL.SSS.201-10.LLL.SSS.240 网段 IP 地址。
其他设备采用 10.LLL.SSS.241-10.LLL.SSS.250，或者 10.LLL.SSS.001-10.LLL.SSS.030 网段 IP 地址。

第三目 设备铭牌

设备铭牌主要粘贴或铆接在设备的外壳上，供车站站务人员识别并用于报告设备故障，或对设备进行运营管理。

设备铭牌主要由两部分构成：设备类型名称和设备序列号，设备类型名称主要有 BOM、TVM、TCM、PCA、ENG、EXG、TWG 等。设备序列号与设备的全局 ID 有一定的对应关系，且需在一个车站内保证唯一。

第四目 范 例

表 1-11 显示了设备基础信息定义规则及范例。

表 1-11 设备基础信息定义规则及范例

序号	设备类型	IP 地址规则	全局设备 ID		范 例		
			设备 ID 编码格式	设备类型代码	IP 地址规则	设备 ID	设备铭牌
1	SC 服务器	10.LL.SS.31	LLSSBB031	BB=01	10.2.27.31	022701031	
2	监控工作站	10.LL.SS.41	LLSSBB041	BB=97	10.2.27.41	022797041	
3	票务工作站	10.LL.SS.42	LLSSBB042	BB=97	10.2.27.42	022797042	
4	BOM	10.LL.SS.CC（51≤CC≤70）	LLSSBB0CC（51≤CC≤70）	BB=20	10.2.27.51	022720051	BOM051

续表

序号	设备类型	IP地址规则	全局设备ID 设备ID编码格式	全局设备ID 设备类型代码	范例 IP地址规则	范例 设备ID	范例 设备铭牌
5	AGM	10.LL.SS.CCC（101≤CCC≤200）	LLSSBBCCC（101≤CCC≤200）	BB=40，进站 BB=41，出站 BB=42，双向	10.2.27.109 10.2.27.101 10.2.27.117	022740109 022741101 022742117	ENG109 EXG101 TWG117
6	TVM	10.LL.SS.CCC（201≤CCC≤240）	LLSSBBCCC（201≤CCC≤240）	BB=22	10.2.27.201	022722201	TVM201
7	TCM	10.LL.SS.CC（71≤CC≤80）	LLSSBB0CC（71≤CC≤80）	BB=23	10.2.27.71	022723071	TCM071
8	车站SC交换机（三层交换机）	10.LL.SS.1	LLSSBB001	BB=09	10.2.27.1	022709001	10.2.27.1
9	车站终端设备交换机（二层交换机）	10.LL.SS.CC（2≤CC≤30）	LLSSBB0CC（2≤CC≤30）	BB=09	10.2.27.2	022709002	10.2.27.2

备注：LL代表线路编号；SS代表车站编号；BB代表设备类型编号；CC或CCC代表设备序列号。

复习思考题

1. 非接触式IC卡的主要优点是什么？
2. 黑名单票卡的基本概念是什么？主要包括哪几种情况的车票？
3. 简述车站站厅AFC终端设备的主要布局。
4. AFC系统内设备全局ID的命名规范是什么？
5. 成都地铁某AFC设备的全局ID为"022742108"，请回答该设备所属的线路、车站代码、设备类型、IP地址以及设备的铭牌。

延伸阅读——新型支付方式

随着高新技术的发展和应用，以及人们对支付便利性、安全性需求的提升，各类新型支付方式层出不穷。本文主要介绍以手机支付为代表的移动支付，以及基于生物特征识别技术的人脸识别支付两类新型支付方式。

一、移动支付

移动支付也称手机支付，就是允许移动用户使用其移动终端（通常是手机）对所消费的商品或服务进行账务支付的一种服务方式。

移动支付主要分为近场支付和远程支付两种。所谓近场支付，是指通过具有近距离无线通信技术的移动终端实现本地化通信，以完成货币资金转移的支付方式，例如使用手机刷卡的方式乘车、购物等。近场支付操作方便快捷，也称为线下支付。远程支付，是指利用移动终端通过移动通信网络接入移动支付后台系统，实现各种转账、消费等支付功能，因此，远程支付也称线上支付。

近场支付领域存在基于银联主导的 13.56 MHz、中国移动力推的 2.4 GHz 两大标准。具体的技术解决方案更是多种多样，有双界面 CPU 卡（基于 13.56 MHz），SIM Pass 技术（基于 13.56 MHz），RFID-SIM 技术（基于 2.4 GHz），NFC 技术（基于 13.56 MHz）和智能 SD 卡等多种方式，其中 NFC 技术是当前近场支付领域的最具代表性的技术。

1. NFC 技术

NFC（Near Field Communication），即近距离无线通信技术。由飞利浦、索尼和诺基亚共同开发的 NFC 是一种非接触式识别和互联技术，可以在移动设备、消费类电子产品、PC 和智能控件工具间进行近距离无线通信。NFC 提供了一种简单、触控式的解决方案，可以让消费者简单直观地交换信息、访问内容与服务。NFC 技术将非接触卡、非接触读卡器和点对点（Peer-to-Peer）通信功能整合进一块单芯片，分别支持三种模式，开创了全新的消费方式。

（1）非接触卡模式：可以模拟成现有的各类卡片，包括身份识别卡（如门禁卡）、预付费卡（如公交卡、饭堂卡等）、银行卡（如储蓄卡、信用卡）等。如图 1-37 所示。

图 1-37 非接触卡模式

（2）非接触读卡器模式：即作为非接触读卡器使用，公交卡充值这一过程中，带有 NFC 功能的手机作用在读卡器模式下，可以实现对公交卡的读写处理。如图 1-38 所示。

图 1-38 非接触读卡器模式

（3）点对点通信模式：即实现无线数据交换，将两个具备 NFC 功能的设备链接，能实现数据点对点传输，如下载音乐，交换图片或者同步设备地址薄。因此通过 NFC，多个设备如数字相机、PDA、计算机、手机之间，可以进行无线通信，交换资料或者服务。

NFC 手机支付在地铁自动售检票系统的应用需同时满足：① 自动检票机具备 NFC 支付功能的读写器模块；② 具备 NFC 支付功能的手机；③ 支持 NFC 支付数据的传输；④ NFC 支付数据和银行及运营商之间对账。

2. 二维码支付

目前，二维码支付作为移动支付的主力军，凭借时尚、便捷的用户体验，在支付领域得到了广泛推广。

二维码支付是一种基于账户体系搭建起来的无线支付方案。二维码支付原理结合了二维码技术和移动支付技术，用户使用手机客户端扫描商品二维码，通过银行或第三方支付平台提供的手机端通道完成支付。具有技术成熟、使用简单、支付便捷、成本较低的特点。

二维码支付在轨道交通的应用方案，主要是通过在自助票务终端中安装嵌入式二维码扫描模块，融合二维码自动识别技术与移动互联网信息技术，集自助购票、自助充值、扫码支付等功能于一体，以提升用户的操作体验。

二、人脸识别支付

人脸识别是一种基于人的相貌特征信息进行身份认证的生物特征识别技术，它使用摄像机或摄像头采集含有人脸的图像或视频流，并自动在图像中检测和跟踪人脸，进行脸部特征识别。该技术的最大特征是能避免个人信息泄露，并采用非接触的方式进行识别，具有不可复制性。人脸识别技术广泛应用于公共安全、金融等重要行业及领域，以及智能门禁、考勤、手机等民用市场。

人脸识别支付系统是一款基于脸部识别系统的支付平台，它是建立在人脸识别技术上的最新应用。人脸识别支付系统也是一种基于账户体系搭建起来的支付方案，不需要钱包、信用卡或手机，支付时只需要面对 POS 机屏幕上的摄像头，系统会自动将消费者面部信息与个人账户相关联，整个交易过程十分便捷、安全。

三、移动支付在城市轨道交通中的应用范例

近年，不少城市的轨道交通运营商通过对移动支付的研究，在二维码支付和NFC支付方面都取得了阶段性成果，云购票机、云闸机和手机电子票作为研究成果已经应用于AFC系统中，同时把轨道交通AFC系统由原来封闭的网络架构，过渡到和互联网连接的开放的网络架构，给广大乘客带来了全新的应用体验。

1. 手机二维码购票

乘客通过第三方支付平台的手机应用，可以在云购票机上用手机二维码扫码的方式，现场支付购买车票，也可以提前在网上支付后获得取票二维码，再前往指定地铁站，将取票二维码放置在云购票机扫码口上扫描，就能领取到在线购买的车票。

2. 手机二维码检票过闸

通过手机购票的乘客，无须取票，可直接将手机购票二维码置于"云闸机"扫描窗口进行扫描，验证成功即可过闸通行。

3. 手机二维码对城市通卡充值

乘客使用手机客户端完成充值付款，获得付款二维码，在支持二维码自助充值功能的设备前，将城市通卡放在设备指定位置，再将手机上的付款二维码放在设备扫码支付窗口进行扫描，即可完成对城市通卡的充值。

4. NFC手机对城市通卡充值

乘客将城市通卡贴在支持NFC功能的手机背后，进入手机客户端，查询城市通卡的余额并支付待充值的金额，支付成功后，把城市通卡再次贴在手机背面，让卡片读取充值金额即完成充值。

5. NFC手机票

乘客可以使用具有NFC功能的手机，通过手机应用，购买和下载手机电子票，将NFC手机模拟成一张非接触式IC卡，直接刷手机进出地铁站，实现地铁传统实体票向电子票、虚拟票的转化。

四、城市轨道交通推广移动支付的益处

移动支付在城市轨道交通自动售检票系统中的推广，可以带来一系列经济效益和社会效益。使用移动支付替代现金支付，可省掉纸币、硬币识别过程以及找零过程，改善乘客的支付体验，提高支付效率；降低自动售票机TVM的研制和采购费用，从而节约新线的建设成本；降低设备维保人员的工作量，减少车站运营维护成本；减少实体单程票的使用量，降低车票采购、制作、流通的管理成本；减少车站现金的管理压力；虚拟化车票可以促进乘车凭证的实名制登记，提高城市轨道交通安全性。

第二部分 岗位知识

第二章 自动售票机

【本章学习重点】

本章主要介绍了自动售票机的组成、布局、总体架构以及设备总体功能、设备操作界面、各模块的结构组成、工作原理和功能。其中自动售票机的组成和整体功能,以及主控单元、纸币模块、硬币模块、发卡模块的结构组成和工作原理是本章的学习重点。

自动售票机(TVM)是 AFC 系统主要的站级设备之一,自动售票机安装在非付费区,提供单程票发售和储值票充值的功能。乘客能够按照设备操作提示,使用纸币或者硬币完成购票或储值票充值操作,设备还具有纸币找零和硬币找零功能。自动售票机能够向乘客发售指定面值及数量的单程票或者将指定金额充值到乘客的储值票中。交易结果能够上传到车站计算机,自动售票机能够通过中央计算机和车站计算机进行管理。

第一节 设备外形与组成

第一目 设备外形

自动售票机外观效果图设计如图 2-1 所示。

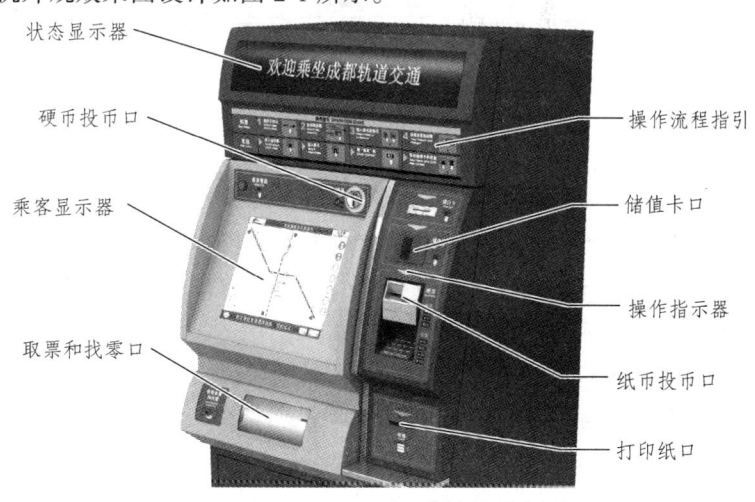

图 2-1 自动售票机外观效果图

第二目 设备组成及布局

自动售票机的结构组成如图 2-2 所示。

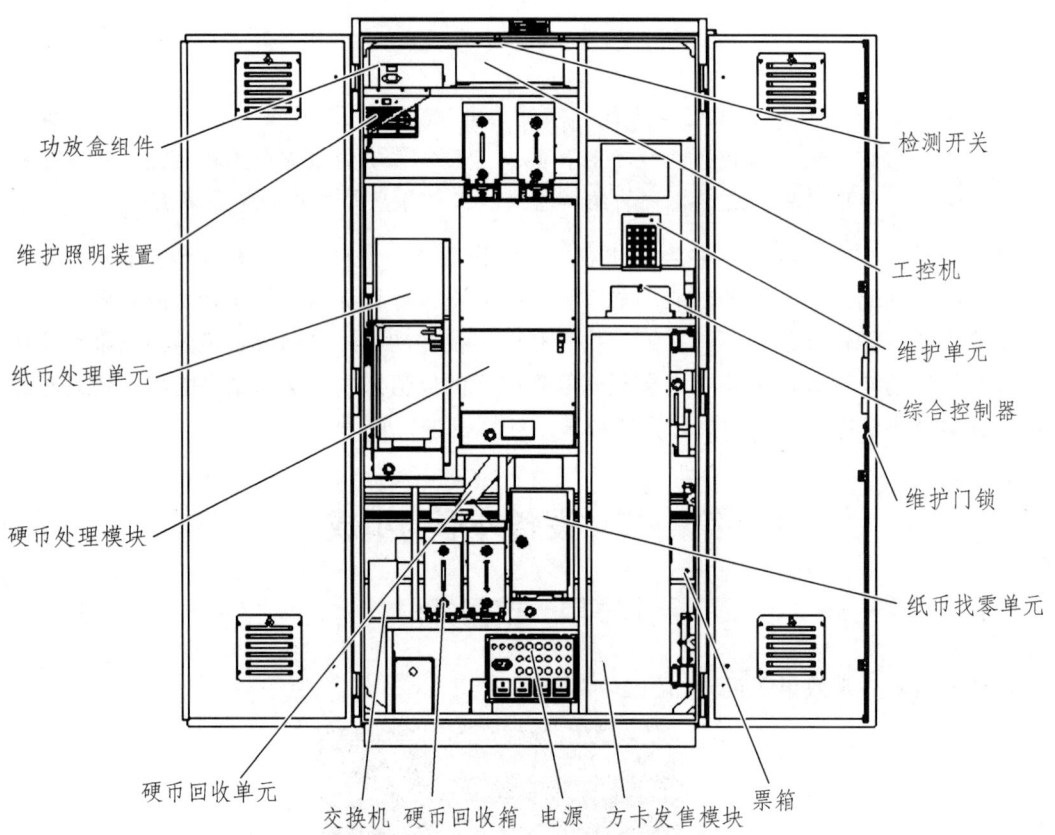

图 2-2 自动售票机结构组成图

需要说明的是，图中的交换机并非自动售票机和自动检票机的标准配置，也就是说并非每一台终端设备里面都装有网络交换机。这是因为，为了简化车站设备布线，以及增强网络冗余性能，车站计算机系统采用了"星-环形"网络结构，连接终端设备的交换机都布置在终端设备的内部，一般情况下，每台交换机可接入 6 台终端设备，因此，相邻的其他终端设备都可以接入到该台终端设备交换机内。所以，在自动售票机和自动检票机的设计阶段，需要在设备内部预留安装交换机的位置，但在安装阶段，则根据实际情况，来确定网络交换机安装在哪些设备内部。自动售票机的机构如表 2-1 所示。

表 2-1 自动售票机构成一览表

标号	部件名称		型号规格	说明
1	主控单元	工控整机	SPC-0501-02	
		存储设备	硬盘：80 GB	SATA 接口
			CF 卡：1 GB	宽温
			内存：512 MB	板载表贴
		CPU	Intel PM 1.4 G CPU	
2	纸币识别器		G&D-BIM2020	暂存器容量为 15 张
3	纸币钱箱		G&DBIM2020 CASHBOX	容量为 1 000 张
4	纸币找零器		FUJITSU F53	2 钞箱，500 张/箱
5	硬币处理单元	硬币识别器	G40.6288	德国 NRI，可识别多达 16 种硬币
		后备找零钱箱	MK4	备用找零箱共 2 个，容量：1 000 枚/个，5 角、1 元硬币各 1 箱
		缓存找零钱箱	COMPACT HOPPER	缓存找零共 2 个，容量：180 枚/个，5 角、1 元硬币各 1 箱
6	硬币回收钱箱		M-CCB-2100	2 箱，容量 1 000 枚/个
7	硬币补充钱箱		M-CCB-2100	2 箱，容量 1 000 枚/个
8	车票发售机构		M-CMM-1000	GXM/定制
9	票箱		塑料票箱	2 箱，票箱容量 800 枚/个
10	储值卡模块		KDR-9600B	—
11	银行卡模块		CRT-310	（预留）
12	票据打印机		EPSON M-T532	热敏打印机
13	乘客显示器		M190EG02-V0	TFT 液晶显示器 19″
14	触摸屏		SCTL6B19WS1R	表面声波屏 19″
15	散热风扇		AD1224LB-F51	轴流风扇
16	车票读写器		CR-BM9G20A	
17	运营状态显示器		CHIPTP1065D	红绿双色 LED，一行 10 个汉字
18	电源模块（含维修插座）		M-DCB-2002	12 V 开关电源 SWS100-12 24 V 开关电源 SWS300-24
19	维护面板		M-MFB-1000	6.5″TFT 液晶显示，5×4 按键，
20	照明灯		8 W	节能灯
21	操作指示器		TS-BL186GA	高亮 LED 面板
22	召援按钮		XB2-BA41C	
23	废票箱		M-RCB-1000	废票箱 300 个/箱
24	综合控制器		M-GCU-3100	32 位 CPU/ GXM 定制
25	警报器		AP-B4328-024-EB	85DB
26	UPS		BNT-1000APL	在线式

第三目　设备外形及操作位置尺寸

自动售票机的乘客操作面板按人体工学最佳的操作高度及位置尺寸设计，如图 2-3 所示。

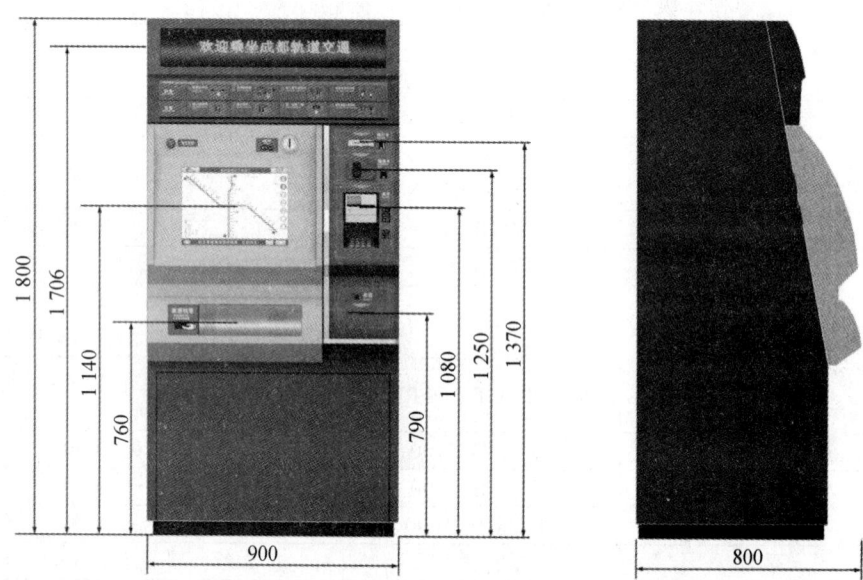

图 2-3　自动售票机外形尺寸及前面板操作位置图（单位：mm）

一、维护操作位置及尺寸

自动售票机的维护操作位置及尺寸如图 2-4 所示。

二、设备维护门操作

设备各维护门开启方式如表 2-2 所示。

表 2-2　维护门开启方式设计

序号	维护操作	开门位置及方式
1	前面板（显示器等）	前上翻门维护
2	其他特殊维护操作	前下平开门维护
3	日常维护更换钱票箱	后双平开门维护

维护门开启动后的结构尺寸设计示意图如图 2-5、图 2-6 所示。

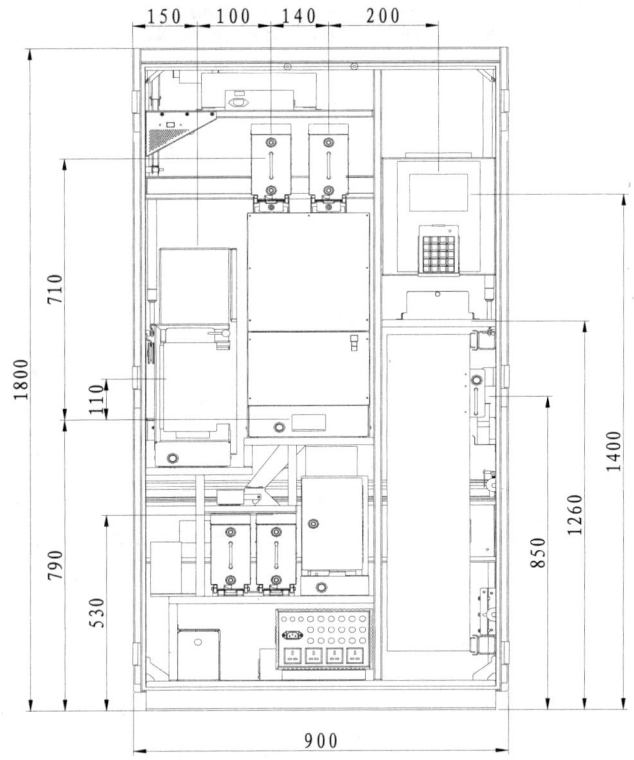

图 2-4 维护操作位置及尺寸示意图（单位：mm）

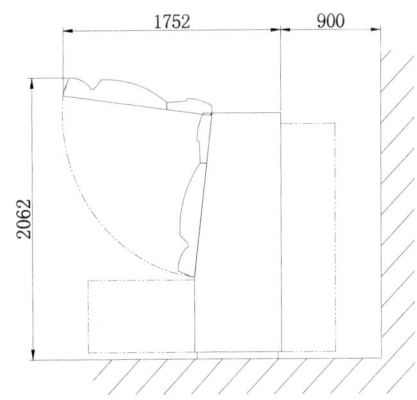 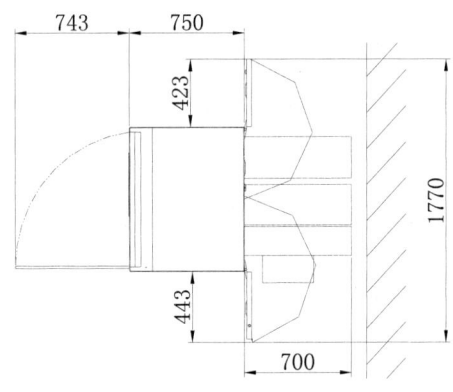

图 2-5 维护门设计示意图（侧视图）
（单位：mm）

图 2-6 维护门设计示意图（俯视图）
（单位：mm）

第二节 设备总体构架

自动售票机设计采用标准模块化结构设计，配有触摸屏及乘客显示器，用于显示地铁线路及票价、操作提示等信息，并可以触摸操作。乘客操作面板标有操作流程，在纸币入口、硬币入口、储值卡入口、取票口、退币口有明显提示。整个设备具有人机界面友好、可靠性高、售票速度快、管理控制能力强、易维护、安全性高等特点；能存储交易数据、工作状态记录和运营参数等数据，通过网络能够将工作状态、交易、事务等数据实时上传到车站计算机和中心计算机，并接收车站计算机和中心计算机的控制命令。

自动售票机以主控单元为核心，辅以现金处理装置、车票处理装置、读写器、乘客显示器、触摸屏、运营状态显示器、打印机、电源等模块，协同实现车票发售、充值、数据处理等功能。

主控单元一般选用高可靠性、低功耗的通用型嵌入式计算机设备或工业级计算机设备，需要具有丰富的外部接口以支持外部设备的连接，并需要保留部分接口以支持未来设备的扩展。

自动售票机的总体架构如图 2-7 所示。

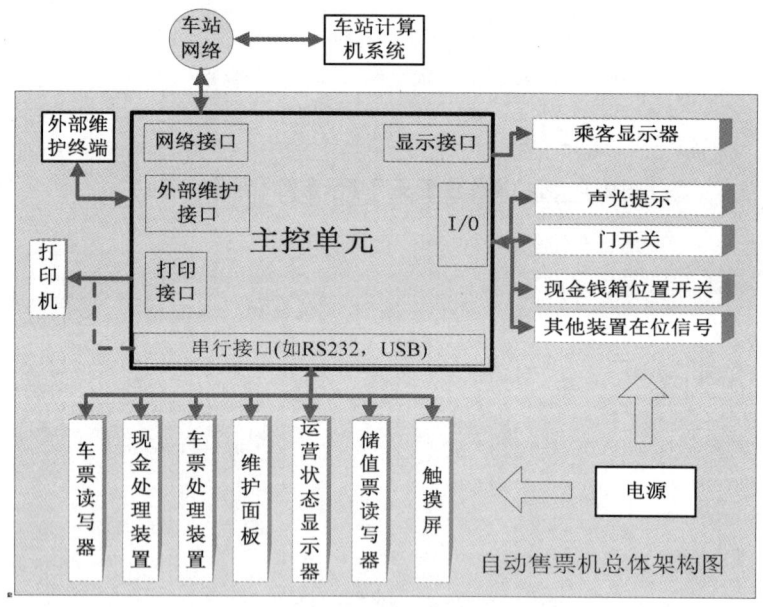

图 2-7 自动售票机总体架构图

第一目 整机接线图

自动售票机整机接线图如图 2-8 所示。

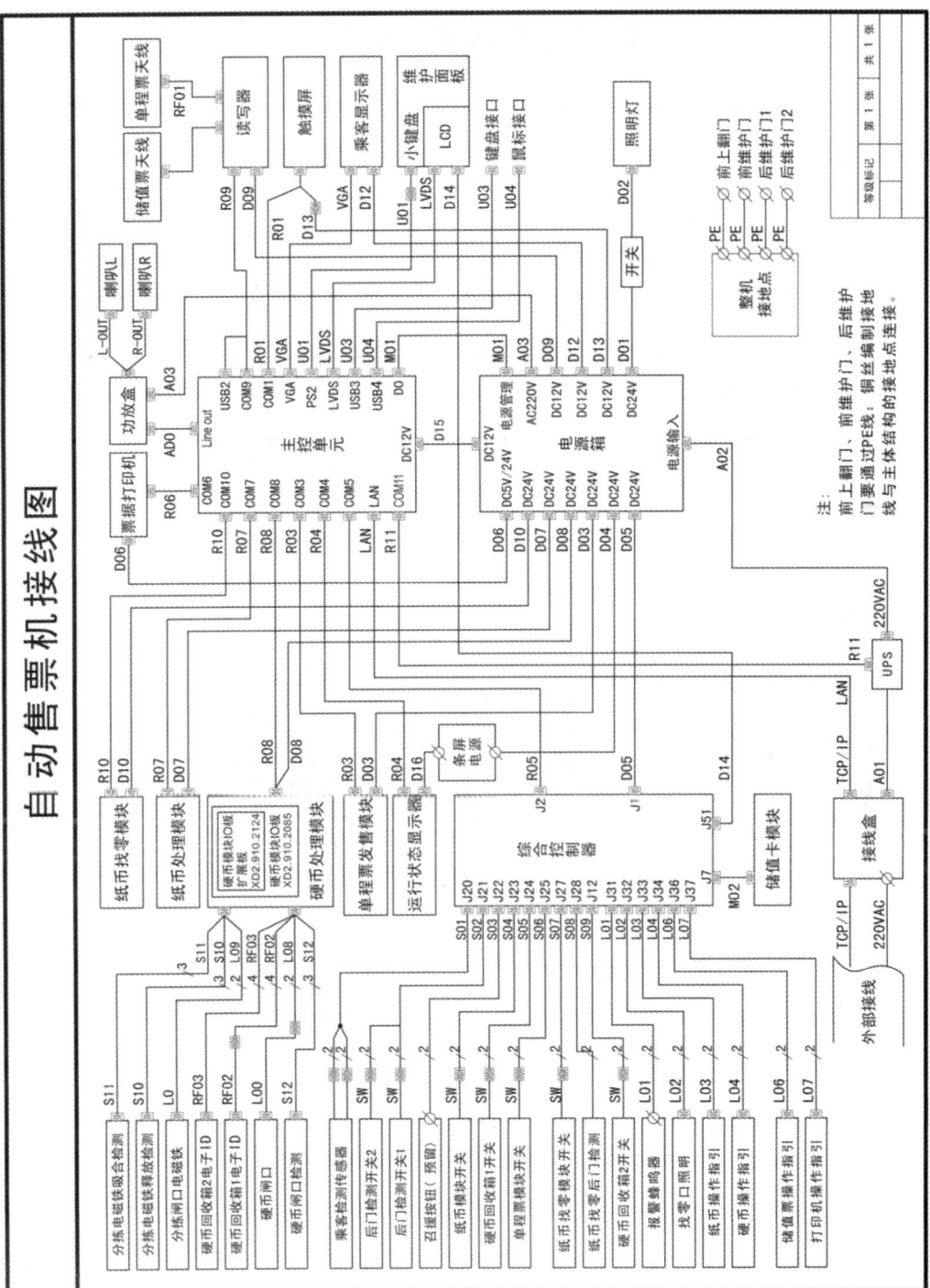

图 2-8 自动售票机整机接线图

第二目　接线盒接线图

自动售票机接线盒接线图如图 2-9 所示。其中，终端设备交换机虽然安装在自动售票机内部，但是其电源并非接入该终端设备的电源，而是分别设置的。这是因为，终端设备交换机的电源是由车站 AFC 设备维修室内的专用 UPS 电源来提供的，这样设计的优点就是单台终端设备若发生故障或需要停电维修，不会影响安装在其内部的交换机的正常运行，并且交换机的电源供给采用了不间断电源系统，也提高了车站网络运行的稳定性和可靠性。

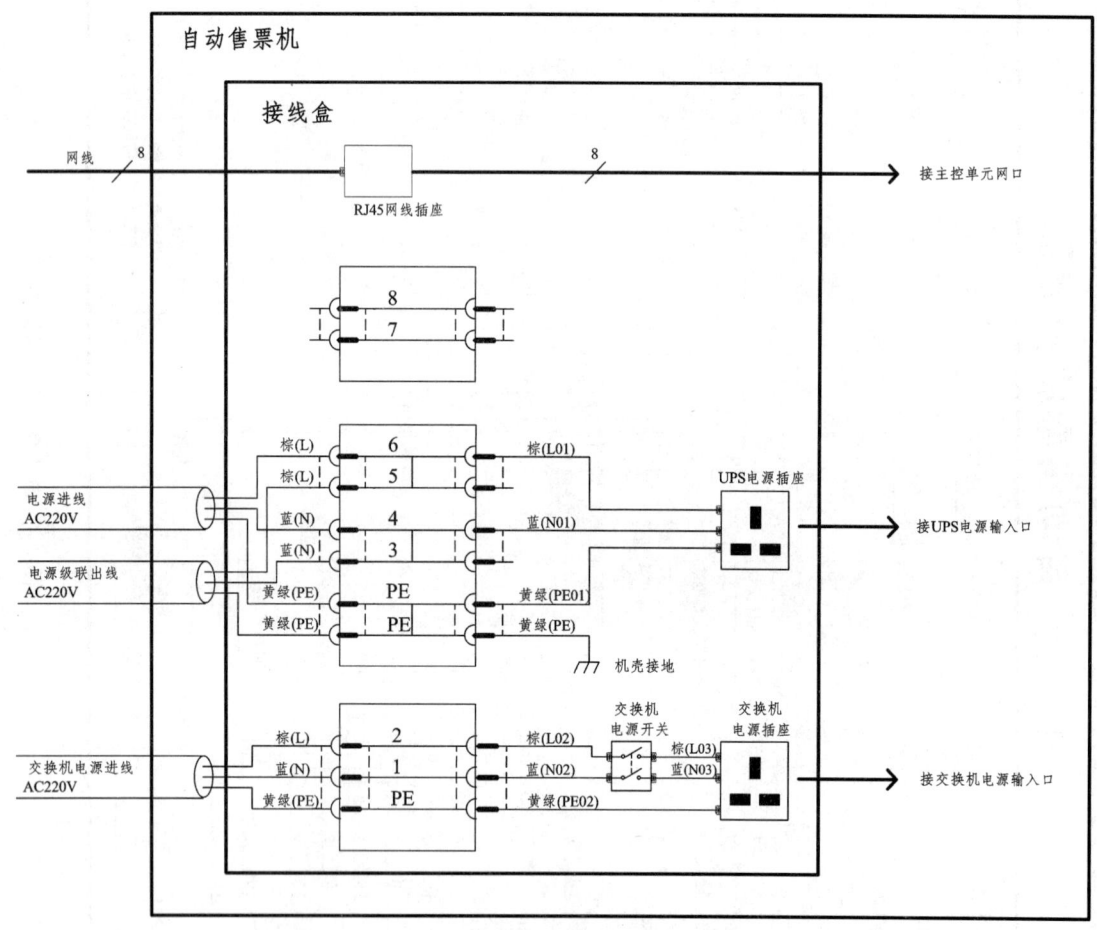

图 2-9　自动售票机接线盒接线图

第三目　主要技术规格

表 2-3 列出了自动售票机主要性能指标。

表 2-3　自动售票机主要性能指标

序号	项 目		技术指标
1		型号	TVM-2100
2	纸币单元	纸币接收种类	13 种（4 方向）
3		纸币识别速度	<2.5 秒/张
4		纸币检测准确率	≥99.99%
5		纸币暂存箱容量	15 张，可"原币奉还"
6		纸币钱箱容量	1 000 张
7		纸币钱箱安全	双锁，电子 ID
8	硬币单元	硬币接收种类	12 种
9		硬币检测准确率	≥99.9%
10		硬币找零钱箱容量	1 000 枚/箱，共 2 箱；
11		硬币循环找零容量	180 枚/箱，共 2 箱
12		硬币暂存箱容量	35×2 枚可"原币奉还"
13		硬币回收箱	1 000 枚/箱，共 2 箱，电子 ID
15		出票发售机构	塑料票箱容量：800 枚/箱，含 2 个箱 废票箱容量：300 枚/箱 1 箱
16		使用单个硬币售票速度	≤3 秒/张
17		使用单张纸币售票速度	≤6 秒/张
18		触摸屏抗撞击力	满足 60950IEC1999 标准钢球测试要求
19		数据存储量	交易数据≥100 000 条；设备数据≥30 天
20		黑名单处理能力	≥40 000 条，20 段
21		输入电源	AC 187～242 V，50×(1±4%) Hz
22		功耗	工作功率：≤350 W　峰值功率：≤500 W
24		平均无故障工作次数（次）	MCBF≥100 000
25		平均故障恢复周期	MTTR≤30 min
26		通信协议	TCP/IP
27		通信速率	10 Mbit/1 000 Mbit
28		通信接口	标准以太网接口
29		工作温度	-5～50℃
30		存储温度	-20～70℃
31		工作湿度	10%～95%，50℃（相对湿度、无结露）
32		存储湿度	0～90%，60℃（相对湿度、无结露）
33		噪声（工作状态）	≤45 dB（距设备 1.5 m 处）
34		外形（深×宽×高）	750 mm×900 mm×1 800 mm
35		质量	≤380 kg
36		外壳材料	设备机箱及主体结构采用 2.0 mm 厚 SUS-304 不锈钢材料

第三节　设备功能

第一目　基本功能

自动售票机的基本功能如表 2-4 所示。

表 2-4　自动售票机基本功能一览表

序号	功能项	子功能项	功能描述
1	设备联网运行	下载参数	接收车站计算机系统下发的系统运行参数，包括费率类参数、操作员表、线路图、设备配置参数、公用参数、运行模式以及其他运营参数
		上传状态信息	将设备状态实时上报车站计算机
		上传交易信息	上传原始交易数据、上传寄存器数据
		接收控制	接收车站计算机的控制命令
		软件升级	可以通过上位升级 TVM 软件
		孤岛运行（数据处理功能）	当网络故障时，TVM 可以运行于孤岛模式；交易数据和状态数据保存在本地，至少保存最近的 100 000 条交易数据及 30 天的设备数据；当网络恢复时，数据自动上传到车站计算机
2	路网运营	参数接收	接收轨道交通路网化的参数，能处理多个线路图以及其级联关系
		操作便捷（购票操作功能）	触摸屏的第一屏显示轨道交通已投入运营的线路示意图（图中以轨道交通路网规定的标色显示包括车站名称的线路示意路径图及线路号标识键），右侧纵向设置组合票价键；乘客可以直接选择目的地票价；乘客在线路图选择目的地
3	工作方式		接收纸币、硬币和储值票购票 找零不足 不找零 只收硬币购票 只收纸币购票 只接收储值票购票 拒收硬币 拒收纸币 拒收储值票购票 只充值 暂停

续表

序号	功能项	子功能项	功能描述
4	显示功能	操作指示灯	硬币口、纸币口、取票找零口均设计有操作提示灯,提示乘客进行此处的操作
		运行状态显示器	显示设备运行状态和模式,提供远距离指引
		前面板	设备前面板印制"操作指引"指引乘客操作步骤
		乘客触摸屏显示器	显示轨道交通线路、票价、票数、投入钱币金额等信息;显示乘客的操作反馈和下一步操作提示
5	售单程票功能	费率选择	采用触摸屏方式,乘客触摸屏显示器显示轨道交通线路、票数和票价,可以选择目的车站名或者直接选择票价
		客流较大站直接选站购票	对于客流较大的车站,在显示屏幕上可以直接选站购票
		出票	可发售两种车票,其发售的票种可以通过参数设置;一次可出售最多8张车票
		找零	2种硬币找零(5角、1元)
6	加值功能	储值票充值	可以接收纸币为储值票充值
			可以查验储值票的卡内信息
7	审计功能	票务	按票价分类统计票务信息,可上报到车站计算机
		财务	统计售票收入、钱箱收入、找零支出等财务信息,可上报到车站计算机
8	钱币接收功能	纸币处理	纸币插入方向:4个方向;最多可识别13种纸币;接收第四版人民币的5、10、20、50、100元和第五版人民币的5、10、20、50、100元纸币
		硬币处理	最多可识别16种硬币;接收人民币1元、5角硬币(可扩充)
9	找零	硬币	2种硬币2 000枚备用硬币找零(5角、1元各1 000枚),2种硬币各180枚缓存找零;可一次性接收35×2枚硬币,并原币奉还;储币箱可回收2 000枚硬币
10	安全	用户权限管理	操作员分等级管理,不同操作员等级具有不同操作权限;每个操作员的操作等级及权限设置包括允许操作的设备类型、允许操作的功能、允许操作的车站等;无操作钱箱权限者操作钱箱报警;所有报警被记录

续表

序号	功能项	子功能项	功能描述
10	安全	钱箱安全	钱箱更换四级保护，SC上必须进行授权、打开设备门必须钥匙、操作必须先登录授权确认（维护面板）、取走钱箱必须用钥匙； 取走钱箱和打开钱箱需要不同钥匙； 每个钱箱的收入的金额以电子标签的形式被记录
		报警	出现非法打开维修门、非法移动钱箱等情况时，设备报警； 自检失效，设备报警； 上报车站计算机显示报警信息； 本地声音报警
		抗冲击	设备外壳有足够的强度，能耐受一定程度的碰撞和冲击； 触摸屏采用防暴材料
		操作安全	取票口、投币口平滑，避免对乘客的伤害； 内部机械部件无毛刺，避免对操作员的伤害
		电气安全	具有独立的电气开关和漏电保护开关； 高压模块有明显警告标识； 有良好的接地措施保证设备金属外壳不带电
11	维护	检测和自诊断	TVM与车站计算机通信状态监测； TVM内个模块与主机的通信状态监测； TVM内部各模块的传感器检测、动作监测； TVM内部各模块的机械到位检测； 测试模式下可测试各模块的功能，并可通过发行测试票测试整体协作功能
		维护面板	具有输入和显示功能； 提供菜单操作方式，中文界面； 能方便快捷地定位故障，并显示该故障的中文描述
		人体工程学	操作面板的中央区按照1.35 m的人体工程中心高度基准设计，能最大限度地满足不同人群的购票操作； 乘客显示器的触摸屏是乘客操作的核心，安装在中部区域，并确保整个触摸屏在乘客的操作范围之内； 运营状态显示器位于设备最上端，方便乘客远距离观看； 乘客能一次拿取票和找零； 在模块的安装设计上，装有导轨和定位器，维修时可以很方便的将模块快速拉出和推进

第二目 功能描述

（1）自动售票机安装在非付费区内，用于出售非接触式 IC 卡单程车票，并具备对储值卡加值和验票的功能。

（2）自动售票机可以发售两种不同的单程票，其发售的票种可以通过参数下达设置。

（3）自动售票机可接收硬币、纸币、储值票（包括地铁专用储值票、城市通卡）的付费方式。具备一次性出售多张车票的功能。同时自动售票机具备硬币、纸币找零功能。

（4）自动售票机配备触摸屏及乘客显示器，用于显示地铁线路及票价等信息，其前面板附有操作指引。自动售票机乘客显示屏和运营状态显示屏可以根据参数设置，定时显示指定信息。

（5）自动售票机能实时上传设备交易和状态信息，接收车站计算机下载的参数和命令。能检测和记录钱箱、票箱的状态，包括：空、将空、满、将满、移位、闭锁等，并将状态送到车站计算机。

（6）当网络故障时，TVM 可以运行于孤岛模式，交易数据和状态数据保存在本地，至少保存最近的 100 000 条交易数据及 30 天的设备数据，当网络恢复时，自动上传到车站计算机。

（7）自动售票机对将要发售的车票进行检测，对符合发售条件的车票赋值发售，对无效票和系统参数设定回收的车票分拣并回收到废票箱。

（8）TVM 内部有维修面板，让操作/维修人员进行操作/维修。

（9）操作员分等级管理，不同操作员等级具有不同操作权限，每个操作员的操作等级及权限设置包括允许操作的设备类型、允许操作的功能、允许操作的车站等，无操作钱箱权限者操作钱箱将报警，所有报警将被记录。

（10）TVM 内部设置维修电源插座（其故障不能影响到设备的正常使用）及维修照明（采用 36 V 以下电源）。

（11）TVM 具有票务审计的功能。

（12）在 TVM 内部预留终端交换机的安装位置。

（13）通过 AFC 系统网络，中央计算机或车站计算机下载相关设置参数，TVM 自动升级相关软件后，就能实现新增的功能。

（14）新软件启用失败时，可自动切换到上一个版本运行软件。

（15）提供外接维护终端接口。

（16）TVM 具有自诊断功能，能够实现 TVM 与车站计算机通信状态监测，TVM 内部模块与主机的通信状态监测，TVM 内部各模块的传感器检测、动作监测，TVM 内部各模块的机械到位检测，测试模式下可测试各模块的功能，并可通过发行测试票测试整体协作功能。

（17）TVM 配有 UPS，在断电情况下能保证自动售票机完成最后一笔交易的处理和数据保存。

（18）TVM 运行在任一模式下均能显示设备的当前状态、基本情况、系统时钟等信息。

（19）TVM 的外形、触摸屏、乘客显示器、运营状态显示器、投币口、储值票插口及出票/找零口布置和位置满足人体工程学的要求，方便乘客操作及设备维护。

第三目　工作模式

自动售票机按照使用硬币、纸币及储值票付费方式具备以下几种工作模式，所有工作模式可通过参数、中央计算机或车站计算机下达命令设置。设备运行在相应工作模式时，运行状态显示器和乘客显示器有明显的提示信息，通过参数设置，在乘客操作时可提供相应的声音提示。

一、正常模式

自动售票机可通过参数及接收中央计算机或车站计算机下达的命令设置为正常模式。正常工作模式下，自动售票机可以同时接收硬币、纸币，发售单程票并具有硬币及纸币（预留）找零的功能；可以接收储值票发售单程票；可以接收纸币进行储值票加值。若设备中某一模块发生故障或出现系统参数设置的某种情况时，自动售票机可以自动切换到相应的功能受限的工作模式，包括：找零/无找零模式、只接收硬币发售单程票模式、只接收储值票发售单程票模式、只加值模式、拒收储值票模式、拒收硬币模式、拒收纸币模式等。在相应模块故障或情况消除后，自动售票机将自动返回到正常工作模式下运行。

二、找零/无找零模式

自动售票机可通过参数设置为允许找零或禁止找零模式。在允许找零模式下，自动售票机无论接收硬币或纸币均具备找零功能。找零将以硬币、纸币（预留）或硬币纸币结合（预留）的形式从找零口返还给乘客。在正常模式下，若找零装置故障或找零装置中的硬币或纸币少于最少存币值时，自动售票机能自动转换为无找零模式。找零硬币及纸币（预留）的最少存币量作为参数可设置。

若参数设置为禁止找零或找零装置硬币及纸币（预留）存量不足时，自动售票机进入无找零模式。在无找零模式下，自动售票机不接收需要找零的纸币购买单程票。

三、只接收硬币发售单程票模式

自动售票机可以通过参数及接收中央计算机或车站计算机下达的命令，设置为只接收硬币发售单程票模式。在正常模式下，若纸币接收装置故障或设备运行在无找零模式下且储值票处理模块出现故障，自动售票机将自动转为只接收硬币发售单程票模式。在此模式下，自动售票机只能接收硬币发售单程票并且拒收纸币和拒绝处理储值票。当设备恢复运行在找零模式下且纸币接收装置恢复正常或储值票处理模块恢复正常后，自动售票机将自动退出只接收硬币发售单程票模式并转换到相应的工作模式。

四、只接收储值票发售单程票模式

自动售票机可通过参数及接收中央计算机或车站计算机下达的命令设置为只接收储值票发售单程票模式。在正常模式下，若纸币、硬币接收装置同时故障或者设备运行在无找零模式下且硬币接收装置出现故障时，自动售票机将自动转为只接收储值票发售单程票模式。在此模式下，自动售票机只能接收储值票发售单程票并且拒收硬币和纸币。当设备恢复运行在找零模式下且纸币接收装置恢复正常或硬币接收装置恢复正常后，自动售票机将自动退出只接收储值票发售单程票模式并转换到相应的工作模式。

五、只加值模式

自动售票机可通过参数及接收中央计算机或车站计算机下达的命令设置为只加值模式。在正常模式下，若单程票发售模块出现故障或单程票存量低于参数设定值时，自动售票机将自动转为只加值模式。在只加值模式下，自动售票机只接收纸币加值并拒收硬币。当单程票发售模块恢复正常或进行补票操作后，自动售票机将自动退出只加值模式并转换到相应的工作模式。

六、拒收储值票模式

自动售票机可通过参数及接收中央计算机或车站计算机下达的命令设置为拒收储值票模式。正常模式下，若储值票处理模块出现故障，自动售票机将自动转为拒收储值票模式。在拒收储值票模式下，自动售票机可以接收硬币和纸币发售单程票。当储值票处理模块恢复正常后，自动售票机将自动退出拒收储值票模式，并转换到相应的工作模式。

七、拒收硬币模式

自动售票机可通过参数及接收中央计算机或车站计算机下达的命令设置为拒收硬币模式。在正常模式下，若硬币接收装置出现故障，自动售票机将自动转为拒收硬币模式。在拒收硬币模式下，自动售票机可以接收储值票购买单程票，也可以接收纸币进行储值票加值。当硬币接收装置恢复正常后，自动售票机将自动退出拒收硬币模式，并转换到相应的工作模式。

八、拒收纸币模式

自动售票机可通过参数及接收中央计算机或车站计算机下达的命令设置为拒收纸币模式。在正常模式下，若纸币接收装置出现故障，自动售票机将自动转为拒收纸币模式。在拒收纸币模式下，自动售票机可以接收硬币和储值票购买单程票，但不能用纸币购买单程票。当纸币接收装置恢复正常后，自动售票机将自动退出拒收纸币模式，并转换到相应的工作模式。

九、其他模式

自动售票机能进行自我诊断，当设备不能进入正常模式或功能受限时，设备将自动进入暂停服务模式或转换到相应功能关闭的模式。

当接收到中央计算机、车站计算机或就地操作的紧急放行命令或关闭命令后，自动售票机能自动转换成关闭模式。

自动售票机可根据车站计算机下达的统一运行参数设置运营结束模式及关闭模式等，如在临近列车运营结束前，在线路收车前的几分钟停止发售车票并进入关闭模式等。

自动售票机能接收车站计算机发出的运营结束指令，处于退出服务状态。

第四目 设备操作功能要求

一、购票操作

自动售票机可出售2种票面的单程票，可接收至少以下形式的购票方式：
（1）乘客先选择目的地、票种、数量，再投币。
（2）乘客先投币，再选择目的地、票种、数量。
（3）乘客先选择车票金额，再选择张数、投币。

乘客可通过乘客操作面板选择目的车站，在乘客显示器显示默认票种的单张购票金额。乘客通过操作面板选择购票票种、张数等，相应的收费金额显示在乘客显示器上。车票票值能根据所选择的票种、目的地及购票时间相变动。以上参数作为系统参数下载。同时，一次性允许购买车票的最大数量可作为参数设置。

乘客的购票操作在3步之内完成。

乘客投入的硬币、纸币金额以递增形式实时显示在乘客显示器上。当投币金额大于或等于所需车费时，设备即开始发售车票并支付零钱。如果乘客采用先投币方式，则自动售票机的售票工作将在乘客确认操作后进行。

乘客可以使用储值票支付所需付费金额，在接收储值票并验证其余额大于或等于所需车费后，自动售票机开始对车票赋值，并在储值票上扣除所需的收费。上述步骤确认完成后，将储值票退还乘客，同时进行一次性出票。

在未支付足够费用前，乘客可按取消按钮中止正在进行的交易。当乘客购票操作的中断时间超过所规定时间，自动售票机将自动中止交易。中止交易时返还已投入的硬币或纸币，中断时限可由参数设置。

在上一次购票交易完成后，自动售票机能自动返回出售单张车票的默认模式，其默认票种由参数设置。

在允许同时使用硬币和纸币时，自动售票机能根据付费金额、找零限额、或找零盒中的现有硬币数量，自动计算允许接收硬币及纸币的合理面额。找零限额可由参数设置。

在乘客显示器上，对可接收的硬币、纸币面额有明确提示。

自动售票机具备多模式选站功能、能按区域、线路、票价、站名拼音等方式选择目的车站，以适应线网发展。

对乘客的有效和无效操作，自动售票机提供不同声响确认。同时乘客显示器上有明确的有效操作提示。

在出票口、退币口及找零口有车票、硬币或纸币时，有明显的声音提示和指示灯指示。

二、加值操作

自动售票机在只加值模式下或选择了加值功能后，只接收纸币或银行卡（预留）对储值卡加值。使用加值功能的过程如下：

乘客将储值票插入储值票插口中，自动售票机将显示该车票的余额。储值票插入后，读卡装置将卡锁定，交易过程乘客无法取卡。

乘客将纸币投入自动售票机中，自动售票机将显示已投入纸币的总金额，纸币器允许接收纸币的面额可通过中央参数设置。

乘客按确认键，自动售票机按照投入的总金额开始加值处理。可以通过中央计算机设置每次加值金额和卡内最高加值金额，在乘客投入纸币达到此金额时，即开始加值处理。

完成加值交易后，自动售票机将退出储值票。

三、钱箱更换

更换钱箱的员工需对包括硬币箱、纸币箱及找零箱在内的现金安全区域进行操作。现金安全区域与其他区域相隔离，必须使用钥匙开启。在安全区域内各钱箱单独隔离，必须使用单独的钥匙才能打开钱箱门进行更换操作。

在更换钱箱前，必须由车站计算机向自动售票机下达更换钱箱命令，否则开启现金安全门、钱箱门或移动钱箱将报警。操作员在打开维修门后必须在维修面板输入员工号及密码，由自动售票机检查其是否具备更换钱箱的权限，否则开启现金安全门、钱箱门或移动钱箱将报警。

自动售票机能自动检测钱箱是否被取出或放入，能自动读取钱箱的编号。在钱箱取出后，保证未被取出现金的钱箱不能再次使用。

现金安全门、钱箱门打开及钱箱取出等信息（包括钱箱内的现金数量等）实时传送到车站计算机及中央计算机报告该次操作。

更换钱箱操作完成后，TVM 上传信息并打印钱箱更换单据（可由车站计算机设置是否开启打印功能）。

四、维修检测

根据本机的操作权限参数识别有相应权限的人员登录后，设备进入维修模式，可对设备进行维修检测。

在维修模式下，通过简单的命令输入能检测所有传感器、机械部件、电子部件的工作状态和性能；能检查 TVM 的审计计数器数据、参数表信息；能检查 TVM 最近的至少 100 条交易记录等信息。

五、结账操作

当 TVM 执行结账操作时，根据参数设置，自动按步骤完成各子项操作，最终完成整个结账操作。结账操作的子操作包括清空单程票、更换单程票回收箱、清空硬币、清空纸币、更换硬币钱箱和更换纸币钱箱等。TVM 可通过参数设置运营结束结账时是否清空设备内的找零硬币、纸币和单程票。SC 可对单台、多台、所有 TVM 下达结账命令，TVM 将根据命令自动结账操作。TVM 结账完成时打印结账单据。

清空单程票、清空硬币和清空纸币操作的数据必须要准确。

第四节　设备主要模块及部件

第一目　车票发售机构

一、车票发售机构功能

（1）接收主控制器的指令发售车票，在发售车票时，将票种、票价等信息写入车票中。

（2）按照设备指令完成从票箱出票、读/写、传输、分拣等功能，并将处理后的有效车票送到乘客取票口，废票自动回收到废票箱中。

（3）具有两个票箱，可以发售两种不同类型的单程票。

（4）如果出售同种车票，当一个票箱中没有车票后，可以从另一个票箱中取票发售。

二、模块构成及工作原理

M-CMM-1000 方卡发售模块的外形图和构成图分别如图 2-10、图 2-11 所示。其组成部件列表如表 2-5 所示。

图 2-10 M-CMM-1000 方卡发售模块外形图

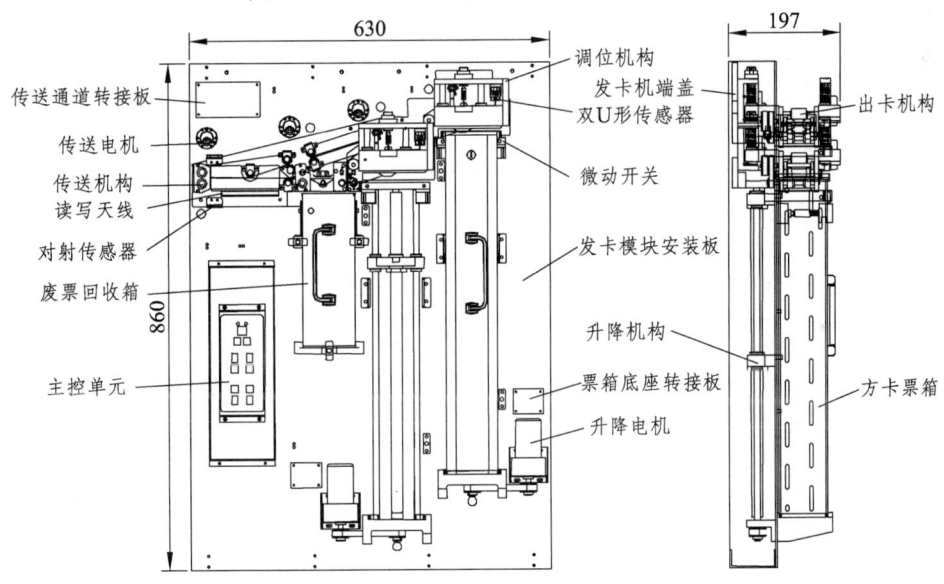

图 2-11 方卡发售模块构成图

表 2-5 车票发售机构组成部件列表

序号	组成部件	数量	说明
1	出卡机构	2	
2	调位机构	2	
3	传送机构	1	
4	升降机构	2	
5	方卡票箱（塑料票箱）	2	800 枚/箱（卡厚 0.5 mm）

续表

序号	组成部件	数量	说　明
6	废票回收箱	1	300 枚/箱（卡厚 0.5 mm）
7	主控制板	1	
8	I/O 板	1	
9	U 形传感器	3	
10	双 U 形传感器	2	
11	到位开关	1	
12	双稳态电磁铁	1	
13	发卡电机	2	
14	传送电机	3	
15	升降电机	2	
16	读写天线板	1	
17	ID 天线板	2	
18	对射传感器发射板	5	
19	对射传感器接收板	5	

（一）出卡机构

1. 工作原理

出卡机构是该模块的关键部件之一，出卡动作的实现是通过直流减速电机驱动一套拨卡轮机构来实现的，正向轮与反向轮通过同步带与拨卡轮机构联动，保障拨卡轮动作时，正向轮与之同向，反向轮与之异向，实现正常的出卡与分卡功能。

（1）当升降机构上升并带动票卡上升到拨卡轮时，出卡机构的测卡支架随票卡上升，当测卡支架挡住识别传感器时，即表示出卡机构处于出卡的准备状态。

（2）当出卡的其他条件具备时，发出指令，出卡马达正转（顺时针方向）带动拨卡轮正转，与拨卡轮接触的票卡在摩擦力作用下被推至出卡机构的分卡装置。

（3）分卡装置是一套保障出卡机每次出一张卡的机构。上部正向轮和拨卡轮一道将最上面的一张票卡推离出卡机构，送达传送机构后被送走，完成出卡；下部的反向轮则将一同被带出票箱的其他票卡反向搓回，从而保证最上一张票卡的顺利送出。

分卡装置能否正常工作与其上部的卡厚调节装置密切相关，卡厚调节装置通过凸轮机构调节正向轮与反向轮的间隙控制出卡的厚度和数量，本机构可出 0.4～0.8 mm 的票卡。

2. 出卡机构的主要功能

（1）取卡：从票箱内取出票卡。

(2)分卡：将票箱内取出的票卡逐张分开。

(3)送卡：将最上面的一张卡送出至传送通道。

3. 出卡机构拆分图

出卡机构拆分图如图 2-12 所示。

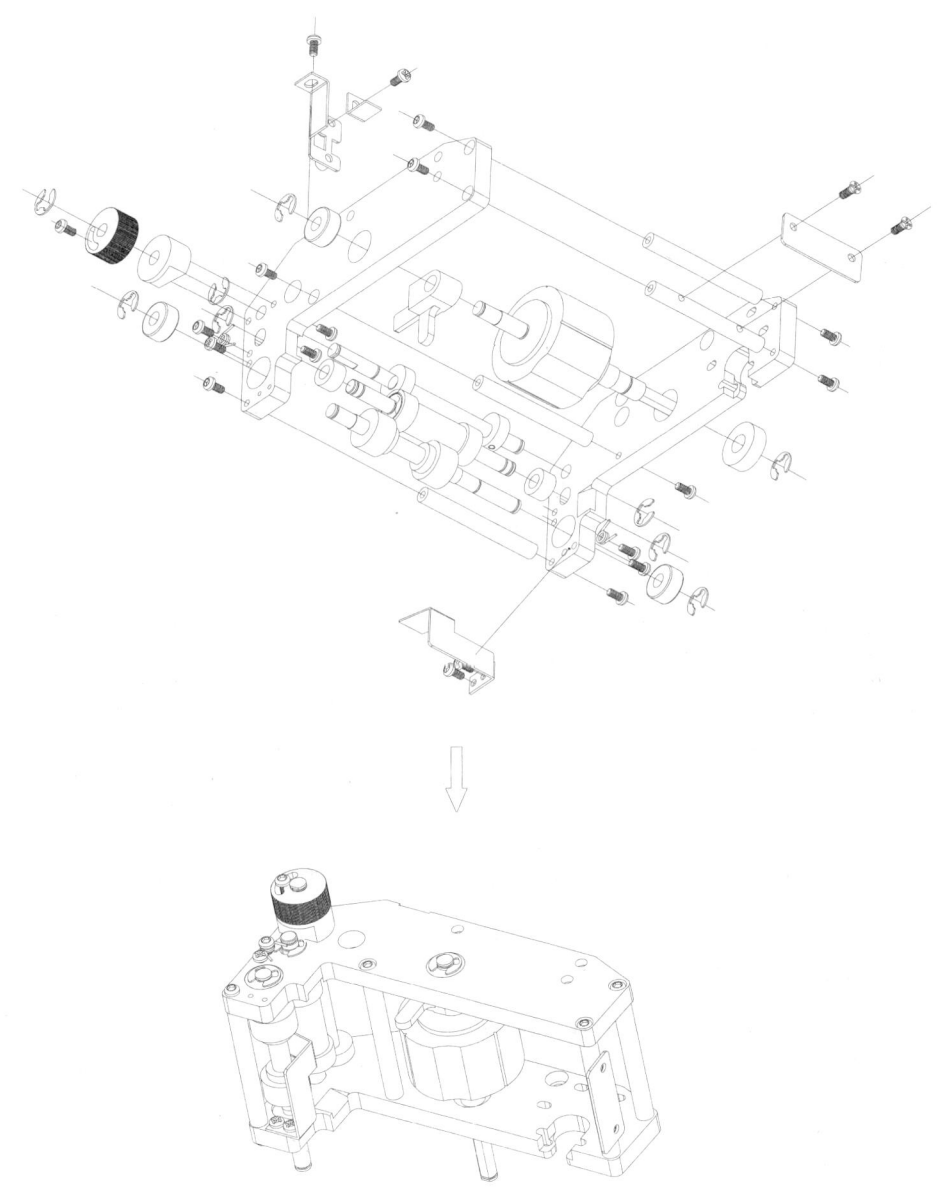

图 2-12　出卡机构拆分图

（二）调位机构

1. 工作原理

调位机构是出卡机构上下运动的通道，与出卡机构配合共同完成出票功能。其外观如图 2-13 所示。

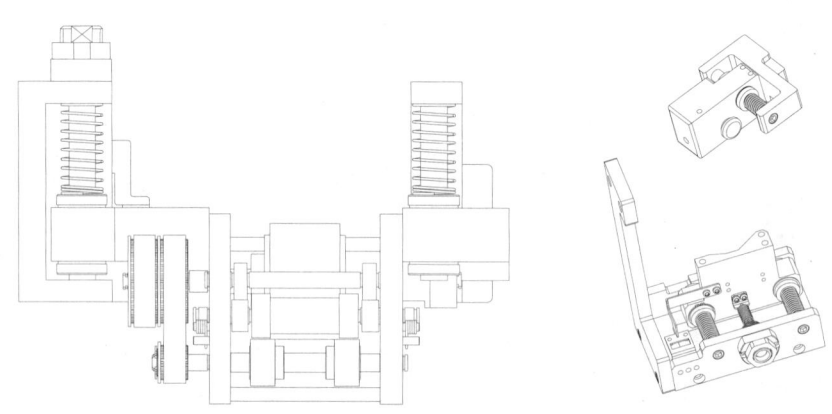

图 2-13　调位机构外观示意图

调位机构设有压力调节机构，通过调节拉簧拉力，可平衡一部分拨卡轮对票卡的压力，使拨卡的力度相对保持一致。

调位机构设有双 U 形传感器，实现出卡机的位置调节控制功能，其在上下两个相应的位置进行对出卡机的位置进行检测。功能如下：

（1）升降机构上升并带动票卡上升到拨卡轮时，拨卡轮连带出卡机及调位机构运动部分上升，到达双 U 形传感器上检测位时停止，这时位置为出卡位置。

（2）得到出卡指令出卡机开始出卡，随着票卡不断被送出，票位及出卡机位置不断下降，当下降到双 U 形传感器下检测位时出卡机停止工作，这时位置为升降机构向上送票位置。

（3）升降电机启动，向上将票卡送到拨卡轮并继续上升到双 U 形传感器上检测位，即出卡位置开始出卡，如此循环。

2. 调位机构的主要功能

（1）作为出卡机构的上下运行通道：出卡机构安装在调位机构内侧，沿导向上下运动。

（2）保障出卡机构在正确的位置出卡：通过双 U 形传感器的两个极限位控制出卡机构的工作位置在正常范围内。

3. 调位机构拆分图

调位机构拆分图如图 2-14 ~ 2-16 所示。

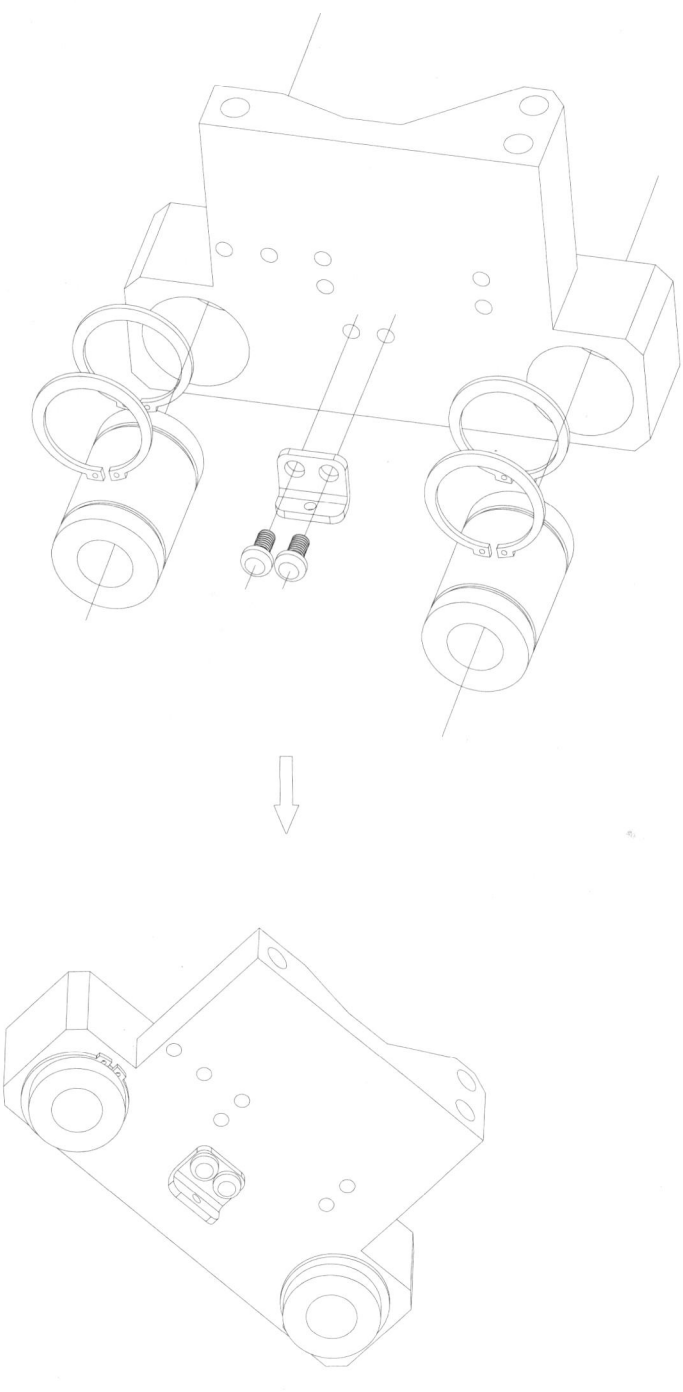

图 2-14 调位机构拆分图-1

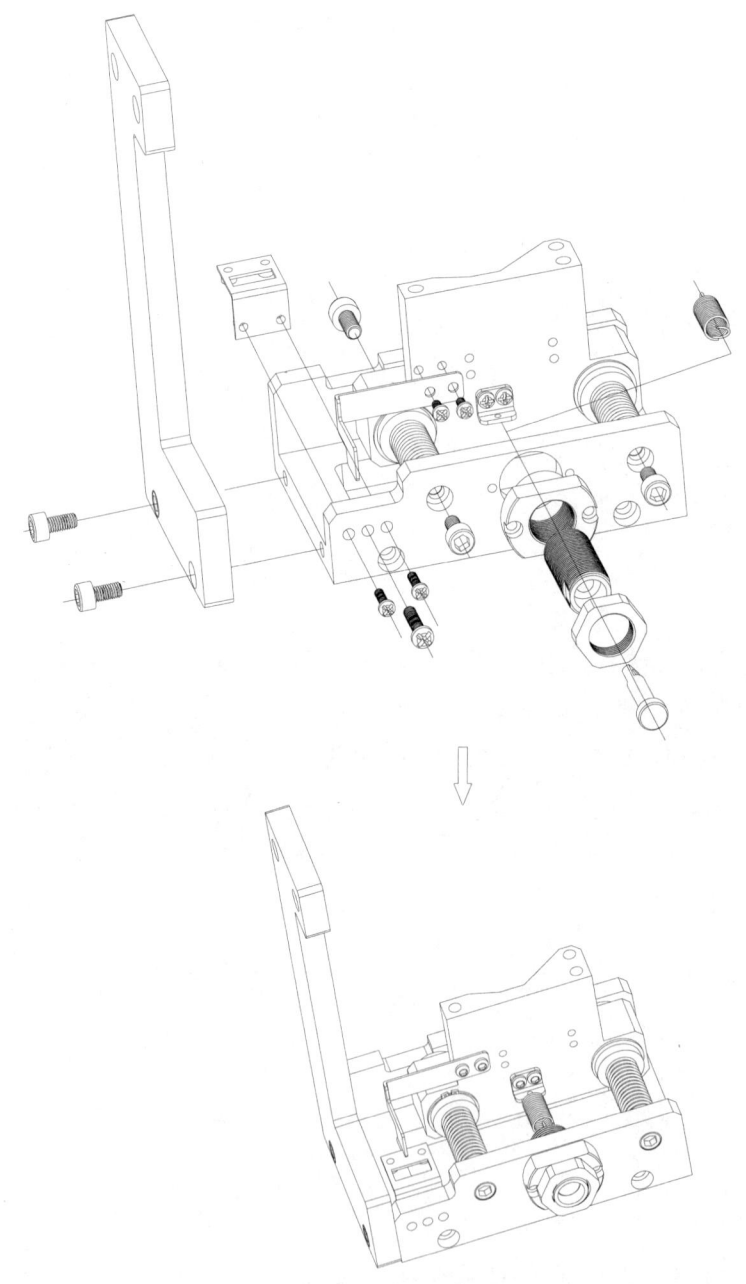

图 2-15 调位机构拆分图-2

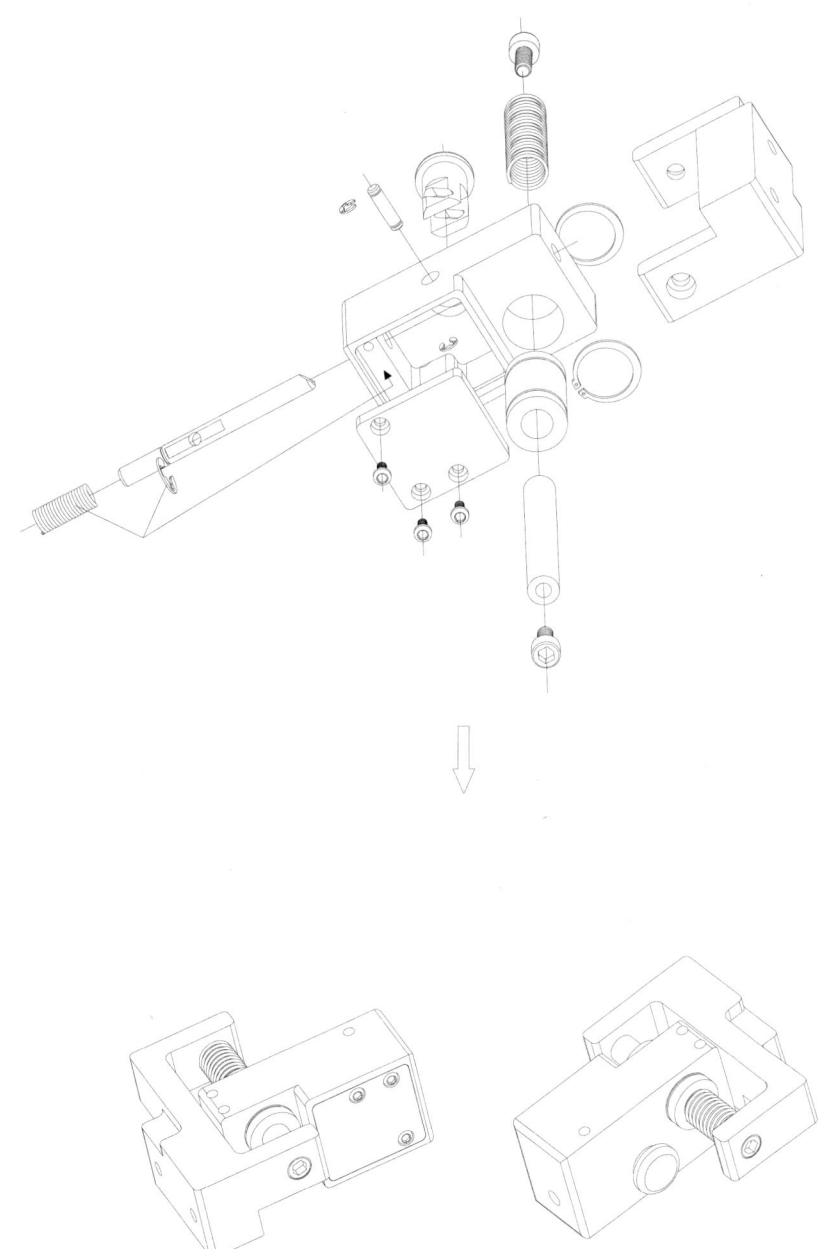

图 2-16 调位机构拆分图-3

4. 出卡机构与调位机构连接图

出卡机构与调位机构连接图如图 2-17、图 2-18 所示。

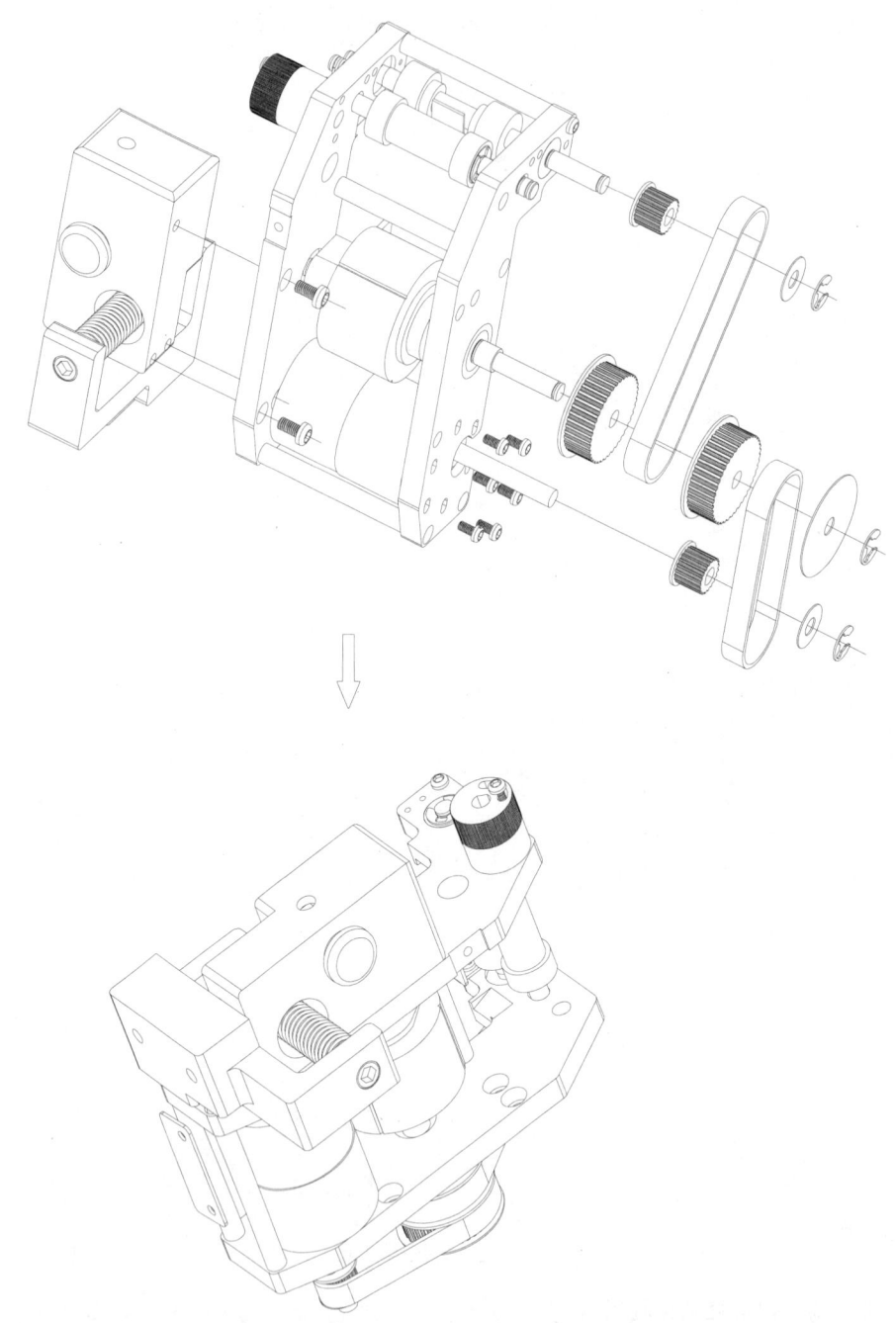

图 2-17　出卡机构与调位机构连接图-1

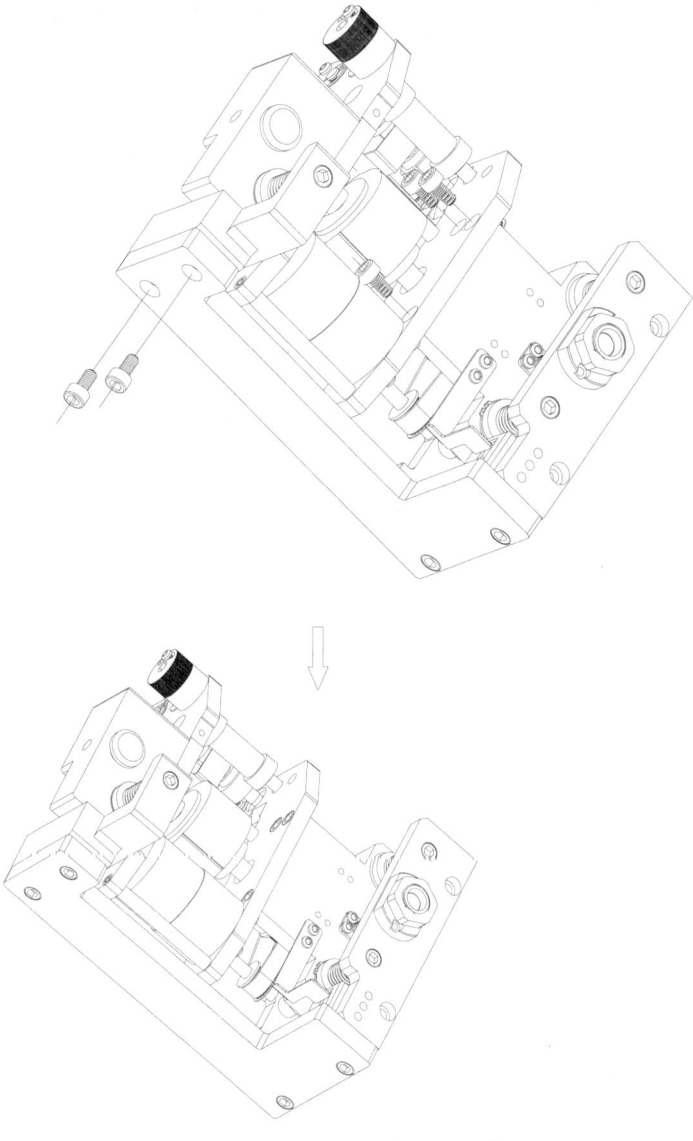

图 2-18　出卡机构与调位机构连接图-2

（三）传送机构

1. 工作原理

传送机构前端由通道 1 和通道 2 个两个传送通道构成，对应传送两组出卡机构输出的票卡；后端合成为一个读写及出卡通道，只用一个读写天线，票卡在读写区完成读写后即可根据指令由出卡通道将票卡输出。其外观如图 2-19 所示。

传送机构下端的传送通道 2 的一部分有时会被用作回收废票的通道，当车票读写不成功或因其他原因需要回收，得到指令后，票卡会由读写区或其他传送通道回收到废票箱。

各传送通道设有多组传感器，便于票卡传送中的跟踪、定位、故障诊断及排除等。

传送机构各传送通道采用高速马达驱动，其传输速度不低于 600 毫秒/张（不含读写时间）。

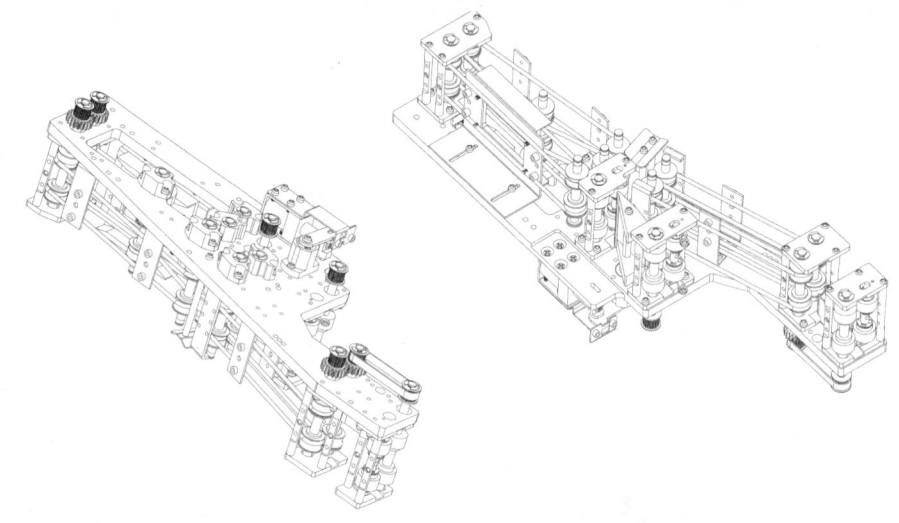

图 2-19　传送机构外观示意图

2. 传送机构的主要功能

（1）通过传送通道快速传送票卡。

（2）票卡在读写区完成读写后根据情况出票或回收到废票箱。

（四）升降机构

1. 工作原理

升降机构采用丝杆螺母传动方式，升降电机带动丝杆旋转，螺母带动票箱内部托盘沿着光杆导轨做上下运动，将托盘上的票卡提升到指定位置。其外观如图 2-20 所示。

2. 升降机构的主要功能

（1）升降机构主要是为出卡机给票提供动力，得到指令后升降电机启动，升降机构将储票箱内票卡提升到指定位置以满足出卡机构出票。

（2）升降机构还为储票箱提供安装平台，其上部支撑和下部底座及固定把手等都是为储票箱而设置的安装定位夹紧机构，保障储票箱与出卡机的准确衔接。

（3）对应两组出卡机构，设置两组升降机构，配置两组储票箱。

（4）升降机构设置票位检测传感器，可检测储票箱内票卡存量，确定是否需要更换票箱。

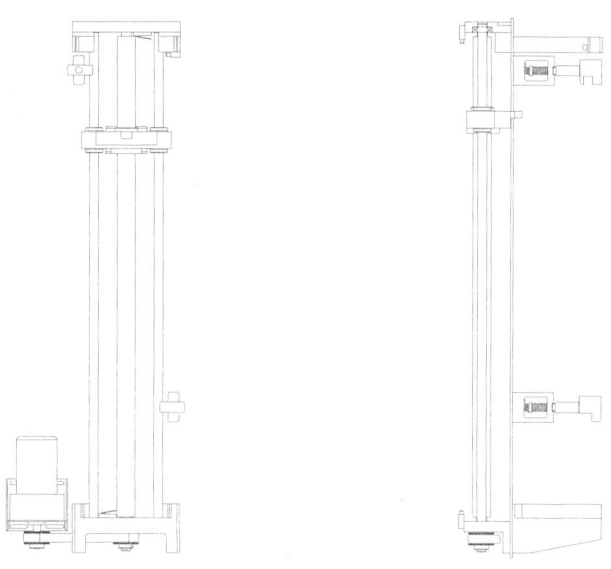

图 2-20　升降机构外观示意图

（五）控制电路板

控制电路板由 ARM7 主控板和方卡出卡机构 I/O 板组成，是方卡发售模块的核心控制部件，完成控制、通信、自检等各种处理的过程控制。其外观如图 2-21 所示。

主控板采用 32 位 ARM CPU 硬件平台体系设计，具备更高的性能和可维护性、可扩展性。

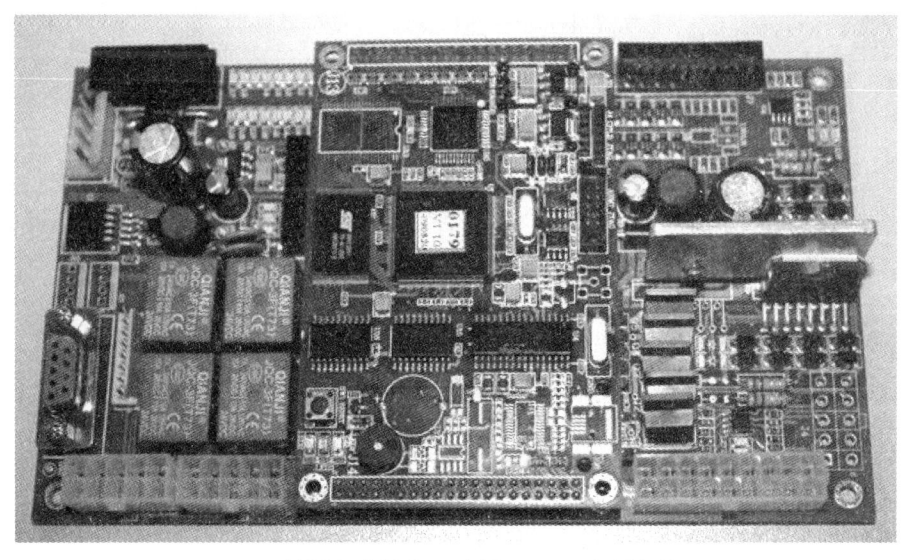

图 2-21　控制电路板（I/O 板和 ARM7 主板）外观图

方卡发售模块的电气原理图如图 2-22 所示。

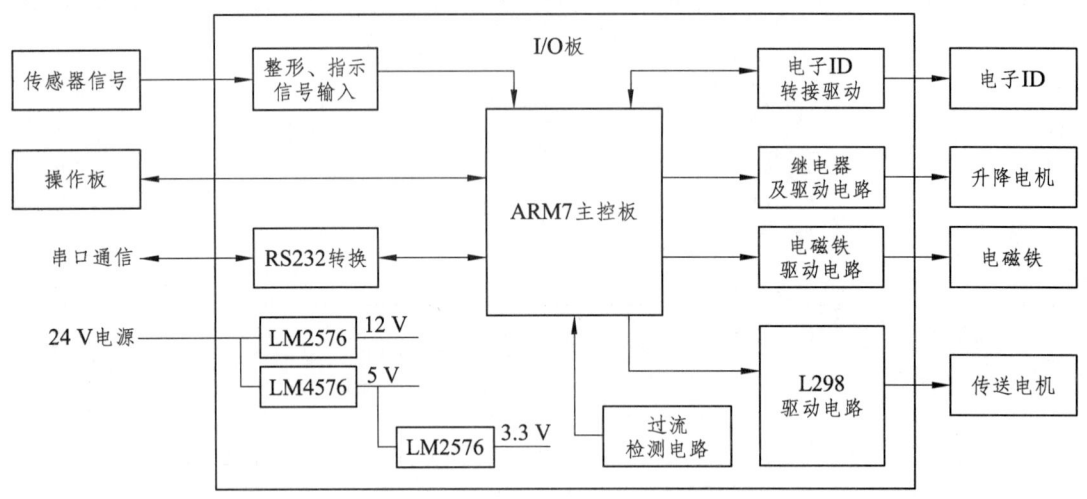

图 2-22　方卡发售模块电气原理框图

（六）电　机

M-CMM-1000 方卡发售模块在其出卡机构、传送机构、升降机构中使用了不同的直流减速电机，分别完成各自功能。

（1）出卡电机：驱动出卡机构完成出卡功能。

（2）传送电机：带动传送机构的传输皮带将票卡送到读写区完成读写，后根据指令将票卡送出或回收。

（3）升降电机：带动升降机构上下运动为出卡机构完成供票功能。

（七）传感器及到位开关

1. 对射传感器

对射传感器主要检测卡是否到位、票箱是否为空、废票箱是否已满等。其外观如图 2-23 所示。

图 2-23　对射传感器外形图

对射传感器由发射传感器和接收传感器组成，使用中必须成对使用，发射和接收传感器间无遮挡时，接收传感器输出低电平，被挡住时，输出高电平。传感器的组成说明如表 2-6 所示。

表 2-6　传感器的组成说明

名称	外壳底壳	盖板	透光罩	插座	传感器
发射传感器	黑色	黑色	无色透明	白色	发射管，2 PIN
接收传感器	黑色	黑色	蓝色	棕色或红色	接收 IC，3 PIN

安装时需要保证发射传感器和接收传感器的透光罩对准。

2. U 形传感器

U 形传感器主要用于票箱顶部有无卡检测和电磁铁动作检测。其外观如图 2-24 所示。

3. 双 U 形传感器

双 U 形传感器主要检测升降机构上升到位。其外观如图 2-25 所示。

图 2-24　U 形传感器外观图

图 2-25　双 U 形传感器外观图

4. 到位开关

到位开关在运动检测的方向上有一个弹簧片，动作弹簧片被外力压下，当动作簧片位移到临界点时产生瞬时动作，使动作簧片末端的动触点与定触点快速接通或断开。因为其开关的触点间距比较小，可称为微动开关，又叫灵敏开关。

票箱到位，票箱升降机构上限位、底部到位、废票箱到位的检测都使用到位开关，接常闭接头。到位开关外观如图 2-26 所示。

图 2-26 到位开关外观图

（八）方卡发售机构维护面板单元

方卡发售机构维护面板单元的外观如图 2-27 所示，其主要作用为：

（1）显示发售模块的当前工作状态，如果有故障，将显示故障代码。

（2）输入指定的代码执行指定的动作，用于检查模块是否工作在正常工作状态。

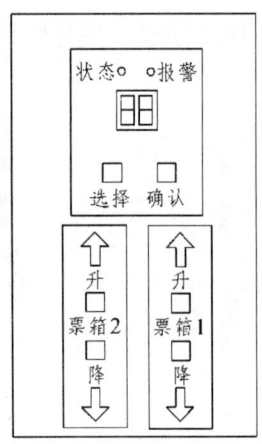

图 2-27 维护面板外观图

第二目　纸币模块

一、纸币模块功能

纸币处理模块是 TVM 设备的重要部件，功能是实现与主控单元的通信，接受主控单元的控制，对乘客投入的纸币进行传送、识别、合法币压入纸币钱箱、非法币退出机外等处理。

TVM 纸币处理模块采用德国 G&D 的 BIM2020 产品，能接收 13 个币种、15 张暂存、后取式、close 面板，钱箱为 1 000 张自动叠压。其外观如图 2-28 所示。

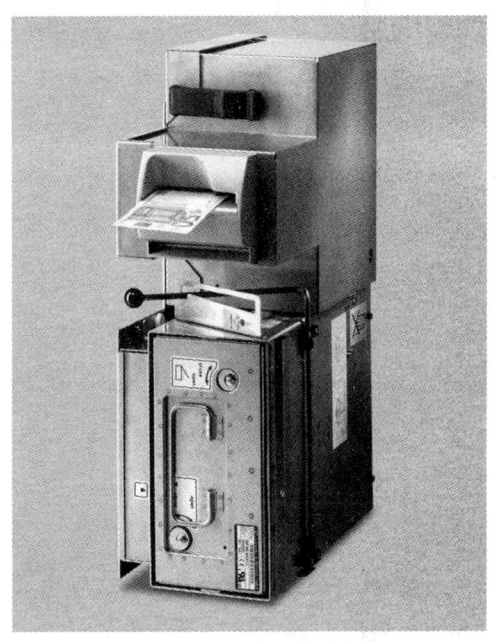

图 2-28 纸币处理模块外观图

二、纸币模块构成

纸币模块构成如图 2-29 所示。主要由纸币传送部分、纸币检测器、数据模块、纸币箱、纸币箱支架等组成（见图 2-30）。

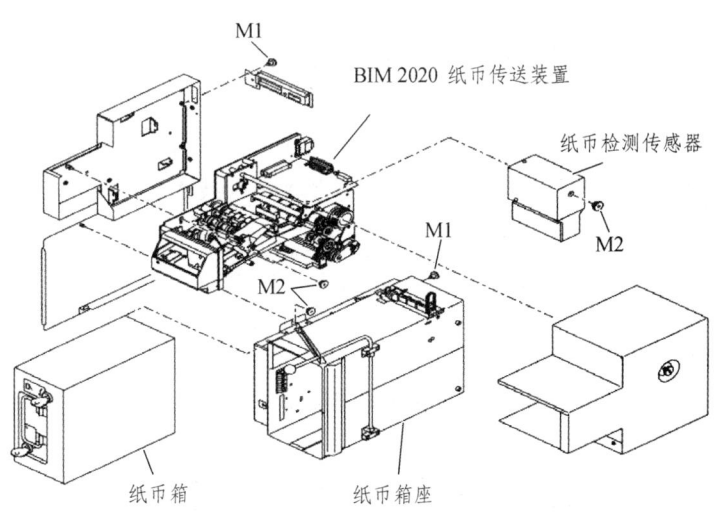

图 2-29 BIM2020 纸币模块结构分解图

97

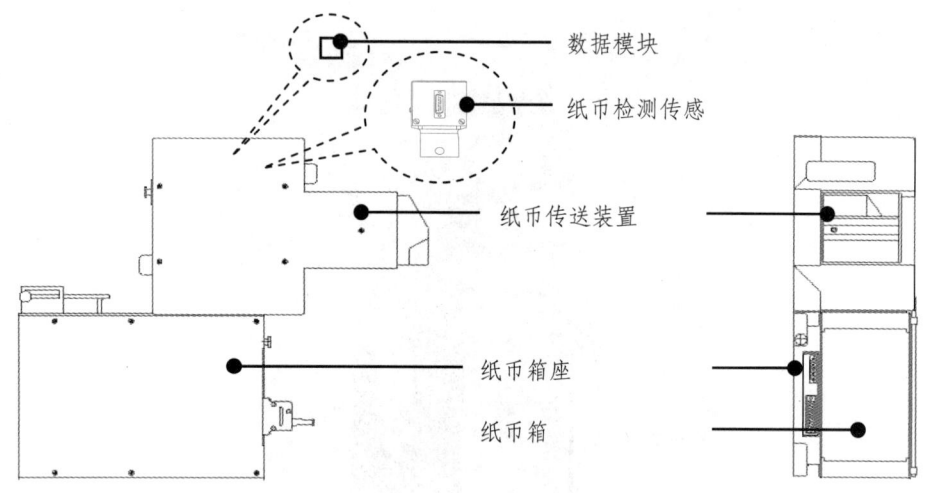

图 2-30 TVM 纸币模块构成示意图

（1）纸币传送装置（the banknote transport system）：在纸币模块内部传送纸币的装置。

（2）纸币检测传感器（the sensor）：辨别纸币真伪的装置。

（3）数据模块（the datamodule）：存储纸币的检测数据等纸币处理模块的数据的装置。

（4）纸币箱座（the cash-box carrier）：纸币箱外壳。

（5）纸币箱：可存储 1 000 张纸币的纸币存储装置。

纸币处理模块能接收 13 种不同纸币，自动售票机纸币接收种类可参数设置，纸币可以 4 个方向任意插入不会影响其检验正确性。纸币检测器能够接收第四版、第五版和以后新发行版本的人民币，并能识别人民币"三线防伪"激光机读特征。初始化后的纸币处理模块具备接收第四版人民币 5 元、10 元、50 元、100 元和第五版人民币 5 元、10 元、20 元、50 元、100 元的功能。具体接收币种可通过参数设置。

纸币检测器具有激光、光学、电感、电介质和交叉传感器，采用激光、读磁、紫外线、红外线、荧光反射成像、透视成像、物理尺寸等多种识别技术交叉识别，可识别纸币双面的影像、油墨的磁性、纸质的密度、防伪线和水印。

单张纸币识别时间 2.5 s，扫描点数≥1 300。

假币识别率≥99.99%，不符合参数指标的纸币通过纸币口原币返还给乘客，真钞接收率超过 99%。

纸币处理单元可通过维护升级软件进行新增纸币数据更新，并可通过参数设置自动售票机接收新增加纸币。

纸币处理模块具有暂存单元，具有原币退还功能，暂存器容量为 15 张，可通过参数设备暂存张数。

采用堆叠式的纸币钱箱，可存储 1 000 张纸币，并整齐堆叠。

纸币钱箱具有独立的电子标签和存储单元用来记录钱箱的操作和纸币数据。存储单元记录信息掉电不会丢失。移动或更换钱箱需正确登录后进行，否则自动售票机报警。

纸币钱箱记录纸币数量，当"满"或"将满"时可自动通知主控单元。

纸币钱箱具有双锁功能，拉出和打开钱箱需要使用不同的钥匙。只有两把钥匙共同作用时才可打开钱箱取出所保存的现金。当钱箱从自动售票机的存放座上取走时，钱箱的入闭口能自动关闭，操作人员无法接触到钱币。

三、纸币模块工作原理

（一）纸币模块处理流程

纸币模块处理流程如图 2-31 所示。

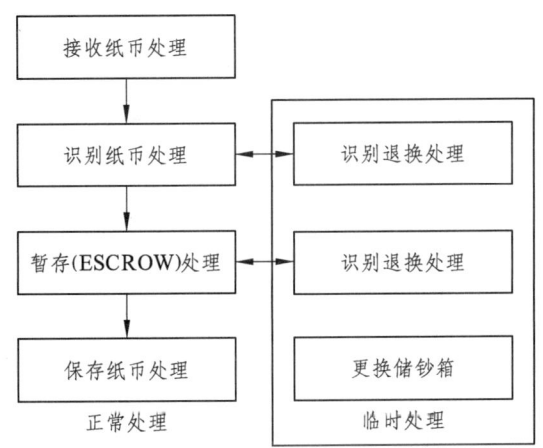

图 2-31　TVM 纸币模块处理流程示意图

1. 接收纸币

自动售票机的纸币投币口符合人体工程学设计，安装位置方便乘客投币，可防止坚硬物体（如信用卡、储值票等）插入纸币投币口有明显的标志提示乘客投币，其边缘光滑不会伤害乘客。纸币处理器停止工作期间，即使乘客从投入口塞进纸币，纸币也不会进入纸币处理机内部。

乘客把叠放整齐的纸币靠投入口的左端向里投入。纸币投入口设计成斜向下方开口的形状，纸币处理机接收乘客投入的纸币后，进入纸币识别器内进行识别。在自动售票机暂停接收纸币、暂停服务或关闭时，投币口会关闭不接收纸币（指示灯关闭）。

2. 纸币识别

被送入的纸币进入纸币识别器（Cash Ray-90）进行识别，合格纸币被送往暂存机构

（Escrow），不能接收的纸币或伪币则被退给乘客。

3. 纸币暂存处理

纸币暂存（Escrow）机构，最多可以存放 15 张纸币。在乘客投入纸币后到交易完成前，由纸币暂存机构保管接收的纸币。其工作示意图如图 2-32 所示。

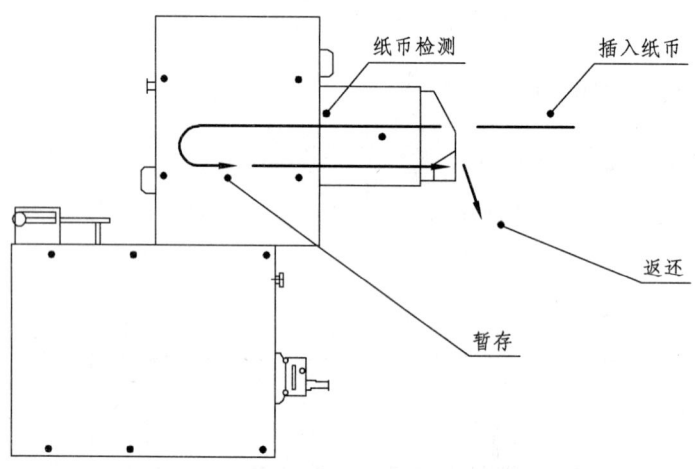

图 2-32　纸币接收、暂存及返还示意图

4. 纸币保存处理

乘客的购票或充值交易完成后，暂存（Escrow）机构保存的纸币被送到储钞箱。纸币的保存和返还工作示意图如图 2-33 所示。

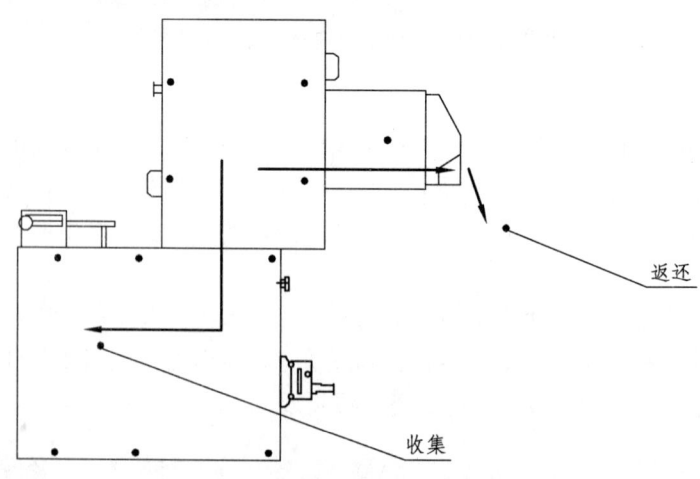

图 2-33　暂存纸币的保存和返还示意图

5. 纸币的退回处理

纸币存放在暂存机构时，如果乘客按"取消"键中止操作或乘客操作时间过长，暂存的纸币将被送到纸币退出口。退还时，乘客投入的所有纸币叠放在一块一起退出。

6. 更换储钞箱

更换储钞箱时，先打开储钞箱前面的锁，即打开纸币处理机的锁定机构，才可以取出储钞箱。储钞箱从 TVM 的后面拉出。

（二）纸币钱箱构成

纸币钱箱能存放至少 1 000 张纸币，进入钱箱的纸币能整齐堆叠。

纸币钱箱有两个机械锁，限制了他人接近箱内物品，使它具有双重的机械安全功能。

箱盖锁用于打开钱箱盖，并且设置一个机械装置能够让钱箱的进钞槽口恰好打开一次。钱箱上方的状态孔显示绿色时，表示钱箱可以插入到箱座内（见图 2-34）。

当把钱箱插入到纸币箱座内的时候，将箱座锁钥匙反时针方向转动即可把钱箱锁死在箱座内，并打开进钞槽口。再将顶上的固定手把拨向右侧后，BIM 装置就准备好把钞票送进钱箱内。

要把钱箱移走时，将固定手把推向左侧，使用箱座锁钥匙按顺时针方向转动，则纸币进钞槽口被封死，可以抽出纸币钱箱。此时钱箱不能放回原处，进钞槽口也无法打开（由一个红色的指示器显示这种状态），直到用箱盖锁打开钱箱时，此锁定装置复位。这种系统可以防止用户将刚取出的钱箱重新插入箱座。

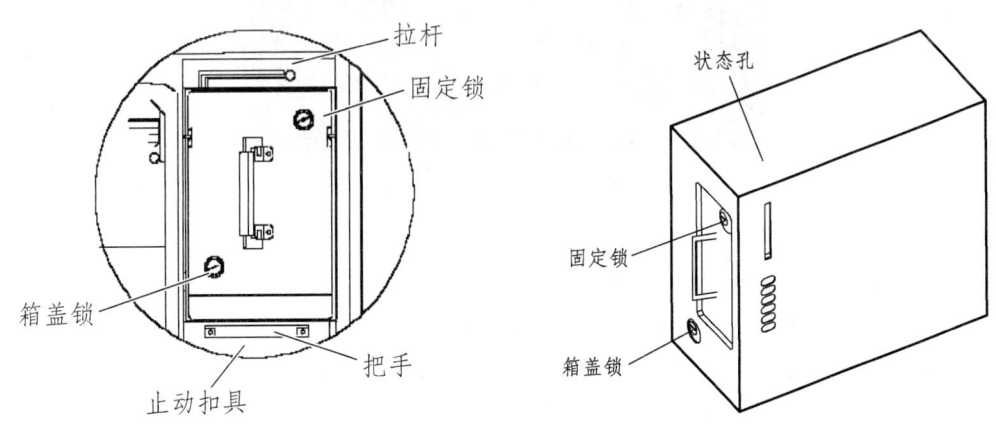

图 2-34　纸币钱箱外观示意图

（三）纸币钱箱的取出与装入

提示：以下只是纸币钱箱在硬件更换时的操作步骤。实际在车站设备现场更换时，应按照 TVM 用户操作手册要求及相关票务规定进行。

1. 取下钱箱的具体操作

（1）将钱箱的压杆由右侧拨到左侧打开压杆。

（2）将钥匙插入右上角的锁，顺时针旋转钥匙（见图 2-35）。

（3）抽出纸币钱箱。

图 2-35　纸币钱箱更换

2. 装入钱箱的具体操作

钱箱装入的过程与取出过程正好相反。

（1）将钱箱指示灯显示为绿色的空钱箱装入钱箱座。

（2）将钥匙插入右上角的锁，逆时针旋转钥匙，锁好钱箱。

（3）将钱箱的压杆由左侧拨到右侧，压紧钱箱。

四、纸币模块技术参数

纸币模块技术参数如表 2-6 所示。

表 2-6 G&D 纸币模块技术参数

序号	项目名称	规格描述
1	型号	BIM2020
2	纸币接收种类	13 种（4 方向）
3	纸币接收尺寸	宽：60～100 mm；长：100～198 mm
4	纸币识别速度	<2.5 秒/张
5	纸币压入钱箱速度	小于 6.0 s
6	纸币检测准确率	≥99.99%（首次插入识别率≥95%）
7	识别错误率	小于 1:1 000 000（≥99.99%）
8	扫描点数	1 300 个
9	纸币暂存箱容量	15 张，可"原币奉还"
10	纸币钱箱容量	1 000 张
11	安全识别传感器	具有光学、电感、电介质和交叉传感器，采用激光、读磁、紫外线、红外线、荧光反射成像、透视成像、物理尺寸等多种识别技术交叉识别，可识别纸币双面的影像、油墨的磁性、纸质的密度、防伪线和水印
12	钱箱尺寸	232 mm × 115 mm × 255 mm
13	整体最大尺寸	525 mm × 570 mm × 170 mm
14	质量 — 传送系统（带传感器和数据模块）	14.5 kg
15	质量 — 传感器和数据模块	1.5 kg
16	质量 — 钱箱支架	8.0 kg
17	质量 — 钱箱（空箱）	5.5 kg
18	电源	DC 24.0 ×（1±10%）V，5 A
19	平均功耗	95 W
20	通信接口	RS-232
21	通信速率	9 600 b/s
22	工作温度	0～60℃输入/输出元件操作极限最低至-20℃（配内置保温系统）
23	存储温度	-20～70℃
24	湿度	10%～95%（相对湿度、无结露）
25	认证	CE

第三目 硬币模块

硬币模块如图 2-36 所示。

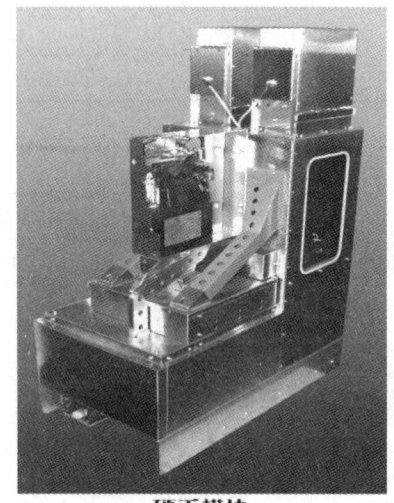

图 2-36 硬币处理模块外形图

一、硬币模块功能

硬币模块与主控单元的通信，接收主控单元的控制，对乘客投入的硬币进行传送、识别、接收合法币、将非法币退出机外、并实现硬币找零等处理。

（1）硬币识别功能：硬币识别器采用德国 NRI 的硬币识别器 G40.6288，能接收多达 16 种不同硬币参数设置，并能根据硬币的直径、材质及厚度等参数指标辨别硬币的真假。硬币检测准确率大于 99.9%。对无法识别的硬币给予退币处理。

（2）识别币种增加功能：硬币处理模块可通过参数设置增加新硬币种类，而不需进行任何软件及硬件的更改。

（3）非法币退出功能：硬币识别器不能识别的硬币直接排出找零退币口，不经过任何缓冲。

（4）硬币暂存功能：硬币处理模块具有暂存器（5 角、1 元各 40 枚容量），可一次接收 80 枚硬币，当循环找零箱满时可直接进入分币机构回收或找零。

（5）原币奉还功能：当乘客取消操作时，通过暂存器，可实现最多 80 枚硬币的一次性原币奉还。

（6）找零功能：硬币处理模块具有两个循环找零箱（5 角、1 元各一个，180 枚/箱），可实现 2 个币种的找零功能；接收硬币首先进入此两箱，找零硬币从此两箱排出。

（7）后备找零功能：硬币处理模块具有两个后备找零箱（5 角、1 元各一个，1 000 枚/

箱），当循环找零箱硬币不足或空时，找零硬币从此两箱排出。

（8）硬币补充加币功能：硬币处理模块具有两个加币箱（5角、1元各一个，1 000枚/箱），当后备找零箱硬币不足或空时，可通过此两箱增加补充硬币。

（9）硬币回收功能：硬币处理模块可通过分币机构将接收硬币回收存储于硬币回收箱。

（10）多币种接收功能：硬币处理模块除接收循环找零箱定义的两种币种外，还可接收其他新币种（最多可接收16种币种），通过分币机构可实现原币奉还和直接回收功能。但这些新币种不具备找零功能。

（11）清点清空功能：硬币处理模块通过控制单元可实现对所有箱中的硬币进行数量清点或回收清空的功能。

（12）投币口功能：硬币处理模块投币口具有导水结构设计，具有防水功能；另具闸门，非接收状态可关闭，禁止投入硬币。

二、硬币模块构成及工作原理

（一）硬币模块构成

硬币模块构成如表2-7所示。

表2-7 硬币模块构成

序号	组成部件	数量	型号	说明
1	硬币识别器	1	G40.6288	NRI/德国
2	循环找零箱	2	COMPACT HOPPER	MONEY CONTROLS/英国
3	后备找零箱	2	COMPACT HOPPER/MK4	MONEY CONTROLS/英国
4	硬币回收箱	2	M-CCB-2100	1 000枚/箱
5	硬币机构	1	—	包含暂存、分币机构等
6	硬币模块控制板	1	M-CCD-1100	32位ARM控制器

（二）硬币模块工作原理

当乘客从硬币投入口投入硬币，或者硬币从后备找零箱被送出后，硬币依靠自身重力，从上到下，经过硬币模块的相关部件，相关部件根据硬币的鉴别结果或指令形成不同的通道，最终实现硬币的暂存、找零、回收以及原币退还等功能。硬币模块内部各部件的布局及硬币通道如图2-37所示。

A：硬币识别器（硬币鉴币器）；

B：硬币暂存器；

C：硬币给币漏斗（分币机构）；

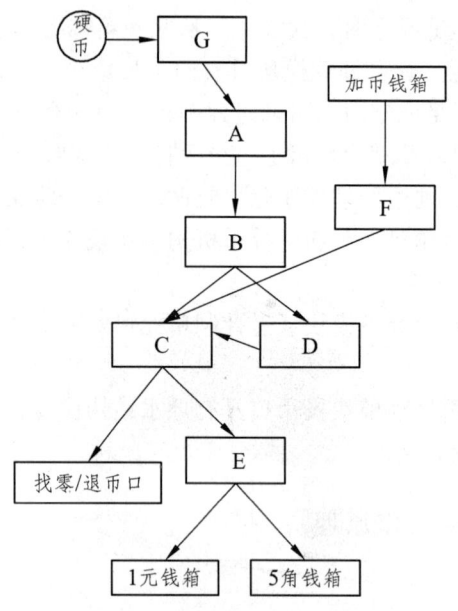

图 2-37 硬币模块工作原理图

D：硬币循环找零箱（5 角和 1 元）；
E：硬币分拣闸口；
F：硬币备用找零箱（5 角和 1 元）；
G：硬币入币口。

表 2-8 列出了硬币模块不同作业类型对应的经过路径。

表 2-8　硬币模块作业类型及对应路径表

序号	作业类型	硬币经过路径	备注
1	乘客硬币投入后取消购票	G→A→B→C→找零口	
2	正常情况下采用硬币购票	情况 1：当循环找零箱未满时（硬币数小于 180 枚）时，G→A→B→D 情况 2：当循环找零箱满（硬币数大于 180 枚）时，G→A→B→C→E	
3	纸币购票时，需硬币找零	情况 1：循环找零：D→C→找零口 情况 2：后备找零：F→C→找零口	
4	硬币模块盘点	后备找零箱盘点：F→C→E→回收箱 循环找零箱盘点：D→C→E→回收箱	

三、硬币模块部件

（一）硬币识别器

硬币识别器采用国际知名公司 NRI 的硬币识别器，它能接收多达 16 不同硬币参数设置，并能根据硬币的直径、材质及厚度等参数指标辨别硬币的真假。其外观如图 2-38 所示。

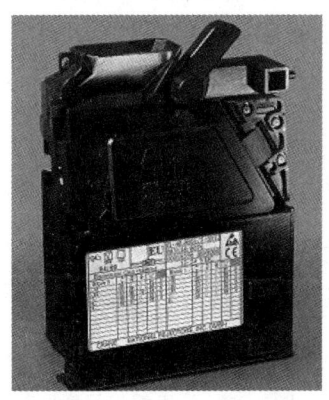

图 2-38　硬币识别器外观图

硬币识别器的主要功能包括：
（1）接收硬币。
（2）识别硬币。
（3）根据识别结果，将硬币分拣至不同的通道。

当乘客投入硬币时，硬币识别器的识别软件将传感器检测到的乘客投入硬币的材料（通过金属材料导磁率）、直径、厚度及其他硬币特征参数与存放在内存中的硬币数据进行比较，如符合条件则认为是合格硬币；否则认为是伪币，做退币处理。硬币识别器的供货厂家已经收集了国内生产的各种流通版本的 1 元、5 角硬币的各种特征参数，形成了完善的硬币识别数据文件和识别软件，因此具有极高的识别率和防伪性能。硬币检测准确率大于 99.99%。

1. 材料识别

硬币识别器中装有电磁信号检测器，乘客投入的硬币在经过时产生脉冲信号，各种金属材质不同，导磁率也不同，产生的电磁信号也不同，通过电磁信号检测器收集到硬币经过产生的电磁信号，与合格硬币材质产生的电磁信号进行对比，就可以判断投入的硬币材料是否合格。

2. 直径和厚度识别

合格硬币的厚度和直径误差在一定范围之内，硬币识别器中装有传感器可以准确测出投入硬币的厚度和直径，如果其误差在允许范围之内，则认为是合格硬币。

（二）排币机构的功能

排币机构和硬币识别器安装在硬币模块的支架上（见图2-39），其主要功能是：

（1）硬币识别器入币口卡币时，能够通过排币电机带动凸轮转动，压下硬币识别器上部的排币把手，致使硬币识别器的退币机构工作，实现自动排币。

（2）硬币识别器内部（硬币未被识别之前）卡币时，能够通过排币电机带动凸轮转动，压下硬币识别器上部的排币把手，致使硬币识别器的退币机构工作，实现自动排币。

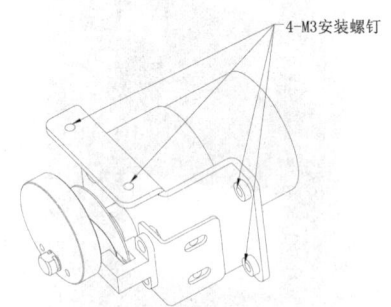

图2-39 排币机构示意图

（三）硬币暂存器

硬币暂存器（也称为硬币缓存器）可按硬币种类最多各暂存30枚硬币并移送至缓存找零器或回收到储币箱中。当乘客选择取消键时，立即将暂存的投入硬币返还给乘客。

如乘客的购买操作结束，储存在暂存装置里的硬币按种类进入缓存找零器（循环找零器）中。使用暂存装置的原因是乘客在操作中选择取消键时，可将乘客投入的硬币返还给乘客。其安装示意图如图2-40所示。

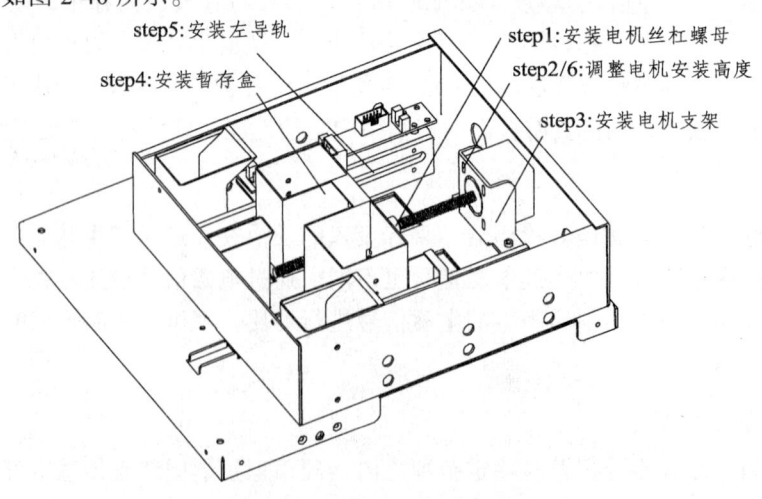

图2-40 暂存器安装示意图

硬币暂存器的功能包括：

（1）乘客投入的硬币经过硬币识别器识别之后，先进入硬币暂存器，当乘客取消本次交易时，能够实现乘客投入硬币的原币奉还，杜绝乘客以非法币换取真币。

（2）当上次交易完成后，在新的一次交易开始之前，将乘客投入的硬币放入循环找零箱或者硬币回收箱。

（四）硬币给币漏斗

硬币给币漏斗的安装示意图如图 2-41 所示。

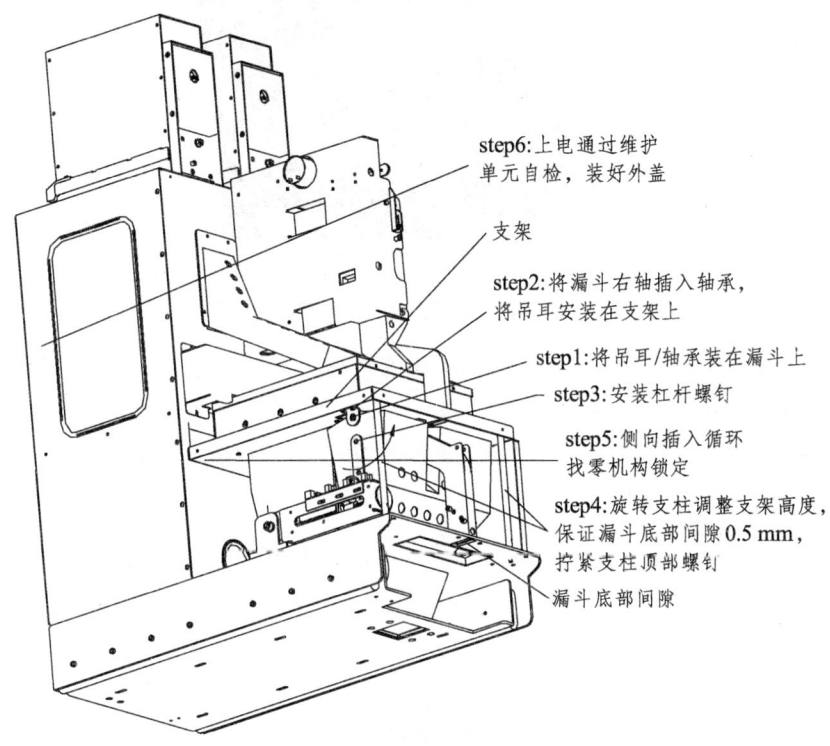

图 2-41　硬币给币漏斗安装示意图

硬币给币漏斗的功能主要包括：

（1）存放硬币识别器识别和接收的多余币种硬币，如果交易成功，则送至硬币回收箱，如果交易被取消，则送至找零口。

（2）将循环找零箱或后备找零箱送来的硬币运送至找零口，以实现找零功能。

（五）硬币循环找零箱

硬币处理模块配置 2 个循环找零箱，每个循环找零箱的容量为 180 枚，可以支持 2 种硬币各 180 枚的循环找零。其外观如图 2-42 所示。

循环找零箱通过 I/O 驱动电机带动一个转动的转盘将硬币拨出。转盘内有容纳所需硬币大小相配的圆孔，当转盘带动硬币转动到达出口时，有活动销将硬币拨出；同时通过光电传感器检测并输出信号，外接控制器可以通过检测出币信号确定出币的数量。

图 2-42　循环找零箱的外观示意图

硬币循环找零箱（5 角和 1 元）的功能主要包括：

（1）当数量未达到其存储上限时，储存从硬币暂存器送来的硬币。

（2）将乘客投入的硬币找零给乘客，实现硬币的循环利用。

（六）硬币备用找零箱

硬币处理模块配置 2 个备用找零箱，每个备用找零箱的容量为 1 000 枚，可以支持 1 种硬币 2 000 枚的备用找零，也可以支持 2 种硬币各 1 000 枚的备用找零。其外观示意图和内部结构图如图 2-43、图 2-44 所示。

图 2-43　备用找零钱箱-Universal Hopper Mk4 外观示意图

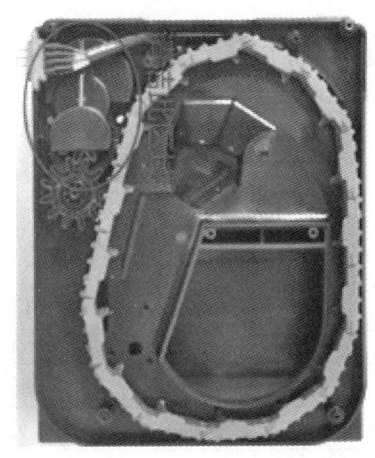

图 2-44　备用找零钱箱-Universal Hopper Mk4 内部结构图

左上角的电机根据指令转动时，带动环形橙色履带转动，环形橙色履带内侧的每个齿槽只能容纳一枚硬币，硬币被逐枚送至中上部的出口，然后沿倾斜的齿槽滚动，离开出口，进入相连接的通道。备用找零箱的出口位置设有传感器，对滚出的硬币进行计数。

硬币备用找零箱（5 角和 1 元）的功能主要包括：

（1）当循环找零箱中硬币数量不足时，可通过备用找零箱找零。

（2）储存从加币钱箱加入的硬币。

（七）硬币加币箱及其底座

硬币加币箱及其底座的结构如图 2-45 所示。

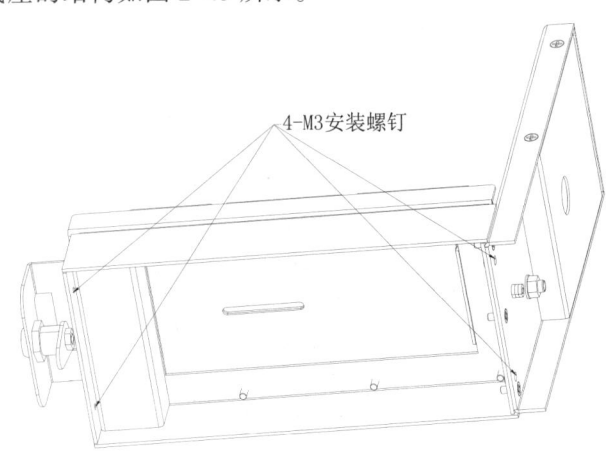

图 2-45　硬币加币箱及其底座结构示意图

其功能主要包括：

（1）当循环找零箱中硬币数量不足时，可通过补币箱加币，来实现备用找零箱找零。

（2）硬币加币箱的底座用于支撑硬币加币箱和防止工作人员直接接触硬币，以保证钱箱的安全操作。

四、硬币模块技术参数

硬币模块技术参数如表 2-9 所示。

表 2-9　硬币模块技术参数

序号	项目名称		规格描述
1		硬币模块型号	M-CPC-1000
2	硬币鉴币器	型号	G40.6288（德国 NRI）
3		接收币种	最多 16 种硬币
4		接收币尺寸	直径：15～30 mm　厚度：1.0～3.3 mm
5		识别方式	直径、重量、材质、硬度
6		硬币检测准确率	≥99.9%
7		硬币卡币率	<0.01%
8		一次性接收率	≥95%
9		处理速度	2 枚硬币/秒
10		学习特性	最多 6 种硬币
11		电源接口	DC 10～28 V，典型 12 V，40～600 mA
12		工作温度	0～60℃
13		工作湿度	0%～93%（相对湿度、无结露）
14		通信接口	RS-232，9 600 b/s
15		外形尺寸	181 mm×127 mm×64 mm（高×宽×深）
16		认证	CE
17	循环找零箱	型号	COMPACT HOPPER/ MONEY CONTROLS/英国
18		外形尺寸	150 mm（高）×85 mm（宽）×145 mm（长）
19		质量	570 g
20		容量	2 箱，180 枚/箱（以人民币硬币 1 元自由跌入测得）
21		找零速度	400 枚/min（大于 6.8 枚/s）
22		控制接口	I/O 控制
23		电压	DC 24 V
24		电流	出币时 900 mA/无币时 300 mA

续表

序号	项目名称		规格描述
25	后备找零箱	型号	COMPACT HOPPER/MK4 / MONEY CONTROLS/英国
26		外形尺寸	286 mm×226 mm×126.5 mm
27		质量	2.3 kg
28		容量	2箱，1 000枚/箱（以人民币硬币1元自由跌落MK4测得）
29		可用硬币尺寸	直径：16~31 mm；厚度：1~3.5 mm
30		找零速度	3枚/s
31		电源接口	DC 24 V，500 mA
32		控制接口	I/O控制
33	硬币暂存容量		2×40枚
34	缓存找零器盘点速度		出币速度：大于6.8枚/s
35	备用硬币找零盘点速度		出币速度：大于2.5枚/s
36	外形尺寸		宽×深×高≤300 mm×580 mm×660 mm（不含补充箱）
37	质量		≤40 kg
38	电源接口		24 V DC，≤5 A
39	通信接口		RS-232
40	通信速率		115 200 b/s
41	工作温度		0~50℃
42	存储温度		-10~60℃
43	工作湿度		0%~95%（相对湿度、无结露）
44	存储湿度		0%~100%（相对湿度、无结露）
45	可靠性		MCBF≥150 000次，MTTR≤30 min
46	使用寿命		≥100 000 h

第四目 主控单元

一、主控单元的功能

主控单元，也称为工控机，是AFC系统终端设备的核心模块，它提供各类端口连接其他外部模块。运行在主控单元上的业务软件协调各外部模块运转，共同完成终端设备的各项功能，并通过网络与车站计算机系统连接，接收各类参数、命令，上传设备交易数据及设备状态等信息。其外观如图2-46所示。

可根据AFC系统各类终端设备的具体情况，选用不同型号及配置的主控单元。

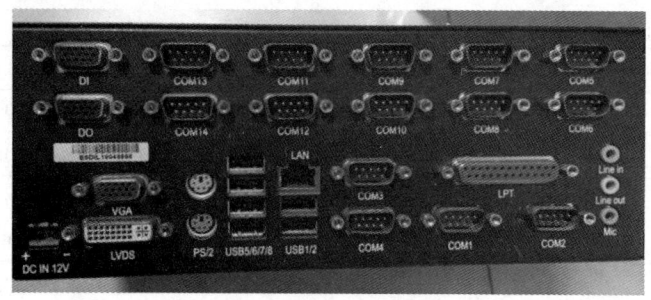

图 2-46　TVM 主控单元外观图

二、主控单元技术规格

某型号主控单元的技术规格如表 2-10 所示：

表 2-10　主控单元技术规格表

序号	项	规　格
1	主板型号	ECS-1717CLDNA（DT）
2	CPU	Intel® Pentium® M 1.0 GHz（超低功耗无风扇在板）
3	内存储器	板载 512 M
4	网络接口	1 个标准 RJ45，10/100 Mb/s
5	时钟	安装备用电池（寿命：约 10 年），精度：±1 秒/日（常温常湿）
6	USB 接口	8 个 USB2.0
7	RS232 接口	14 个 RS-232
8	422 接口	无要求
9	标准并口	1 个
10	PS/2 接口	1 个
11	显示端口	VGA +LVDS（独立双显），VGA 支持至少 1 280×1 024 像素分辨率 32 位真彩色显示，LVDS 支持至少 640×480 像素显示
12	看门狗	支持（1-255 级）
13	音频	AC97 支持，标准接口
14	IDE 接口	1 个
15	SATA 接口	2 个
16	I/O 接口	支持数字 I/O 口，至少 8 路输出、8 路输入
17	CF 卡插座	1 个
18	外形尺寸	235.00 mm×165.00 mm×95.00 mm
19	电源输入要求	DC 12×（1±5%）V，最大 40 W
20	工作温度	0～60℃
21	储存温度	−20～70℃
22	相对湿度	10%～95%

三、主控单元的接口

主控单元的接口类型如表 2-11 所示。

表 2-11 主控单元接口表

序号	部件	接口号	备注
1	触摸屏	COM1	
2	单程票发售模块	COM3	
3	运行状态显示器	COM4	
4	综合控制器	COM5	
5	票据打印机	COM6	
6	纸币模块	COM7	
7	硬币模块	COM8	
8	读写器	COM9	
9	纸币找零	COM10	
10	UPS	COM11	
11	预留	COM2、COM12～COM 14	
12	读写器（预留）	USB2	
13	键盘接口（预留）	USB3	
14	鼠标接口（预留）	USB4	
15	预留	USB1、USB5～USB 8	
16	维护面板小键盘	PS2	
17	乘客显示器	VGA	
18	维护面板显示屏	LVDS	
19	以太网接口	LAN	
20	语音输出	Line Out	
21	电源	DC 12 V	
22	电源管理	DO	

四、非易失性存储器

非易失性存储器安装于主控制器的工控机主板上，用于存放操作系统、应用程序、交易数据及各种数据的备份，分为两种类型。

（1）CF 卡：用于数据备份，容量 1 G。

（2）硬盘：用于存放操作系统、应用程序、交易数据等，容量每块 80 G 以上，共 1 块。

第五目　维护面板

一、维护面板功能

维护面板安装在设备内部，操作／维修人员通过维护面板完成对设备的操作、维修和诊断工作。

维护面板包括维护面板显示器及维护小键盘。设备内部设有固定的维护面板底座用于其放置和固定。

维护面板的功能显示菜单化，能帮助操作员快速操作。面板键盘具有 0～9 数字输入键及 15 个功能键，各功能键通过软件定义其含义。维护面板外观如图 2-47 所示。

图 2-47　TVM 维护面板外观图

二、维护面板组成

TVM 维护面板组成如表 2-12 所示。

表 2-12　TVM 维护面板组成

序号	规　格
1	6.5″彩色 TFT 液晶显示器（4∶3）（同自动检票机乘客显示器）
2	按键数量：5×4
3	USB 按键接口线
4	LVDS 液晶接口线
5	维护单元集成一体化面壳

第六目 综合控制器

综合控制器外观如图 2-48 所示。作为 TVM 设备的重要组成部分，其主要功能是对设备 I/O 量进行控制，包括：乘客接近检测、纸币模块到位检测、硬币回收箱到位检测、单程票模块到位检测、纸币找零模块到位检测、纸币找零后门到位检测、维护门到位检测、召援按钮、召援输出、报警器、出票找零口照明、硬币操作指引、纸币操作指引、储值票操作指引、打印机操作指引等。

图 2-48 TVM 综合控制器外观图

第七目 读写器

读写器用于处理单程票和储值票，对系统发行的各种单程票和储值票进行读写操作。其功能、组成、接口、技术指标等详见第一章"车票读写器"。

对于 TVM 来说，读写器安装在 TVM 的储值卡模块附近，以缩短连接天线板的射频馈线长度，提供更好的感应效果。TVM 读写器配置 2 个天线板，1 个天线板贴近储值卡模块安装，用于处理乘客插入的储值卡；另 1 个天线板安装在单程票发售模块的票卡传送通道上方，用于处理发售的单程票。TVM 储值卡模块的读写器天线板安装如图 2-49 所示。

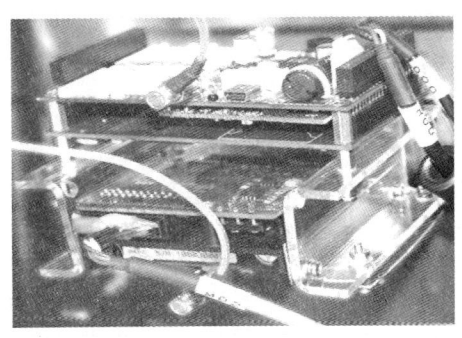

图 2-49 TVM 储值卡模块读写器天线板安装图

第八目 乘客显示器

一、乘客显示器功能

乘客显示器用来显示轨道交通地图、票价、用户投币金额、购票数、错误提示等信息和相关的操作按钮，引导乘客进行正确的购票操作。

二、乘客显示器组成及接口

（一）乘客显示器组成

乘客显示器组成如表 2-13 所示。

表 2-13 乘客显示器组成

序号	组成部件	数量	备注
1	液晶面板	1 块	19″TFT 液晶
2	驱动套件	1 套	包括：驱动板、高压板、按钮板

（二）乘客显示器接口定义

乘客显示器接口定义如表 2-14 所示。

表 2-14 乘客显示器接口定义

接口	端子定义
信号	标准 VGA 接口（DB15）
电源	圆形 DC 插头，内：DC 12 V，外：GND

第九目 乘客触摸屏

一、触摸屏功能

乘客触摸屏是乘客进行购票的输入终端，通过储摸屏进行选站点、输入购票数量、确认、取消等操作。

二、触摸屏组成及接口

（一）触摸屏组成

触摸屏组成如表 2-15 所示。

表 2-15 触摸屏组成

序号	组成部件	数量	备注
1	屏体	1	19″表面声波触摸屏，三防屏，串口
2	控制器	1	表波屏控制器，RS-232 接口

（二）触摸屏接口定义

触摸屏接口定义如表 2-16 所示。

表 2-16　触摸屏接口定义

接口	端子定义	说　　明
通信	2：TXD，3：RXD，5：GND	标准 RS-232C 接口，DB9 母头，触摸屏配线
电源	1：+12V，2：GND，3：GND，4：×	DC 12 V，4PIN D 形接口，触摸屏配线，接到电源箱

第十目　运营状态显示器

运行状态显示器安装在设备顶部，用来显示设备的运行状态，使乘客在远处就可以看到，方便乘客购票。

运行状态显示器每屏可显示单行 10 个汉字（16×16 点阵），或 20 个英文字符（16×8 点阵），单行显示，显示字体可以是红、绿、橙三种颜色。

运行状态显示器显示设备的运行状态，包括：正常运营模式、只收硬币模式、暂停模式、结束运营模式等。

运行状态显示器组成包括：屏体、控制板、条屏电源、结构件。

第十一目　储值票处理模块

储值卡模块是对储值票进行传送的机构。具有锁定票卡的装置，在进行充值、验票时固定住票卡，保证不被乘客移动；充值、验票完成后再开启锁定装置，允许乘客取走票卡。其外观如图 2-50 所示。

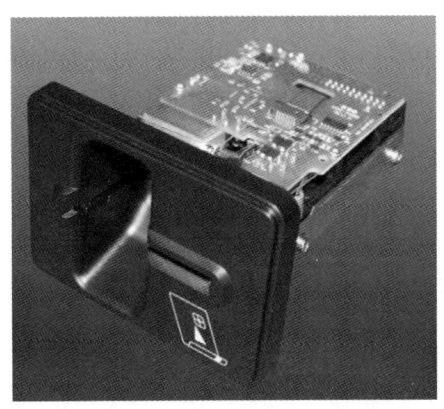

图 2-50　TVM 储值票模块外观图

第十二目 票据打印机

一、票据打印机功能

票据打印机用于打印充值收据,采用热敏打印机 M-T532/ EPSON,采用串口通信。TVM 票据打印机采用嵌入式安装方式。其外观及安装位置图如图 2-51 所示。

图 2-51 票据打印机外观及安装位置图

二、票据打印机组成

票据打印机组成如表 2-17 所示。

表 2-17 票据打印机组成

序号	组成部件	数量	备 注
1	机芯	1	热敏打印机
2	主板	1	T80V16
3	按钮板	1	PANELV11
4	切刀	1	带自动切纸功能

第十三目 电源模块

电源模块是设备的配电、电源转换单元,为设备内部各个模块提供电源。

自动售票机电源模块主要由 12 V 开关电源、24 V 开关电源、漏电保护断路器、接线排等组成。其外观如图 2-52 所示。

图 2-52　电源模块外观图

第十四目　UPS 不间断电源

UPS 主要是为设备在断电时提供不间断电源，以完成最后一笔交易，以免数据丢失。工控机通过 RS232 串口与 UPS 电源连接，监控 UPS 电源运行状态。

第十五目　纸币找零模块

自动售票机配置纸币找零模块的主要功能是为乘客提供纸币找零。

目前，不同厂家设计的纸币找零模块具有不同的特性。比如：按照出钞方向不同，可以分为纸币纵向出钞和纸币横向出钞；多张纸币找零按照送出的方式不同，可以分为每次单张纸币出钞和多张纸币整叠出钞；根据对纸币模块进行补币操作的位置不同，可以分为后端维护机型和前端维护机型。

成都地铁 1 号线 TVM 设备配置的纸币找零器选用了 FUJITSU F53 后端维护机型，它支持每次单张纸币出钞，出钞方向为纵向出钞。其外观如图 2-53 所示。

FUJITSU F53 纸币找零模块主要由机芯部分和 2 个纸币钱箱、1 个纸币回收箱组成，纸币找零机芯上主要有主控板、送钞通道、传感器、纸币重钞检查组件、驱动电机等部件。

纸币钱箱的结构如图 2-54 所示。钱箱安装好后，需要找零时，机芯上的驱动电机通过齿轮转动带动钱箱底部的擦钞轮转动，擦钞轮将钱箱内贴近它的那张纸币送出钱箱，进入纸币通道。摩擦出钞的工作原理如图 2-55 所示。

图 2-53 FUJITSUF53 纸币找零模块外观（左：后端维护机型，右：前端维护机型）

图 2-54 纸币钱箱内部结构图

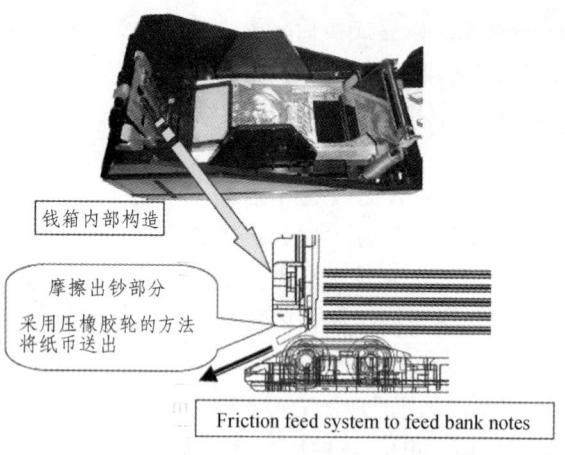

	间隙	介质厚度
介质的厚度	0.07mm ~ 0.18mm	0.07mm ~ 0.3mm
机械调节	有要求	没有要求

图 2-55 纸币钱箱摩擦出钞工作原理图

　　进入纸币通道的纸币按照图 2-56 中箭头所指路径传送，通道上的多个传感器跟踪纸币所经过的位置。厚度传感器对通道上的纸币厚度进行检测，确保每次只送出一张纸币、无多张纸币重叠的情况。如果检测的厚度为一张纸币的厚度，则将纸币送至"出钞口"，完成一次出币；如果发现厚度异常，则认定此次出币出现纸币重币的情况，随即将纸币送入"回收箱"，再从钱箱内重新发出一张纸币。

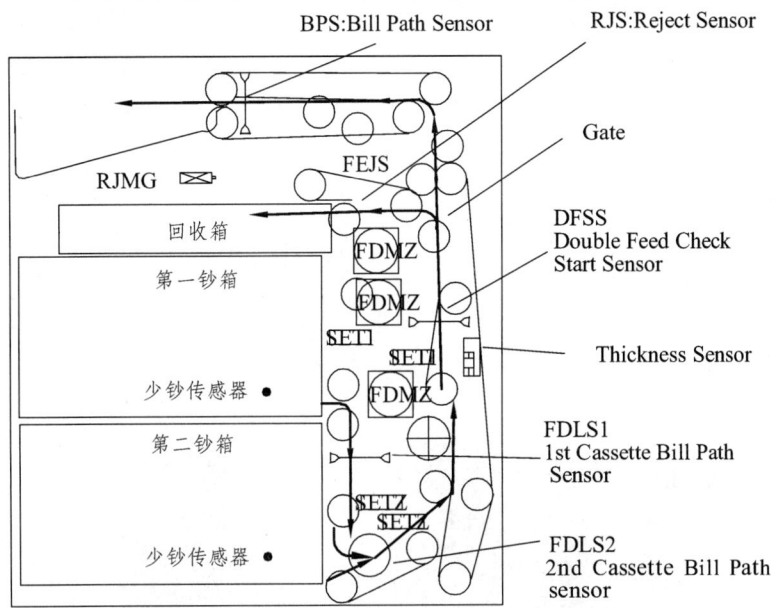

图 2-56 FUJITSUF53 纸币找零模块内部送钞通道及主要传感器布局示意图

自动售票机纸币找零器的技术规格如表 2-18 所示。

表 2-18 自动售票机纸币找零器技术规格表

项　目	指　标
尺寸（W×D×H）（两钞箱标配时）	160 mm×351 mm×330 mm 钞箱尺寸 116 mm×216 mm×98 mm
质量（W/O 介质）	8.5 kg（两钞箱标配时）0.7 kg/（钞箱）
维护方式	前端维护
钞箱个数	标准配置 2 个钞箱 可扩充至 6 个钞箱
出钞速度	2 张/s
介质规格	尺寸：最大 82 mm×160 mm，最小 60 mm×120 mm 厚度：0.09～0.3 mm
取款张数/每笔	20 张纸币/每笔
纸币超时遗忘回收功能	无
闸门	无
钞箱容量/尺寸	钞箱容量 60 mm/每个钞箱可装美元纸币 500 张
产品标准	UL，TUV 认证
废钞箱容量	约 20 张废钞票

续表

项目	指标
少钞传感器	固定传感器/（少钞感应张数约 40 张）每个钞架均有配置
接口	RS232C（标配），USB（选配）
电源要求	DC +24 V，±10% 最大值：7 A　　平均值：5 A

第十六目　功放及喇叭

功放和喇叭是设备的语音输出单元，在乘客购票时提供语音提示，或在播放宣传片、广告片时提供音频功能。使人机界面更加友好。其外观如图 2-57 所示。

图 2-57　TVM 功放及喇叭外观图

第十七目　报警蜂鸣器

报警蜂鸣器是设备的报警部件，当非法打开维护门、非法移动设备内部部件或进行其他非法操作时，设备进行蜂鸣报警，并上传上级计算机，提示设备被严重非法操作，以引起工作人员注意。其外观如图 2-58 所示。

图 2-58　TVM 报警蜂鸣器外观图

第十八目 接线盒

接线盒提供设备对外接线接口，外部进线包括：设备电源线、网线、交换机电源线（预留）。其外观如图 2-59 所示。

图 2-59 TVM 接线盒外观图

第十九目 操作指引

一、硬币操作指引

硬币操作指引为高亮 LED 背光，引导乘客进行硬币操作，硬币模块可用时亮，不可用时灭，当前可进行硬币操作时闪烁。其外观如图 2-60 所示。

二、纸币操作指引

纸币操作指引为高亮 LED 背光，引导乘客进行纸币操作，纸币模块可用时亮，不可用时灭，当前可进行纸币操作时闪烁。其外观如图 2-61 所示。

图 2-60 硬币操作指引外观图

图 2-61 TVM 纸币操作指引外观图

三、储值票操作指引

储值票操作指引同纸币操作指引。

四、打印机操作指引

打印机操作指引同纸币操作指引。

五、出票找零口发光板

出票找零口灯板采用白色高亮发光板,在找零或售票时亮起,延时一段时间后熄灭,通过出票找零口照明,乘客可以清楚看到出票找零口处的车票、硬币或纸币。

第二十目 维护门检测开关

一、维护门检测开关功能

设备通过维护门开关检测维护门开/合情况、关联设备的运行状态、控制维护面板液晶屏的背光灯。当设备维护门打开时,维护面板背光灯亮,当维护门关时,维护面板背光灯灭。其外观如图 2-62 所示。

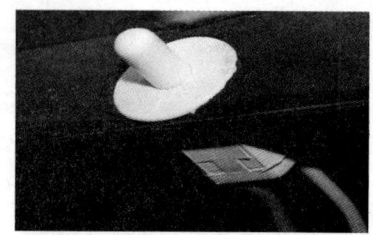

图 2-62 维护门检测开关外观图

二、维护门检测开关组成及接口

维护门检测开关共 2 个,型号为 LTK-18/灵通电器。2 个检测开关为并联关系,接到综合控制器 J21 插座。接线原理如图 2-63 所示。

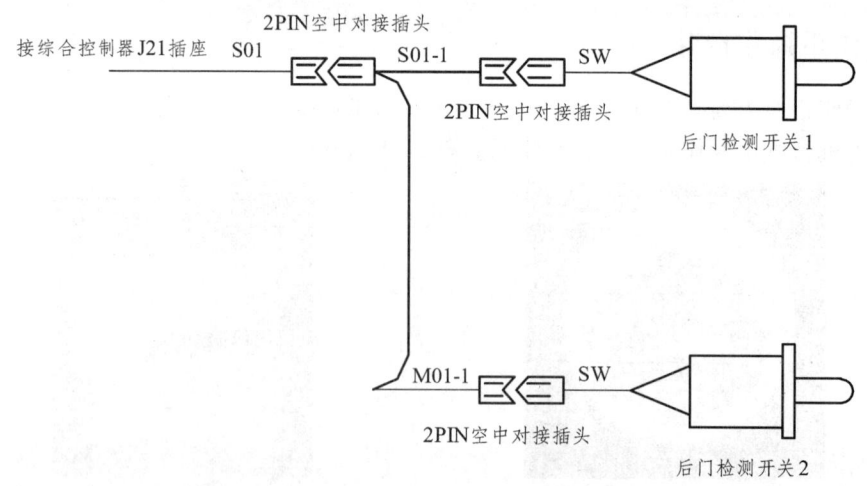

图 2-63 维护门检测开关接线原理图

第五节 设备操作界面

TVM 的操作可划分为两大类：
（1）乘客通过 TVM 设备的触摸屏和乘客显示屏进行购票或充值操作。
（2）车站站务人员和设备维保人员通过设备内部的维护面板进行设备的管理维护操作。

第一目 日常操作流程

TVM 的日常操作流程，如图 2-64 所示。

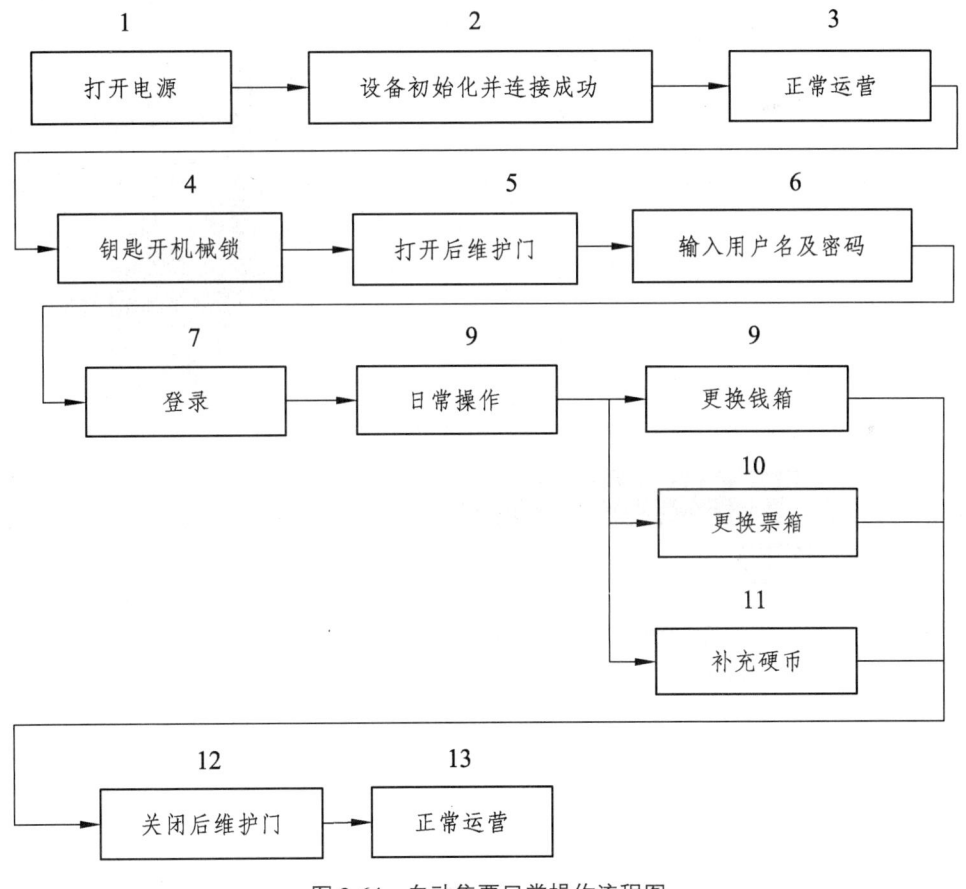

图 2-64 自动售票日常操作流程图

说明：序号 3 面向售票操作流程；序号 9、10 和 11 为运营管理人员日常维护内容，先后顺序可不要求。

第二目　乘客购票或充值操作

TVM 最主要的功能是为乘客提供购票或充值操作。乘客站在 TVM 面前，按照 TVM 乘客显示器上的提示，通过触摸屏选择线路、目的车站、购票数量等信息，然后按照操作指引，投入硬币或纸币，当投入的金额足够时，TVM 开始发售车票，并根据实际情况进行硬币或纸币的找零。如果需要充值，则乘客在主界面上选择"充值"，按要求插入储值卡，再投入指定面额的纸币，按"确定"完成充值。TVM 主界面的示意图如图 2-65 ~ 2-69 所示。

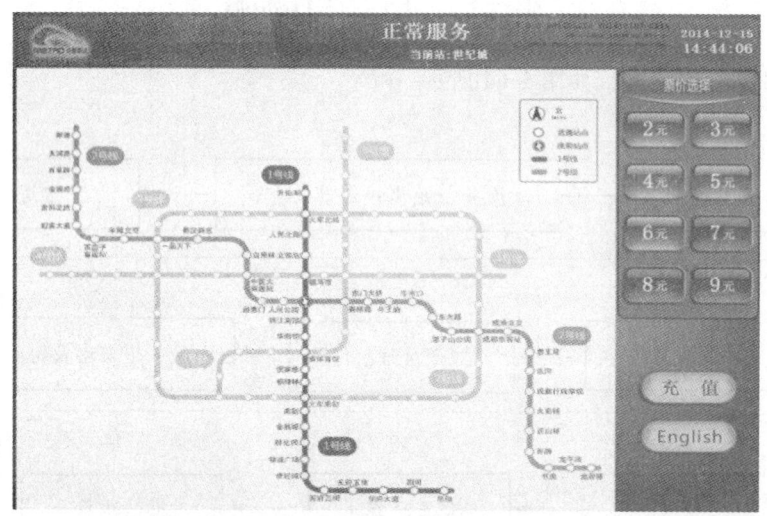

图 2-65　TVM 主界面示意图

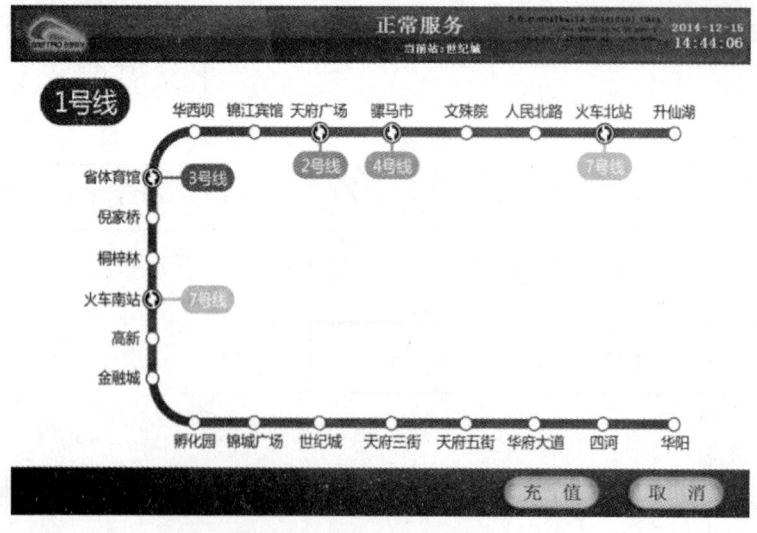

图 2-66　按线路购票界面示意图

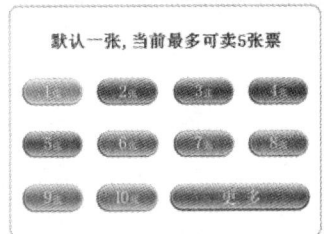

图 2-67　购票现金支付界面示意图

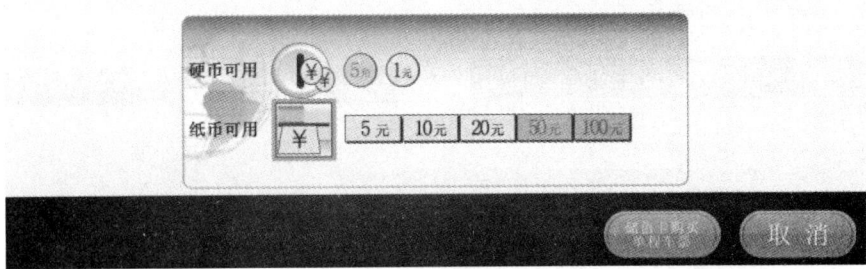

图 2-68　使用储值卡购票界面示意图

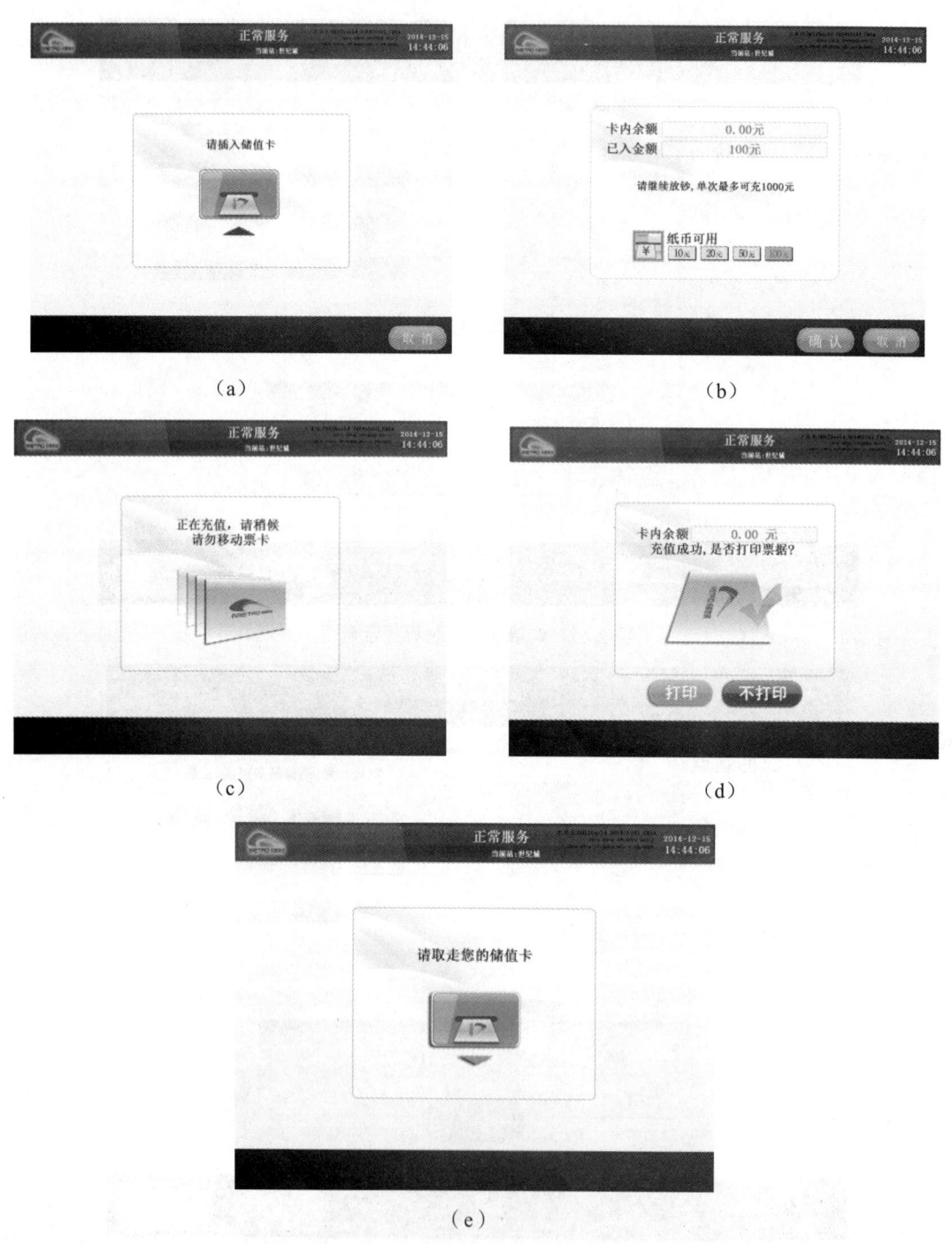

图 2-69 储值卡充值界面示意图

第三目 管理维护操作

管理维护类操作，主要是站务人员或 AFC 设备维保人员对 TVM 设备进行的操作，这些功能通过操作 TVM 维修面板和对应的模块来实现。

进入管理维护菜单，首先需要登录。通过维护键盘输入正确的用户名和密码，会自动弹出维护界面，如图 2-70 所示。

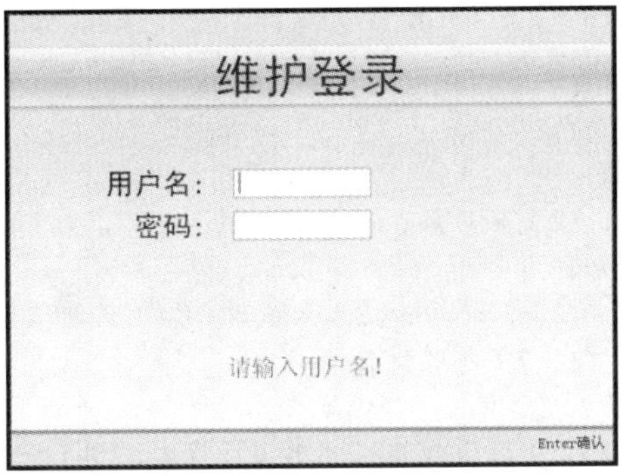

图 2-70 自动售票机维护登录界面

维护界面列出了对应的菜单项，每个菜单项前面都有一个序号，用户输入前面的序号数字，就可选择对应的菜单项。

维修面板显示器上以层级菜单形式显示各项功能，如图 2-71 所示。图（a）为维护菜单（主菜单），图（b）为选择主菜单"1"后进入的"日常操作"界面。

界面的底部数字显示当前界面所在的层级位置。

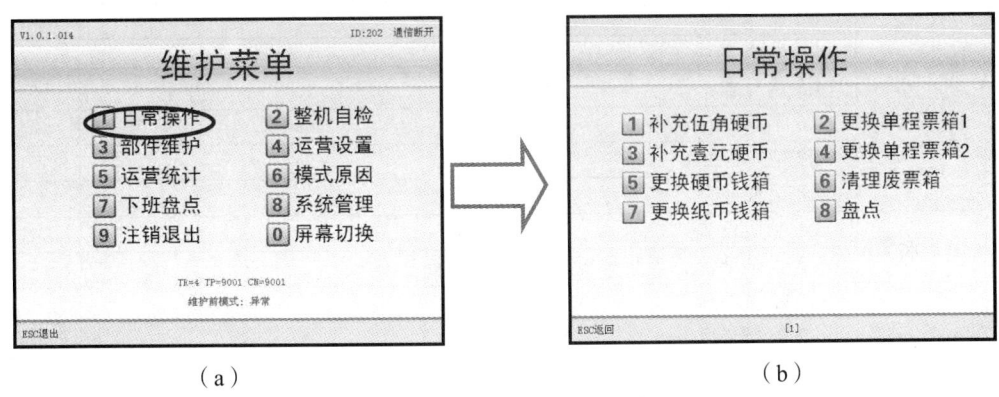

（a） （b）

图 2-71 维护日常操作界面

目前 AFC 技术标准已经对自动售票机管理维护菜单的分类及层级设置进行了标准化要求，具体内容如表 2-19 所示。

表 2-19　自动售票机管理菜单定义标准

序号	主菜单	第二级菜单	备注
1	运营服务	1.1 更换票箱	
		1.2 更换硬币钱箱	
		1.3 清找零箱硬币	
		1.4 补充纸币	
		1.5 单据重打	
		1.6 日结	
2	运营控制	2.1 模式设置 模式设置包括： 1）功　能 (1) 正常；(2) 只售票；(3) 只充值 2）支付方式 (1) 都收；(2) 只硬币；(3) 只纸币；(4) 只储值卡；(5) 不收硬币；(6) 不收纸币；(7) 不收储值卡 3）找　零 (1) 全部；(2) 纸币找零；(3) 硬币找零；(4) 无找零	
		2.2 运营设置 运营设置包括：(1) 停止运营；(2) 开始运营	
3	设备查询	3.1 运营状态查询	
		3.2 交易数据查询	
		3.3 寄存器信息查询	
		3.4 模块信息查询	
4	维修测试	4.1 纸币模块	
		4.2 纸币找零模块	
		4.3 硬币模块	
		4.4 发售模块	
		4.5 读写器	
		4.6 票据打印机	
		4.7 I/O 测试	
		4.8 运营显示状态显示器	
5	设备设置	5.1 时间设置	
		5.2 本机设置，设置车站编号和设备编号	
6	数据维护	6.1 数据备份	
		6.2 数据恢复	
		6.3 数据导入	
		6.4 数据导出	
7	系统管理	7.1 系统重启	
		7.2 系统关机	
		7.3 用户注销	

AFC 系统按权限控制各项管理功能。车站站务人员和设备维保人员具有不同的管理权限，因此登录后，他们所能使用的菜单项是不相同的。

比如：站务人员主要具有"运营服务""运营控制"类的权限，他们能够完成补充硬币（硬币模块）、补充纸币（纸币找零模块）、更换硬币钱箱、更换纸币钱箱、更换出票箱、更换废票箱等操作。而设备维修人员则不能进行上述操作，他们经常被授权的操作有"设备查询""维修测试""设备设置""数据维护"等。

一、纸币钱箱更换

下面以"纸币钱箱更换"为例，介绍一个完整的设备维护管理类操作。

（一）功能描述

当需要更换纸币钱箱时，以空的纸币钱箱更换设备内的当前纸币钱箱。

TVM 纸币购票可以接收 5 元、10 元、20 元人民币，在更换纸币钱箱时，可以从后维护界面上查看钱箱内纸币的数量和金额。

（二）纸币钱箱更换操作流程

纸币钱箱更换的具体操作流程如下：

（1）登录后维护。

（2）维护界面操作。

（3）纸币钱箱的取出与装入。

（4）完成纸币钱箱的更换。

（三）登录操作

每次进行设备或部件维护维修，以及更换票箱钱箱时，需先打开维护门，输入正确的用户名和密码后才能进行所授权的操作。

（1）打开后维护门，此时乘客显示屏器应显示"暂停服务"，在后维护面板显示屏会弹出登录窗口。

（2）在此登录窗口中（维护单元第一次登录窗口），通过维护键盘输入正确的用户名和密码，会自动弹出维护界面，如图 2-72 所示。

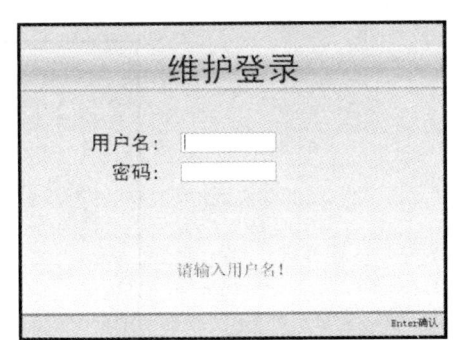

图 2-72 自动售票机维护登录界面

（四）维护界面操作

（1）根据"维护菜单"界面显示的"日常操作"快捷键"1"，在维护键盘上点击相应的数字"1"，点击后进入"日常操作"界面，如图 2-73 所示。

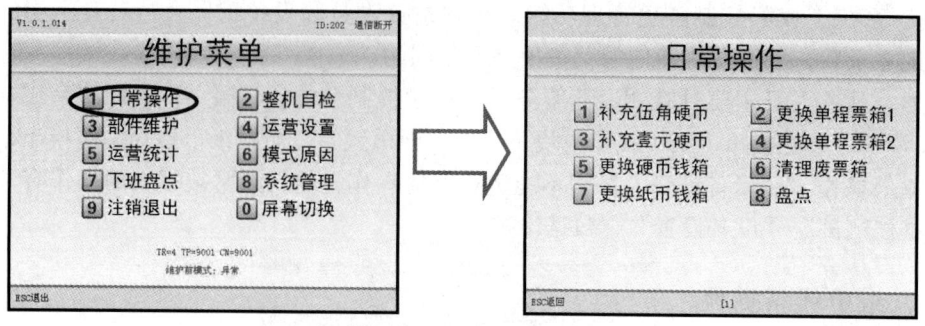

图 2-73　维护日常操作界面

（2）根据"日常操作"界面显示的"更换纸币钱箱"快捷键"7"，在维护键上点击相应的数字"7"，点击后自动弹出"钱箱登录"界面，如图 2-74 所示。

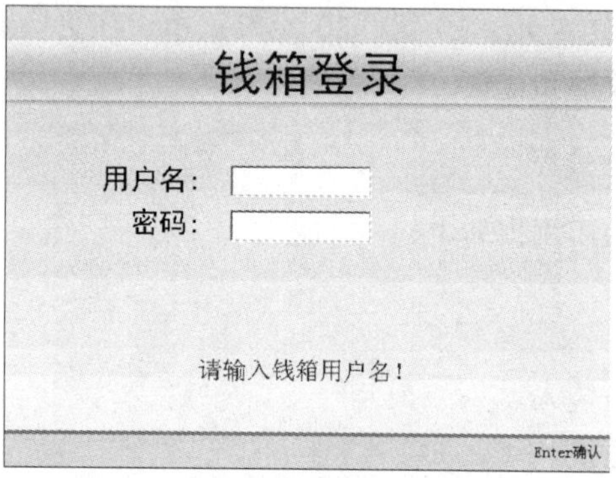

图 2-74　更换钱箱用户登录画面

（3）在"钱箱登录"界面上输入正确的用户名和密码后进入"更换纸币钱箱"界面，如图 2-75 所示。

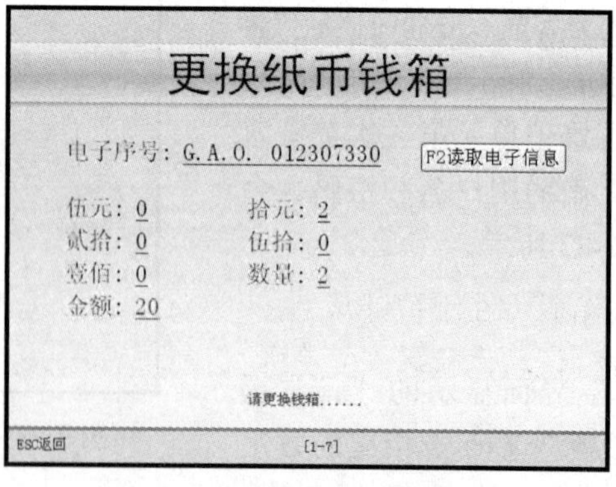

图 2-75　更换纸币钱箱界面图

（五）纸币钱箱的装入与取出

1. 取下钱箱的具体操作

（1）将钱箱的压杆由右侧拨到左侧打开压杆。

（2）将钥匙插入右上角的锁，顺时针旋转钥匙（见图2-76）。

（3）抽出纸币钱箱。

图 2-76　纸币钱箱更换

2. 装入钱箱的具体操作

钱箱装入的过程与取出过程正好相反。

（1）将钱箱指示灯显示为绿色的空钱箱装入钱箱座。

（2）将钥匙插入右上角的锁，逆时针旋转钥匙，锁好钱箱。

（3）将钱箱的压杆由左侧拨到右侧，压紧钱箱。

（六）完成纸币钱箱的更换

（1）压好钱箱压杆后，纸币模块会进行自动进行自检。

（2）确认更换好纸币钱箱后，在维护键盘上按"ESC"键，退出菜单。

（3）关闭后维护门，并确认整机状态恢复正常，操作结束。

（七）注意事项

（1）未进行更换钱箱登陆身份确认（输入用户名及操作密码），而直接抽出钱箱，设备将报警,并上传非法操作信息到车站计算机。

(2)用户必须在限定的时间内移走钱箱,否则将注销当前登录信息。

(3)当用户移走纸币钱箱后必须在限定的时间内把新纸币钱箱归位,否则将报警。

(4)把空钱箱装入后一定要把压杆压下去,并且要听到纸币模块自检,才算操作完成;如果没有自检,则需要重新把钱箱取出,再装入一次。

案 例

一、案例名称

AFC终端设备不锈钢票箱故障。

二、案例现象

AFC系统终端设备中,早期使用的票箱均为不锈钢材质票箱,在使用中容易受到外力冲击造成票箱变形,从而造成内部托盘活动不畅、卡死以及卡票等故障,使设备不能正常运行,且故障率较高,属于频发故障。

三、案例分析

由于在最初阶段,单程票的成本较高,为了充分保证单程票的安全性,AFC系统设计为全封闭不锈钢材质的票箱。不锈钢材质票箱采用全封闭设计、双互锁装置、防票卡卡死结构,内部结构较复杂,所以在使用过程中易出现锁芯损坏卡死、互锁机构卡死、票箱变形等故障。长期使用后,还会因内部托盘与票箱内壁之间的空隙因磨损加大,单程票容易落入托盘底部而卡住托盘,导致托盘不能下降到位的问题。

另外,由于不锈钢材质票箱本身的质量较大,单个票箱净质量约为 4.35 kg,装满车票后的质量约为 6.5 kg,对于车站人员日常的取票、装票操作来说,工作强度较大,容易在搬运、临时存放中失落、倾倒,加大了砸伤使用人员的风险。

不锈钢材质票箱还存在维修困难、采购成本高的缺点。

不锈钢票箱的外观如图2-77所示。

随着AFC系统的使用,票卡的管理手段不断完善,杜绝了因为管理等问题造成的票卡流失,为票卡的安全使用提供了保证。因此票卡安全保障不再是票箱设计的主要考虑因素,从而可以使用塑料票箱替代成本较高、故障率高、操作不变的不锈钢票箱。

四、改进措施

对原有的发卡模块和回收模块进行改造,采用塑料票

图2-77 不锈钢票箱外观图

箱替代不锈钢票箱。塑料票箱外观如图 2-78 所示。

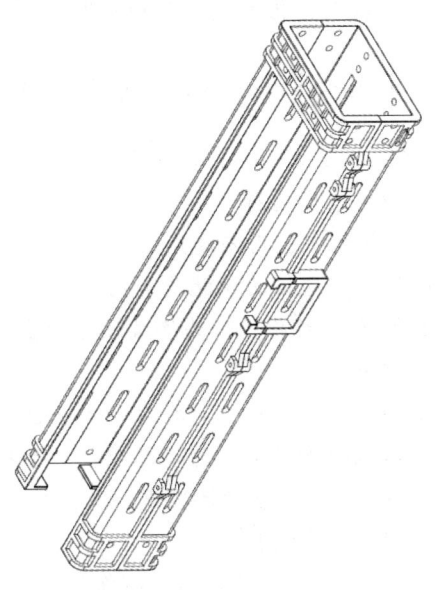

图 2-78　塑料票箱外观图

因原票箱采用内置托盘设计，外部升降机构利用外置连接装置，带动内置托盘做升降运动，在票箱变形的情况下，内置托盘容易卡死。而在改造后，将托盘与外置连接装置做一体化设计，并在托盘的四个角上削掉一个矩形，形成外置托盘；票箱底部为半开放式设计，票箱底部四个角上向内的凸起不会阻挡形状与其相匹配的外置托盘在票箱内部的升降运动，但又可以支撑正常存放的票卡，从而避免了托盘被卡死的情况发生。

此次改造在原有的 AFC 系统下进行，不涉及软件参数更改，不改变原有模块结构，通过对原有的可再利用的部件进行二次加工，并增加部分新制部件，实现了在原模块正常使用塑料票箱的目的。经改造后的系统便于站务人员操作，降低了工作强度、设备故障率和维修工作量，缩减了票箱采购成本，为各线路统一 AFC 终端设备票箱标准奠定了基础。

复习思考题

1. 工控机主要有哪些种类的外部接口？工控机主要使用什么类型的接口来控制其他主要模块？
2. G&D 纸币处理模块的组成包括哪些部件？纸币钱箱的特点是什么？
3. 硬币模块的组成包括哪些部件？各部件的主要作用是什么？
4. 硬币模块在实现找零时，找零硬币通过的路径是什么？

5. 发卡模块主要包括哪几部分？发卡模块上使用的电机主要完成哪些功能？

6. 在轨道交通票务系统中，提高储值卡使用率和采用新型支付方式的好处有哪些？

延伸阅读——嵌入式工控机

嵌入式工控机（Embedded Industrial Computer）是一种加固的增强型工业计算机，它可以作为一个工业控制器在工业环境中可靠运行。由于嵌入式工控机的性能可靠、无风扇结构、体积小巧、价格低廉，因而在工控机中应用日趋广泛。

嵌入式工控机采用无风扇设计，通俗的说就是专门为工业现场而设计的机构紧凑的计算机。它被广泛使用在轨道交通AFC系统中，作为终端设备的主控单元安装在终端设备内部，协调各模块共同实现终端设备的功能。

工控机经常会在比较恶劣的环境下运行，对数据的安全性要求也更高，所以通常会进行加固、防尘、防潮、防腐蚀、防辐射等特殊设计。工控机对于扩展性的要求也非常高，接口的设计需要满足特定的外部设备，因此大多数情况下，工控机需要单独定制才能满足需求。

AFC系统中工控机的技术特点主要包括：

（1）采用符合"EIA"标准的全金属工业机箱，增强了抗电磁干扰能力。

（2）机箱内无风扇，靠机壳散热。

（3）配有高度可靠的工业电源，并有过压、过流保护。

（4）电源及键盘均带有电子锁开关，可防止非法开、关和非法键盘输入。

（5）具有自诊断功能。

（6）设有"看门狗"定时器，在因故障死机时，无需人的干预即可自动复位。

（7）便于多任务的调度和运行。

（8）嵌入式工控机与外部的接口类型丰富，数量充足，满足AFC系统终端设备的应用需求。

（9）采用板载CPU及板载内存工艺，连接更可靠，可以更好地抵御设备运行震动带来的危害。

（10）采用电子硬盘（如CF卡、DOM盘、SSD固态硬盘）替代传统的机械硬盘，避免设备震动带来的影响，数据存储更安全。

图2-79所示为一款针对AFC系统设计的嵌入式工控机，其系统架构采用模块板+背板的设计方案，各模块之间采用欧式插针连接，保证了连接的可靠性。整机采用无风扇低功耗设计，钣金件+铝合金机壳结构，外形尺寸小巧，结构紧凑，充分考虑了散热和接口功能的扩展性，具有优良的密封防尘、散热、抗振性能及抗电磁干扰能力，是一款AFC系统终端应用领域革命性的产品。

这款嵌入式工控机的整体方案采用Intel Luna-Pier N455 CPU板卡、COM/GPIO板卡连接背板来实现，板卡之间通过欧式插针实现可抽拉功能。

COM/GPIO 模块多可扩展 8 个串口（3 个串口支持隔离），设备可连接周边串口装置，如 TVM 机的读卡器、触摸屏、纸币机、找零机等；支持 32 路的开关量输入/输出（16 路隔离数字输入/输出；16 路非隔离数字输入/输出）以连接周边传感器和状态量检测，如红外感应器、闸机状态；支持 2VGA+LVDS 显示，在人工半自动售票厅中可同时处理票务异常、票卡充值等多显示客户服务；电源采用单独的电源模块方便升级更换，系统支持 DC 12～24 V 直接供电。

图 2-79　无风扇嵌入式工控机外观图

全密封抽拉模块散热设计：CPU 板卡散热通过箱体底部散热且该模块支持抽拉功能，板卡模块与箱体底部通过角度铝块实现紧密结合，达到散热效果。

高可靠性：采用内部模块化设计，板卡模块之间采用针孔连接器连接，所有输出端口直接板载板卡上，拆装方便，连接可靠，可维护性高，系统运行更稳定。

BIOS 冗余功能：通过硬件、BIOS 实现 BIOS 冗余功能，快捷实现 BIOS 备份及刷新功能。

数字隔离技术：支持 16 路隔离数字输出，输出电压：5～40 V，隔离电压：DC 2 500 V；支持 16 路路隔离数字输入，输入电压：5～24 V，隔离电压：DC 2 500 V，电气特性：无极性光耦输入。

宽电压直流输入：支持 DC 12～24 V 直接供电，适合现场不同电压的变化波动。

活动安装支架：支持活动可翻转 90°的活动支架，方便使用者进行维护。

第三章 自动检票机

【本章学习重点】

本章主要介绍了闸机的通道组成和机型分类、闸机设备组成、总体架构以及设备总体功能、设备操作界面、各模块的结构组成、工作原理和功能。其中闸机组成、整体功能以及闸机扇门机芯的组成和工作原理是本章的学习重点。

自动检票机是实现乘客自助进出站检票交易的设备,通过读写器读取车票信息进行判断,并实现对应的检票操作。对于有效车票,检票机解除通道阻挡装置(如开启门扇或释放转杆),允许乘客通过检票机通道,并将乘客过闸信息记录到车票内;对于无效车票,检票机则启动通道阻挡装置(如关闭门扇或锁住转杆),阻挡乘客通过检票机通道,并在乘客显示器上显示相关提示信息。

第一节 设备外形与结构

第一目 设备外形

自动检票机外形效果如图 3-1 所示。

图 3-1 剪式门自动检票机出站端效果图

外机尺寸为：2000 mm×1000 mm×300 mm（长×高×宽），如图 3-2 所示。

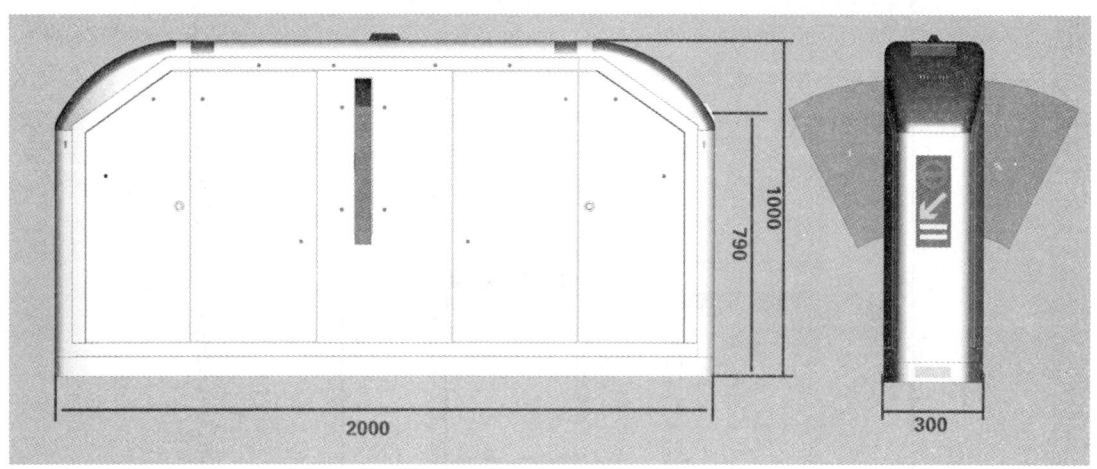

图 3-2　自动检票机设备外形尺寸图

第二目　设备维护门

设备维护门的操作如表 3-1 所示。

表 3-1　维护门设计

序号	维护操作	开门位置
1	乘客显示器维护	乘客显示器上翻
2	其他维护	两侧 8 扇（4 对）平开门

第三目　通道组成及机型分类

一、通道构成

图 3-3 为由两个通道构成的闸机组，每个通道均为双向闸机通道，以此为例，对闸机结构进行说明。

每个自动检票机通道由两组相互匹配的机构组成，称为主机构（Master）和从机构（Slave）。一组闸机通道按其设备的位置，可分为左边机、右边机、中间机。

左边机：左边机内有该闸机通道的主机构（Master），该机构用来实现和控制通行功能，包含通道的主要模块和部件，如主控单元、控制板、电源模块、一半扇门机芯、出站方向读写器和回收机构等。

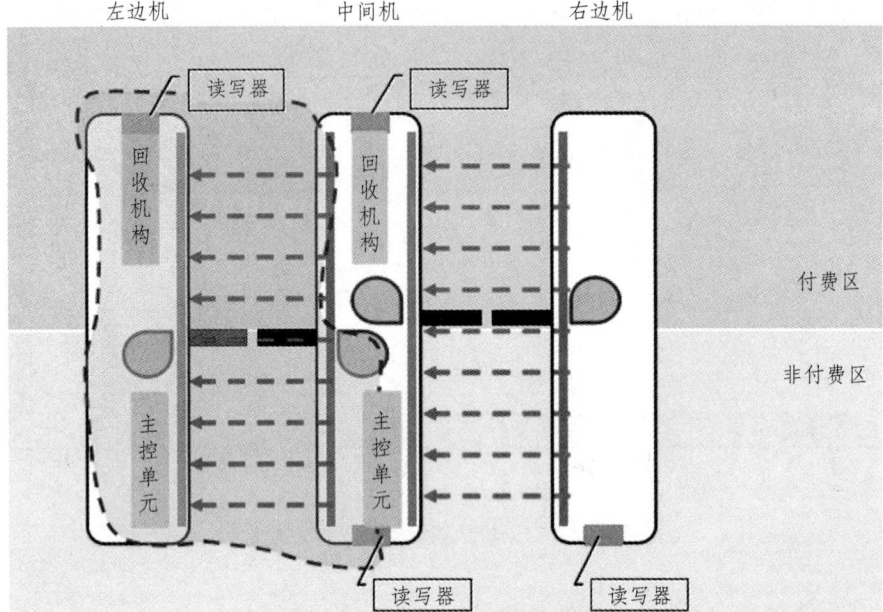

图 3-3　门式闸机组结构示意图

右边机：右边机内有该闸机通道的从机构（Slave），该机构用来响应主机构的控制要求，主要包含另一半扇门机芯、进站方向读写器等。

中间机：中间机安装有其左侧通道的从机构（Slave）和其右侧通道的主机构（Master）（见图 3-4）。

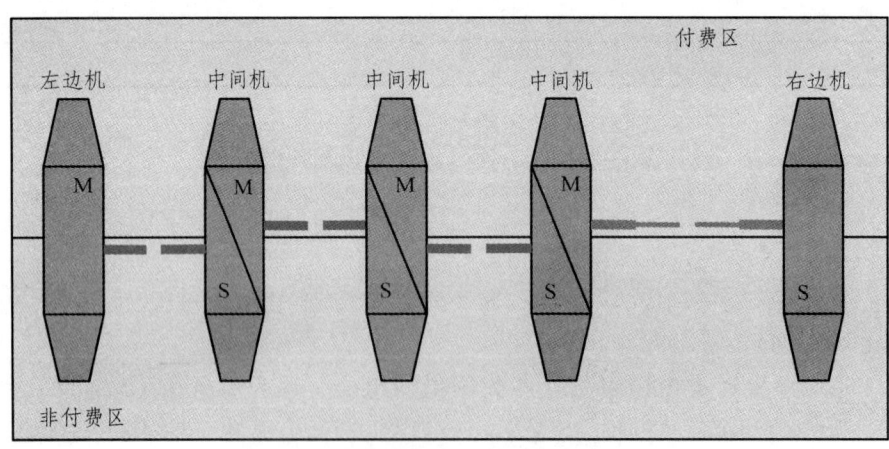

图 3-4　门式闸机组安装示意图

从图 3-4 中我们可以知道，N 台闸机设备（机壳）连续布置，可组成一组具有 $N-1$ 个通道的闸机组。相邻通道的两组闸机扇门采用沿通道方向前后错位的布局形式，可以缩减中间机的机壳厚度，这样在相同长度的范围内可以增加闸机通道的数量，提高乘客的通行能力。

进站自动检票机、出站自动检票机、双向自动检票机以及宽通道自动检票机可以并排配置成一列安放。根据站厅不同的安放要求选择不同的自动检票机型号。

进站自动检票机、出站自动检票机、双向自动检票机的通道宽度为 550 mm，宽通道自动检票机的通道宽度为 900 mm。形成通道时，闸门之间的空隙小于 40 mm。

乘客在通过自动检票机通道时，需要在通道右侧机壳的读写器上刷卡。使用回收票出站时，必须将票插入到通道右侧的车票回收口内。

各种自动检票机通道主要部件组成见表 3-2。

宽通道自动检票机的功能和电气连接方式与双向自动检票机相同，部件构成也与双向自动检票机相同。

表3-2 各类型自动检票机通道部件组成一览表

组成部件		双向自动检票机通道	进站自动检票机通道	出站自动检票机通道
主控制单元	主控制板	1	1	1
	电子硬盘（CF卡）			
	电子硬盘（DOM）			
通道阻挡装置（闸门）		2 扇	2 扇	2 扇
通行传感器		14 对	14 对	14 对
安全传感器		4 对	4 对	4 对
乘客显示器		2	1	1
读写器及天线		2	1	1
票回收机构		1	0	1
票箱		2	0	2
方向指示器		2	2	2
警示灯		1	1	1
维护面板		1	1	1
电源		1	1	1
空气开关		1	1	1
机壳/机架		2	2	2

二、机型分类

在实际使用中，两个通道并列安放时，将两个通道相邻的机壳/机架合并，分属两个通道的部件都安装在一个机壳/机架内。所以，按照物理构成，可以把自动检票机分成 28 种类型。其中标准类型 16 种、宽通道型 12 种，16 种标准型机的构成模块列表如表 3-3、表 3-4 所示。

表3-3 16种标准型自动检票机构成一览表（一）

模块名称	A1	A2	B1	B2	C1	C2	D1	D2
主控制单元	0	0	0	0	1	1	1	1
闸门	1	1	1	1	1	1	1	1
通行传感器发射端	12	12	12	12	0	0	0	0
通行传感器接收端	0	0	0	0	12	12	12	12
安全传感器发射端	4	4	4	4	0	0	0	0
安全传感器接收端	0	0	0	0	4	4	4	4
乘客显示器	0	0	1	1	0	0	1	1
读写器	0	0	1	1	0	0	1	1
票回收机构	0	0	0	0	0	0	1	1
票箱	0	0	0	0	0	0	2	2
方向指示器	2	2	2	2	2	2	2	2
警示灯	0	0	1	1	0	0	1	1
维护面板	0	0	0	0	1	1	1	1
综合控制器	0	0	0	0	1	1	1	1
电源	0	0	0	0	1	1	1	1
空气开关	0	0	0	0	1	1	1	1
机壳/机架（300mm宽）	1	1	1	1	1	1	1	1

表3-4 16种标准型自动检票机构成一览表（二）

模块名称	E1	E2	F1	F2	G1	G2	H1	H2
主控制单元	1	1	1	1	1	1	1	1
闸门	2	2	2	2	2	2	2	2
通行传感器发射端	12	12	12	12	12	12	12	12
通行传感器接收端	12	12	12	12	12	12	12	12
安全传感器发射端	4	4	4	4	4	4	4	4
安全传感器接收端	4	4	4	4	4	4	4	4
乘客显示器	1	1	1	1	2	2	0	0
读写器	1	1	1	1	2	2	0	0
票回收机构	0	0	1	1	1	1	0	0
票箱	0	0	2	2	2	2	0	0
方向指示器	2	2	2	2	2	2	2	2
警示灯	1	1	1	1	1	1	0	0
维护面板	1	1	1	1	1	1	1	1
综合控制器	1	1	1	1	1	1	1	1
电源	1	1	1	1	1	1	1	1
空气开关	1	1	1	1	1	1	1	1
机壳/机架（300 mm宽）	1	1	1	1	1	1	1	1

16 种标准型自动检票机的类型示意图如图 3-5 所示。

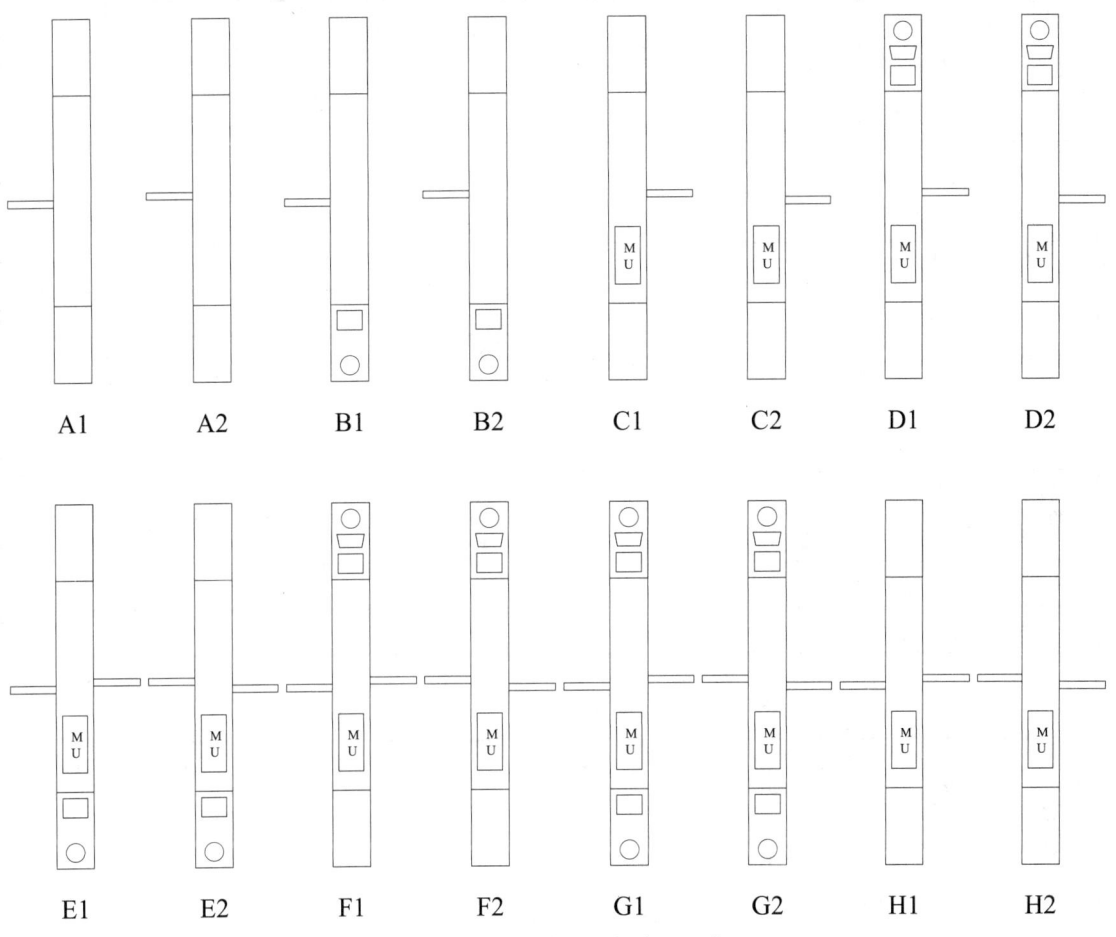

图 3-5　标准型自动检票机类型示意图

14 种宽通道自动检票机的构成模块列表如表 3-5、表 3-6 所示。

表 3-5　14 种宽通道型自动检票机构成一览表（一）

模块名称	I1	I2	J1	J2	K1	K2	L1	L2
主控制单元	1	1	1	1	1	1	0	0
宽闸门	1	1	1	1	1	1	1	1
标准闸门	0	0	1	1	1	1	0	0
通行传感器发射端	0	0	12	12	12	12	12	12
通行传感器接收端	12	12	12	12	12	12	0	0

145

续表

模块名称	I1	I2	J1	J2	K1	K2	L1	L2
安全传感器发射端	0	0	4	4	4	4	4	4
安全传感器接收端	4	4	4	4	4	4	0	0
乘客显示器	1	1	1	1	2	2	1	1
读写器及天线	2	2	2	2	3	3	1	1
票回收机构	1	1	1	1	1	1	0	0
票箱	2	2	2	2	2	2	0	0
方向指示器	2	2	2	2	2	2	2	2
警示灯	1	1	1	1	1	1	1	1
维护面板	1	1	1	1	1	1	0	0
综合控制器	1	1	1	1	1	1	0	0
电源	1	1	1	1	1	1	0	0
空气开关	1	1	1	1	1	1	0	0
机壳/机架	1	1	1	1	1	1	0	0

表3-6 14种宽通道型自动检票机构成一览表（二）

模块名称	M1	M2	N1	N2	O1	O2
主控制单元	1	1	1	1	1	1
宽闸门	1	1	1	1	2	2
标准闸门	1	1	1	1	0	0
通行传感器发射端	12	12	12	12	12	12
通行传感器接收端	12	12	12	12	12	12
安全传感器发射端	4	4	4	4	4	4
安全传感器接收端	4	4	4	4	4	4
乘客显示器	1	1	2	2	2	2
读写器及天线	1	1	3	3	3	3
票回收机构	0	0	1	1	1	1
票箱	0	0	2	2	2	2
方向指示器	2	2	2	2	2	2
警示灯	1	1	1	1	1	1

续表

模块名称	M1	M2	N1	N2	O1	O2
维护面板	1	1	1	1	1	1
综合控制器	1	1	1	1	1	1
电源	1	1	1	1	1	1
空气开关	1	1	1	1	1	1
机壳/机架	1	1	1	1	1	1

14 种宽通道型自动检票机的类型示意图如图 3-6 所示。

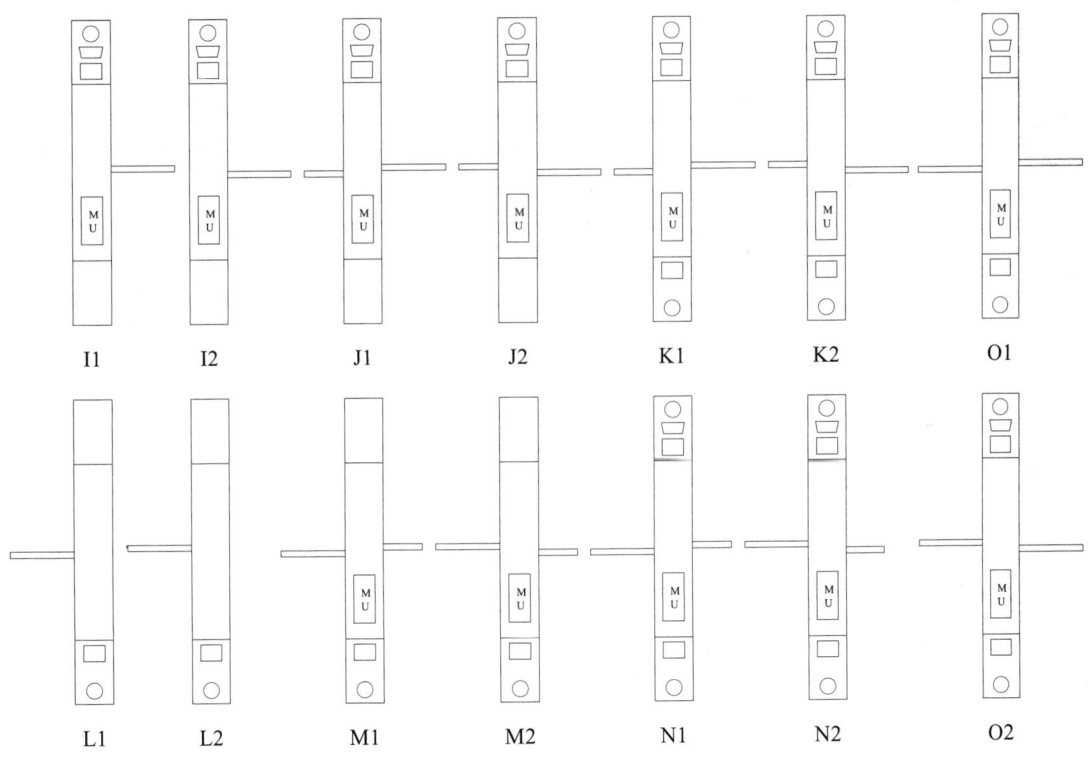

图 3-6　14 种宽通道自动检票机类型示意图

第二节　设备部件组成及布局

以双向自动检票机中间机为例，设备各部件的位置如图 3-7 所示。其构成单元见表 3-7。

147

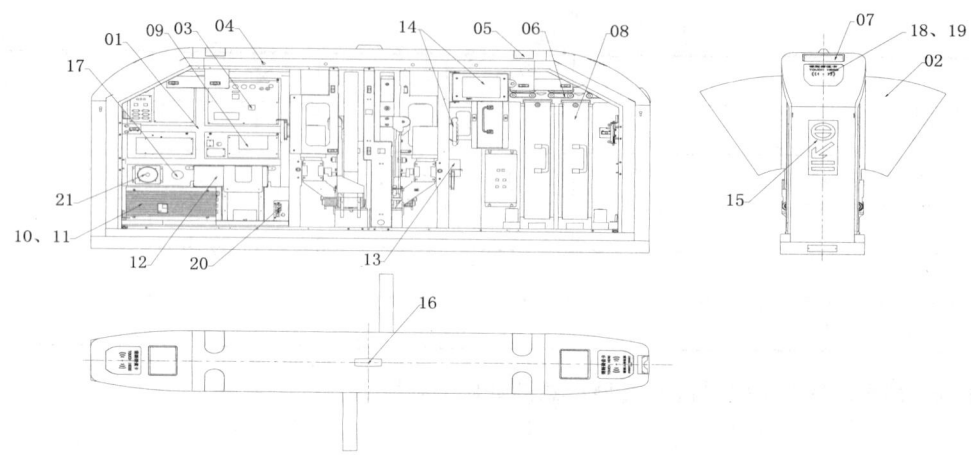

图 3-7 双向自动检票机部件位置图

表 3-7 双向自动检票机构成一览表

序号	部件名称	规格型号	说 明
1	工控单元	主控制板：EC5-1717CLDNA（DT）-01	
		CF 卡：AP-CF001GC2CG-ETNR	
		DOM：AP-FM1024G21I5G-LPH 1 G，44 PIN（宽温）	1 GB（宽温）
1	工控单元	内存：DDR 512 MB	
		CPU：Intel Celeron M 1GHz	
2	门式机芯	标准通道：KIT 300 mm/STD 宽通道：KIT 300 mm/WIDE	
3	通行控制器（PCM）		
4	通行及安全传感器	接收：E3Z-T61H-D 发射：E3Z-T61H-L	红外对射光电传感器
5	身高检测传感器	QS30D	红外漫射光电传感器
6	方卡回收机构	M-CRU-2000	
7	乘客显示器	G065VN01	6.5″TFT 彩色 LCD
8	票箱	塑料票箱	容量 800 张/箱
9	综合控制器	M-GCU-3000	
10	电源模块	M-DCB-3000	开关电源 SWS100-12 开关电源 SWS150-24
11	机芯变压器	36 V AC /4.2 A，24 V AC/2.5 A	

续表

序号	部件名称	规格型号	说明
12	UPS 电源	BNT-500AP, 500 W	
13	VGA 分配器	MSV2010	
14	维护单元	M-GCU-1200	包括 5×4 键盘, PS2 接口；维护显示器（G065VN01）
15	方向指示器	MZP518C-02	四色（红、绿、黄、兰）
16	警示灯	M-PIT-3000	三色（红、绿、橙）
17	报警器	SH43T012A	DC 85 dB
18	刷卡状态发光板	MZP619A-01	
19	读写器	CR-BM9G20A	
20	功放盒组件		
21	扬声器		4Ω, 5 W, 3寸圆形

第三节 设备总体架构

自动检票机以主控单元为核心，辅以阻挡装置、车票处理装置、声光提示装置等模块组成。主控单元一般选用高可靠性、低功耗的通用型嵌入式计算机设备或工业级计算机设备，需要具有丰富的外部接口以支持外部设备的连接，并需要保留部分接口以支持未来设备的扩展。

自动检票机的总体架构如图 3-8 所示。

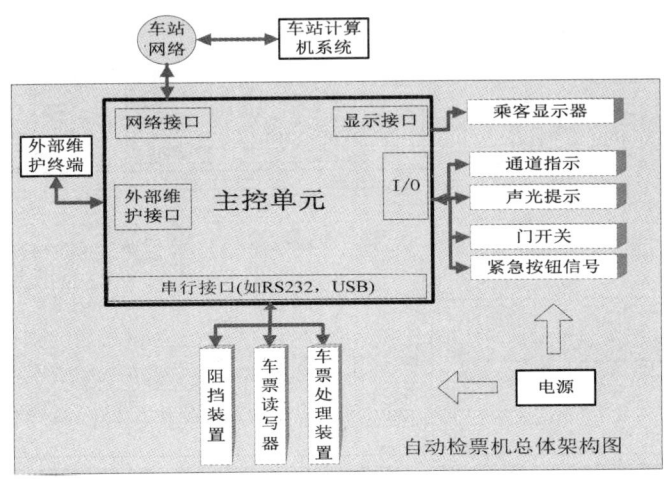

图 3-8 AGM 总体架构图

第一目 设备整机接线图

自动检票机整机接线图如图 3-9 所示。

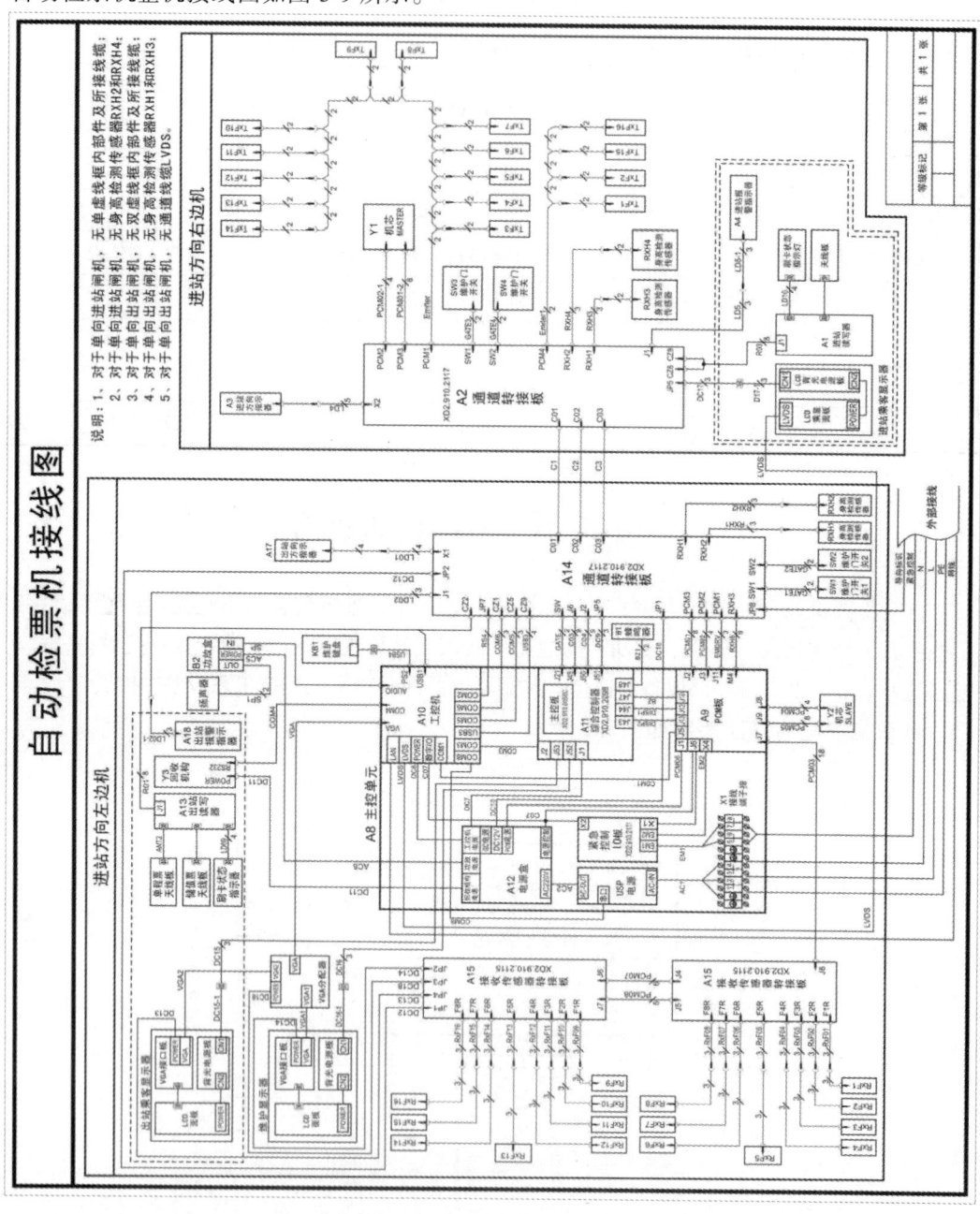

图 3-9 AGM 整机接线图

第二目　接线盒接线图

自动检票机接线盒接线图如图 3-10 所示。

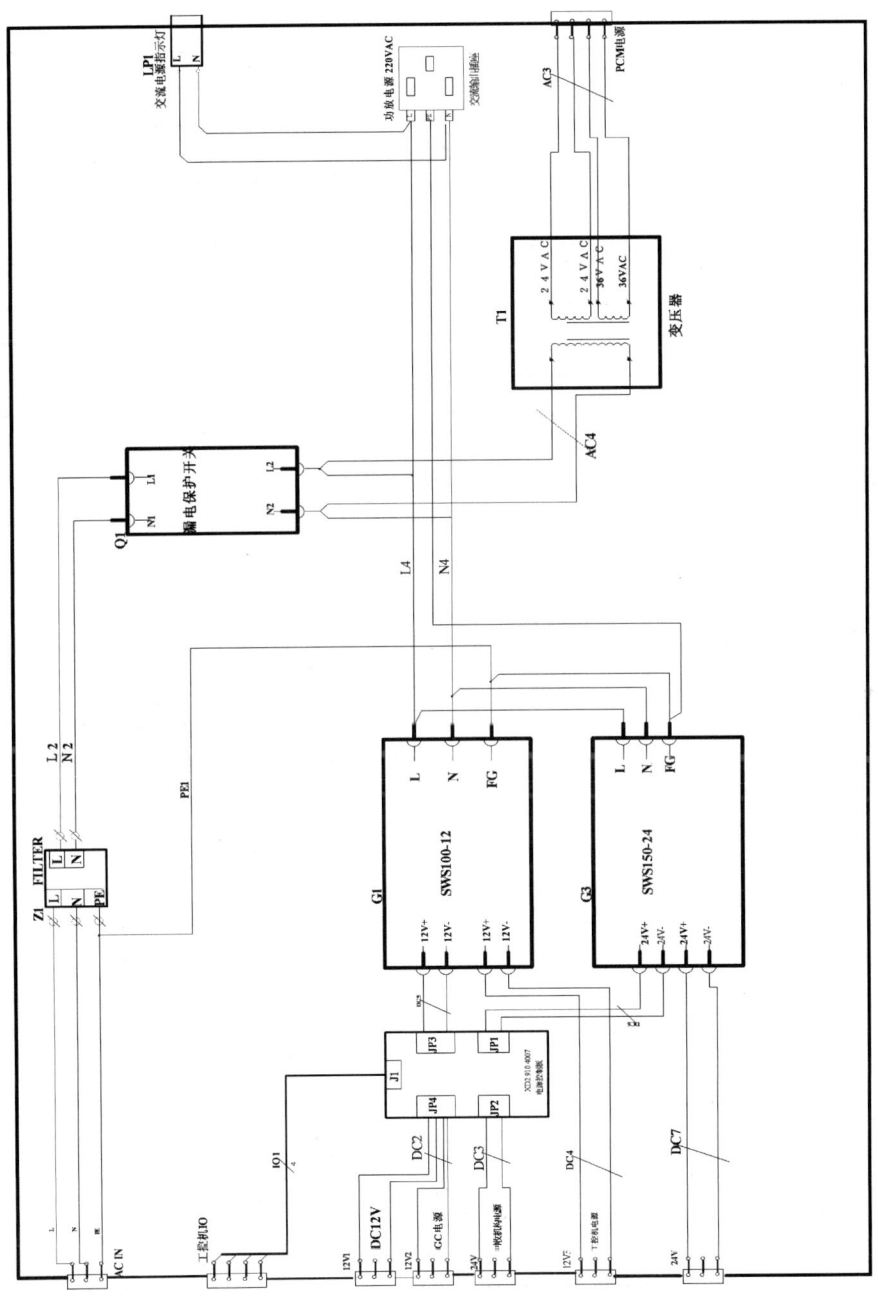

图 3-10　AGM 接线盒接线图

第三目 主要技术规格

自动检票机主要性能指标见表 3-8。

表 3-8 自动检票机主要性能指标

序号	项目	技术指标
1	常规通道宽度	550 mm
2	宽通道宽度	900 mm
3	扇门关闭间距	≤40 mm
4	票箱（出站和双向自动检票机配）	容量：800 张/箱 材料：塑料 票箱数量：2 个（仅出站及双向自动检票机配有）
5	读写器及天线最大读写距离	详见读写器的相关规格
6	车票读写速度	详见读写器的相关规格
7	车票回收处理速度	≤1 张/秒
8	闸门打开速度	标准通道≤0.5 s 宽通道≤0.7 s
9	通过速率	≥60 人次/分钟（无票回收状态）
10		≥40 人次/分钟（票回收状态）
11	可识别乘客队列最小间距	按 200 mm 设计
12	关门的冲击力（kg/cm^2）	≤15
13	数据存储量	交易数据≥100 000 条；设备数据≥30 天
14	黑名单处理能力	≥40 000 条，20 段
17	输入电源	AC 187～242 V，50×（1±4%）Hz
18	可靠性	MCBF≥100 000 次 MTTR≤30 min
19	功耗	动态功耗≤400 W；静态功耗≤160 W
20	通信协议	TCP/IP
21	通信速率	10 Mbit/1 000 Mbit
22	通信接口	标准以太网接口
23	工作温度	−5～+45℃
24	存储温度	−20～+70℃
25	湿度	工作湿度：10%～95%，50℃（相对湿度、无结露） 存储湿度：95%，60℃（相对湿度、无结露）
26	噪声（工作状态）	≤45 dB（距设备 1.5 m 处）
28	常规通道自动检票机外形（长×宽×高）	2 000 mm×300 mm×1000 mm
29	特殊通道自动检票机外形（长×宽×高）	2 000 mm×300 mm×1000 mm
30	质量	≤150 kg
31	外壳材料	设备机箱及主体结构采用 2.0 mm 厚 SUS-304 不锈钢材料（（0Cr18Ni9）

第四节　设备功能

第一目　基本功能

自动检票机的基本功能见表 3-9。

表 3-9　自动检票机基本功能一览表

序号	功能项	子功能项	功能描述
1	设备联网运行（通信功能）	下载参数	接收车站计算机系统下发的系统运行参数，包括费率类参数、操作员表、设备配置参数、公用参数、运行模式、黑名单表以及其他运营参数
		上传状态信息	设备状态实时上报车站计算机
		上传交易信息	上传原始交易数据、上传寄存器数据
		接收控制	接收车站计算机的控制命令
		软件升级	可以通过车站计算机升级自动检票机软件
		孤岛运行（数据处理功能）	当网络故障时，自动检票机可以运行于孤岛模式；交易数据和状态数据保存在本地，至少保存最近的 100 000 条交易数据及 30 天的设备数据；当网络恢复时，自动上传到车站计算机
2	路网运营	参数接收	接收轨道交通路网化的参数
3	信息提示功能	方向指示器	与设备自身状态同步显示是否允许此通道通行（辅助通行方向指示），提供 30 m 外远距离指引
		警示灯及喇叭	有非法通行时警示灯闪烁，喇叭报警 喇叭≥85 dB
		乘客显示器	采用 6.5"TFT LCD，中英文显示车票使用的信息。
4	检票功能	刷卡检测	同时有两张车票在有效读写范围内时不能操作
		有效性检查	车票的安全性、合法性、黑名单、进出站次序、更新信息、有效期、余值和超乘、超时以及使用地点检查
		车票处理	有效票，写入进出站信息；无效票提示处理方法。出站时储值类车票扣除车费和乘次，回收类车票插入回收口回收。交易完成生成交易记录
		信息提示	对车票的处理通过乘客显示器进行显示并有声光提示
5	通行控制	正常通行	通过对射传感器对正常通过的行人、大行李等进行检测并做出正确判断
		异常检测	通过对射传感器对逆行闯入、无票通行、一定条件下的跟随等行为进行检测并做出正确判断
		安全保护	通过安装在闸门位置的安全传感器，防止扇门夹到乘客

续表

序号	功能项	子功能项	功能描述
6	审计功能	审计记录	统计车票处理张数、故障信息、通信状态等信息并上报到车站计算机，可本地查询
		审计重传	SC对设备上传的审计数据核对有问题时，可以要求设备重传审计信息，直到完成正确处理或报警出错
7	单程票回收功能	回收处理	检查、编码、校验、无效退出时间≤0.5 s
		票箱（塑料票箱）	2箱，每箱可容纳800张车票
		票箱更换	维护操作人员通过一定的授权控制和钥匙进行票箱的更换，不能接触车票
8	工作方式	正常运营模式	包括：正常服务模式、维修模式、设备故障模式、离线模式、关闭模式、暂停服务模式、拒收单程票模式
		降级运营模式	包括：进出站次序免检模式、乘车时间免检模式、车票日期免检模式、车费免检模式、紧急模式
		模式的下达或转换	可通过SC、FAS、ISCS、紧急按钮完成模式下达或运营时间表切换
9	双向自动检票机	双向通行功能	一侧刷卡通行时，对侧方向显示器、乘客显示器禁行
10	安全功能	用户权限管理	操作员分等级管理，不同操作员等级具有不同操作权限；每个操作员的操作等级及权限设置包括允许操作的设备类型、允许操作的功能、允许操作的车站等
		车票安全	票箱双锁设计，取走票箱和打开票箱需要不同钥匙；更换票箱不接触车票；电子标签：每个票箱的车票数量被记录
		报警	当非法打开维修门时，设备报警；自检失效，设备报警；上报车站计算机显示报警信息；本地声光报警。记录所有报警信息
		抗冲击	设备外壳足够的强度，耐受一定程度的碰撞和冲击
		操作安全	进票口平滑，避免对乘客的伤害；内部机械部件无毛刺，避免对操作员的伤害
		电气安全	具有独立的电气开关和漏电保护开关；高压模块有明显警告标识；有良好的接地措施保证设备金属外壳不带电

续表

序号	功能项	子功能项	功能描述
11	维护功能	检测和自诊断	自动检票机与车站计算机通信状态监测； 自动检票机内各模块与主机的通信状态监测； 自动检票机内部各模块的的传感器检测、动作监测； 自动检票机内部各模块的机械到位检测； 测试模式下可测试各模块的功能，并可通过测试票检票测试整体协作功能
		维护面板	具有输入功能； 乘客显示器提供维护菜单操作方式，中文界面； 能方便快捷的定位故障，并显示该故障的中文描述
12	其他	断电保护	在接收到停电命令时，可在完成最后一笔交易后停止设备工作
		人体工程学	乘客显示器角度、回收车票位置和阻挡门高度的设计

第二目 功能描述

（1）自动检票机的外形、乘客显示器、乘客方向指示器、车票读写器、扇门等的布置和位置满足人体工程学的要求，方便乘客操作。

（2）自动检票机内部安装采用简洁的设计、各模块的安装位置不互相遮挡，方便维修，同时保证维修人员与设备的安全。

（3）乘客持单程票出站，需将单程票放入出站自动检票机进票口；持其他非回收车票出站则需将车票放在读写器处。出站自动检票机检验车票有效时，将单程票的相关数据信息清除并回收到票箱中，对储值票计费、扣值后让乘客通过。出站自动检票机检验车票无效时，从出票口退出车票，并发出声光报警信号，引导乘客到票务处查询处理车票。

（4）对于双向自动检票机能通过参数设置各时间段的使用模式，包括：进站自动检票机模式、出站自动检票机模式、双向模式及紧急模式。在进或出模式下，自动检票机在相应端显示允许使用信息，在相对端显示禁用信息。在双向模式下，当一端有乘客使用时，在乘客未通过前，另一端拒收车票并显示禁用信息，直至乘客通过。

（5）自动检票机的设计能监测成人和儿童，并满足乘客右手持票快速通过自动检票机的需求。乘客进出站自动检票机均有相应的声光提示。乘客持车票进站，自动检票机自动检验车票的有效性，控制扇门动作，乘客通过自动检票机进站。

（6）自动检票机能对乘客持有的成都市城市通卡及地铁专用的非接触 IC 卡车票进行检查、编码。对于有效的车票打开扇门让乘客通过。

（7）自动检票机安装足够的传感器对乘客的通行行为进行监控，若检查到任何非法进入都发出报警声及闪烁提示灯。

（8）在发生紧急情况时，自动检票机可以接收由车站控制室IBP盘上AFC系统紧急按钮发出的信号，使所有自动检票机的释放扇门，保证乘客无阻碍地离开付费区。同时，在没有电力供电的情况下，自动检票机的扇门处于常开状态以保证乘客无障碍进出。

（9）自动检票机通过车站局域网与车站计算机系统连接，接收系统运营参数及车站计算机系统和中央计算机系统的降级和紧急运营模式命令，同时上传有关的车票处理交易、审计、班次及设备状态等数据。在与车站计算机通信中断时，自动检票机可独立运行，并可保存30天的数据。中断恢复后，能及时将保存的信息传送至车站计算机系统，或通过备份方式上传数据，具有数据离线交换的功能。

（10）乘客持单程票出站，需将单程票放入出站自动检票机进票口；持其他不回收车票出站则需将车票放在读写器处，出站自动检票机检验车票有效时，将单程票的相关数据信息清除并回收到票箱中，将储值票计费、扣值后让乘客通过。出站自动检票机检验车票无效时，从出票口退出车票，并发出声光报警信号，引导乘客到票务处查询处理车票。

（11）对员工票、优惠票、黑名单的使用及逃票者有语音、提示音和光等提示报警信号，以便站务人员监督。

（12）出站自动检票机回收单程票的票箱将满或已满时，向车站计算机报警，并显示设备号。在回收票箱已满时，可拒收回收类车票，但非回收类车票可正常检票。

（13）自动检票机在正常情况下扇门可设置为常开或者常闭状态，断电时扇门常开，恢复供电时，自动复位。

（14）自动检票机有明确的通行方向指示和信息显示。显示内容包括车票的余额、设备故障和停止使用等。

（15）自动检票机在任一模式下均能显示设备的当前状态、基本情况、系统时钟等信息。

（16）自动检票机具备自诊断功能和故障自动报警功能。

第三目　工作模式

自动检票机的工作模式包括正常运营模式和非正常运营模式两种，每种均需有明显的提示。两种模式可以通过中央计算机系统、车站计算机系统及本地设备控制设置。

一、正常运营模式

正常运营模式包括正常模式、关闭模式、暂停服务模式、拒收单程票模式、维修模式、故障模式、离线运行模式等运营模式。

（一）正常模式

在正常模式下，进站自动检票机能正常进行进站检票处理，出站自动检票机能正常进行出站检票处理，双向自动检票机能正常进行进站、出站检票处理。自动检票机方向指示器显示"通行"标志，乘客显示器显示允许使用等信息。

（二）关闭模式

在关闭模式下，不进行进站或出站检票，乘客显示器显示"关闭服务"，方向显示器显示"禁止通行"标志，扇门关闭。

（三）暂停服务模式

当自动检票机的维修门被打开时，将自动进入暂停服务模式。此模式下，自动检票机不对车票作任何处理，自动检票机闸端方向指示器显示"禁止通行"符号，自动检票机门被打开的状态上传 SC。自动检票机维修门关闭后，自动向 SC 上传状态信息，并自动进入正常运营模式。

（四）拒收单程票模式

当自动检票机回收箱满或检测不到回收箱时，以及自动检票机单程票处理机构发生卡票或其他故障时，自动检票机自动进入该模式。

此模式下，进票口关闭，自动检票机拒收单程票，仅对非回收类的储值票进行处理，票箱满的状态上传 SC。

更换回收箱后，自动检票机自动向 SC 上传状态信息，并自动进入正常工作模式。

（五）维修模式

车站维护人员可通过本地的维修键盘操作使自动检票机进入维修模式，进入维修模式后自动检票机不进行进站、出站检票，乘客显示器显示"设备维修信息及设备暂停服务"，方向指示器现实"禁止"标识，自动检票机扇门处于关闭状态，此时可进行设备维修和测试等操作。在维修模式下，自动检票机不能处理车票，但在特定命令下可以使用测试车票。

（六）故障模式

自动检票机检测到某模块出现故障时，自动进入故障模式，并向车站计算机报告故障信息，此时乘客显示器显示暂停服务等信息，自动检票机方向显示器显示"禁止通行"标志，扇门处于关闭状态。

自动检票机能够对故障进行自检测，在故障恢复后，自动退出故障模式，并向车站计算机系统报告故障修复信息。

（七）离线运行模式

当设备与车站计算机系统的网络联系中断时，设备可在离线运行模式下运行，在此模式下，设备能保存至少 30 天的设备运行数据（包括交易数据、寄存器数据），并可通过外接数据载体下载设备的运行信息数据，或传送相关信息数据给上级设备。

当恢复网络连接时，可自动检测未上传的信息数据，并自动传送至车站计算机系统。

二、非正常运营模式

非正常运营模式包括降级模式、紧急模式等。通过中央计算机系统、车站计算机系统及设备本地控制，可将自动检票机设置为降级模式，包括：

（一）进出站次序免检模式

在特殊的情况下，比如，当进（出）站乘客过多，造成进（出）站拥挤，或者，车站全部 EnG/ExG 都出现故障的情况下，可根据运行的需要及相关的规定，将系统设置为进（出）站次序免检模式，允许乘客不通过 AGM 进（出）站检票进入（离开）轨道交通车站付费区。

（二）乘车时间免检模式

如果由于地铁的原因，引起列车延误或者乘客进站后在系统停留的时间超过系统设置的乘车时间，那么，为了使这部分乘客能正常离开车站，系统将设置"乘车时间免检模式"。在这种情况下，出站闸机将不检查车票上的进站时间信息，但是仍然检查车票的票值，所有车票按正常方式扣值。

（三）车票日期免检模式

若由于地铁的原因，导致车票过期。系统能设置日期免检模式，在此模式下允许过期的车票继续使用。

（四）车费免检模式

如果由于某个地铁车站因为事故或者故障而关闭，导致列车越过该站后才停车，在这种情况下，系统将设置"车费免检模式"。被设置"车费免检模式"的车站，一般与发生事故而关闭的车站相邻。出站闸机将不检查车票的余值，并且回收所有的单程票，对于储值票则扣除最少的车费。

（五）紧急模式

当车站发生如火警等紧急情况时，可通过 LCC、SC 及车站的紧急按钮及 AGM 本地控制多种方式启动紧急放行模式。此时，自动检票机闸门自动处于打开状态，允许乘客无需检票就可离开付费区。自动检票机付费区侧的乘客显示器显示紧急通行界面，方向指示器显示绿色"通行"标志；非付费区侧的乘客显示器显示禁入界面，方向指示器显示红色禁入标志。

当采用 LCC、SC 及车站的紧急按钮及 AGM 本地控制多种方式关闭紧急放行模式时，自动检票机退出紧急模式，闸机扇门、乘客显示器、方向指示器都恢复到先前的正常工作模式，允许乘客使用车票检票通行。

车站计算机将车站被设置为紧急模式的信息传送到中央计算机，中央计算机将其他车站设置为相应的模式，并记录车站被设置为紧急模式的时间及其他必要的信息。

由于在车站设置为紧急模式时，乘客不需要通过检票就可以离开车站，系统将允许这些车票在一段时间内能再次使用。系统允许的时间将通过中央计算机设置，并下载到所有车站。超过系统规定的时间，这些车票只能通过票房售票机更新。

三、模式切换

自动检票机每天在正常运营结束后须转换到关闭服务模式，可通过车站计算机下达命令或根据自动检票机的运营时间表（由车站计算机下载）自动切换。

在运营开始前，自动检票机须转换到正常运营模式。正常运营模式可以通过车站计算机下达命令，也可以由自动检票机根据运营时间表（可由车站计算机下载）自动转换。

第四目　设备操作功能要求

一、一般操作

在正常模式下，自动检票机的乘客显示器显示允许乘客使用的信息。当一张车票接近自动检票机读写器的天线并在其读写范围内时，自动检票机将读取车票上的有关信息，对车票的进/出站有效性进行检查。

若车票检查有效，自动检票机在车票写入相关进/出站信息，并对写入的数据进行校验。自动检票机开启扇门允许乘客通过，在乘客显示屏显示允许通过的信息。同时，自动检票机对乘客的通过进行监控，在乘客通过了扇门后，自动关闭扇门。

若车票检查无效，在乘客显示器显示车票无效的信息。同时，关闭扇门阻止乘客通过，并发出短促声音提醒乘客注意。

有效的储值类车票在出站时，将由自动检票机扣除相应的车费或乘次，同时在乘客显示器显示车票余值或乘次信息。

出站时，自动检票机若检测出需回收的单程车票为有效车票，则车票被回收，否则车票被送到出票口退还给乘客，同时发出声光提示。

自动检票机记录使用有效车票而未通过的时间，当达到设置的最长时间，乘客仍未通过自动检票机时，则自动取消，并关闭自动检票机。

自动检票机记录使用有效车票而未通过的乘客次数，当达到设置的最大次数时，自动检票机拒收或不处理车票。若乘客在设置时间内仍未通过自动检票机，则自动取消交易，自动检票机恢复正常状态。

自动检票机不允许同时处理两张及以上的车票。当两张及以上的车票同时出现在自动检票机读写器的天线可读写范围内时，自动检票机拒绝进行处理。

所有在自动检票机处理的交易数据，包括有效及无效车票交易数据，都上传到车站计算机及中央计算机。

二、车票回收

在出站自动检票机及双向自动检票机的出闸端对满足系统参数设置的车票进行回收。通过参数能设置回收箱接收的车票类型。对于无效车票及不需回收的车票从退票口退回。

自动检票机将回收的车票暂存在回收箱内，回收箱的安装与使用符合人体工程学设计，方便操作员的更换。与自动售票机相同，回收箱有防止箱内车票掉出的设计，当回收箱正确安装于自动检票机后，可自动张开接收车票；当回收箱从自动检票机内取出时，能自动关闭。

自动检票机检测回收箱内的车票数量，在回收箱将满及回收箱满时向车站计算机及中央计算机传送相应的状态及车票数量信息，并在车站计算机上显示相应设备号和设备状态。

在回收票箱满时，自动检票机拒收需回收的车票，但可以继续处理不需回收的车票。

三、更换回收票箱

更换回收票箱的员工需对包括票箱在内的自动检票机区域进行操作。

在靠近回收票箱的位置安装有维修门，操作员使用钥匙打开此门才能移出票箱。

打开维修门时，自动检票机自动转入暂停服务模式，同时要求操作员登陆，合法登陆后，回收箱取出时，有关信息（包括回收箱内的车票数量等）传送到车站计算机及中央计算机报告该次操作，并对回收箱内车票数量记录清零，等待重新安装回收票箱。

无效人员登陆或无登陆操作就触及回收箱视为非法操作，将出现声光警示。

在维修模式下，对回收箱的操作视为维修检测。不会将票务数据上传到车站计算机，但其操作作为维修记录，能在车站计算机故障维修报表上反映。

四、维修检测

通过自动检票机识别有维修权限的人员登陆后，自动检票机进入维修模式，可对自动检票机进行维修检测。

在维修模式下，通过简单的命令输入能够检测到所有传感器、机械部件、电子部件的工作状态、性能；能检查自动检票机寄存器数据、参数表信息，至少能检查自动检票机最近的交易记录等信息。

五、车票有效性检查

自动检票机对车票的有效性检查以车票上的编码信息和当前系统参数为依据。车票有效性检查内容主要有：

（1）安全性检查：拒绝没有通过安全认证的车票。

（2）类型检查：必须是系统允许使用的车票。

（3）黑名单检查：如果是黑名单车票，则根据黑名单参数设定的处理方式（包括锁卡、跟踪或报警跟踪）进行处理。

（4）状态检查：对于已注销、已退卡、已作废、没有初始化、没有发售或其他异常状态车票予以拒绝。

（5）有效期检查：所有车票必须在有效期内使用，还未到有效期或超过有效期的车票都不能使用。对于单程票，一般是当天购买当天使用。

（6）进出次序检查：车票的正确使用次序是"进—出—进—出"这样交替的次序，对于"进—进"或"出—出"次序或买票后没有进站直接出站的次序予以拒绝。

（7）使用车站检查：对于指定使用车站的车票，只能在指定车站进出站，在其他车站予以拒绝使用。一般单程票只能在发售站进站；出站票只能在发售站出站；补票后的车票只能在补票车站出站。

（8）超时检查：从进站到出站的时间必须在系统规定的时间（参数）内，否则认为超时予以拒绝出站；出站票或补票后的车票也必须在规定的时间（参数）内出站，否则也认为超时。

（9）票价检查：进站时车票的余额不能小于该类车票的最低票价，出站时车票的余额不能小于票价表规定的相应票价。

对于各种不同的票种按照不同的使用范围及用途，应用以上不同的项目，其参数能通过中央计算机系统进行设置。

对于各种检查拒收的原因赋予不同的代码，若车票未通过有效性检查，自动检票机将提示乘客到票务处处理。

六、设备状态上传

车站的所有自动检票机在车站计算机及中央计算机的监控下运作，自动检票机及时向车站计算机及中央计算机上传其设备状态、运行模式、报警及故障等信息。车站计算机及中央计算机依据车站设备所处的状态、模式、报警及故障的等级发出相应的声光提示或报警。

七、交易数据上传

自动检票机能自动、实时地向车站计算机上传所有的交易数据。自动检票机具备防止因设备或存储部件故障而发生丢失数据的功能,能防止同一种数据多重存储或发送的情况发生。自动检票机能对保存的数据进行监测。

第五节 设备主要模块及部件

第一目 自动检票机机芯

一、Gunnebo 扇门机芯外观

机芯安装于闸机通道中部,机芯上有闸门,可以控制闸门开闭,用于打开和阻挡通道。其外观如图 3-11 所示。

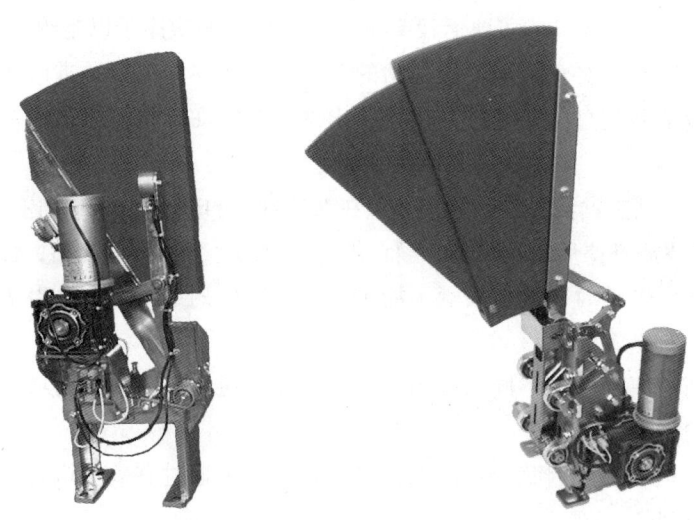

图 3-11 扇门机芯(左为标准通道,右为宽通道)

由于每个闸机通道由一组成对的扇门机芯组成(见图 3-12),分别对应左侧机芯机构和右侧机芯机构。

站在通道中间,面朝一侧机箱,位于机箱中线左边的就是左侧机芯机构,位于机箱中线右边的就是右侧机芯机构。机芯开关状态如图 3-13、图 3-14 所示。

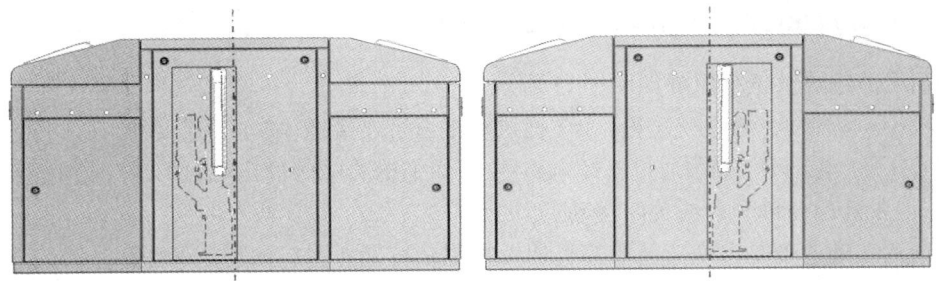

图 3-12 扇门机芯（左图：左侧机芯机构，右图：右侧机芯机构）

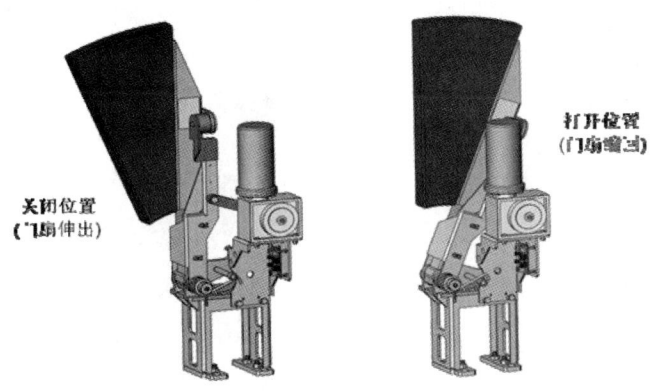

图 3-13 标准通道扇门机芯开关状态

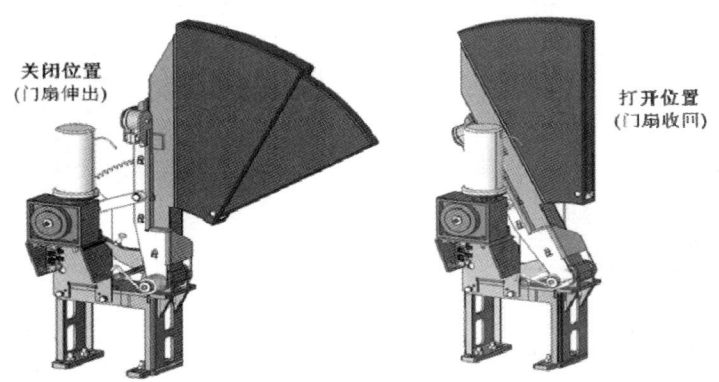

图 3-14 宽通道扇门机芯开关状态

二、Gunnebo 扇门机芯组成及运行原理

扇门机芯组成及运行原理如图 3-15 所示。

电机（A）转动，通过变速箱（B）提供转矩力给连接杆（C），连接杆（C）传递运动到转动臂（D），转动臂（D）通过支撑电磁铁（F）的磁力吸合固定吸盘（G）从而连接到门扇臂（E），带动门扇做开启或关闭运动。

门扇的转动速度是由变速箱和连杆曲臂控制，可确保运行的稳定和耐用。当门扇到达它的终点位置（关闭或打开）时，该速度接近于零。

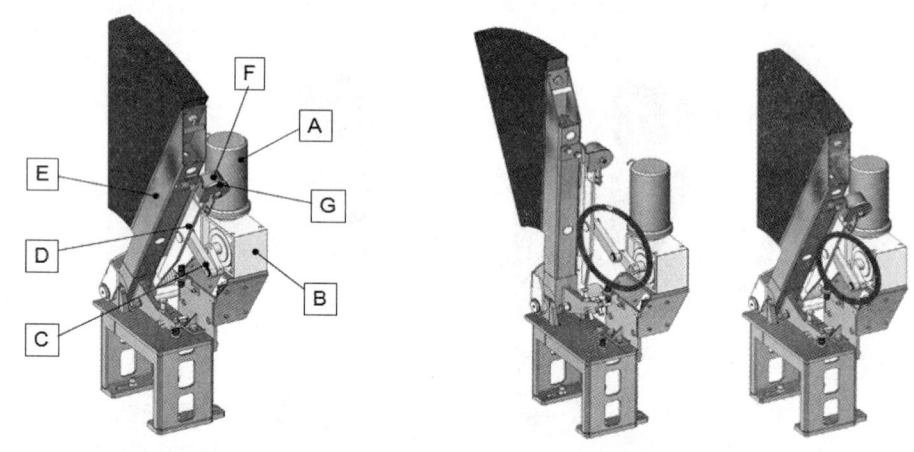

图 3-15　扇门机芯组成及运行原理图

闸门吸合电磁铁将闸门和曲柄连杆机构吸合在一起，用电机带动达到实现闸门的打开、关闭。对应的传感器（微动开关）用于检测电磁铁是否吸合到位，如图 3-16 所示。

图 3-16　扇门机芯吸合电磁铁及传感器外观图

电感式接近开关（见图 3-17）可以检测靠近它的金属物体，在每扇闸门机构中安装了两

个接近开关,用来检测闸门是否到达开和关的位置。在图3-18中,C位置的接近开关用于检测闸门机构关闭,闸门关闭时,该接近开关上的指示灯亮;O位置的接近开关用于检测闸门机构的打开,闸门打开时,该接近开关上的指示灯亮。

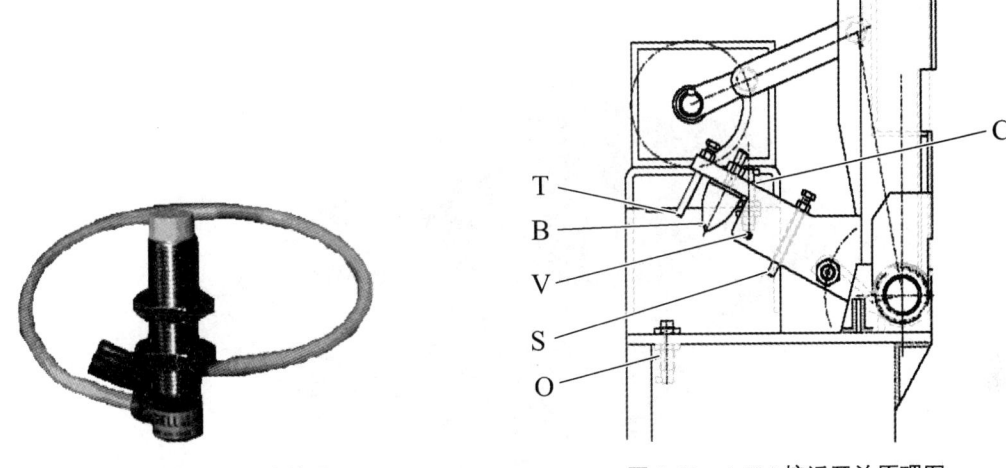

图3-17 扇门机芯接近开关外观图　　　　图3-18 AGM接近开关原理图

闸机扇门的紧急释放原理如图3-19所示。正常情况下,电机输出动力给中间传动机构,带动扇门做来回运动,在扇门处于关闭状态时,扭力弹簧(A)被压缩变形,弹簧端(B)将弹簧力施加在安装在门扇臂(D)的螺栓(C)上。一旦断电,电磁铁会断开和固定吸盘的吸合,弹簧力驱使门扇臂(D)反转打开。

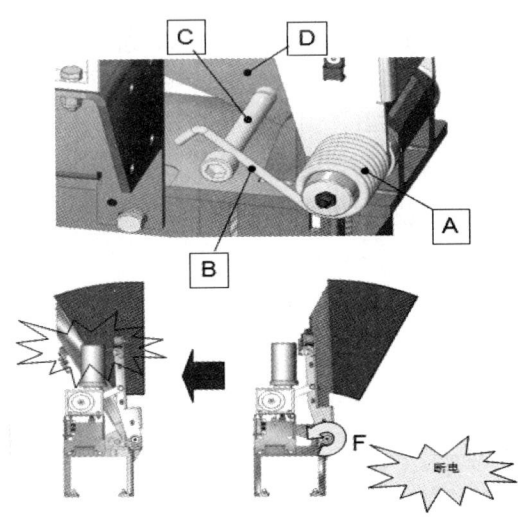

图3-19 闸机扇门的紧急释放原理图

第二目 PCM 板及通行、安全传感器功能

一、PCM 板及通行、安全传感器功能

自动检票机 PCM 板的外观如图 3-20 所示。

图 3-20 自动检票机 PCM（GUNNEBO 公司）板外观图

PCM 板主要用于监控乘客在通道内的通行情况，PCM 接收通行传感器、安全传感器的信号，通过串口将信息传输给工控机，并接收工控机通过串口发出的指令打开或关闭闸门。

通行传感器主要用于监控乘客通过自动检票机的状态和行为。

安全传感器（S7、S8、S9、S10）安装在扇门两侧，紧邻扇门的位置（见图 3-21），一旦被阻挡，扇门将不能关闭，主要用来防止扇门夹伤乘客。

通行传感器和安全传感器都采用红外对射式传感器，每个传感器组都由红外发射端和红外接收端组成，当发射端和接收端无物体阻挡时，接收端能正常接收发射端发出的红外光；当发射端和接收端之间有物体阻挡时，接收端不能接收发射端发出的红外光。这样，通过传感器就能知道乘客在通道内的位置。

（一）传感器布局

闸机通道内传感器布局如图 3-21 所示。

整个通道被分成四个区域：

1. 检测区（Detection Zone）

检测区探测是否有人进入通道，在常规模式下乘客需要在通道外刷卡，如果有人闯进此区域将报警。在大客流模式下，允许乘客在此区域内刷卡。

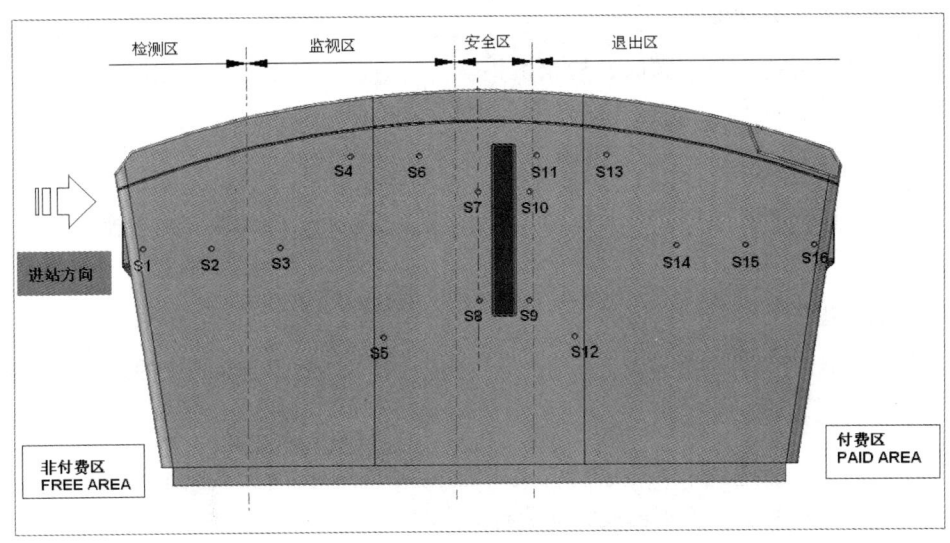

图 3-21 传感器布局图分析示例

2. 监视区（Surveillance Zone）

监视区用于探测是否有无票乘客试图通过通道或企图尾随他人通过的情况。在尾随者和前面乘客超过 20 cm 以上间距时，可判断为尾随，检票机将报警；扇门在尾随者和前者紧贴通过时，当两人体厚度超过 50 cm（参数设置）时判断为紧贴尾随，检票机将报警。

3. 安全区（Safety Zone）

扇门两侧传感器定义了一个安全区，如果有人进入这个区域而此时扇门处在打开的状态，扇门将不关闭，以保证不夹碰乘客，乘客在安全区停留时间超过参数规定的时间将报警，如果扇门处在关闭状态，探测出有人在这个区域将直接报警。

4. 退出区（Exit Zone）

本区域用于探测乘客走出通道的过程，当反向有人闯入时将报警。

（二）通行控制逻辑

当乘客连续通过时，能监控两个成人间隔或重叠通过检票机。可监控乘客之间距离最小为 20 cm。若只持一张有效票，当后者与前者的距离大于 20 cm 时，在第一位乘客通过后扇门关闭；若两者距离小于 20 cm 时，则扇门不关闭但有声、光报警。

1. 正常通行检测

当乘客持票通过检票后可进入检票机通道；当乘客检票后超过指定时间未通过检票机时，扇门自行关闭。超时时间可通过参数控制，默认为 15 s。

2. 无票通行或无效票检测

当乘客未持票或持无效车票时,检票机将阻止其通过。如果有无票跟随的情况,扇门将自动关闭。

3. 正常人体间距检测

正常乘客人体间距必须有 20 cm 以上,如果小于 20 cm,检票机将放行乘客,但会通过声光提示报警。

4. 携带物体检测

自动检票机可以检测到乘客携带行李通行的情况,检票机能保证携带行李的乘客正常通过。

5. 反向通行检测

对于反方向进入通道的乘客,扇门将关闭阻止其通行,同时检票机报警。检票机能区分人员是否正常通过检票机,识别出反方向通行的人员。

6. 安全检测

自动检票机检测到某一传感器被遮挡时将自动计时,超过规定时间后将报警,从而防止通过遮挡传感器的方式非法进入通道。传感器被遮挡的时间超过参数规定的时间,可通过参数设置使自动检票机进入停机状态,并报警。

扇门闭合时如果检测到扇门区域有物体(即安全传感器被遮挡),则扇门自动开启,以防止乘客被夹伤。

二、PCM 板功能规格

PCM 板功能规格如表 3-10 所示。

表 3-10　PCM 板功能规格

序号	功能项	描述说明
1	驱动两个扇门机构打开或关闭	通过两个电机驱动电路及接口可自由控制扇门的开启或关闭
2	通行识别功能	具备通行算法识别功能,可有效识别行人、行李及尾随逃票等各种通行情况
3	扇门机构检测功能	可检测扇门开启或关闭的状态
4	阻挡无票乘客的通行	通过与主控命令的接口可控制乘客是否允许通行
5	通道的安全	具有通道安全检测功能
6	16 对传感器接入驱动控制功能	可以接入 16 对传感器输入信号,该 16 对传感器用作通道检测的通行传感器和安全传感器

续表

序号	功能项	描述说明
7	紧急按钮接入控制功能	外接紧急按钮，可以在紧急时控制扇门打开
8	方向指示器驱动控制功能	可根据通道的状态控制方向指示器的显示内容
9	蜂鸣器驱动控制功能	可根据运行情况控制蜂鸣器鸣叫

三、PCM 板、传感器的测试及校对

自动检票机安装到车站后，需要调节通道传感器的发射端及接收端，以使每个传感器接收端能且只能接收到各自对应的发射端发出的红外信号，每个通道的 16 对安全及通行传感器中任何一对传感器没有调节正确，自动检票机工作将不正常。

自动检票机上电以后，如果一个通道两端的方向指示器显示绿色箭头标志或显示静止的红色禁止信号，表示该通道的安全及通行传感器调节正确；如果方向指示器显示闪烁的红色禁止信号，表示安全及通行传感器调节有问题。上电时若闸门能正常关闭，表示安全传感器已调节正确；闸门不能正常关闭，表示需要先调节安全传感器。

当传感器调节正确后，传感器接收端收到光信号时，接收端上指示灯点亮，用万用表测量 PCM 板上 J7 的对应传感器的输入端为低电平；传感器接收端被遮光时，接收端上指示灯熄灭，用万用表测量 PCM 板上 J7 的对应传感器的输入端为高电平。

一个通道的传感器的发射端装在通道进站方向右边机壳内，传感器的接收端装在通道进站方向左边机壳内。安全及通行传感器的布置如图 3-22 所示，图中从左向右为进站方向。

第三目 单程票回收模块

一、模块外形图

方卡回收模块外形如图 3-22 所示。

二、模块功能

（1）方卡回收模块的进票口符合单张回收车票的尺寸，在进票口不能同时插入两张及两张以上的单程车票。

（2）当乘客插入一张回收车票后，回收口闸门立即关闭，避免乘客连续插入回收票。

（3）乘客插入出站自动检票机的合法车票停在读写区，传感器将检测车票到位的信号传给自动检票机的主控单元，驱动读写器对读写区的车票进行读写。如果车票有效，则将读写区的车票回收到回收箱（1#回收箱或 2#回收箱）内。如果车票无效，则将无效车票从退票口退还给乘客。

图 3-22 方卡回收模块外形图

（4）主控单元可控制回收机构回收口关闭或打开，在非正常运营模式下或回收箱满时，回收口扇门关闭，防止乘客塞票入内。

（5）传感器可检测车票在单程票回收模块中的位置。

（6）单程票回收模块具有自检功能和一定的故障自恢复功能。

三、模块构成及工作原理

方卡回收模块的构成如图 3-23 所示。其部件组成如表 3-11 所示。

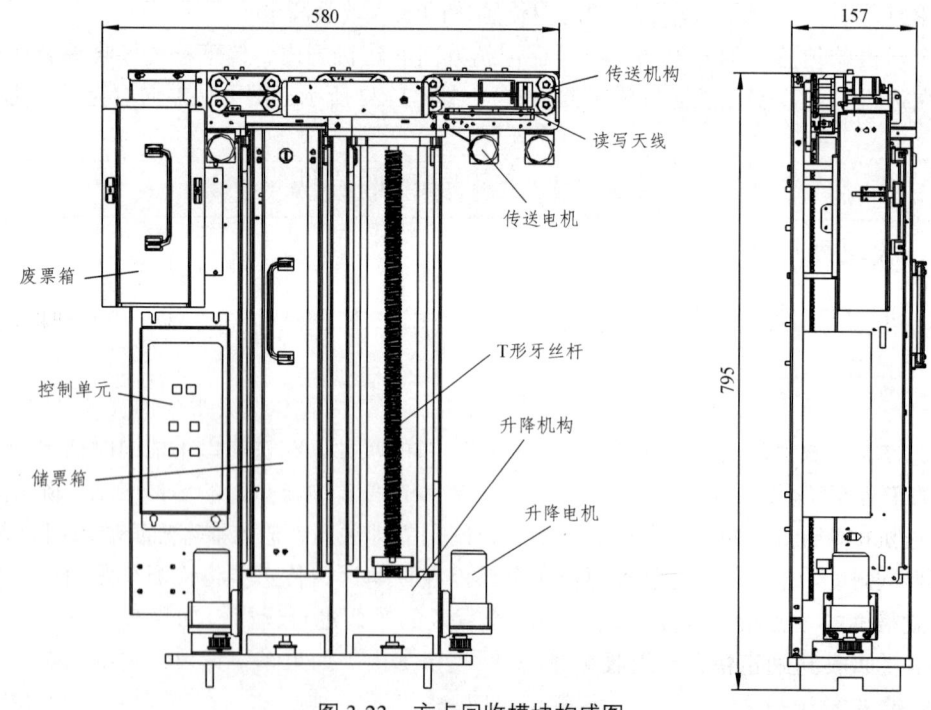

图 3-23 方卡回收模块构成图

表 3-11　方卡回收模块部件组成表

序号	组成部件	数量	说　明
1	传送机构	1	
2	升降机构	2	
3	方卡票箱（塑料票箱）	2	800 枚/箱-GXM（卡厚 0.5 mm）
4	废票回收箱	1	300 枚/箱-GXM（卡厚 0.5 mm）
5	主控制板	1	
6	I/O 板	1	
7	U 形传感器	3	
8	到位开关	2	
9	双稳态电磁铁	1	
10	传送电机	3	
11	升降电机	2	
12	读写天线板	1	
13	ID 天线板	2	
14	对射传感器发射板	5	
15	对射传感器接收板	5	

（一）传送机构

传送机构前端由一个读写通道，后端由 2 个两个传送分拣通道构成，两组翻板对应两组升降机构和票箱回收票卡。

当车票读写不成功或因其他原因需要回收的，传送机构会根据指令将票卡退回或回收到安装于机构后部的废票箱。

各传送通道设有多组传感器，便于票卡传送中的跟踪、定位、故障诊断及排除等。

传送机构（见图 3-24）各传送通道采用高速马达驱动，其传输速度不低于 500 ms 一张（不含读写时间）。

传送机构的主要功能包括：

（1）通过传送通道快速传送票卡。

（2）票卡在读写区完成读写后根据情况回收到票箱和废票箱，有的则被机构退出。

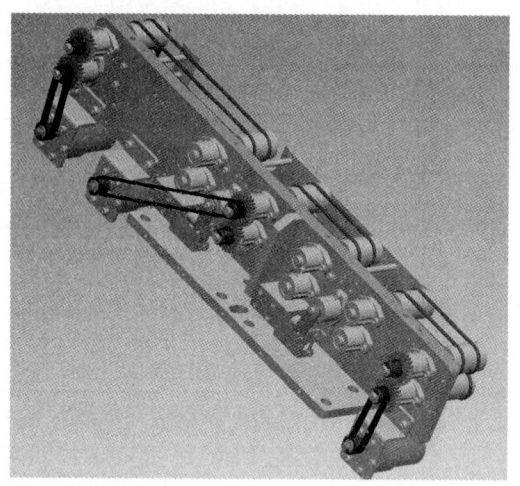

图 3-24　传送机构外观示意图

（二）升降机构

升降机构的外观如图 3-25 所示。

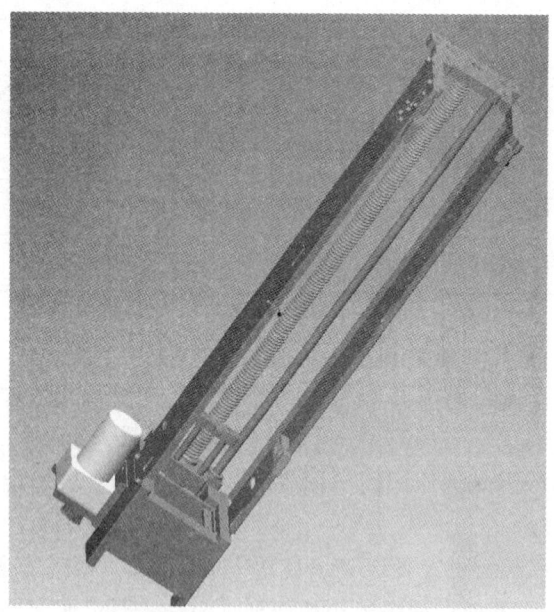

图 3-25　升降机构外观示意图

升降机构的功能主要包括：

（1）为回收的票卡提供承托平台，托起箱内票卡分段下降可使票卡在箱内不会翻转，从而达成自动码齐回收票卡的目的。

（2）为储票箱提供安装平台，其上部支撑和下部底座及固定把手等都是为储票箱而设置的安装定位夹紧机构，保障储票箱与传送机构的分拣翻板准确衔接。

（3）对应两组分拣机构，设置两组升降机构，配置两组储票箱。

（4）设置票位检测传感器，可检测储票箱内票卡存量，确定是否要更换票箱。

（三）控制电路板

方卡回收模块的控制板由 ARM7 主控板和方卡回收模块 I/O 板组成，与车票发售机构的控制电路板相同，读者可以参考第二章第四节的内容。

（四）直流减速电机

M-CRU-2000 方卡回收模块在其传送机构（见图 3-26）和升降机构（见图 3-27）中使用了不同的直流减速电机，分别完成各自功能。

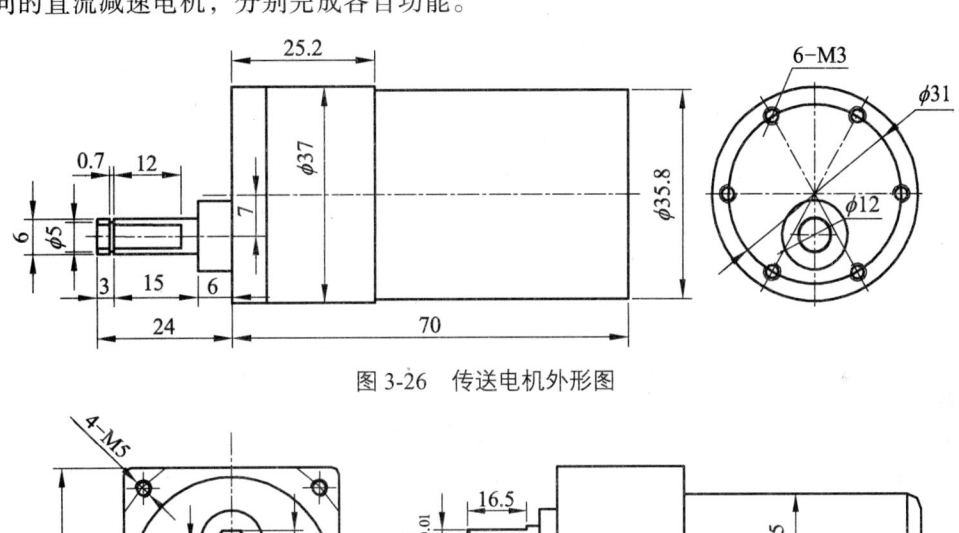

图 3-26 传送电机外形图

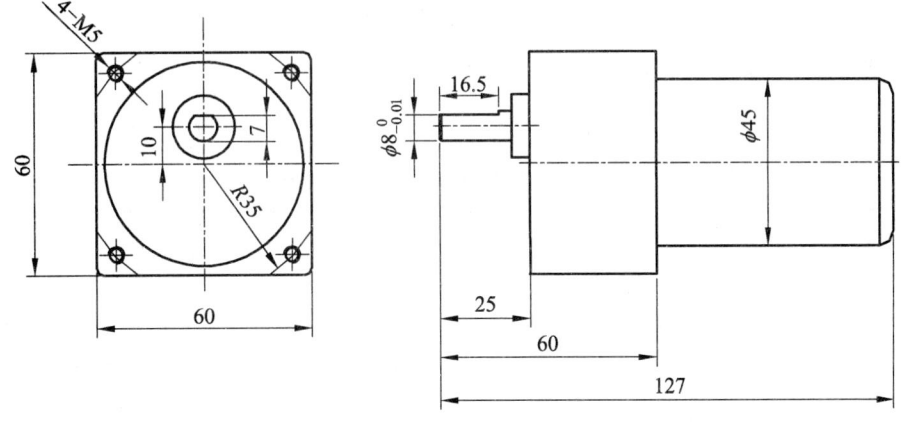

图 3-27 升降电机外形图

直流减速电机功能包括：

（1）传送电机：带动传送机构的传输皮带将票卡送到读写区完成读写，后根据指令将票卡退出或回收。

（2）升降电机：带动升降机构上下运动，为回收票卡提供承托功能。

（五）传感器及到位开关

详见 TVM 设备发卡模块相关章节。

（六）维护面板单元的功能

维护面板单元的外观如图 3-28 所示。其功能主要包括：
（1）显示出卡模块的当前工作状态，如果有故障，将显示故障代码。
（2）可以输入指定的代码执行指定的动作，以检查模块当前的工作状态是否正常。

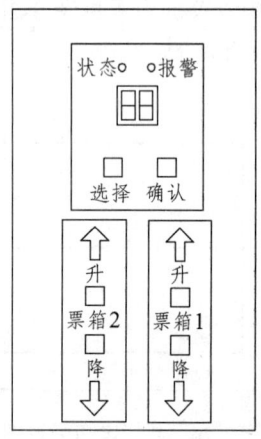

图 3-28　维护面板图

四、单程票回收机构规格

单程票回收机构的规格见表 3-12。

表 3-12　票卡回收机构规格一览表

项　目	型号或技术参数	功能说明
车票回收机构	可装入票箱个数：2 个	对出站乘客投入自动检票机的车票完成车票合法认证、读/写、非法车票的退出、传输、分拣回收，按系统的设定将"特殊"的车票回收到废票箱，并将分拣回收的车票自动码齐到回收票箱（储票箱）中
	可分拣车票种类个数：2 种车票	
	车票尺寸：53.5 mm × 86 mm	
	回收速度：1 张/秒	
	废票箱个数：1 个	
	回收升降机构：2 套	
	闸口：1 套	

续表

项 目	型号或技术参数	功能说明
回收票箱 （塑料票箱）	容量：800张 （0.5 mm 厚）	储存回收车票，全封闭式。同人工售票机、自动检票机、编码/清分机通用
废票箱	容量：300张 （0.5 mm 厚）	回收废票，全封闭。同人工售票机、自动售票机、编码/清分机通用
回收升降机构	升降速度：20 mm/s	在车票回收过程中，带动票箱中的票卡托板按设备设定的参数下降，确保回收的票卡自动码齐；对更换到回收机构上的空票箱（或不满箱），带动票箱中的票卡托板上升至设定的位置
回收机构 控制单元		控制回收机构中各电机、电磁铁完成回收车票的退出、传输、分拣回收、"特殊"车票回收，并将分拣回收的车票自动码齐到回收票箱
回收闸口		如回收机构正在处理卡时，回收闸口关闭，防止多张票插入；降级运营模式下或回收箱满时，回收闸口关闭，禁止乘客插入票卡

第四目 主控单元

一、组成及配置

AGM 主控单元的组成及配置如表 3-13 所示。

表 3-13 自动检票机主控单元组成及配置说明表

序号	名称	型号	数量
1	主控制板	EC5-1717CLDNA（DT）-01	1
2	CPU	Intel Celeron M 1 G	1
3	内存	DDR 512 MB	1
4	DOM	1 GB	1
5	CF 卡	1 GB	1

二、工控主板串口分配

工控主板串口分配如表 3-14 所示。

表 3-14　自动检票机主控单元串口分配表

接口（插座）名称	连接设备或部件
COM1	自动检票机通行控制器（PCM 板）
COM3	自动检票机综合控制器（GC）
COM5	进站读写器
COM6	出站读写器
COM4	自动检票机单程票回收机构
COM2	旅客导向指示器（RS-422）
COM8	UPS 监控

三、设备 USB 接口分配

设备 USB 接口分配如表 3-15 所示。

表 3-15　自动检票机主控单元 USB 口分配表

接口名称	连接设备或部件
USB1	出站储值票读写器（备用）
USB2	（备用）
USB3	进站读写器（备用）
USB5	备用
USB6	备用

四、设备显示接口分配

设备显示接口分配如表 3-16 所示。

表 3-16　自动检票机主控单元显示接口分配表

接口名称	连接设备或部件
VGA 显示接口	使用 VGA 分配器连接出站方向乘客显示器和维护面板显示器
LVDS 显示接口	进站方向乘客显示器

五、非易失性存储器

非易失性存储器安装于主控制器的工控机主板上，用于存放操作系统、应用程序、交易数据及各种数据的备份。

（1）CF 卡（DiskOnChip）：用于安装操作系统和主控程序等。
（2）DOM（DiskOnMemory）：用于存储备份数据等。

六、技术规格

主控单元的技术规格如表 3-17 所示。

表 3-17 主控单元的技术规格表

序号	项	规 格
1	主板型号	EC5-1717CLDNA（DT）-01
2	CPU	Intel Celeron M 1 G
3	内存储器	DDR 512 MB
4	网络接口	标准 RJ45
5	时钟	安装备用电池（寿命：约 10 年） 精度：±1 秒/日（常温常湿）
6	USB 接口	至少 6 个 USB2.0
7	RS232 接口	至少 8 个 RS-232，其中两个支持 RS-232/422/485
8	PS/2 接口	1 个 PS/2 KB/MS
9	显示端口	LVDS+VGA（独立双显）
10	看门狗	支持（1-255 级）
11	音频	AC97 支持，标准接口
12	CF 卡	1 GB
13	DOM	1 GB

第五目 读写器

闸机读写器采用与自动售票机一样的车票读写器，只是根据使用位置不同，安装不同的天线板。其功能、组成、接口、技术指标等详见第一章"车票读写器"。

读写器的安装位置应设计在闸机内靠近天线板的空余部位，以缩短连接天线板的射频馈线长度，提供更好的非接触式感应效果。对于进站闸机，配置 1 个天线板，该天线板安装在闸机的乘客显示器附近，且贴近机壳安装，用于处理乘客进站时的单程票或储值票。对于出站闸机，配置 2 个天线板，其中 1 个天线板安装在闸机的乘客显示器附近，且贴近机壳安装，方便乘客持储值票刷卡出站；另 1 个天线板安装在单程票回收模块的票卡通道上方，用于处理乘客投入的单程票。对于双向闸机，则总共配置 2 个读写器，分别按上述方式安装在双向闸机的进站检票端和出站检票端。

第六目 综合控制器

综合控制器主要用于控制乘客显示器背光、方向指示器、通行指示器、蜂鸣器、优惠/报警指示器等。其外观如图 3-29 所示。

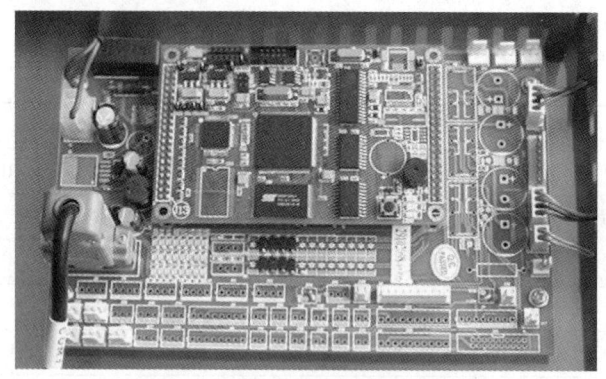

图 3-29 AGM 综合控制器外观图

第七目 乘客显示器

乘客显示器主要用于显示乘客提示以及乘客操作指引信息。其外观如图 3-30 所示。乘客显示器组成及接口列表见表 3-18。

图 3-30 乘客显示器外观图

表 3-18 乘客显示器组成及接口列表

序 号	组 成	
	进站乘客显示器	出站乘客显示器
1	6.5″TFT 乘客显示器液晶屏	6.5″TFT 乘客显示器液晶屏
2	乘客显示器背光驱动板	乘客显示器背光驱动板
3	LVDS 接口线	VGA 转 LVDS 接口板

进站乘客显示器采用 LVDS 接口，由工控机直接驱动。
出站乘客显示器采用 VGA 接口，由工控机驱动。

第八目　VGA 分配器

工控板只有一个 VGA 接口，需要驱动两个显示器（维护显示器和出站乘客显示器），使用一分二的 VGA 分配器分出两路 VGA 接口分别驱动维护显示器和出站乘客显示器。其外观如图 3-31 所示。

图 3-31　VGA 分配器外观图

最左边为 DC 12 V 电源输入插座，指示灯 PWD 用于电源正常的指示，有电时该指示灯亮。DB15 插座（PC，针）连接工控机的 VGA 输出，作为分配器的 VGA 输入信号；中间的 DB15 插座（MONITOR，孔）连接出站乘客显示器，最右边的 DB15 插座（MONITOR，孔）连接维护显示器。

第九目　方向指示器

方向指示器安装在自动检票机前端部，用来指示通行的方向。用绿色的箭头（→）来表示通道允许检票通过，用红色的禁行标志来表示相应的通道不接收检票，禁止通行；用黄色的横线来表示正在处理的车票为优惠票。

方向指示器显示的图形如图 3-32 所示。

图 3-32　方向指示器"通行""禁止通行""优惠票通行"指示示意图

第十目 维护单元

一、维护单元功能

维护单元包括维护键盘和维护显示器（见图 3-33 所示），主要为维护维修操作提供维护输入键盘和操作界面。

维护面板安装在设备内部，操作/维修人员通过维护面板完成对设备的操作、维修和诊断工作。

维护面板包括维护面板显示器及维护小键盘，如图 3-34 所示。

维护面板使显示菜单化，能帮助操作员快速操作。维护面板键盘具有 0～9 数字输入键及 15 个功能键，各功能键通过软件定义其含义。

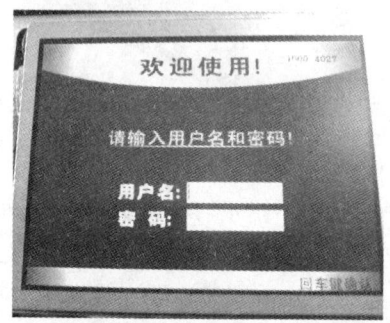

图 3-33 维护显示器界面

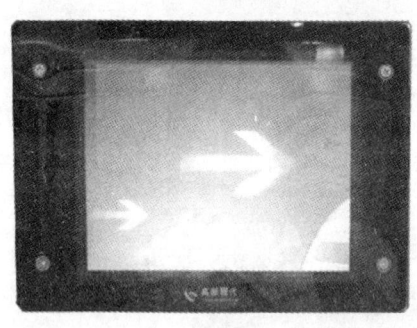 

维护面板　　　　　　　　　维护键盘

图 3-34 维护单元组成图

二、维护单元组成及接口

维护单元由维护单元支架、液晶屏背板罩、维护屏装饰板、维护屏安装架、6.5″液晶屏、6.5″液晶高压板、LCD VGA 接口板等部分组成，如表 3-20 所示。

表 3-20 维护单元组成

序号	名称	数量	安装方式
1	维护单元支架	1	
2	20 键 PC 小键盘（带 4 m 线）	1	卡入维护键盘架
3	维护显示器	1	

键盘接口：维护操作键为 PS2 接口，连接到工控机的 PS2 接口上。

显示器接口：同乘客显示器接口。

第十一目 功放盒及喇叭

功放用于驱动扬声器，扬声器用于播放语音。将功放盒音频输入接口连接到工控机音频输出左右两个声道，功放盒的音频输出接扬声器。功放盒由 12 V 直流开关电源、功放板以及功放盒外壳组成。功放盒电源接口为 220 VAC，连接到自动检票机电源盒的 220 VAC 输出插座上。

第十二目 报警优惠灯

当自动检票机接收到乘客持有的有效优惠车票时，优惠票指示灯发出橙色光，蜂鸣器发出"嘟嘟"声；乘客使用其他车票时，优惠票指示灯不亮。

需要报警时，报警指示灯指示灯发出红色光。

警示灯罩外形及尺寸如图 3-35 所示。

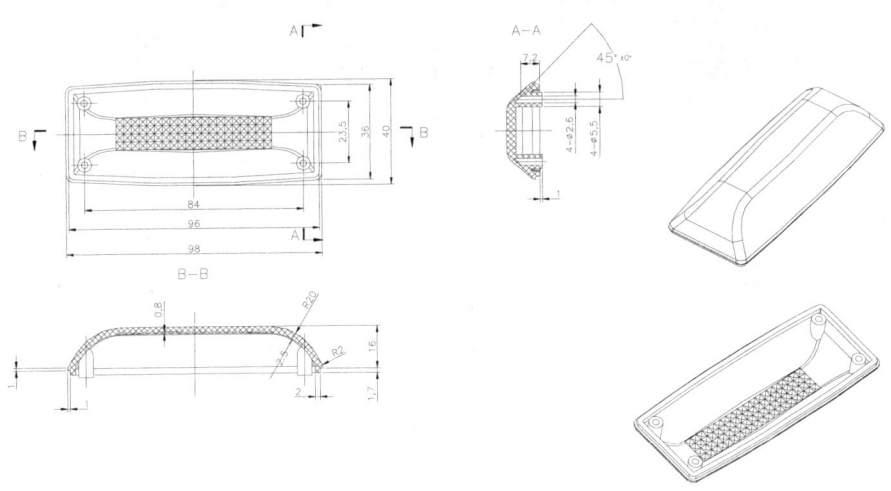

图 3-35 警示灯罩外形及尺寸示意图

第十三目 蜂鸣器

在自动检票机内安装有一个蜂鸣器，其具有多种不同的警示声音模式，如短促单声、短促两声、长声等。音量可调，在自动检票机外部能达到 60~80 dB，报警时间及频率可通过参数设置。报警蜂鸣器是设备报警部件，当非法通行或进行其他非法操作时报警。其外观如图 3-36 所示。

图 3-36 蜂鸣器外观图

蜂鸣器由综合控制器驱动。当需要蜂鸣器发声时，由主控程序发送串口命令给综合控制器，综合控制器根据命令要求，控制蜂鸣器发出各种声音并控制发声时间的长短。

第十四目 通道转接板

通道转接板功能：自动检票机通道的主控部分安装在进站方向的左边机壳内，右边机壳内各部件的控制，就通过通道转接板进行连接。其外观如图 3-37 所示。

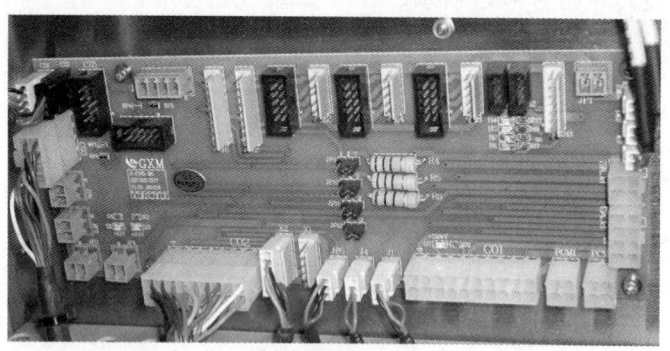

图 3-37 自动检票机通道转接板外观图

第十五目 电源模块

电源模块(电源盒)主要为自动检票机内部各模块提供电源，它包括 AC 220 V 电源输入，

+DC 24 V、DC+12 V 电源输出，机芯电源及 PCM 板电源输出，电源开关及漏电保护等。电源箱的外观及电源盒面板插座接口分别如图 3-38、图 3-39 所示。

图 3-38　自动检票机电源箱外观图

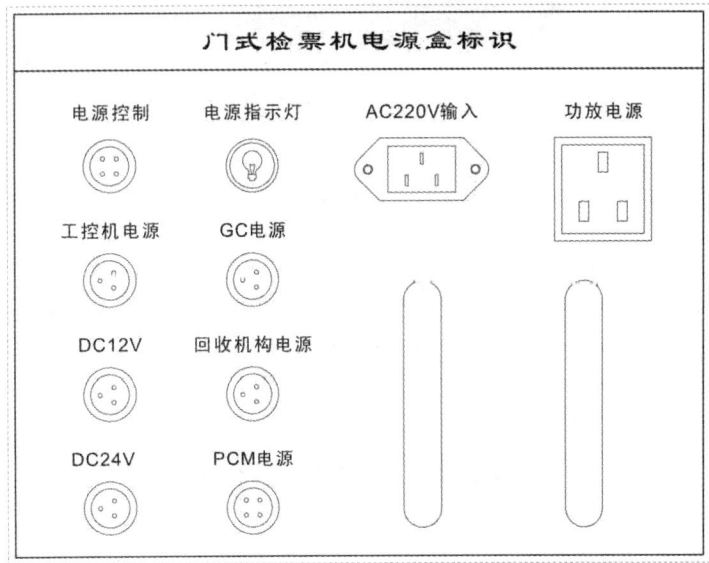

图 3-39　电源盒面板插座接口图

第十六目　电源接线盒

电源接线盒主要用于自动检票机对外的工程接口，它包括市电电源的接入和级联连接端子，自动检票机紧急按钮的接入和级联端子、接地端子等。

电源接线盒由接线端子排、安装导轨和不锈钢防护外罩组成。端子布局如图 3-40 所示。

接线端子	图示	功能
PE	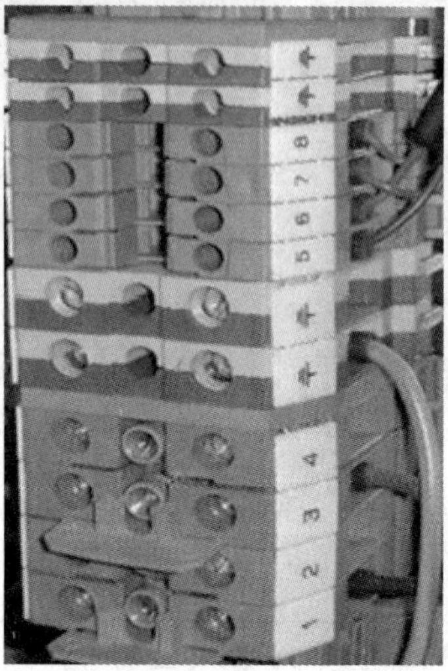	接地
8		紧急信号-
7		紧急信号-
6		紧急信号+
5		紧急信号+
PE		接地
PE		接地
4		220VAC_N
3		220VAC_N
2		220VAC_L
1		220VAC_L

图 3-40　闸机电源接线盒接线端子布局图

第十七目　维护门开关

维护门开关用于检测维护门是否被打开。

当维护门被打开后,自动检票机进入维护状态。维护人员必须在规定的时间内登录进入维护流程,如果超时没有完成登录,则自动检票机报警。

第六节　设备操作界面

AGM 的操作分为乘客操作以及车站站务人员和设备维保人员的管理操作。

第一目　乘客进出闸操作

乘客进站或出站时,如果乘客的车票验卡成功,则扇门打开,允许乘客通行,乘客显示器显示允许通行的界面。否则,扇门不会打开,乘客显示器也会给出相应的提示界面。

表 3-21 列出了主要工作状况下闸机乘客显示器的显示画面。

表 3-21 闸机乘客显示器主要界面

序号	工作状况	乘客显示器显示画面
1	闸机待机界面	欢迎光临 Welcome to Metro
2	暂停	暂停服务 Out of Service
3	记值类车票进站处理成功	余额：20.00元 Remaining Value 谢谢 Thank you
4	记值类车票出站处理成功	扣除额：5.00元 Fare Deducted 余额：20.00元 Remaining Value 请通行 Please Pass
5	车票过期	车票过期 Expired Ticket

续表

序号	工作状况	乘客显示器显示画面
6	车票进出闸次序错误、编码异常的无效车票、乘车超时或黑名单车票等	车票异常 请咨询工作人员 Ticket anomaly Please consult the staff
7	车票余额不足	余额不足 余额：2.00元 not sufficient funds Balance：¥2.00
8	非地铁使用的车票	请确认卡 Please check your ticket
9	多张卡同时重叠使用	请勿同时使用多张车票 Please don't use more than two cards
10	将回收车票置于非回收读写器之上	请将车票插入回收口 Please insert your ticket

第二目 管理维护操作

闸机的管理维护操作界面与 TVM 的相近似,也是车站站务人员或设备维保人员通过闸机的维修面板和内部模块的操作(比如升降票箱的托盘)实现对闸机的维护管理。站务人员主要完成票箱更换等运营维护类操作,设备维保人员则主要完成模块的故障检测及排除等操作。设备状态查询、票箱回收车票数量查询、模式控制等功能则根据情况进行授权。

目前 AFC 技术标准已经对闸机管理维护菜单的分类及层级设置进行了标准化要求。如表 3-22 所示。

表 3-22 闸机管理菜单层级定义标准

序号	主菜单	第二级菜单	备注
1	更换票箱	1.1 卸下 A 票箱	
		1.2 装载 A 票箱	
		1.3 卸下 B 票箱	
		1.4 装载 B 票箱	
		1.5 卸下废票箱	
		1.6 装载废票箱	
2	运营控制	2.1 服务模式设置	
		2.2 扇门模式设置	
2	运营控制	2.3 通道模式设置 服务模式包括:(1)停止运营;(2)开始运营 扇门模式包括:(1)常开模式;(2)常闭模式 通道模式包括:(1)进站闸机;(2)出站闸机;(3)双向闸机	
3	设备查询	3.1 网络通信状态查询	
		3.2 设备信息查询	
		3.3 运营状态查询	
		3.4 模块状态查询	
		3.5 模块信息查询	
		3.6 模块固件版本查询	
4	维修测试	4.1 扇门模块测试	
		4.2 进闸端读写器测试	
		4.3 出闸端读写器测试	

续表

序号	主菜单	第二级菜单	备注
4	维修测试	4.4 回收模块测试	
		4.5 警示灯测试	
		4.6 语言及报警器测试	
		4.7 开关测试	
5	设备设置	5.1 时间设置	
		5.2 本机设置：设置车站编号、设备编号、设备类型、设备组号	
6	数据维护	6.1 数据备份	
		6.2 数据恢复	
		6.3 数据导入	
		6.4 数据导出	
7	系统管理	7.1 系统重启	
		7.2 系统关机	
		7.3 用户注销	

下面以"更换闸机票箱操作"为例，看看一个完整的设备维护管理类操作。

一、更换票箱操作

（一）功能描述

当需要更换票箱时，以空的票箱更换设备内的当前票箱。

（二）票箱操作的总流程

（1）登录后维护。

（2）维护界面操作。

（3）票箱的取出和装入。

（三）操作流程

（1）通过维护键盘输入正确的用户名和密码，登录闸机维护界面。

（2）根据"选择菜单界面"提示的快捷键，在维护键盘上按键"1"，进入票箱操作界面，如图3-41所示。

（3）返回到票箱操作界面，按维护小键盘的数字键"6"，进入"更换票箱"界面，如图3-42所示。

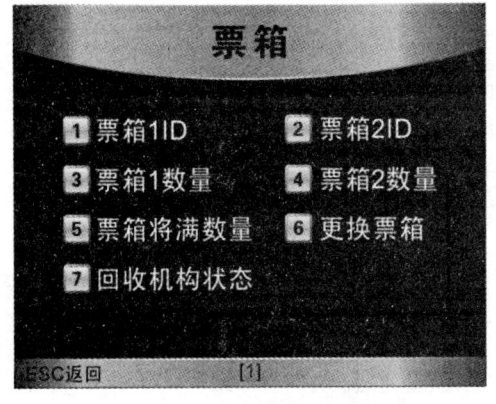
图 3-41　自动检票机票箱操作界面

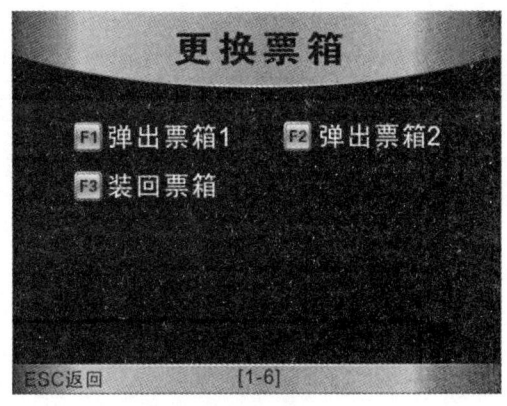
图 3-42　更换票箱界面

（4）按维修单元键盘上的"F1"或"F2"键，票箱 1 或票箱 2 的票就会自动下降到票箱底部。

（5）票箱的取出与放入。

（6）按功能键"F3"，使票箱中的车票上升到票箱顶部。

（7）按下"Enter"，确认票箱计数清零。

（8）关上维护门，离开通道，并确认自动检票机正常工作。

（四）注意事项

（1）装入票箱时，一定要使票箱到位，以免读不到票箱的电子 ID。

（2）装回票箱（按"F3"键）后，一定要按下"Enter"键，将票箱数量清零。

复习思考题

1. 剪式扇门闸机的布局特点是什么？

2. 闸机通行传感器采用红外对射传感器，通常情况下，其接收端安装在有主控单元一侧的机箱内，发射端安装在通道另一侧机柜内，这样设计的主要原因是什么？

3. 从固力保剪式扇门开启的机械驱动方式来分析，有几种开启方式？各有什么不同？

4. 闸机非正常运营模式包括哪些模式？设置非正常运营模式的目的是什么？

延伸阅读——计算机外部接口的名称和用途

随着新技术的发展和应用，各种用途的计算机外设不断涌现，计算机的外部接口的种类也变得更加丰富多彩。本讲主要介绍计算机常见外部接口的类型、外观和用途，有助于设备维保人员开展维保工作。计算机外部接口如图 3-43 所示。其图释及用途如表 3-23 所示。

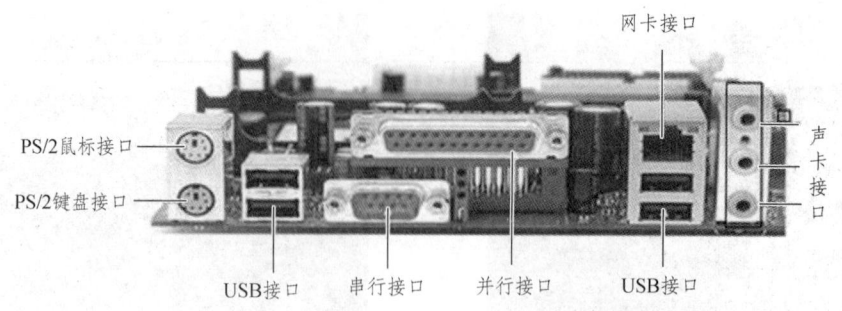

图 3-43 计算机主板上的常见外部接口图

表 3-23 计算机常见外部接口图释及用途表

接口类型	图释	用途
并行接口 （Parallel Port/Interface）		并行接口采用 DB25 插座，除普遍应用于连接打印机外，还可用于连接扫描仪、ZIP 驱动器甚至外置网卡、磁带机以及某些扩展硬盘等设备
串行接口 （Serial Port）		目前串行接口都采用 DB 9 插座直接集成在主板上，一般情况下，电脑主板都提供两个串行接口；另外，可以使用 Windows 的"超级终端"，通过串口与其他设备进行通信
USB 接口 （Universal Serial Bus 通用串行总线接口）		USB 接口是由 Compaq、IBM、Microsoft 等多家公司于 1994 年底联合提出的接口标准，用来取代传统的串口和并口。 目前 USB 3.0 是最新的 USB 设备规范，能达到 5Gbps 的传输率，而先前的 USB 2.0 和 USB 1.1 的传输率仅为 480 Mbps 和 12 Mbps。 USB 设备具有如下优点： 1. 支持热插拔，使用方便； 2. 带宽大，速度快； 3. 可连接的设备更多； 4. 具有简单的网络互连功能。 USB 接口可以连接：USB 鼠标、USB 键盘、外置读卡器、摄像头、数码相机、数码摄像机、打印机、游戏手柄等等

续表

接口类型	图释	用途
PS/2 接口		鼠标和键盘普遍采用 PS/2 接口，其中鼠标使用浅绿色接口，键盘使用紫色接口。由于传输信号不同，两者不能混插
音频接口		蓝色接口为音频输入； 绿色接口为音频输出，一般连接音箱或耳机； 红色接口为麦克风，一般连接麦克风、耳麦、话筒
VGA 接口		VGA（Video Graphics Array）全称视频图形阵列，是使用最广泛的一种电脑视频传输接口，采用 15 针的三排插口，通常用来连接显示器
网卡接口		目前主流的网卡是 PCI 接口的网卡或者是主板集成的网卡。其主要功能是用于电脑之间的互联，或者用于连接 Internet
HDMI 接口		HDMI（High Definition Multimedia Interface），即高清晰度多媒体接口，是一种全数位化影像/声音传送接口，可以传送无压缩的音频信号及视频信号。HDMI 可以同时传送音频和影音信号，由于音频和视频信号采用同一条电缆，大大简化了系统的安装

续表

接口类型	图释	用途
DVI 接口		DVI（Digital Visual Interface），即数字视频接口。有 DVI-A、DVI-D 和 DVI-I 三种不同的接口形式
IEEE 1394 接口		IEEE 1394 接口最初由 Apple 公司提出（称为"火线"技术），目前有两个版本，即现有的 IEEE 1394a 和发展中的 IEEE 1394b，它与 USB 接口在外形以及大部分功能上很相似。IEEE 1394 通常有两种接口： 六角型的多用于苹果机和台式电脑； 四角型的多用于 DV 或笔记本电脑
硬盘串行接口（SATA 接口）		SATA：Serial ATA 的缩写，即串行 ATA。这是一种完全不同于并行 ATA 的新型硬盘接口类型，由于采用串行方式传输数据而得名。SATA 总线使用嵌入式时钟信号，具备了更强的纠错能力，与以往相比其最大的区别在于能对传输指令（不仅仅是数据）进行检查，如果发现错误会自动矫正，这在很大程度上提高了数据传输的可靠性。串行接口还具有结构简单、支持热插拔的优点

第四章 票房售票机

【本章学习重点】

本章主要介绍票房售票机的布局、模块组成以及通用的车票处理功能。重点是熟悉票房售票机的车票处理功能。本章所述车票处理功能可视为 BOM 设备的通用功能,由于各个城市的轨道交通票务政策不尽相同,实际的 BOM 系统功能也是根据其具体的票务政策来设计的,因此可以结合具体的票务政策来学习本章节内容。

第一节 设备外形与结构

票房售票机安装在车站的票亭内,设备的工作台采用一体化设计,具体形状和尺寸需要与票亭联合设计。图 4-1 所示为票房售票机安装效果图。

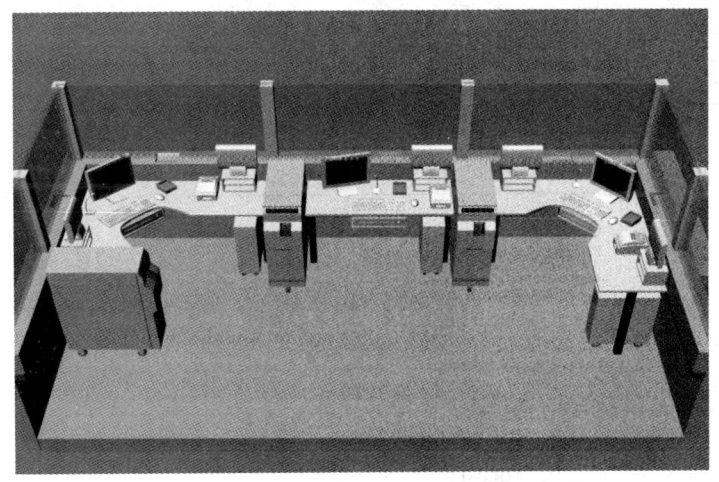

图 4-1 票房售票机安装效果图

第二节 设备组成

票房售票机部件构成及各部件说明如图 4-2 所示。

图 4-2 票房售票机部件构成及位置图

表 4-1 票房售票机构成部件表

序号	部件名称	型号规格	说　明
1	操作台	操作台	
2	集成控制箱	M_SUB_1300	
2-1	工控机	整机：EC901-SZXD1	包括机箱、电源
		主控制板：EC9-1712LDNA	
		存储设备：CF 卡：1G 宽温	
		硬盘：80 G 以上按主流配置	
		内存：1 GB，184 Pin 直插	
		CPU：Intel Pentium4 2.8 G	带风扇
2-2	UPS 不间断电源	BNT-1000APL	
2-3	电源盒组件	XD6.089.0014	含漏电保护开关、交流滤波器等
2-4	复位型平头按钮	CP1-10G-11，一开一闭触点	绿色，不带灯
2-5	自锁型平头按钮	MP2-42R-20	红色，带灯
2-6	自锁型平钮灯座	MLBL-07R	红色
2-7	交流万能插座	SS-801	母头，AC 220 V 输出
2-8	智能主控关机排插	LW410L-13-SLMc	
3	VGA 分配器	SV-102	一分二，带电源适配器

续表

序号	部件名称	型号规格	说明
4	票据打印机	TM-U220B	纸宽 76 mm，串口，带切刀
5	钱箱	CR3002	带电磁锁，自动弹开
6	对话装置	MD-668	扬声器、麦克风
7	键盘	KB-6U	防水键盘，USB 接口
8	鼠标	X5-70DM	光电鼠标，USB 接口
9	自动出票机	M-TDM-2101	含方卡发售模块、读写器、电源箱等
10	操作员显示器	VA703B	17″液晶显示器
11	乘客显示器	KS10	10.4″液晶显示器
12	桌面读写器	CPT-1300	AB 读写器

第三节　设备总体架构

半自动售票机以主控单元为核心，辅以车票读写器、乘客显示器、打印机、电源等模块组成，还可以根据需要配置车票处理装置、收银钱箱等部件。主控单元一般选用高可靠性的工业级计算机设备（工控机），也可选用高档的商用计算机，需要具有丰富的外部接口以支持设备的连接，并需要保留部分接口以支持未来设备的扩充。

半自动售票机可以使用键盘、鼠标等通用输入设备，也可以配置触摸屏，还可以配置支持自动发售车票的车票处理装置以完成车票的自动发售功能，提高售票速度。自动发售车票的车票处理装置与自动售票机中的车票处理装置类似，在接收到主控单元的命令后，可以自动完成供票、车票读写、出票等功能。其总体架构如图 4-3 所示。

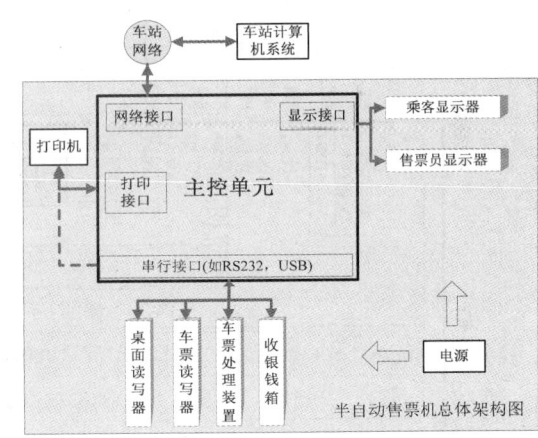

图 4-3　票房售票机总体架构图

第一目　整机接线图

票房售票机整机接线图如图 4-4 所示。

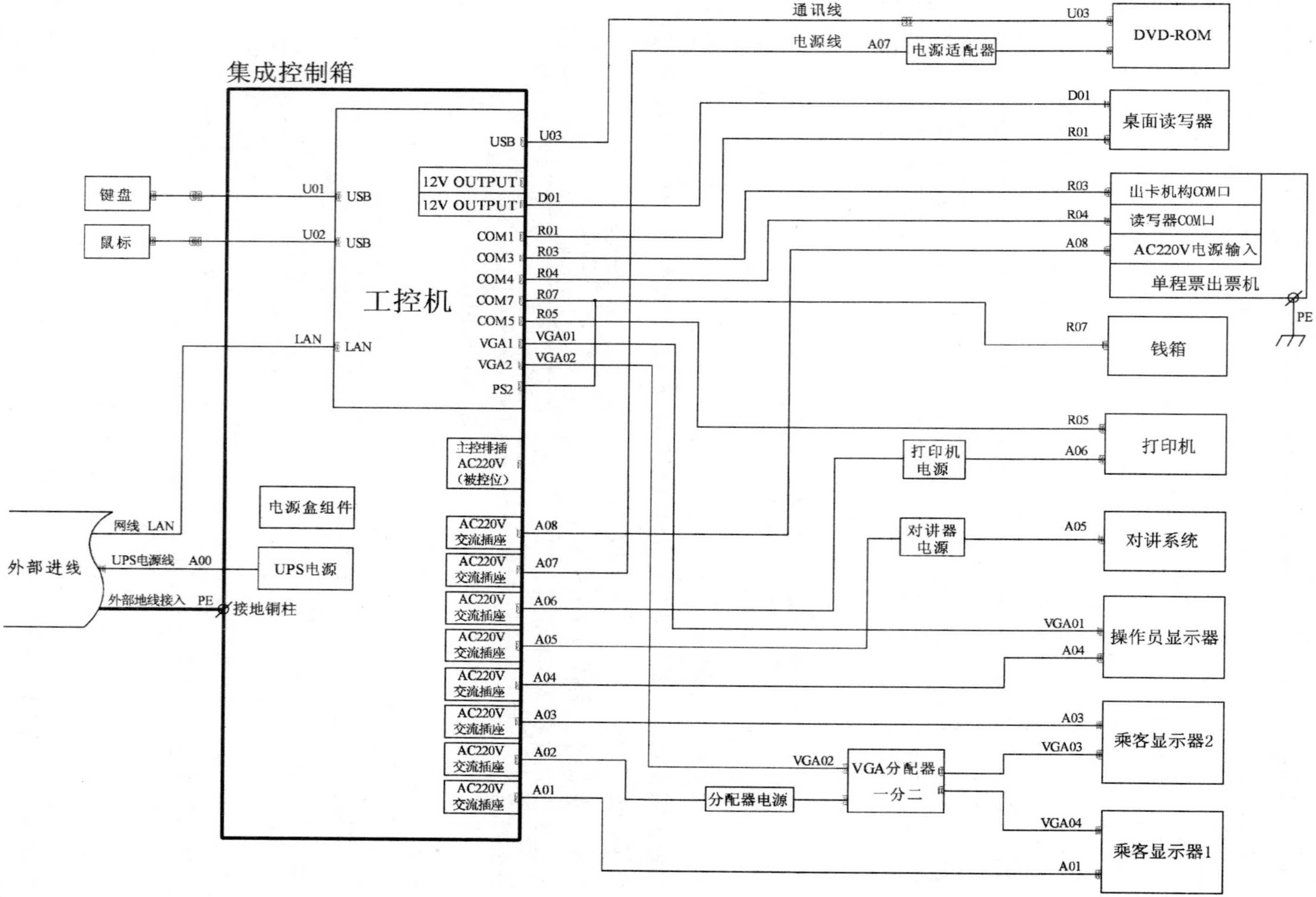

图 4-4 票房售票机整机接线图

第二目 集成控制箱接线图

票房售票机集成控制箱接线图如图 4-5 所示。

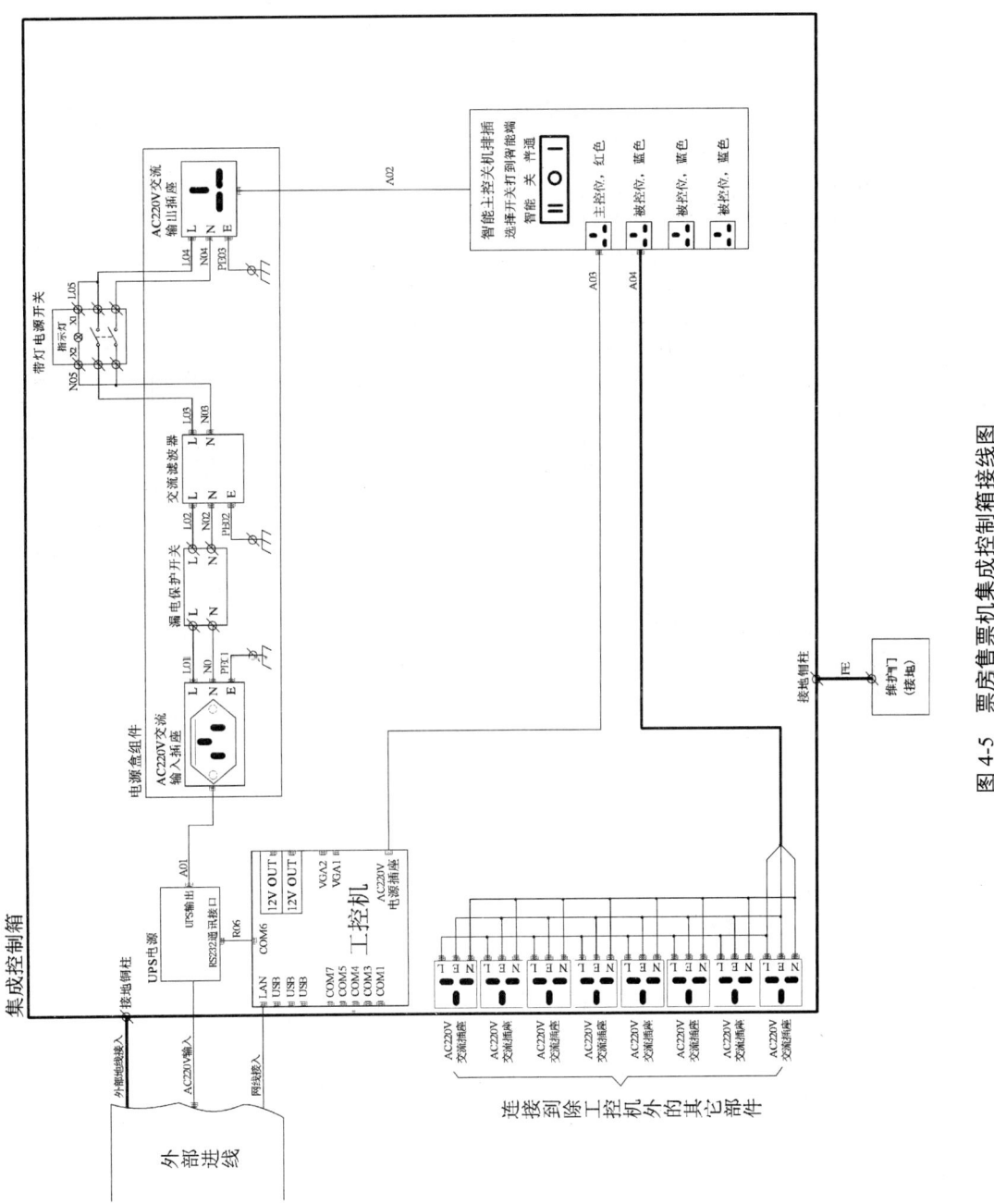

图 4-5 票房售票机集成控制箱接线图

第三目 自动出票机接线图

票房售票机自动出票机接线图如图 4-6 所示。

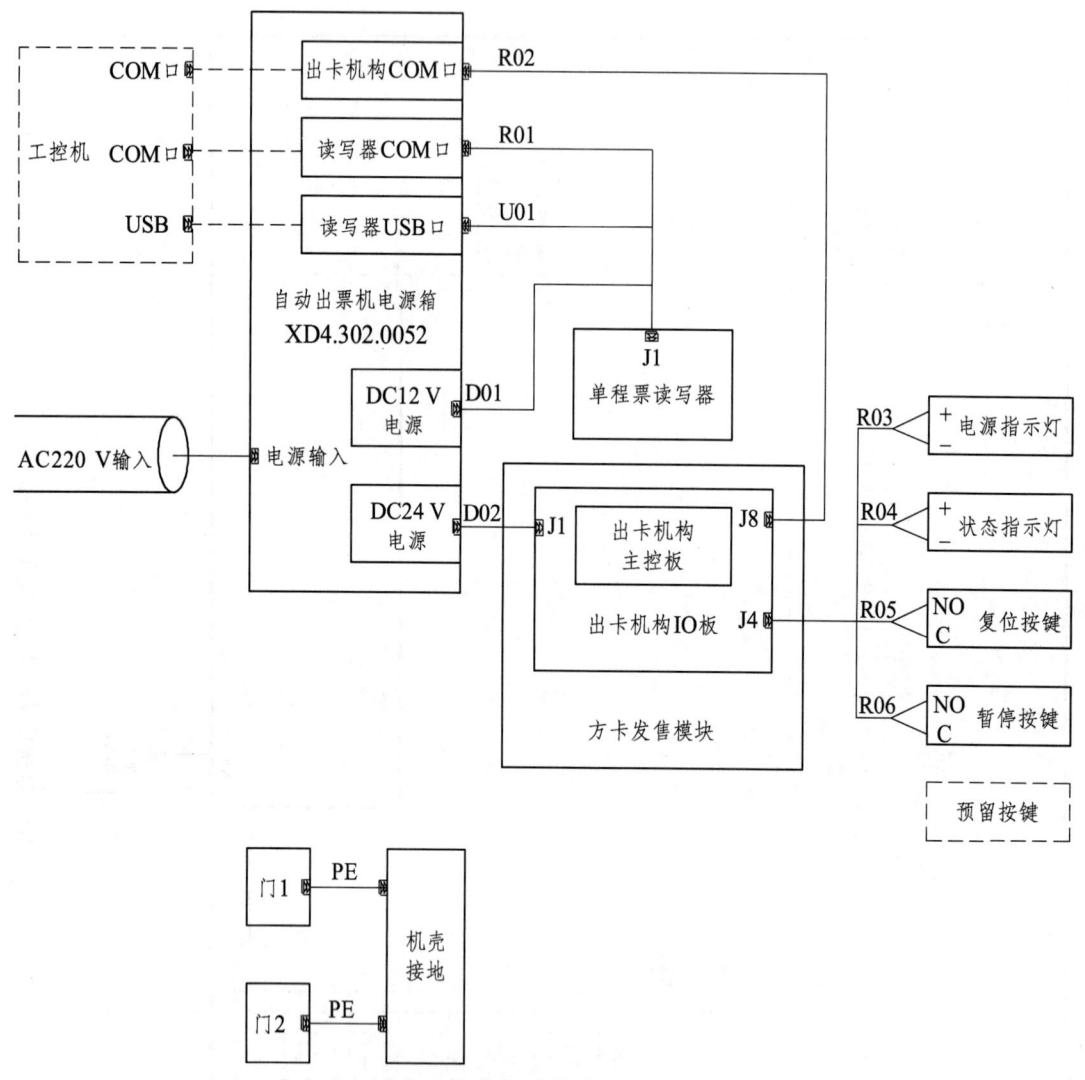

图 4-6 票房售票机自动出票机接线图

第四目 主要技术规格

票房售票机主要技术指标如表 4-2 所示。

表 4-2　票房售票机主要技术指标

序号	项目	说明
1	自动出票速度	≥1 张/秒
2	车票处理速度	≤0.3 秒/卡
3	读写器	可读写符合 ISO14443 TYPE A 类型的非接触式 IC 卡，兼容城市通卡车票处理
4	数据存储量	交易数据≥100 000 条；设备数据≥30 天
5	黑名单处理能力	≥40 000 条，20 段
6	电源	AC187~242V，50×（1±4%）Hz
7	电气安全	具有漏电、过电、短路断路器，具备防雷击、防浪涌等电源保护措施
8	功率	工作功率：≤250 W 峰值功率：≤300 W
9	绝缘电阻	使用 DC500 V 绝缘电阻仪测量电源插头与机箱间电阻，在 5 MΩ 以上
10	绝缘强度	AC 1 000 V（在电源插头与机壳之间，施加 1 min，无异常发生）
11	漏电流	输入对外壳：≤10 mA
12	接地电阻	≤1 Ω
13	环境条件	工作温度：-5~50℃ 存储温度：-10~70℃ 工作湿度：10%~95%（相对湿度、无结露） 存储湿度：5%~95%（相对湿度、无结露）
14	通讯协议	TCP/IP
15	通讯速率	10/100 M
16	通讯接口	标准以太网接口
17	噪音	≤45 dB（距设备 1.5 m 处）
18	可靠性	MCBF≥100 000 次 MTTR≤30 min
19	材料	工作台主体材料木制

第四节　设备功能

第一目　基本功能

BOM 的基本功能如表 4-3 所示。

表 4-3　BOM 基本功能一览表

序号	分类	功能	功能介绍
1		签到、签退	登录、退出 BOM 系统
2		管理卡认证	通过管理卡认证启动具有充值功能读写器，使之可以使用
3	票务处理常用功能	售票	发售系统允许中发行的各类车票
4		补票	对超时、超程、无票乘客实现补票
5		车票分析	对票卡进行更新、充值、替换、退款处理时，首先对票卡进行有效性分析，给操作员信息提示
6		充值	对储值票进行充值
7		更新	对部分无效票进行新票更新的过程
9		退款	按照地铁公司运营有关规定，将票内余值扣除手续费，退还给乘客的过程
10		挂失	车票丢失时，申请该车票不允许在系统中使用的过程
12		车票查询	读取车票内的数据，或者向车站中心请求查询交易历史记录
14		收益管理	对收益情况所做的分析处理
15	其他功能	软件更新	更新 BOM 上的系统软件
16		数据导入/导出	通过外部存储介质与上位机进行数据交换
17		系统参数维护	BOM 本地系统参数的维护

第二目　功能描述

票房售票机所具备的功能可通过参数设置允许使用或禁止使用，功能包括：
（1）车票分析。
（2）车票发售/赋值。
（3）车票加值。
（4）车票更新。
（5）车票退款。
（6）交易查询。
（7）票务/行政处理。
（8）现金/收益管理等。

一、功能分析

通过票房售票机可以对车票的有效性进行分析。票房售票机对车票的分析结果与自动检票机保持一致。

不同的票种按照不同的使用范围及用途检查，其能通过中央计算机系统参数进行设置。同时，在检查中所涉及的各种参数能通过中央计算机设置。各种车票无效原因被赋予不同的代码。

在操作显示器显示车票的主要编码信息，至少包括：票种及编号；车票发售地点及时间；车票押金、余值（乘次）及车票优惠信息；车票过期日期；车票在地铁的最近使用车站、设备及日期；车票的状态标志；车票分析结果/无效原因及更新次数；车票需进行处理的信息。

在乘客显示屏所显示的车票信息至少包括：票种；押金、余值（乘次）及车票优惠信息；过期日期；车票分析结果/无效原因；车票需进行处理的信息。

在完成对车票分析后，票房售票机可以根据分析结果/无效原因对车票作进一步处理，如更新、加值、替换、退款、给予优惠等。

二、发售/赋值

操作员在票房售票机选择车票类型，并对已初始化的车票进行赋值处理。

在车票赋值前需对车票进行有效性检查，同时检查车票的类型是否为需赋值车票类型。在对车票进行赋值时，将有关的赋值编码信息写入车票，但不能修改车票的初始化数据。

赋值前，在乘客显示器显示需赋值的车票类型，在操作显示器显示需赋值的车票类型、将赋值金额。车票被成功赋值后，在操作显示器及乘客显示屏显示车票的实际赋值金额。若车票未能成功赋值，在操作显示器明确显示相应信息并发出提示声。

赋值过程中，在操作显示器和乘客显示器同时显示各收费单项及合计金额、收取金额及找零金额等信息。

票房售票机可发售预赋值车票，并在发售同时记录所发售车票的编号及张数。其可发售的预赋值车票的类型由参数下达。

三、加　值

对车票进行分析后，若车票符合以下的加值条件，操作员可以通过票房售票机对车票进行加值处理。

（1）车票分析正常，余值未达到参数设置的上限。
（2）车票为参数设置的允许加值类型。
（3）车票欠费或余值不足。
（4）车票无效但可进行更新。

不同票种的加值可以选择系统参数设置的加值金额或由操作员输入乘客所需的加值金额。

票房售票机在进行加值处理时，在车票写入相应的加值编码信息，但不能修改车票的其他信息。

加值前，在操作显示器及乘客显示器显示车票的余值及需加值金额。加值后，在操作显示器及乘客显示器显示车票的新余值。若加值处理失败，在操作显示器显示失败信息并发出声音提示。

进行加值处理时，会考虑车票的欠费金额，其加值金额首先填补车票欠费部分，余下的才作为实际的车票余值。

四、更 新

对车票进行分析后，若车票为以下无效原因，则操作员可以通过票房售票机对车票进行更新处理。

（1）在非付费区持未出站车票，检查车票进站时间是否在参数设置的允许范围内以及车票进站地点是否为本站，若符合条件则进行免费更新，否则收取该票种参数设置的金额。另外，操作员可以根据乘客的解释，人工选择是否可以免费更新。

（2）在付费区持未进站车票，操作员对车票进行更新。可以通过参数设置是否收取一定的费用。

（3）在付费区持超时车票，收取票种参数设置的超时收费金额。通过票房售票机对车票进出状态及相关数据进行更新。

（4）在付费区车票超程，收取车费欠缺部分。

若车票同时存在两种及以上需同时更新的项目，需对每项更新处理进行确认，并以其中最高收费进行处理。

在进行更新处理时，票房售票机先更新车票的进出站状态、时间及车费更新标志等编码信息。同时，在车票上记录其本日及合计更新次数，以防止乘客作弊。对于超过更新次数上限的车票在更新时可收取参数设置的费用。

单程车票的更新操作不对单程车票余值进行修改，更新收费只是对储值票才从余额中扣除收费金额，对缴纳现金的车票更新不会改写车票余值。

在需要收费情况下，乘客可以选择从车票上直接扣除所收费用或缴纳现金。

操作显示器及乘客显示器显示车票分析的结果、车票余值及收费金额。若收费从车票余值中扣除，则更新后在操作显示器及乘客显示器显示车票余值。

五、退 款

操作员可以通过票房售票机进行车票退款处理。其退款处理方式根据车票是否损坏而不同。车票退票业务通过后台即时或非即时查询车票账户后办理。

若通过票房售票机确定车票内部编码信息未被损坏，则对车票数据进行有效性检查。如果检查结果符合以下退款的规定则可以办理即时退款手续。

（1）车票为系统内合法的车票。

（2）车票余值或押金不为零。
（3）车票为参数设置允许退款的票种。
（4）车票不属于黑名单车票内规定不允许退款的车票。
（5）被退款的车票更新其状态，车票在被退款后不能使用。

若车票可读但不能进行即时退款处理，或被损坏而不能读取编码信息，则车票进行非即时退款处理。操作员可以在票房售票机输入有关非即时退款处理数据，包括：

（1）车票编号，读入或输入车票表面印刻编号。
（2）退款乘客个人资料。

在输入有关数据后，通过票房售票机打印非即时退款处理收据，乘客凭收据在若干天后查询处理结果。

有关的非即时退款处理数据上传到中央计算机，并由相应管理部门确认实际退款金额。同时，操作员在票房售票机可以输入退款处理收据编号查询实际退款金额。若乘客接受结果，则办理退款手续，通过票房售票机更新此编号的非即时退款处理数据。

退款金额包括车票余值及押金部分。对于确认的退款金额，乘客可以选择进行替换处理、购买相等价值的车票或领取现金。

进行退款处理时，在操作显示器显示车票的分析数据或显示车票退款确认金额，必要时可以显示车票使用历史记录。在乘客显示器显示车票余值及退款金额。

六、交易查询

在票房售票机对车票交易记录进行查询，以解决乘客对车票余值的疑问。

操作员可通过票房售票机读取车票上保存的历史交易记录。

在操作显示器显示车票的分析结果、历史交易数据及车票状态。所显示的历史交易数据的个数可通过参数设置。在乘客显示器显示车票的分析结果、余值。

必要时，在票房售票机可以打印车票历史交易记录清单。

七、票务/行政处理

票房售票机对以下事务的收益及车票处理进行记录。

（1）付费区内乘客失票，向乘客收取补票金额并向乘客补发出站票。
（2）在乘客投诉卡币及卡票时，向乘客退还现金或发出免费车票。
（3）在对乘客进行行政罚款时，收取乘客的罚金。
（4）在优惠政策下，根据乘客优惠积分发放或发售车票或礼品。

在进行乘客事务处理时，票房售票机能对相应的收款、退款、发出车票、回收车票、乘客信息等数据进行记录。必要时，可以打印相应的单据。

八、现金/收益管理

票房售票机具备现金/收益管理功能，能记录及统计不同处理类型各种车票处理所涉及的张数及金额。同时，能记录各种类型的收款/支款数据。

票房售票机能记录每次交易中每项目的收款金额、退款金额、收取金额、找零金额等，其中收取金额由操作员输入。在收款处理时，相应信息在操作显示器及乘客显示器显示，必要时，可以打印相应单据。

在票房售票机允许通过参数下载加值及发售车票的总金额。在发售及加值累计金额达到其上限后，票房售票机不允许发售及加值操作。对于成都市城市通卡，遵从成都市城市通卡有限公司的有关技术规定。

在操作员班次内收取的现金报警金额可通过参数下载。在操作员本班次内收取的现金达到上限时，票房售票机向车站计算机报警。

在紧急情况下，若操作员需要站内其他人员的协助时，可通过票房售票机向车站计算机发出紧急求助或报警信息。

第三目　工作模式

票房售票机可按照功能集中的需求设置为以下几种工作模式，其模式可通过参数设置：

一、售票模式

单独对非付费区服务，为乘客提供售票功能，可提供车票分析、加值、替换、退款、查询及挂失等功能。同时，对于非付费区的无效车票可以进行处理。必要时，其能提供快速发售车票（如单程票）的功能。

二、补票模式

单独对付费区服务，对乘客提供付费区内无效车票的分析及处理功能，如超乘、超时等。同时可提供加值、替换、退款等功能。当乘客车票遗失时，可向乘客提供出站票出站。

三、售票、补票兼顾模式

同时对非付费区与付费区服务，兼顾售票及补票功能。即使用同一车票处理设备，对两个区域分别设置单独的乘客显示器，在处理不同区域乘客时进行切换。

票房售票机在未登陆前为关闭模式，在乘客显示器显示暂停服务的信息。在操作员登陆后，在乘客显示器显示正常服务的信息。票房售票机进入正常服务模式，处理乘客车票，发售单程票或处理现金。在紧急模式下，票房售票机在乘客显示器上显示紧急模式信息，提示操作员在完成最后一笔交易后，通过操作退出服务模式。当票房售票机发生故障时，在乘客显示器显示暂停服务的信息。

通过参数设置允许或中止在票房售票机各种工作模式下的车票处理功能。

第四目　设备操作功能要求

在票房售票机上进行操作的人员必须进行登录，操作人员的权限可通过参数设置不同等级具备不同的功能。如分为操作员、维修人员、管理人员等级别，不同级别能进行的操作不同。

操作员使用员工卡并输入员工编码或密码登录票房售票机，否则不能进行任何操作。

票房售票机必须记录所有人员的登录及退出数据，包括登录及退出时间、车票处理统计数据、现金处理统计数据等。在操作员退出后，可以在票房售票机及车站计算机即时打印其班次报告。对于管理人员可以在票房售票机上打印本日及上日各登录人员的班次报告。

第五节　设备主要模块及部件

第一目　自动出票机

自动出票机主要完成从票箱出票、读/写、传输等功能，并将处理后的有效车票送到取票口，废票自动回收到废票箱中。车票读写器安装在自动出票机内。图4-7为自动出票机外形图。

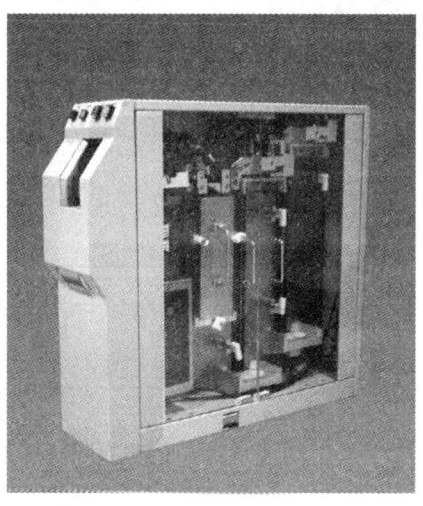

图4-7　自动出票机外形图

第二目 集成控制箱

集成控制箱包括工控机、UPS、电源盒组件、智能主控关机排插、电源开关、机壳等部件,外形及各部件位置如图 4-8、图 4-9 所示。

图 4-8 集成控制箱外形图

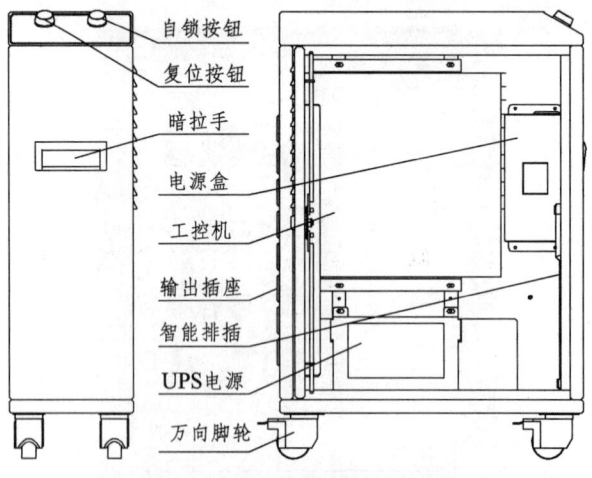

图 4-9 集成控制箱部件位置图

第三目 主控单元

工控机作为票房售票机的主控单元,是整个系统的控制核心,其功能包括数据处理、网络通信、显示等,它与车站 AFC 系统或中心 AFC 系统通过以太网进行数据交换。底层控制单元通过串行端口(RS-232)实现数据交换。其外观如图 4-10 所示。

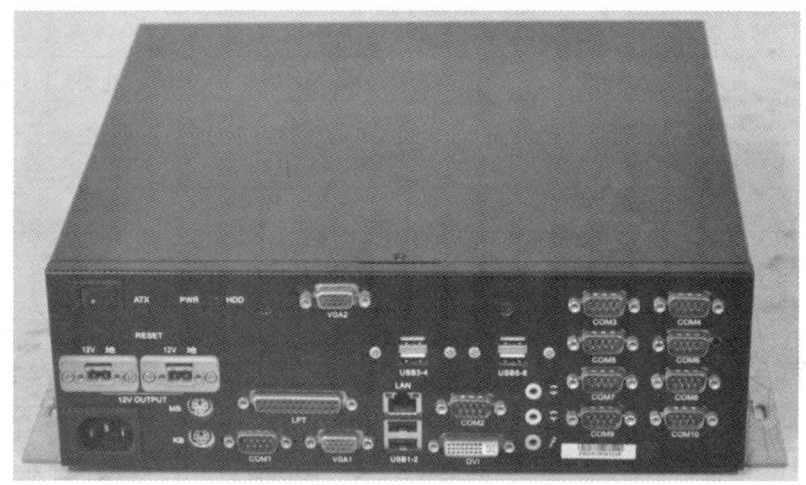

图 4-10 BOM 主控单元外观图

工控机的组成和配置如表 4-4 所示。

表 4-4 BOM 主控单元组成和配置表

序号	名称	型号	数量
1	整机型号	EC901-SZXD1	1
2	主控制板	EC9-1712LDNA	1
3	CPU	Intel Pentium4 2.8 G	1
4	内存	DDR 1 GB,184 Pin 直插	1
5	硬盘	容量:80 G	1
6	DOM	无	
7	CF 卡	1 G 宽温	1
8	机箱	带机箱,整机型号:EC901-SZXD1	1
9	电源	FSP250-50GUB	1
10	配件线	工控机交流通用电源线	1

工控机的接口及其分配如表 4-5、表 4-6 所示。

表 4-5　BOM 主控单元接口表

序号	项	规格
1	主板型号	EC9-1712LDNA
2	CPU	Intel Pentium4 2.8 G
3	内存储器	金士顿 DDR 1 GB，184 Pin 直插
4	网络接口	1 个标准 RJ45，10 M/100 Mbps 网络接口
5	时钟	安装备用电池（寿命：约 10 年），精度：±1 秒/日（常温常湿）
6	USB 接口	6 个 USB2.0
7	RS232 接口	10 个 RS-232
8	422 接口	无
9	标准并口	1 个标准并口
10	PS/2 接口	1 个 PS/2 KB/MS
11	显示端口	VGA1+VGA2 双 VGA 接口（支持独立双显功能）
12	看门狗	支持（1-255 级）
13	音频	AC97 支持，标准接口
14	IDE 接口	支持，2 个，IDE1：40 PIN；IDE2：44 PIN
15	SATA 接口	无
16	I/O 接口	至少支持 4 输出口，4 输入口
17	CF 卡插座	1 个
18	尺寸	机箱外形尺寸为 300 mm×300 mm×100 mm
19	电源	AC 220 V 输入
20	电源输出接口	2 个 DC 12 V 电源输出接口，输出插座端子型号为：内部接线端子（IC 2.5/2-STGF-5.08）+连接端子固定件（IC-DFR 2），绿色，见样品
21	温度	工作温度：-10～60℃ 存储温度：-20～70℃
22	湿度	工作湿度：5%～95%（不结露） 存储湿度：5%～95%（不结露）

表 4-6　主控单元接口分配表

接口名称	连接设备或部件
COM1	桌面读写器
COM3	自动出票机出卡机构
COM4	自动出票机读写器

续表

接口名称	连接设备或部件
COM5	打印机
COM6	UPS 不间断电源
COM7	钱箱
USB1	键盘
USB2	鼠标
USB3	DVD 光驱
VGA1	操作员显示器
VGA2	VGA 分配器
PS2	钱箱
DC12V 电源接口 1	桌面读写器
DC12V 电源接口 2	备用
USB4～6	备用
COM2、COM8～COM10	备用

非易失性存储器安装于主控制器的工控机主板上,用于存放操作系统、应用程序、交易数据及各种数据的备份。

(1) CF 卡:用于数据备份,容量 1 G。

(2) 硬盘:用于存放操作系统、应用程序、交易数据等,容量每块 80 G 以上,共 1 块。

第四目　UPS 不间断电源

UPS 主要是在断电时为设备提供不间断电源,确保完成最后一笔交易,以免数据丢失。

第五目　电源盒组件

电源盒组件是对 UPS 输出电压进行滤波和漏电保护的单元,为设备内各部件提供稳定可靠的电源。

第六目　操作员显示器

操作员显示器主要用于给票亭里的操作员显示操作提示信息及相关操作指引信息等,引导操作员完成相关票务操作。其显示器外观如图 4-11 所示。

图 4-11 BOM 操作员显示器外形图

第七目 乘客显示器

乘客显示器主要用于给乘客显示充值信息、票务信息、提示信息等,为方便乘客查看,在付费区和非付费区方向各设置一个乘客显示器。乘客显示器采用标准 VGA 接口(DB15)。

第八目 VGA 分配器

VGA 分配器主要功能是将工控机输出的 VGA 视频信号分配成两个相同视频信号,驱动两个乘客显示器,两个乘客显示器显示的内容是相同的(和操作员显示器显示内容不同)。其组成及接口参见自动检票机相关章节。

第九目 桌面读写器

桌面读写器由车站工作人员操作,主要是对乘客的单程票、储值票等票卡进行查询、充值、更新等处理。桌面读写器通过串口与主控单元连接,并采用内置天线板,其外观如图 4-12 所示。

图 4-12 BOM 桌面读写器外观图

第十目 票据打印机

票房售票机通过票据打印机为乘客提供充值交易凭据，能够打印中、英文字体。票据打印机采用针式打印机，具有多联打印功能。其外观如图4-13所示。

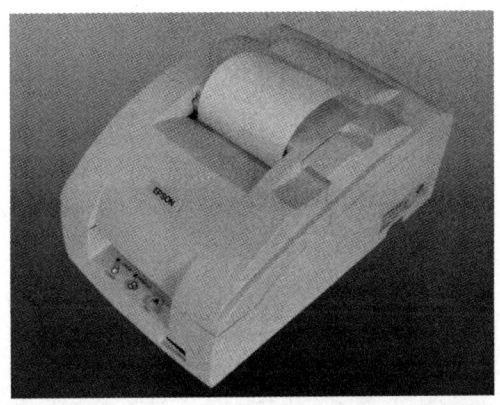

图 4-13 BOM 票据打印机外形图

一、打印机组成

打印机组成部件如表 4-7 所示。

表 4-7 打印机组成部件

序号	组成部件	数量	型号	备注
1	打印机机体	1	TM-U220B / EPSON	串口，带切刀
2	卷纸	1		纸宽 76 mm
3	专用色带盒	1	ERC-38（B/R）	
4	AC 电源适配器	1	AC-DC 开关电源	AC 220 V 转 DC 24 V

二、打印机接口

打印机接口类型如表 4-8 所示。

表 4-8 打印机接口类型

接口名称	接口类型	说明
通信	RS-232C	
电源	电源适配器输入电压：AC 220 V 输出电压：DC 24 V	打印机工作电压：DC 24 V

第十一目 钱箱

钱箱主要用于存放纸币、硬币等，带电磁锁，可通过信号驱动自动弹开，也可以用钥匙手动打开钱箱。其外观如图4-14所示。

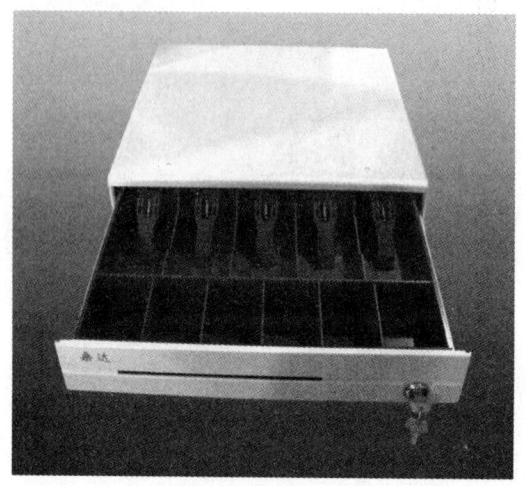

图4-14 BOM钱箱外形图

复习思考题

1. 列举半自动售票机（BOM）的功能。
2. BOM具备的车票更新功能主要包括哪些方面？
3. 哪些原因可能造成乘客所持车票的进出站标识与乘客所处区域不匹配？

延伸阅读——移动BOM

一、移动BOM概述

移动式半自动售票机（Mobile type semi automatic ticket vending machine，MBOM）能完全实现既有票亭半自动售票机（BOM）的所有功能，且小巧轻便，无需联网，可灵活放置在票亭或在车站其他位置进行手持票务业务办理。该设备的成功研制，将有效提升车站售票和票务业务办理能力，减少乘客排队等待时间，提高乘客服务质量。

二、设备外观、接口

1. 设备外观布局

MBOM采用平板电脑设计方式，内置工控机、显示屏、读写器、触摸屏、电池等设备。其外观如图4-15、4-16所示。

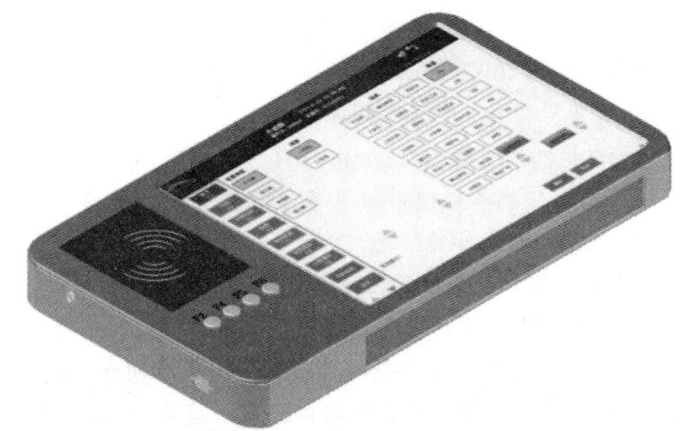

图 4-15　MBOM 外观图 1

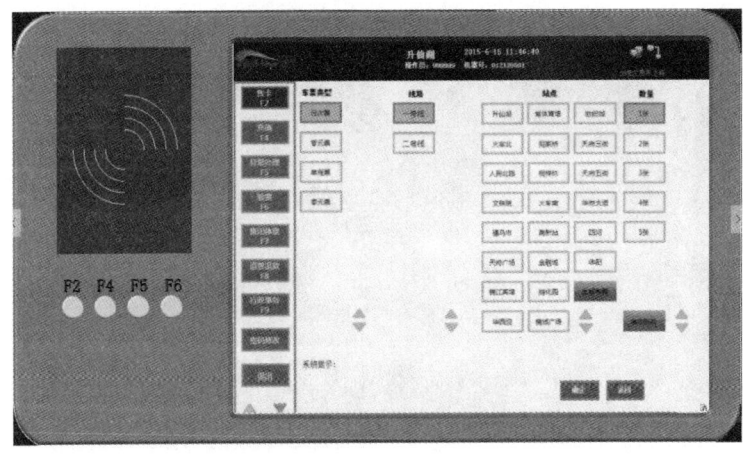

图 4-16　MBOM 外观图 2

2. 设备外部接口

MBOM 对外提供 12 V 电源接口、1 个 RJ45 网络接口、1 个 VGA 接口、1 个 RS232 接口，还可根据实际需求提供 USB 接口。设备外部接口示意图如图 4-17 所示。

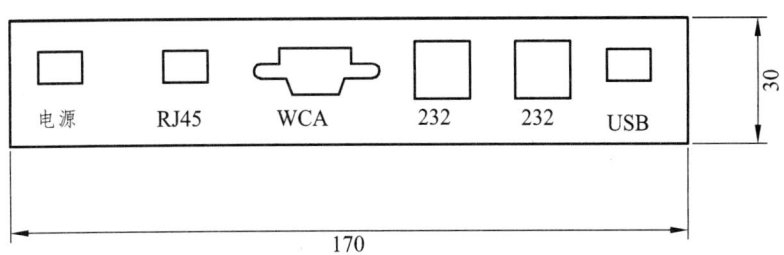

图 4-17　MBOM 接口示意图

三、优点

MBOM 采用高性能、低功耗 CPU 作为数据核心器件，内置票卡读写器、天线板、可充电锂电池、显示屏、触摸屏等设备。将原 BOM 100 kg 的质量、2 m^2 的占地面积缩小到可手持使用，将原来 10 min 的开机时间缩短到 2 min 以内。该移动 BOM 体积小、重量轻，可由站务人员随身携带或固定放置在票亭内使用，具备单程票售卖、城市通卡充值、乘客事务处理、验票等功能，能完全替代现有 BOM。

此外，MBOM 采用了一体化、全触控设计方式，完全脱离了原有键盘、鼠标的操作，方便站务人员在站厅巡视时对随时出现的票务问题进行处理，而且在现有 BOM 出现一时无法修复的故障时可迅速替代现有设备，为站务人员在客流高峰时期处理故障、售票提供了另一个平台，避免了因设备故障导致的乘客排长队购票问题。图 4-18 显示了移动 BOM 在真实环境中的使用情况。

图 4-18　站务人员正在使用 MBOM

四、存在问题

MBOM 的主要问题是电源模块优化不足，不能持续长时间供电，后续将继续优化。由于各线路的读写器并不能通用，所以 MBOM 并不能跨线路使用，存在一定局限性。

第五章 自动验票机和便携式验票机

【本章学习重点】

本章主要介绍自动验票机和便携式验票机,两类设备主要供乘客进行车票信息查询和运营信息查询。

第一节 自动验票机

自动验票机(TCM)安装在车站非付费区,供乘客查询车票信息和运营信息(包括购票指南、票价表、运营时间等),所有信息支持中英文显示。自动验票机通过车站局域网与车站计算机系统连接,并上传有关的车票查询记录、设备状态等数据。

第一目 设备外形

自动验票机(TCM)如图 5-1 所示。

图 5-1 自动验票机外观示意图

第二目 设备组成

自动验票机各部件位置如图 5-2 所示。

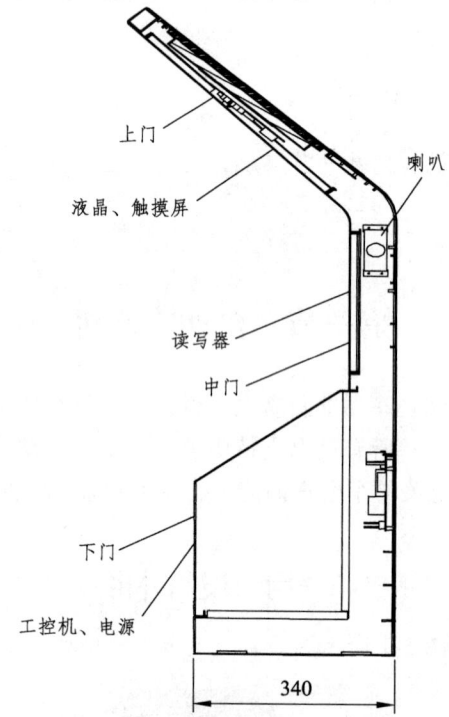

图 5-2 自动验票机部件位置图

设备各部件性能如表 5-1 所示。

表 5-1 自动验票机部件性能

序号	部件	技术性能说明
1	工控主机	CPU 800 M，内存 512 M，硬盘 80 G，CF 卡 512 M，六个串口，六个 USB 口，10/100 M 网口
2	操作平台	WindowsXP
3	显示设备	15″防暴表面声波触摸显示屏，15″TFT LCD 高亮度、高清晰显示器，分辨率 1 024×768
4	多媒体设备	功能指示灯箱，内磁式多媒体音箱
5	卡读写模块	可读写 ISO14443 TYPE A/B 非接触式 IC 卡、4SAM 卡座
6	网卡	主板集成，10/100 M
7	机柜	防水、防尘、防暴、防橇金属外壳

第三目　设备功能

表 5-2　自动验票机功能表

序号	功能项		描　述
1	车票查询		对系统所有种类的车票进行卡数据信息查询显示
2	车票分析		对车票进行相关的数据分析并做处理
3	车站及乘客信息查询		为乘客提供地铁线路信息，以及各车站大致位置图 查询任意两站之间的乘车费用 为乘客提供乘车路线查询建议
4	乘车常识查询	系统介绍	介绍整个系统的结构和组成关系，以及各线路和车站的位置关系
5		使用指南	介绍自动售检票系统中各设备的操作流程，面向乘客的服务界面说明信息，以及乘客所持异常车票的处理办法
6		公告信息	根据地铁的要求，可以为乘客提供公共信息查询，如：成都旅游景点介绍和乘车信息、宾馆、酒店的介绍和火车、飞机、长途汽车的时刻表等。地铁也可以通过招商的形式来确定公共信息的内容

第四目　设备主要部件

一、主控单元

自动验票机的主控单元（ECU）采用嵌入式安装方式，负责运行控制软件，完成车票处理、数据通信、状态监控等功能。其安装如图 5-3 所示。

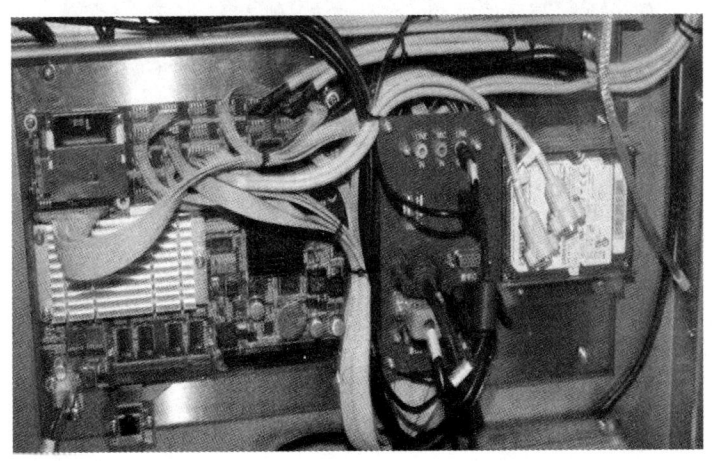

图 5-3　TCM 工控机嵌入式安装图

二、读写器

参见第一章"车票读写器"。

三、触摸显示单元

显示单元用于展示查询信息,主要由液晶面板和驱动套件组成。其外观如图 5-4 所示。

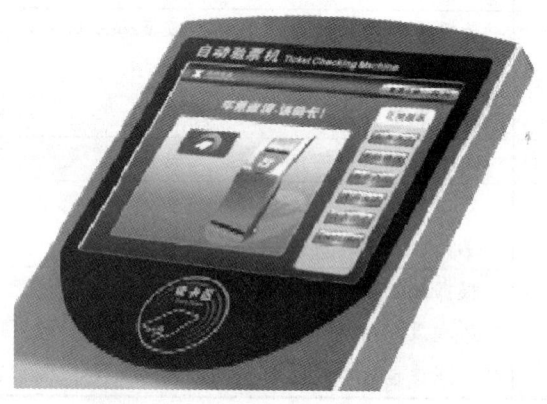

图 5-4　TCM 触摸显示单元外观图

TCM 显示器控制卡外形图如图 5-5 所示。

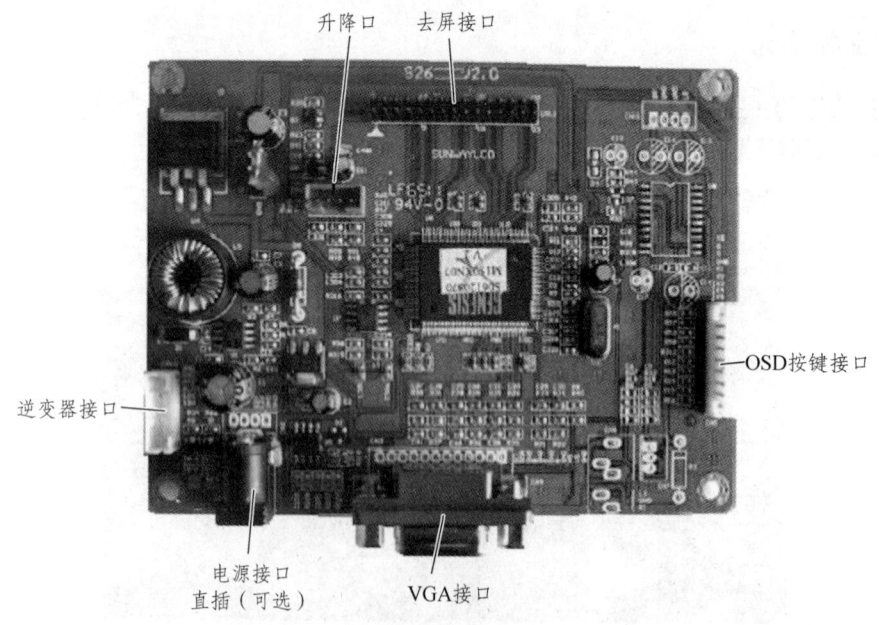

图 5-5　TCM 乘客显示器控制卡外形图

四、功放及喇叭

功放及喇叭用于播放各种语音。其外观如图 5-6 所示。

图 5-6　TCM 功放及喇叭外观图

第二节　便携式验票机

便携式验票机是车站工作人员或稽查人员对乘客使用车票进行检查的设备，能读取车票的数据，根据不同城市地铁运营商的实际需求，也可具备检票功能。便携式验票机可在不同的车站与不同区域（付费区/非付费区）之间移动操作，通过显示器显示车票的查询结果，如票种、票值、优惠累计数据、有效期、无效原因等。

第一目　设备外形与结构

便携式验票机外形图如图 5-7 所示。

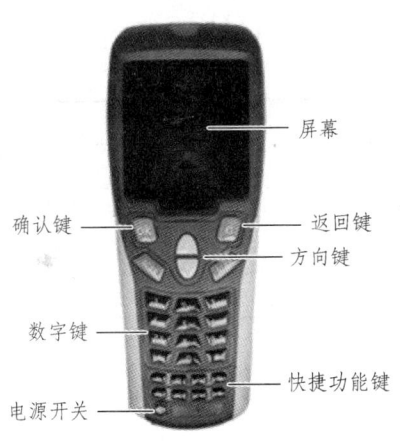

图 5-7　便携式验票机外形图

第二目　设备技术规格

便携式验票机的技术规格如表5-3所示。

表5-3　便携式验票机的技术规格

序号	项目	规格说明
1	质量	≤200 g（不计电池质量）
2	使用电源	便携式检/验票机：3.7 V锂电池，容量≥1 000 mAh，电池无记忆效应。
3	外接直流电源	输入220×（1±15%）V、50×（1±4%）Hz，输出DC 9 V
4	工作时间	手持可连续工作时间≥6 h
5	充电	时间小于4 h，可反复充电次数大于500次
6	工作温度	−5～45℃
7	存储温度	−20～70℃
8	工作湿度	10%～95%（相对湿度、无结露）
9	存储湿度	5%～95%（相对湿度、无结露）
10	安装场所	屋内安装，避免雨水、阳光直射场所
11	信息下载时间	15 min内
12	可靠性	MCBF≥100 000次　MTTR≤10 min
13	车票处理速度	≤0.3秒/张（单程票）　≤0.4秒/张（储值票）
14	黑名单存储容量	可存储全部黑名单数量
15	外形尺寸	≤250 mm×120 mm×30 mm

第三目　设备功能

表5-4　便携式验票机功能规格

序号	功能项	说　明
1	显示功能	便携式验票机具有指示灯、LCD显示器，可指示或显示操作信息内容、过程及结果等
2	非接触IC卡读写功能	可读写符合ISO/IEC14443 A/B标准的非接触IC卡
3	电源管理功能	电量实时监测指示 低电量提示充电 自动低功耗管理
4	充电功能	便携式验票机具有充电控制、检测电路及充电接口

续表

序号	功能项	说　明
5	存储功能	便携式验票机具有独立硬件存储芯片，可存储参数或交易等数据，掉电不丢失
6	通信功能	便携式验票机具有通信接口，可与上位PC交换数据
7	数据接口功能	便携式验票机具有系统参数下载及交易数据上传等数据接口
8	验票功能	便携式验票机可对系统设定的车票进行卡数据信息查询并显示查询结果

第四目　工作模式

便携式验票机为离线工作设备，通过外接数据传输接口与中央计算机或车站计算机系统进行数据通信，下载所需的运行参数。其系统参数每日由中央计算机或车站计算机系统下载，所记录的交易信息上传到中央计算机或车站计算机系统。便携式验票机可以在所有车站通用。

一、设备操作

便携式验票机的操作必须采用授权IC卡、输入操作员编号进行登录后方可进行。
以菜单的方式选择不同的操作如图5-8所示。
便携式验票机不主动读车票，只在菜单命令的控制下读票。

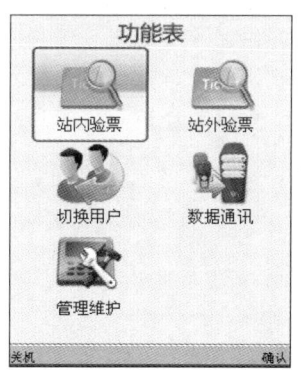

图5-8　便携式验票机菜单界面

二、车票查询

便携式验票机可以对车票的有效性进行分析并在显示器显示查询结果。便携式验票机对车票的检查包括以下内容：
（1）黑名单检查。
（2）票种合法性检查。
（3）使用地点检查。
（4）余值/乘次检查。
（5）有效期检查。
（6）进出次序检查。

不同的票种按照不同的使用范围及用途检查不同的项目，各种车票无效原因被赋予不同的代码。

若车票检查有效，在显示屏显示车票的以下信息：
（1）票种。
（2）余值（乘次）。
（3）有效日期。
（4）车票无效原因。
（5）问题票提示去 BOM 处理。
（6）车票特殊信息。

车票在读写器出示后 1s 内（通过参数设置），能显示车票的查询结果。

复习思考题

1. 简述微型计算机系统的组成。

第六章 SC、LC、ACC 系统

【本章学习重点】

本章主要介绍 SC 系统、LC 系统、ACC 系统的主要设备和主要功能，并对系统之间的网络传输、时钟同步、数据处理做详细介绍。本章重点在 SC 系统紧急控制器的用途及工作原理、车站 AFC 网络系统的特点及主要设备。

第一节 SC 系统

第一目 SC 系统概述

SC 系统为车站 AFC 系统的核心部分，对本车站内部的所有设备进行实时监控，实现对车站 AFC 系统运营、票务、收益等的集中管理。其功能包括收集、处理车站内各类数据，并上传到 LC；接收 LC 下传的各类系统参数，下载到车站各终端设备；接收 LC 下达的各类系统指令，并下传到各车站设备；根据需要自行向车站设备下达控制指令，并将该操作记录上传到 LC。

车站计算机建立在可靠性高、扩展性强的计算机系统平台之上，其软件组成包括系统软件及应用软件。系统软件包括操作系统、数据库、通信组件等。应用软件组成如图 6-1 所示。

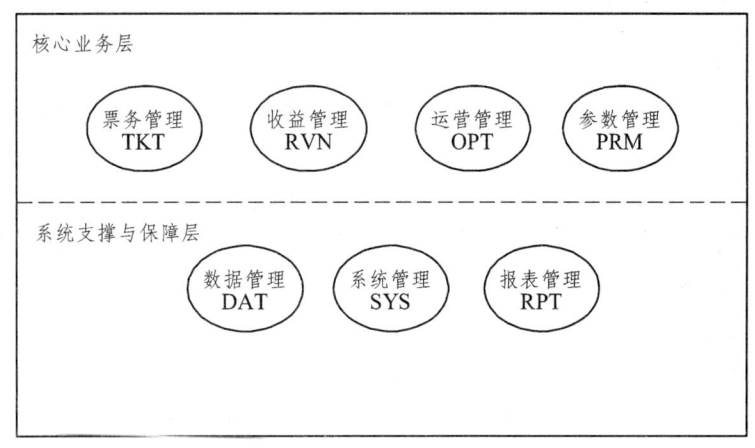

图 6-1 SC 系统应用软件组成示意图

第二目　SC 系统主要设备

车站 SC 系统主要包括车站服务器、监控工作站、票务管理工作站、打印机、网络设备、紧急控制器等，如图 6-2 所示。

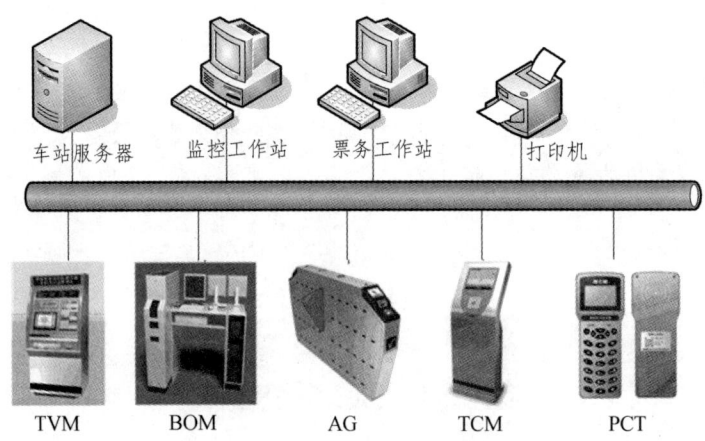

图 6-2　SC 系统构成示意图

第三目　SC 系统主要功能

一、运营管理

（一）设备监视管理

设备监视管理界面如图 6-3 所示。

1. 设备监视内容

SC 监控车站设备的运行状态，在车站设备状态变化时自动接收其状态数据，按照系统参数设置的查询频率查询车站设备的状态数据。

SC 模拟车站设备的布置，图形化地监控各车站网络运行情况、设备的通信状态、运行状态及故障情况（包括正常开启车站设备维修门或移动更换涉及现金或票卡的部件等）。

SC 自动记录设备软件版本的变更情况，能查询设备的当前软件版本及版本变更信息；能关闭 SC 应用软件或系统软件。

SC 能通过诊断功能选择菜单完成以下检查及测试：与 LC 及车站设备的通信测试、车站网络测试、打印机测试、硬盘驱动器测试、备份介质驱动器测试、操作系统配置检查及其他功能检查。

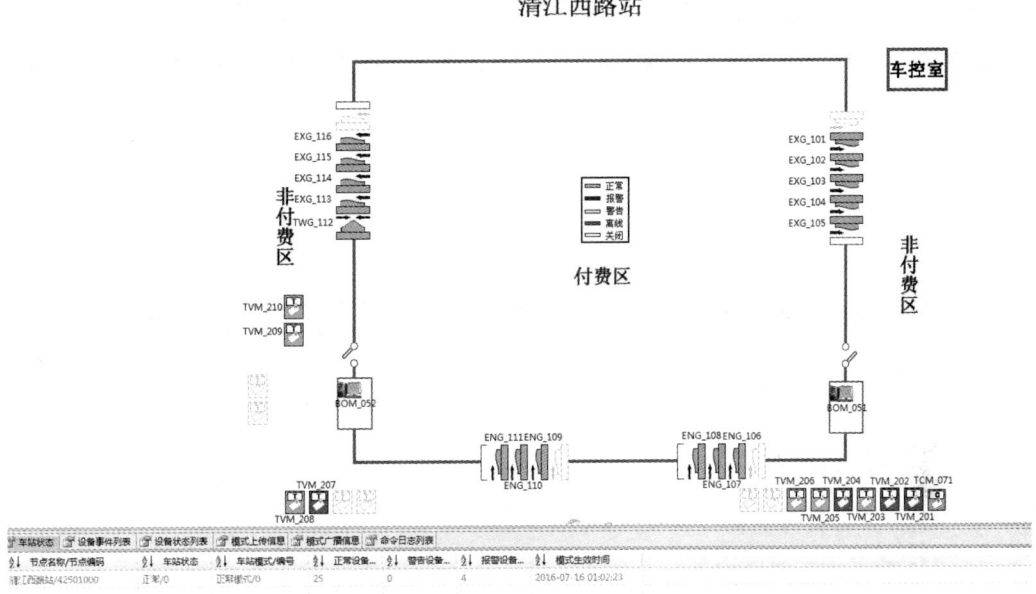

图 6-3 设备监视管理界面图

2. 设备事件及状态查询

SC 能查询单台、一组、一类或全部设备本日内所发生的状态及故障信息，状态及故障信息应包括设备号、状态代码、开始及结束时间、状态描述等，必要时，能分类查询车站设备实时或 30 日内上传的所有原始数据和 3 个月内的设备状态、寄存器数据。

3. 故障报警及解除

当出现状态变化或故障时，能在屏幕上准确、实时地显示。车站管理工作站能根据状态或故障等级的不同而显示不同颜色的报警信息。所显示的设备状态能反映出最高等级或最严重的状态信息，所有的状态信息能自动更新。

SC 可以查询单台设备的设备状态、故障信息及内部重要部件的运行状态。也可一次性查询或显示所有设备的当前状态信息。

（二）设备控制

SC 能向本车站单台、一组、一类或全部设备下达运行控制指令，包括：

（1）车站设备正常服务及关闭模式（或待机）切换。

（2）向双向检票机下达进、出模式指令。

（3）紧急模式下的设备控制。

（三）客流监视

SC 能集中统一监视系统客流及车票处理情况。其客流监视界面图如图 6-4 所示。

图 6-4　客流监视界面图

1. 实现监视的功能

（1）SC 能选择监视的范围，例如整个车站、一类设备、一组设备、单台设备。

（2）对于所选择的监视范围，系统能实时地给出当前累计总客流数据、最近 n min 客流数据、最近 n h 内客流数据，n 由参数设置。最小时间单位是 1 min。

所监视的客流数据至少包括购票、充值客流及进出站处理客流。购票、充值客流数据至少包括总购票、充值人数及各类型车票购票、充值人数。进出站客流数据应包括总进出站人数、各类型车票进出站人数、进出站车票处理总人数、进出站无效票处理总人数等。

操作员可以查询或打印当日或以往生成的客流数据。查询可通过多种图形和报表的方式进行。

2. 实时流量监视

实时流量监视对车站当前客流进行的实时监视，可以及时了解当前站内的客流压力。

3. 客流统计流程

客流统计流程如图6-5所示。

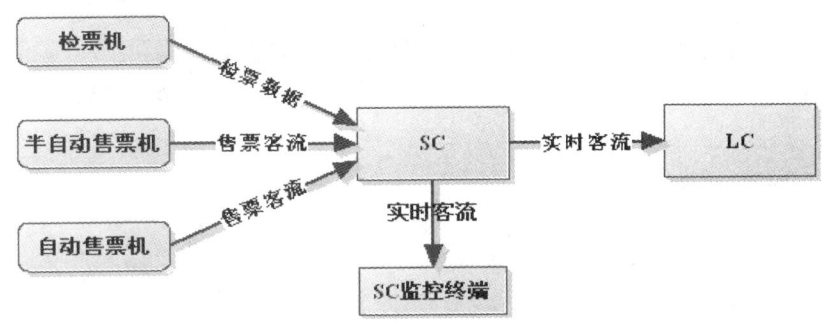

图6-5 客流统计示意图

4. 对客流的分析

1）指定时间段内的乘车人数统计

对于所选择的监视范围，系统可准确实时地给出本运营日内总客流数据、最近 n min 客流数据、最近 n h 内客流等数据。进出站客流数据包括总进出站人数、各类型车票进出站人数、进出站车票处理总人数、进出站无效票处理总人数及无票通过人数等。

2）指定时间段内的购票人数统计

对于所选择的监视范围，系统可准确实时地给出购票客流数据，购票客流数据包括总购票人数及各类型车票的购票（含充值）人数分类统计。

3）指定时间段内的设备客流分布统计

对于所选择的监视范围，系统可准确实时地给出不同设备的乘车、购票客流分布状况。

（四）运行管理

运行管理的界面如图6-6所示。

1. 紧急模式

1）紧急模式触发

车站设备启用紧急模式有如下几种方式：

（1）车站控制工作站发起。

（2）由线路发起并经 SC 转发至终端设备。

（3）通过紧急按钮发起。

2）紧急模式记录与广播

当触发紧急模式时，SC 能记录触发源位置、触发时间和设备动作响应等情况，并将紧急模式的信息上传 LC。

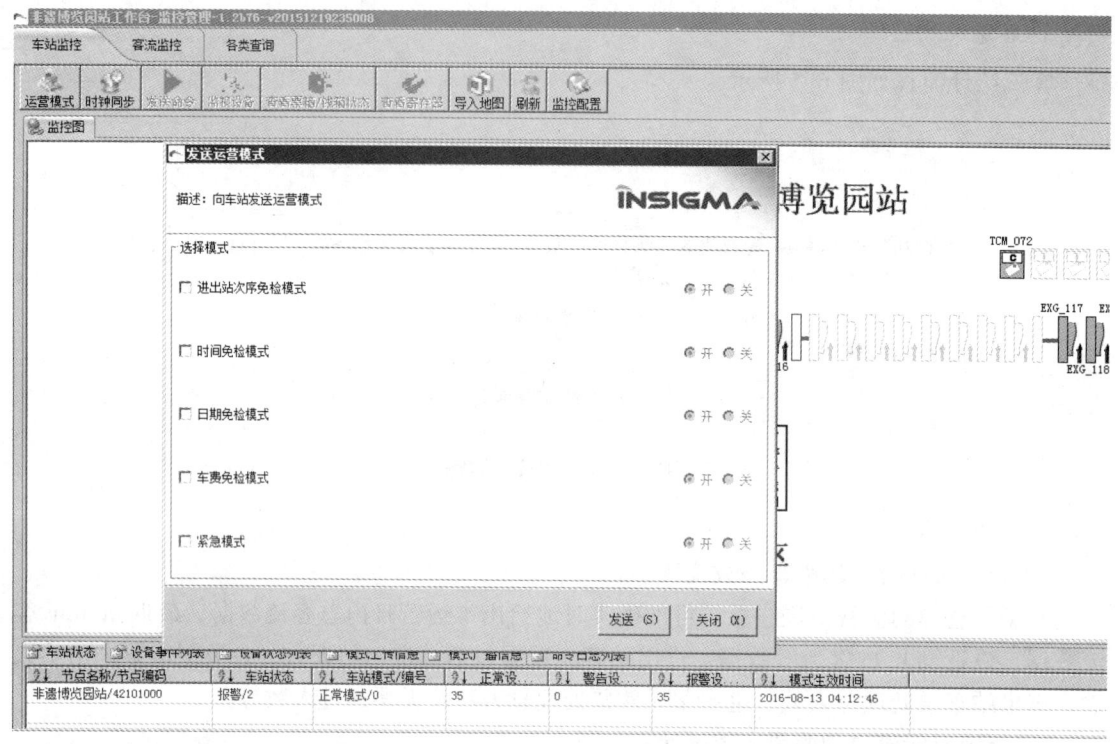

图 6-6　运行管理界面图

2. 运行时间表

为方便运营管理，SC 可接收 LC 下传的系统自动运行时间表，也可根据车站具体情况制定本车站系统自动运行时间表，以满足 SC 24 小时连续工作及无人操作的要求。

二、票务管理

（一）车票库存及调配管理

1. 车站库存及调配

SC 可对车站车票流转进行管理，实现对车站车票的动态库存管理。车站车票流转的过程包括：

（1）LC 为 SC 配发车票以及 SC 上缴 LC 车票的出入库。

（2）车票通过 BOM、TVM 发售。

（3）车票通过 AGM 回收等。

2. 车站库存统计与监视

（1）自动生成车站车票在系统流程中的各类统计数据，该类统计数据可方便查询和打印。

（2）实时监控车站设备内车票存量，在车票存量不足、将满以及满的状态下自动给出提示信息。

（二）车票交易数据管理

票务管理系统界面如图 6-7 所示。

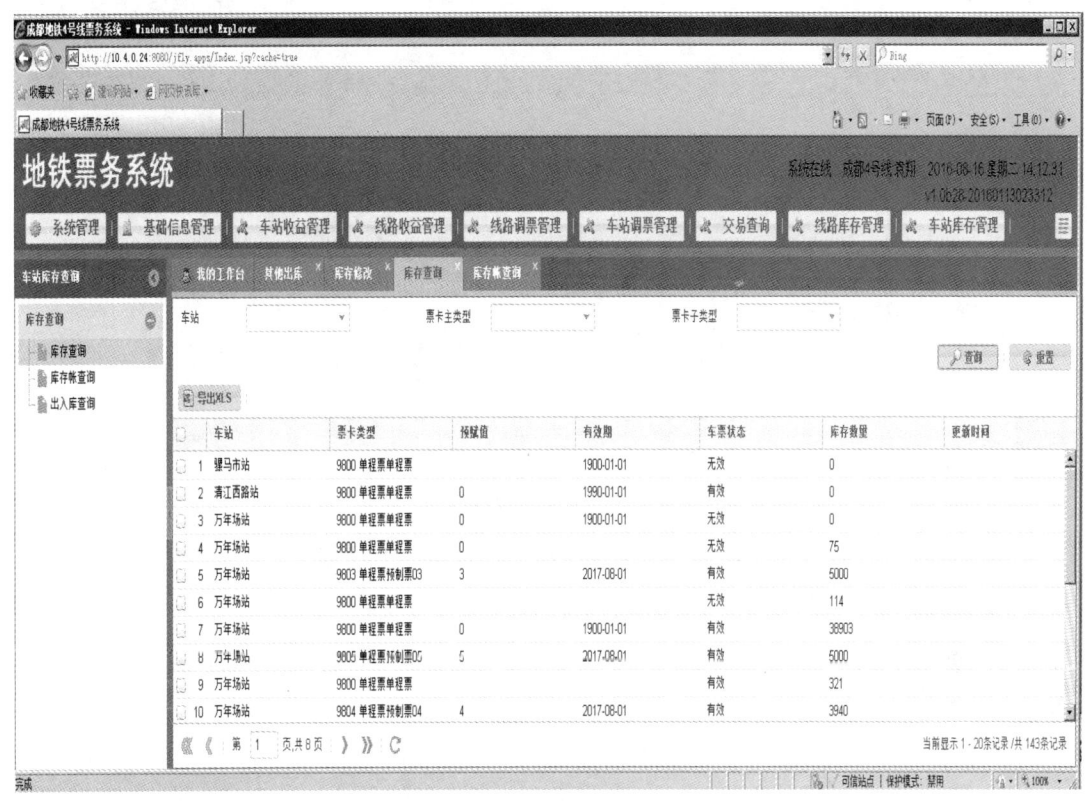

图 6-7　票务管理系统界面图

1. 车票交易数据收集

（1）收集各类车票交易数据，并上传到 LC。

（2）发现车票异常情况后，按照不同的交易处理类型进行记录。

（3）每日将当天发现的异常交易形成异常交易报告。

2. 车票交易数据查询及核查

（1）查询车站设备的统计数据。

（2）对设备上传的交易数据和设备寄存器进行相互核对，并生成相应的数据审核报告。

（3）通过 LC 向 ACC 发出查询车票的使用历史记录的申请。

三、收益管理

收益管理界面如图 6-8 所示。

图 6-8　收益管理界面图

车站管理人员可通过 SC 实现车站收益管理，其具备以下功能。

（一）现金管理

（1）实时监控车站设备内现金量，在现金存量不足、空、将满及满的状态下自动给出提示信息。操作员可实时查询车站设备内现金存量。

（2）操作员通过 SC 监控车站 TVM、设备钱箱更换情况，能及时生成并打印钱箱更换报告。操作员能查询车站钱箱更换情况，内容至少包括设备编号、钱箱编号、放入时间、取出时间、操作员编号、钱箱金额等。

（3）监控 BOM 的登录及退出状态。符合级别的管理员能查询各班次报告，管理员级别由 LC 设置并下达。每日班次的时间由参数设置，结算数据统计可按售票员、班次、车站进行。

（4）车站管理人员可在 SC 输入车站设备的现金清点金额及生成车站设备现金核算报告。

（5）车站管理人员在票务工作站上将运营开始前配置的售票设备备用金额输入并上传；在运营中将当天的钱箱清点情况、备用金的增减情况、车站备用金等数据输入上传；在运营结束后，系统根据已有的数据生成车站现金管理报表。在运营中，系统能提供即时查询的功能。

（二）收益统计及核算

（1）自动对车站设备、车票、现金及班次数据进行统计。

（2）在运营结束时，自动生成当天车站设备运营报告。操作员可查询3个月的运营报告。

（3）在运营结束后，根据设备数据、现金核算数据及其他车站收益数据生成车站每日收益报告。

（4）操作员可查询BOM、TVM最新的n（由参数设置）条交易处理数据，数据内容至少包括交易时间、车票编号、车票类型、使用设备、上次使用设备、交易类型、车票余额、发生交易额等。

四、数据管理

设备数据管理界面如图6-9所示。

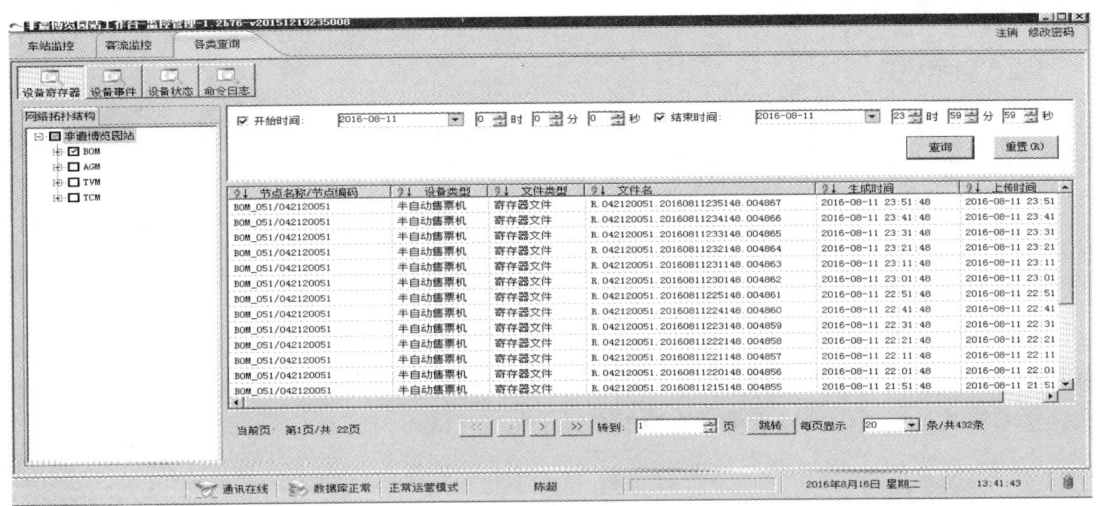

图6-9 设备数据管理界面图

（一）数据类型

1. 设备状态数据

设备状态数据包括设备运行产生的所有运作模式、操作模式、各部件状态、报警及故障等数据。数据在设备状态变化时上传，可按照系统参数设置的查询频率或即时查询设备的状态数据。

2. 设备寄存器数据

设备寄存器数据包括设备中不同票种不同交易类型的金额及次数、现金模块处理现金的金额及次数、车票模块处理车票的张数、各类钱箱、票箱内的钱和票卡数量，各种系统收益及维修统计等数据。

数据根据参数设置的查询频率自动进行查询，能设置一周内每天不同时段的查询频率，其频率最高为 1 min。同时,设备、车票及收益处理的状态变化时能自动上传寄存器数据,例如设备登录、注销、钱箱及票箱更换等。

3. 设备交易数据

设备交易数据包括车站设备对各种车票的赋值、发售、充值、扣值、进出站、更新、替换、退款等交易的数据。且在不同交易类型中能区分不同的处理方式,例如充值交易有现金充值及银行卡自动转账充值两种方式。

4. 车站收益管理及设备维护管理数据

包括设备班次审核、钱箱及票箱审核、车站收益核算、收益平衡及收益统计、设备维修管理日志及维修统计等数据。

（二）数据处理

（1）将数据实时或批量上传到 LC 处理,同时 SC 接收 LC 下达的运营指令、系统参数及软件更新数据,并下发到相应设备。

（2）具备数据恢复功能,可防止因设备或存储部件故障而造成的数据丢失,能防止同一种数据多重存储或发送的情况发生。

（3）能自动检查所有车站数据的完整性,对不能通过检查的数据自动要求车站设备重传。

（4）在 SC 与 LC 通信中断的情况下,能工作在离线运行模式,继续自动采集并保存数据,能通过其他移动存储介质（如 U 盘等）将中心系统下达的模式参数导入 SC 系统,改变车站运营模式。当通信恢复后将所有数据自动上传至 LC。

五、参数管理

SC 能接收 LC 下达的系统参数,同时将参数下达到相关车站设备。对于系统参数能实现以下功能。

（1）正确接收、确认并保存 LC 所下达的系统参数。

（2）将系统参数下载到相关车站设备。若与车站设备通信中断,在恢复通信时能自动更新车站设备的系统参数。

（3）SC 所保存的系统参数能在设置的参数生效时间自动生效。所有上级系统下达的系统参数都保留在 SC,符合级别的操作人员可以查看但不可以更改参数的任何内容。

（4）操作员可查询或打印 LC 下载的系统参数。

六、系统管理

（一）时钟同步

系统时钟同步界面如图 6-10 所示。

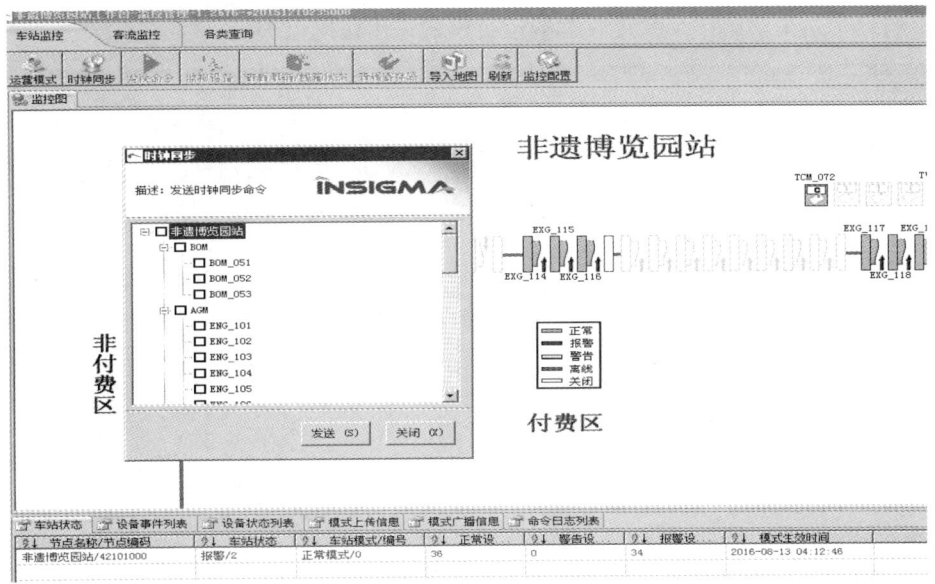

图 6-10　发送时钟同步命令界面图

SC 服务器从 LC 获取时钟信息。并为车站设备提供统一时钟，时钟同步在规定时间间隔内（可通过参数设定）进行。

车站现场终端设备时钟与 SC 时钟超过规定差异（可通过参数设置）需记录，并上传至 LC。

在 SC 启动、车站设备启动、或在运营开始时同步系统时钟。

在 SC 发生故障且通信正常时，终端设备可直接与 LC 时钟同步。

只有在 SC 与车站设备单机运行时，方可修改其时钟，SC 及车站设备可设定修改时钟的权限并记录相应修改信息。

（二）权限管理

权限管理界面如图 6-11 所示。

SC 的操作员应有唯一操作员编号和操作密码，该编号应由 LC 设置。对于每个操作员能设置不同操作等级及权限，限定其允许操作的设备类型、允许操作的功能等。

在进行操作前，操作员必须在 SC 输入操作员编号和密码登录，SC 应验证操作员的权限是否有效。能通过参数设置操作员登录后无操作而自动注销的时限。所有操作员的登录及注销信息应记入操作日志并向 LC 发送相应的信息。

SC 能确保除授权人员之外的其他用户仅能使用系统应用程序，而无法访问操作系统、文件系统及其他应用程序。

对影响到车站车票运作及系统收益的运行模式采用密码保护。

图 6-11　权限管理界面图

（三）日志管理

日志管理界面如图 6-12 所示。

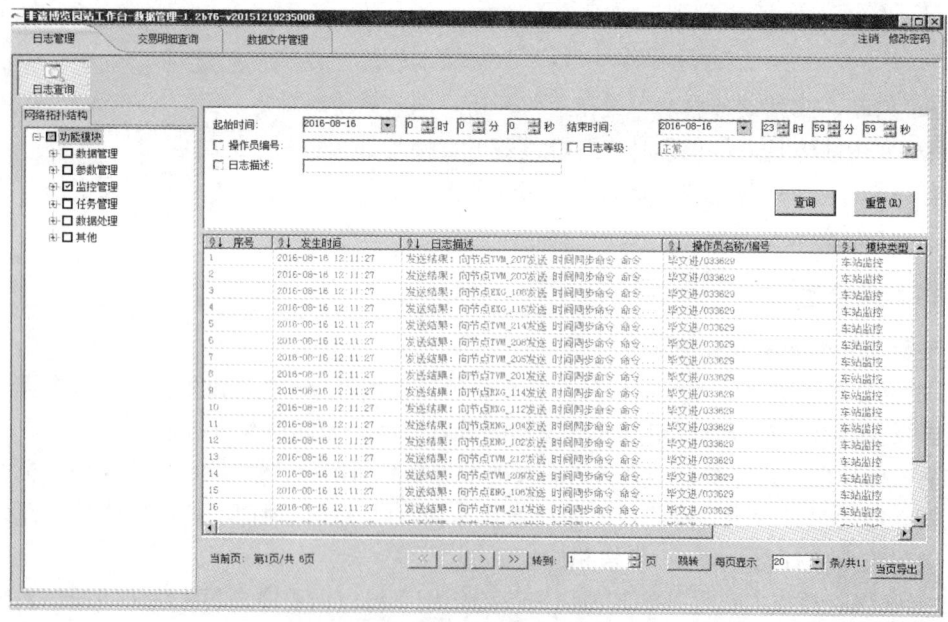

图 6-12　日志管理界面图

SC 应记录自身操作和车站设备上传的用户登录操作信息。SC 的操作信息如系统开关机、用户登录和注销、数据备份和恢复、参数改变和授权、下达系统模式及设备指令等操作。日志应记录操作发生的日期、时间及操作人编号。操作员可根据级别复制或打印相关日志。

七、报表功能

SC 能生成车站收益类报表、客流类报表及库存类报表，在运营结束后生成当日运营报表，运营报表在运营结束后的 15 min 内生成完毕，操作员可查询或打印 3 个月内不同类型的报表。

车站报表类型如表 6-1 所示。

表 6-1　车站报表类型

序号	报表大类及名称	频率
1	收益类报表类	
1.1	车站收益统计日报表	日报
1.2	车站收益统计月报表	月报
1.3	车站 TVM 收益统计日报表	日报
1.4	车站 BOM 收益（设备）统计日报表	日报
1.5	车站 BOM 收益（售票员）统计日报表	日报
2	客流类报表	
2.1	车站进出站客流（按设备和票类）统计日报表	日报
2.2	车站进出站客流（按设备和时段）统计日报表	日报
2.3	车站进出站客流（按票种和时段）统计日报表	日报
3	库存类报表	
3.1	车站票卡出入库明细报表	实时
3.2	车站票卡库存日结存报表	日报
3.3	车站票卡库存月结存报表	月报

第四目　紧急按钮控制器

一、功能

在 AFC 系统中，每个车站的车站控制室内都需要设置自动检票机的紧急按钮，当紧急情况发生时，可通过紧急按钮向车站的自动检票机传递紧急放行信号。当紧急按钮按下时，车站内所有自动检票机扇门将自动开启，闸机进入紧急放行状态。只有当紧急按钮恢复以后，自动检票机才能恢复为正常状态。

对于一个车站的闸机会设置一个总的紧急按钮,当该紧急按钮按下时,该车站内的所有闸机都进入紧急状态。

为了保证乘客的安全,紧急按钮发送的紧急信号不能经过车站计算机控制或闸机控制器的处理,以避免因车站计算机或闸机控制器的失效而引起该紧急信号不能被闸机机芯及时处理。

紧急按钮控制器能够识别出紧急情况信息来自"紧急按钮"还是"FAS 专业"或者车站计算机,同时将闸机的紧急放行状态反馈给车站计算机、紧急按钮的操作者、FAS 专业的操作者。

紧急按钮发送的紧急信号不经过车站计算机直接到达自动检票机,紧急方式的状态信息通过串口(RS422)同步上传到车站计算机。紧急按钮控制器(紧急控制器)即用以实现上述功能的控制器其外观如图 6-13 所示。

紧急控制器接口安装在车站 AFC 设备维修室内的机柜内,由机柜电源供电。紧急按钮设置在车站车控室的 IBP 盘上,方便站务人员操作。

图 6-13　紧急控制器外观图

二、紧急控制器工作原理

紧急情况下,通过 IBP 盘上 AFC 紧急按钮的控制,使闸机扇门打开。

车站发生火灾等紧急情况,当手动开关位于自动位置时,由 FAS 系统自动控制 AFC 闸机紧急放行。而当手动开关位于手动位置时,由主控系统控制 AFC 闸机紧急放行。

紧急控制器工作原理如图 6-14 所示。

使闸机进入紧急放行状态有 4 种方式。

(1)由车控室的紧急放行控制器发出紧急放行信号到闸机上。

（2）由车站计算机通过网络向闸机发出紧急放行命令。
（3）FAS 接口让闸机处于紧急释放状态。
（4）人工切断检票机电源方式开启闸机扇门。

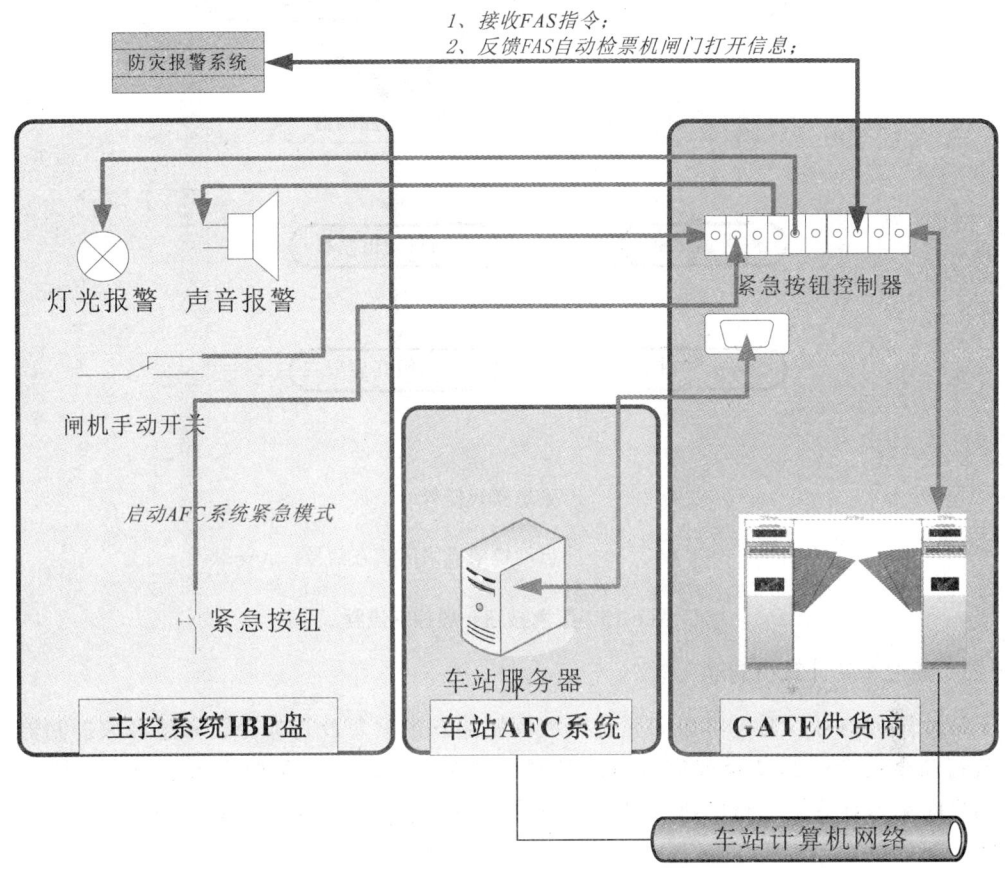

图 6-14　紧急控制器工作原理图

（一）通过 IBP 盘上的紧急按钮启动

闸机上电工作以后，由车控室的紧急放行控制器提供+24 V DC 信号到闸机紧急按钮接口上，闸机闸门处于关闭状态。

将车控室 IBP 上的紧急放行旋钮置为"紧急"位置，闸机打开闸门，进入紧急放行模式。同时向车站计算机发送进入紧急放行的状态信息，并将输出给防灾报警系统接口的干接点置为闭合。

松开旋钮置为"正常"位置后，闸机恢复到正常模式，紧急放行控制器向车站计算机发送解锁紧急状态的信息，并将输出给防灾报警系统接口的干接点置为打开。

如果车控室的紧急放行控制器提供的+24 V DC 信号线被断开，闸机也同样进入紧急状态。紧急按钮一般控制流程如图 6-15 所示。

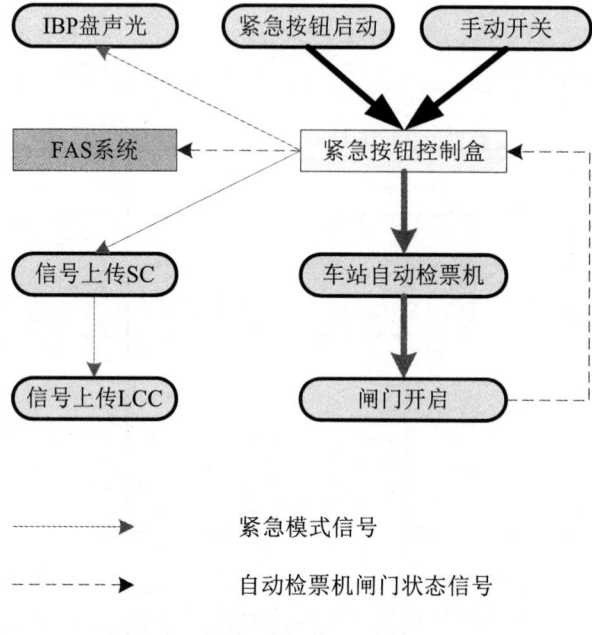

图 6-15　紧急按钮一般控制流程

（二）通过车站计算机启动

车站计算机也可以通过串口向紧急释放控制器发出紧急放行命令，紧急释放控制器收到紧急放行命令后会将紧急释放信号输出到每台闸机上，使每台闸机进入紧急放行状态。同时，闸机向车站计算机上传已进入紧急放行的状态信息，并将输出给防灾报警系统接口的干接点置为闭合。

车站计算机通过串口向紧急释放控制器发出解除紧急放行命令，紧急释放控制器收到解除紧急放行命令后会解除闸机的紧急释放状态。同时，闸机向车站计算机上传已解除紧急放行的状态信息，并将输出给防灾报警系统接口的干接点置为打开。

通过车站计算机 AFC 控制软件，启动紧急模式信号，通过车站计算机网络，使车站全部检票机的闸门开启。具体流程如图 6-16 所示。

（三）通过 FAS 系统启动

检测到防灾报警系统紧急接口为闭合时，闸机进入紧急释放状态，同时，闸机向车站计算机上传该台闸机已进入紧急放行的状态信息，并将输出给防灾报警系统接口的干接点置为断开。

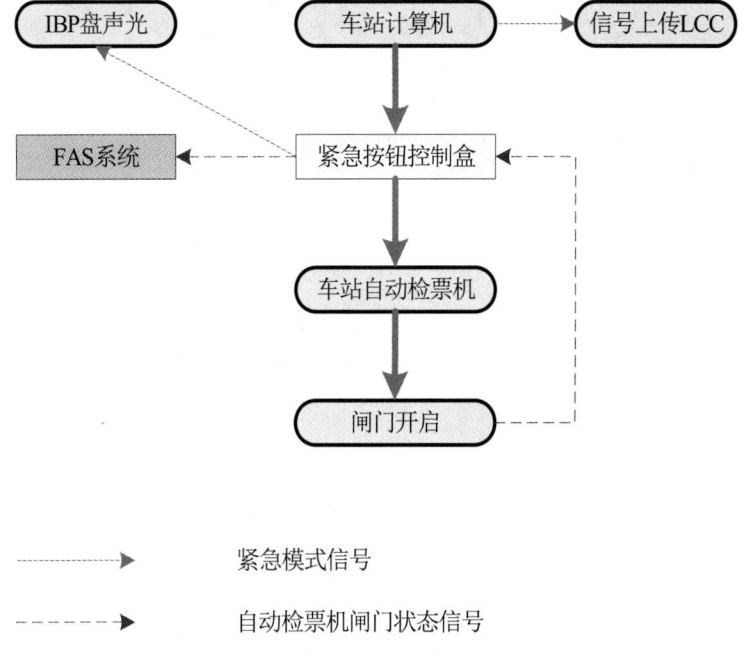

图 6-16 车站计算机启动紧急模式流程

防灾报警接口与闸机状态的对应关系如表 6-2 所示。

表 6-2 防灾报警接口与闸机状态的对应关系

ISCS 防灾报警干接点状态	车站闸机状态	AFC 干接点状态
闭合	进入紧急状态	断开
断开	正常	闭合

　　FAS 系统紧急模式信号，通过 AFC 紧急按钮控制盒及控制线缆，使车站全部检票机的闸门开启。具体流程如图 6-17 所示。

　　目前，多数厂家生产的紧急按钮控制器都有与 FAS 系统的硬线接口，但由于 FAS 系统都集成在 ISCS 系统内，所以实际安装时，都未采用该硬线接口，一般情况下，FAS 指令都是通过 ISCS 系统与 AFC 系统的接口来传递。

（四）通过人工切断检票机电源启动

　　由于特殊原因，导致上述方式都不能操作的情况下，可以通过切断检票机电源实现开启检票机闸门的目的。具体流程如图 6-18 所示。

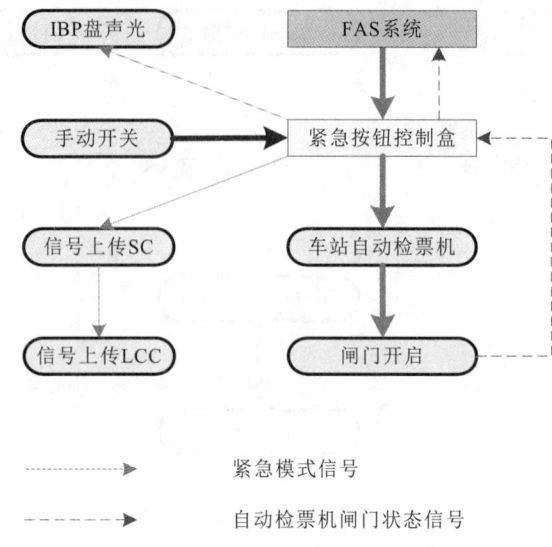

图 6-17　FAS 启动紧急模式流程

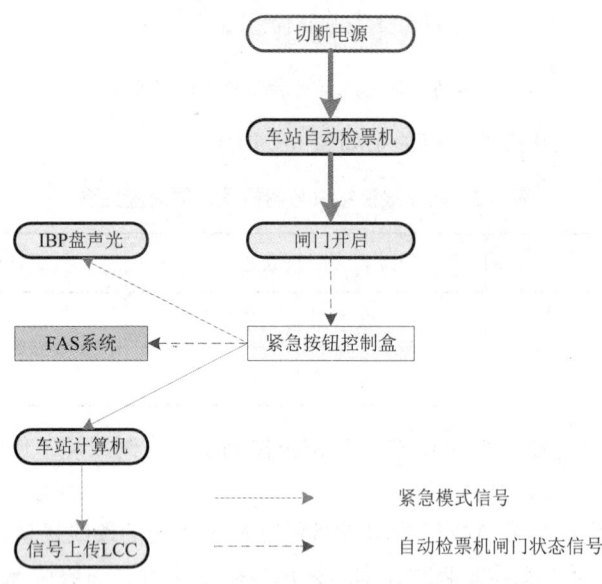

图 6-18　人工切断电源启动紧急模式流程

三、紧急控制器接口

（一）控制器面板图

紧急放行控制器面板如图 6-19 和图 6-20 所示。

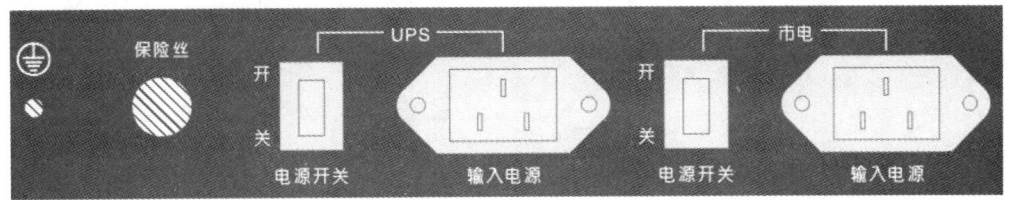

图 6-19 紧急放行控制器前面板示意图

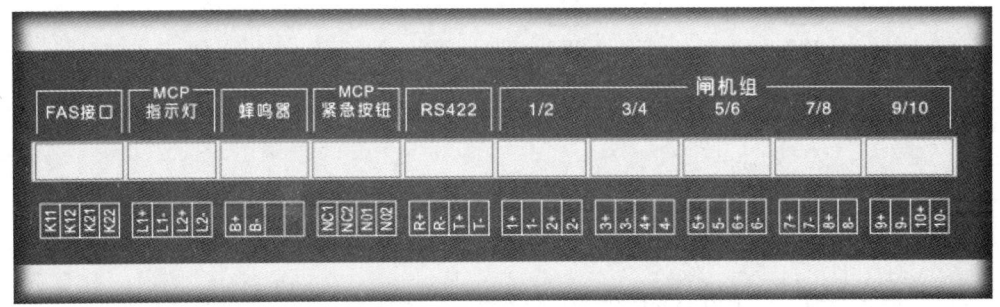

图 6-20 紧急放行控制器后面板示意图

（二）IBP 盘接口

紧急释放控制器与 IBP 的接口包括：

（1）电源指示灯：用于电源指示，点亮时表示控制器供电正常。直接接到开关电源输出。

（2）紧急释放指示灯：点亮时表示控制盒进入到紧急释放状态；熄灭时表示控制盒工作在正常状态。由控制器主控单元控制，可以采用 NPN 集电极开路的方式驱动。当检测到紧急按钮按下或接受到串口紧急释放命令时，该指示灯点亮，否则该指示灯处于熄灭状态。

（3）紧急旋钮（按钮）：选用旋钮方式作为人工进入紧急释放状态的控制方式。电源接入旋钮的常闭触点，主控单元检测该触点是否断开。电源通过紧急释放开关的常闭触点连接到每台闸机的紧急释放接口。当闸机检测到紧急释放输入接口有电源时，闸机处于正常工作状态；否则，闸机进入紧急释放状态。

（三）闸机紧急释放接口

单台闸机是否进入紧急释放状态，其控制接口在每台闸机内的乘客通行控制板（PCM）上。PCM 板上的紧急释放输入接口如图 6-21 所示。

当输入端维持+24 V DC 时，闸机处于正常工作状态；当输入端 +24 V DC 消失后，闸机立即进入释放状态。

紧急控制器通过紧急旋钮的常闭接点为每组闸机提供一个 +24 V DC 的电源，该电源断开时，连接到该组的每台闸机都会进入紧急释放状态。控制器提供 10 组闸机紧急释放接口。

紧急释放接口的接口方式及工作原理如图 6-22、图 6-23 所示。

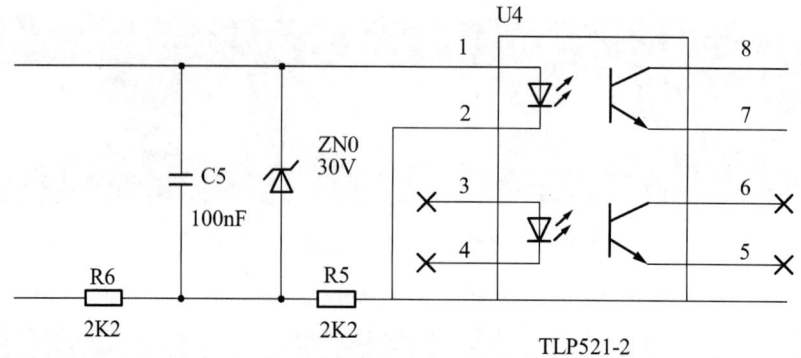

图 6-21　PCM 板紧急释放输入接口示意图

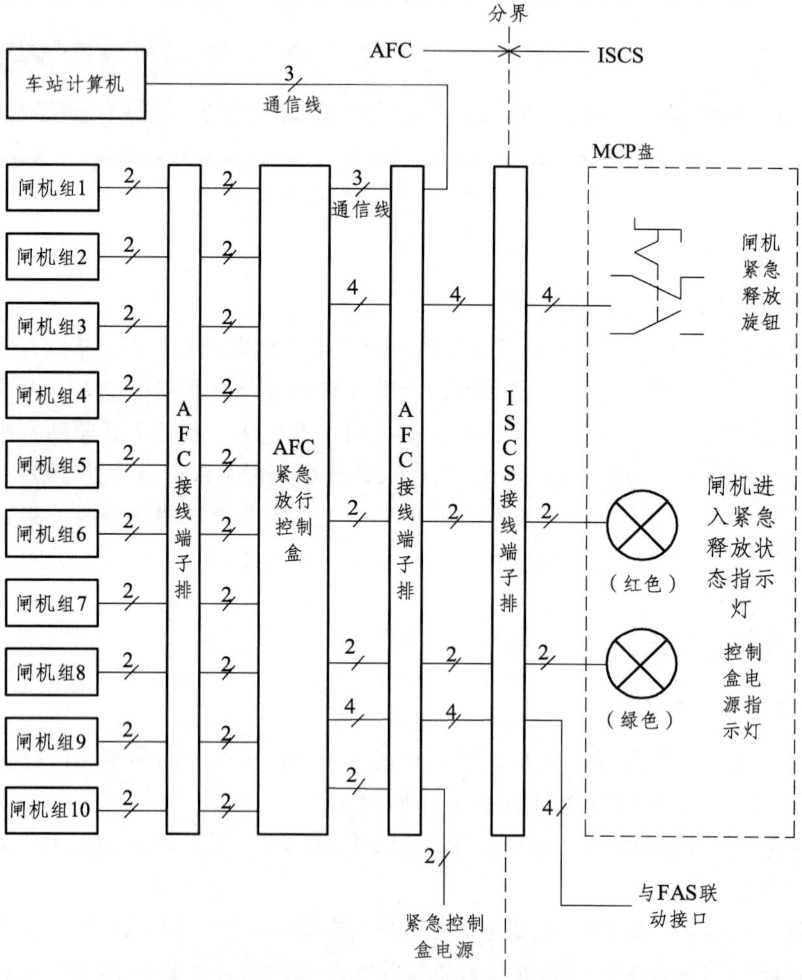

图 6-22　紧急放行控制器原理框图 1

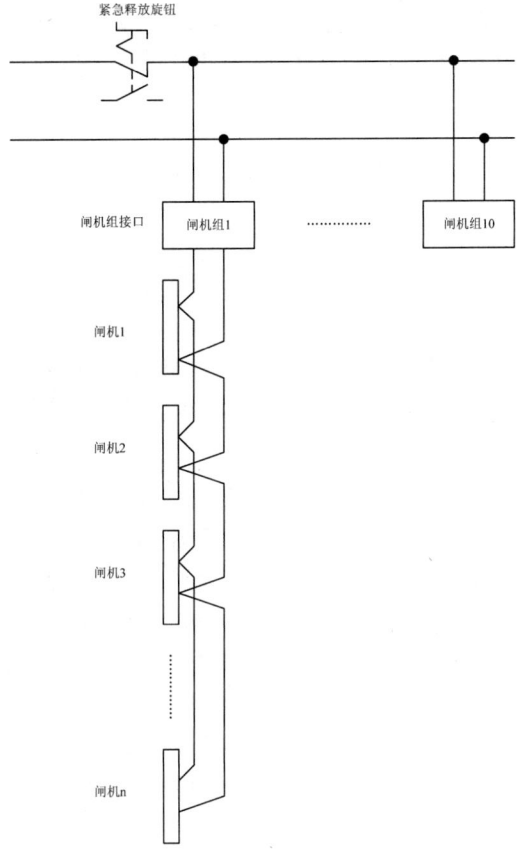

图 6-23 紧急放行控制器原理框图 2

紧急旋钮断开时,系统进入紧急释放状态;系统维持该状态,直到紧急旋钮重新闭合。

(四)防灾报警接口

防灾报警系统提供一个干接点信号,当该接点打开时,AFC 处于正常工作状态;干接点闭合时,AFC 响应防灾报警系统请求进入紧急释放状态并维持直到该干接点打开。

控制器方也向防灾报警系统提供一个干接点信号,干接点打开时,控制器处于正常状态;干接点闭合时,控制器处于紧急状态。在控制器上,该干接点可以由一个信号继电器提供,给防灾报警系统的接口连接到信号继电器的常开接点上。正常状态下,防灾报警系统检测到断开信号;紧急状态下,控制器控制信号继电器吸合,防灾报警系统检测到闭合信号。

(五)串口

串口的主要功能包括:

(1)将控制器状态报告车站计算机,进入紧急释放或正常工作状态。

（2）接收计算机进入紧急释放的命令。

为了保证与车站计算机的通信距离，使用 RS-422 进行串口通信。

第二节 LC 系统

第一目 LC 系统概述

LC 系统是 AFC 系统的管理及监控中心，接收 ACC 系统参数及指令，实现所监控线路 AFC 系统的运营管理并根据协议上传相关数据；与 ACC 对账；实现所辖线路票务管理及设备管理。

LC 系统的基本功能包括：监视系统运行状态，收集、统计、分析、查询运营数据；接收 ACC 的车票调配指令，完成在本线路流通的车票调配；与 ACC 清算对账；接收 ACC 下载的车票种类、票价表、费率表、运营模式等参数，并通过 SC 下载到终端设备；接收时钟信号完成时钟同步；接收、上传、下载黑名单等；接收车站手工填写现金收入与系统现金收入差异审核，LC 系统内安全访问控制，系统内权限管理；数据审核、数据备份及恢复；设备入网注册；系统间安全访问控制。

LC 系统划分为九个软件功能模块，其中核心业务层提供轨道交通 AFC 日常运营的基本功能，系统支撑与保障层为实现核心业务提供基础数据和系统维护及安全保障服务。其分类及关系和系统构成如图 6-24、图 6-25 所示。

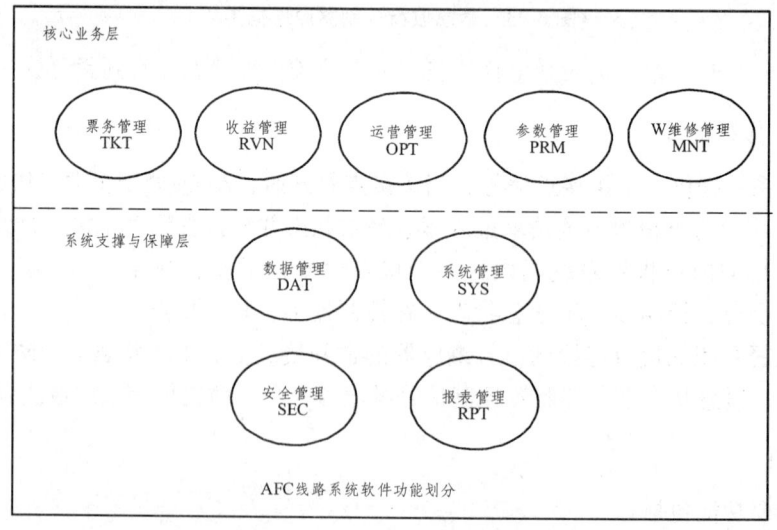

图 6-24 LC 系统模块组成示意图

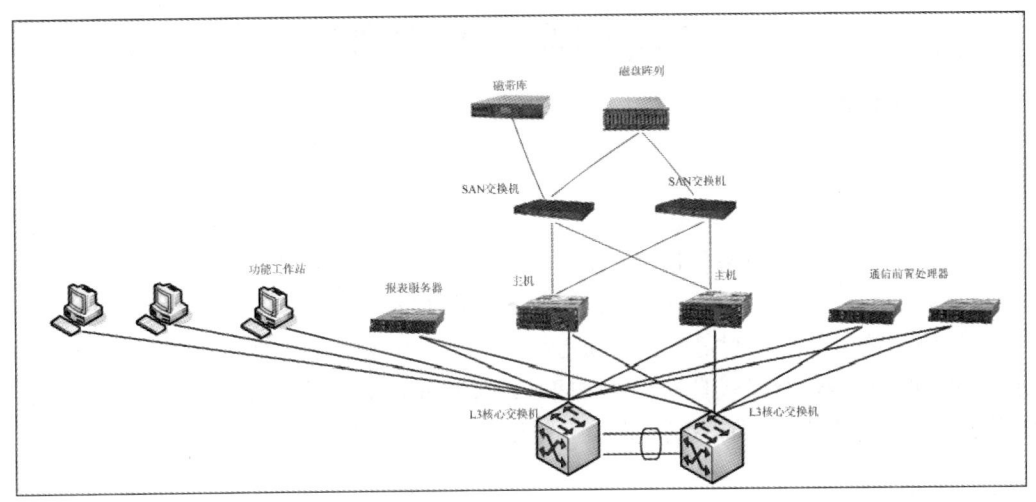

图 6-25 LC 系统构成示意图

第二目 LC 系统主要硬件配置

LC 系统主要硬件配置如表 6-3 所示。

表 6-3 LC 系统主要硬件配置表

序号	类别	功能
1	线路中央服务器	负责对所有运营数据的在线处理、存储和结算统计等
2	通信前置服务器	负责与 ACC 和 SC 等系统之间的数据交换
3	存储交换机	提供存储的网络交换（SAN）
4	磁盘阵列	在线业务数据存储介质
5	磁带库	数据备份系统
6	报表服务器	生成系统运营所需报表
7	报表工作站	数据报表管理
8	AFC 管理工作站	系统管理、票务管理、设备监控、参数管理等
9	网络管理工作站	网络监控管理
10	系统管理工作站	系统监控、备份、恢复等
11	软件维护工作站	软件维护
12	核心交换机	提供 LC 中心网络交换及 SC 与 ACC 的接入功能
13	防火墙	提供 LC 中心网络交换及 SC 与 ACC 的接入功能

LCC 设置两台主服务器以集群方式运行，存储交换机、磁盘阵列和磁带库组成存储局域网。

第三目　LC 系统主要功能

一、运营管理

（一）运行管理

AFC 系统可定义系统的各种运行模式，以满足轨道交通运营的要求。在不同的运行模式下可对某台、某组、某类设备的运行方式、车票处理方法等进行灵活定义，以达到在各种运行模式下，减少工作人员对设备的操作，快速响应轨道交通不同的运营模式的目的。

LC 系统可按运营要求制定设备自动运行时间表。如统计报告自动生成时间、统计数据自动上传时间、设备运行模式自动转换时间、系统软件自动更新时间等。系统设备将根据时间表自动执行相应的动作，如不能自动执行将记录并上传该信息。

（二）设备管理

LC 系统可对系统设备的设置进行管理，确定及更改系统设备的运营及运行属性。

所有设备具有系统内唯一的设备编号，由 ACC 统一分配或按 ACC 的规定编制。LC 将单台设备分配到指定的车站，可以修改或删除系统内已定义的设备类型及单台设备属性，但操作员具备相应的操作权限。

在设备类型及单台设备变化或删除后，相关设备之前产生的设备数据及统计数据可保存并查询。同时不影响数据及报表的查询和生成。

LC 系统所设置的工作站或终端可满足系统的运营管理、票务管理、收益管理、审核管理及维修管理的功能。同时，系统还具备后台系统监控及维护的操作终端。

LC 系统能够对整个系统的所有设备进行管理，确定及修改系统设备的运行模式和各种参数化的属性。

设备添加到系统中，首先根据 IP 分配规则为设备设置 IP 地址，设备连通之后，为设备生成设置系统注册唯一编码，编码经过验证之后，设备登记为系统合法设备。最后是设置设备的运行参数，测试相关运行参数。对于监视对象的设备还将在监控界面上定义其布局。

设备删除时，将该设备对应的设备编码标记为删除即可。删除之后，该设备的历史相关数据统计和分析不受影响。设备更换可通过减少和添加设备这两个操作组合来完成。

（三）设备监控

监控管理完成对下级系统和设备的监视与控制。设备监视包括状态监视与客流监视。监视是指对设备的运营状态、客流信息进行监视，并提供相应的声光报警信息。控制是指对设备发送控制命令、主动查询设备信息等。

1. 设备监控

设备监控主要包括：系统设备监控、网络设备监控、外部设备监控。其界面如图 6-26 所示。

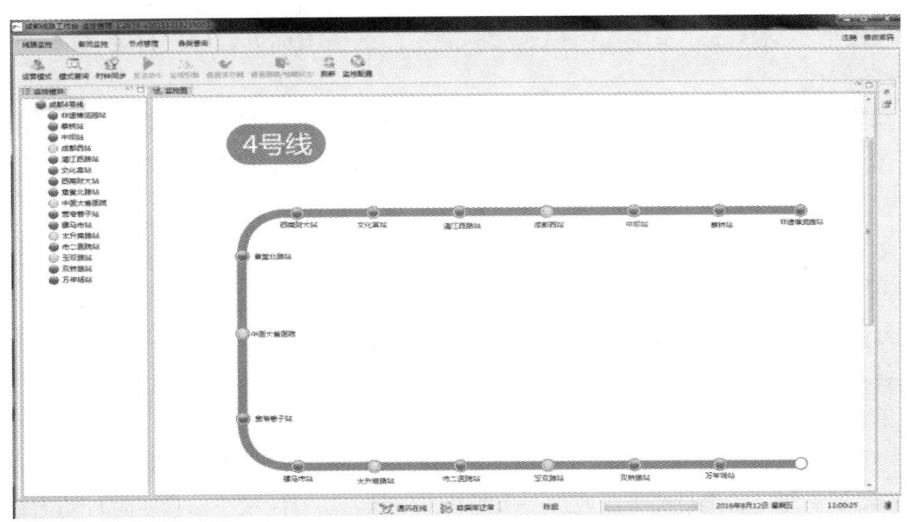

图 6-26 设备监控界面

1)系统设备监控

LC 系统对设备的监控对象主要包括网络通信、运行模式、设备状态、设备故障及报警等。各类监控信息分类、分级显示,准确、实时、直观、清晰,使监控人员可以快速判断和响应。如可分为系统整体运行情况、线路总体运行情况、车站总体运行情况、设备运行情况等,并可调看各车站设备监视画面。所有监控信息均可进行打印。

LC 系统可以集中控制整个系统的运行,可向某座车站、某组设备、某类设备、某台设备下达控制指令。这些指令主要包括设备运行模式转换指令、设备数据查询指令、设备运行指令等。系统对所有下达的指令均有记录并可打印。

2)网络设备监控

LC 系统对网络的监控主要包括对网络设备状态及网络数据传输状态的监控。系统可以监控网络设备的运行状态并修改网络设备参数,可以监控网络设备的数据传输状态,如数据流量、数据接收及丢失状态等,可以通过网络监控功能对系统网络设备进行故障诊断,可以对系统网络状态及数据传输状态数据进行分析统计,生成系统网络运作报告。

3)外部监控

LC 向综合监控系统上传设备状态的信息,实现综合监控系统对 AFC 系统设备状态的监视。LC 可根据业务需要向 ACC 上传设备的事件及状态信息。

2. 功能说明

1)设备布局管理

设备监控界面提供丰富的图形界面。为了使监控直观、方便,系统提供灵活的设备布局管理功能。操作员可以通过简单的鼠标拖放完成车站和车站设备位置的调整。对于不同种类的设备和设备的不同状态，系统用图标或动画展示。这些图标也是可以自定义的。

2）设备监视

客户端运行在操作监控工作站上，将整条线路所有车站的状态在监视画面上用不同的颜色予以表示，且用不同的颜色表示设备状态的不同等级，并伴有声音报警声，提醒操作人员予以关注；操作人员可点击车站图标，进一步查看该车站所有设备的运行状态。

所有车站及设备的运作状态通过监视画面准确、实时地显示。中央计算机通过图形化方式显示以下不同层次的系统运作状况。

（1）分类编码设备运作状况。

（2）各车站运作状况。

（3）单台设备的运作状况。

各种状态信息根据设备状态或故障等级不同而显示不同颜色并给出详细的信息描述及时间。所显示的设备状态能反映出最高等级或最严重的状态信息，所有的状态信息实时自动更新。

3）设备控制

设备控制采用客户/服务器技术予以实现。

具体实现为：客户端运行在运行工作站上，该工作站采用图形化的用户界面，只有被赋予相应权限的操作人员才能在运行工作站上对系统设备进行设置、确定及更改系统设备的运行及运作属性，同时可向车站、设备发送控制命令，并可查询命令的执行结果。

中央计算机可向以下系统或设备发送设备控制命令。

（1）所有车站。

（2）某一车站。

（3）全部车站设备。

（4）一类设备。

（5）一组设备。

（6）单一设备。

LC可以向设备下发的控制命令包括：

（1）车站设备正常服务及关闭模式切换。

（2）车站设备状态及寄存器数据的查询。

（3）车站设备参数版本和软件版本的查询。

（4）车站设备计数器查询（如钱箱、票箱）。

（5）车站设备运营模式控制。

（四）客流监控

1. 客流监视

客流监视界面如图6-27所示。

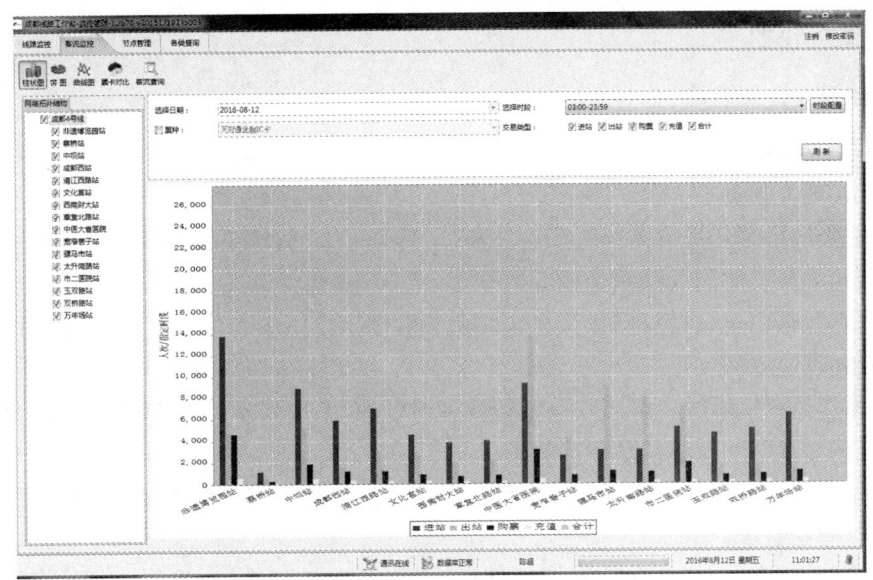

图 6-27　客流监视界面截图

LC 系统可集中监控系统内客流情况。所监控的客流包括所有设备处理的客流。所监控的客流可按时间段进行查询，最小时间段为 1 min。监控范围按整个系统、某座车站、某组设备、某类设备、某台设备进行灵活选择。监控内容的显示清晰，图形多样化。显示内容主要包括购买各类车票人数、充值人数、车票更新人数、各类车票进站人数、各类车票出站人数等。

2. 客流统计及查询

LC 系统生成客流统计报告，报告准确地显示出本系统各类设备处理各类客流的情况。统计报告主要包括各类车票使用人数、自动售票机购票和充值人数、半自动售票机处理各类车票人数、各类车票进站人数、各类车票出站人数等。

操作员可以查询或打印当日或以往生成的客流数据。查询可通过多种图形和报表的方式进行。

3. 客流内容

客流的种类包括设备客流与 OD 客流，在网络化运营环境下，只有 ACC 才能获取全部进出站客流数据，线路只能对本线路进出站的客流进行 OD 客流统计。

客流统计按照最小统计时间段（1 min）进行客流数据汇总，在操作终端上，用户可根据查询需求，灵活的选择时间段（n 倍于最小粒度的时间段）进行客流查询和监视。

客流统计可以按照整个系统某个车站、某组设备、某类设备、某台设备进行灵活选择。可清晰、明了地显示监控内容，主要包括购买各类车票人数、充值人数、车票更新人数、各类车票进站人数、各类车票出站人数等。

二、收益管理

（一）收益统计及核算

1. 现金收益管理

1）TVM 现金收益

TVM 更换钱箱时，钱箱更换数据通过 SC 上传到 LC。钱箱更换数据包括操作员编号、设备编号、钱箱编号、时间及钱箱金额等数据。

钱箱清点数据由车站授权操作员在车站票务管理工作站输入并通过 SC 上传到 LC。

2）BOM 现金收益

BOM 操作员交接班时，班次收益金额数据通过 SC 上传到 LC。班次收益数据包括操作员编号、设备编号、时间及收益金额等数据。

BOM 现金清点数据由车站授权操作员在车站票务管理工作站输入并通过 SC 上传到 LC。

3）车站收益管理

在车站运营结束后，SC 生成车站每日收益报告并上传到 LC。同时，车站将每日票款现金收入通过手工输入方式上传到 LC，票务中心根据车站每日收益报告与车站收益进行核算并形成报告。

2. 收益统计及核算

LC 可根据设备数据、车票交易数据、现金收益数据等生成各类收益统计报告。所有的收益统计报告只有授权的操作员才能查看。

1）统计与核算类型

（1）系统现金数据的统计及核算（设备数据与现金清点数据之间）。

（2）系统收益数据的统计及核算（售/补/退票交易数据、银行卡转账数据之间）。

（3）各类车票的不同处理类型的收益统计。

2）统计与核算可按照下面所列的维度进行：

（1）按整条线路、单个车站、一类设备及一台设备。

（2）按设备/操作员班次。

（3）按车站每日收益状况。

3. 现金收益组成

1）现金收益的来源

（1）自动售票机的售票收入。

（2）半自动售票机的售票收入。

（3）半自动售票机的充值收入。

（4）半自动售票机的退票、退款支出。

（5）半自动售票机的更新收入等。

4. 收益核算方法

1）设备现金统计与现金清点之间核算

（1）将 TVM 现金统计数据与钱箱更换现金清点数据进行核算。

（2）将 BOM 现金统计数据与班次结束时现金上缴清点数据进行核算。

2）现金收入、转账收益与售补退票交易之间核算

将在售、补、退票交易中产生的收益数据与现金收入与银行转账数据之间进行核算。

（二）清算对账管理

LC 系统具有与 ACC 进行清算对账的功能，每日接收 ACC 生成的清算结果，根据 ACC 确定的对账规则，生成相应的对账报表，并生成差异报告。

LC 系统可按每种车票不同交易类型、车站、设备、操作等不同的分类方法，进行交易次数和交易金额的统计对账，并可以按照正常账、可疑账、可疑调整账及拒付账等类别分别生成相应的对账报表，与 ACC 进行对账。

三、票务管理

（一）票卡库存及调配管理

在网络化运营的条件下，LC 票务中心将接受 ACC 票务中心的指令，接收 ACC 票务中心调配的车票并按照要求完成本线路内的票卡调配。

1. 业务规则及流程

（1）LC 对线路票务中心的各种车票做直接的库存管理，记录出入库信息。

（2）线路内的单程票可在各个车站之间、车站与其所属线路票务中心之间自由调配，各个线路记录本线路内的各类票卡的出库、入库。

（3）线路内各车站只可以从 ACC 领取所有种类票卡或者向 ACC 上缴所有种类票卡。

（4）LC 对 SC 的车票库存做实时的跟踪，SC 在出入库时实时把信息上传给 LC。LC 接收到 SC 的出入库信息，通过实时通信规程发送给 ACC。

（5）车站接收 ACC 的调配要求，车站根据其他车站单程票的库存数量和流通数量之和，做合适的调配动作。LC 车票库存记录本线路车站调配数量等信息。

（6）日终时，LC 将本线路及各个车站的库存状态发送给 ACC。

（7）日终处理时，LC 根据本线路 SC 各库存点的日终库存快照和本线路各 SC 库存点的出入库信息以及 SC 车票交易统计数据作出核对，计算本线路各 SC 库存点的库存差异，发送给 SC。

（二）票务数据管理

LC 可在线采集 SC 上传的各类票务数据，因网络故障或其他原因导致交易数据不能正常

上传时，可通过外部存储介质实现数据导入/导出功能。

LC 可生成车票在系统流程中的各类统计数据，包括各类车票库存数据、车票出入库数据、车票已发售数据、车票回收数据、车票挂失数据、车票退卡数据、车站库存数据等。

该类统计数据可查询和打印。

1. 可统计及查询的票务数据包括：

（1）票卡交易明细查询：可按设备、设备类型、交易类型及交易时间段等条件查询各类票卡交易明细。

（2）票卡交易统计：可按车站统计车票发售、回收、挂失及退卡等信息。

（3）票卡出入库记录查询：根据条件查询票卡的出入库明细。

（4）票卡库存统计：LC 日终统计时，计算本线路车票库存数据，并上传给 ACC。

四、数据管理

（一）数据收集

LC 系统可以在线采集 SC 系统上传的各种数据。正常情况下，车站 AFC 设备（包括 BOM、TVM、AGM 等）的数据通过 SC 转发到 LC。便携式验票机的交易数据是通过专用接口传输到 SC，再经 SC 转发到 LC。

在通信网络发生故障时，可以将车站 AFC 设备和车站计算机内的数据文件存储到移动存储介质中，通过 LC 系统管理工作站将数据导入 LC。LC 也可以将需要下发的数据文件导出到移动存储介质中，再将移动存储介质中的文件导入到 SC 或车站 AFC 设备中。

LC 系统具有在线恢复功能，在检测到车站计算机发送的报文非法或不完整时可以要求发送该报文的设备重新发送同一报文。重试次数由系统设定。

LC 系统具有防止数据报文丢失、重复的功能，对于重复的报文进行归并处理，并记录相关日志。

1. 数据类型

1）LC 所收集的 SC 上传数据

（1）设备事件、状态。

（2）车票交易数据。

（3）设备审计数据。

（4）设备操作类数据。

（5）车站票卡出入库登记及库存统计信息等。

2）LC 所收集的 ACC 下发的数据

（1）控制及查询指令。

（2）系统参数数据。

（3）黑名单；包括 ACC 生成和由外部系统生成经 ACC 转发的黑名单数据。

（4）清分对账统计数据。

（5）时钟同步信息等。

2. 数据交换方式

LC 与 SC 和 ACC 的数据交换可通过如下三种方式进行系统间数据交换。

（1）联机交易报文；

（2）文件；

（3）时钟同步协议。

3. 数据存储要求

LC 系统至少可在线保存 3 个月的车票交易原始数据和 36 个月的其他统计数据

（二）数据处理

LC 系统能对所收集的数据进行处理，能根据数据的类型及用途进行实时或批量地处理，以满足系统监控、运营管理及决策分析的需求。系统能即时保存及处理所收集的数据，不对原始数据进行任何修改或删除，不发生数据丢失现象。

1. LC 数据处理分为如下步骤：

（1）数据解析。

（2）数据合规性检查。

（3）执行相关业务逻辑。

（4）数据本地存储。

（5）数据转发。

（6）数据统计及审核。

2. 数据连续性检查

LC 对数据连续性检查主要按设备流水号进行连续性检查跟踪。在路网运营的环境下，票使用连续性检查在 ACC 实现。

3. 数据转发

在进行数据转发时，无论是实时在线处理或批处理数据，系统在处理完数据后能即时将数据进行转发，不对原始数据进行任何修改或删除，以保证数据的完整性。在确认转发成功前对数据进行保存，不发生数据丢失现象。在通信中断恢复后，及时将未能成功传送的数据重新传送。

4. 数据审核

对于累计性数据在发生前后数据异常情况下，如数值突变、回零等，可进行分析处理；对于遗漏的数据，系统应向设备查询；对于重复数据能进行排除并记录日志。

5. 数据安全性审查

系统在进行数据传输时，对通过设置，对数据进行加解密或数字签名及校验，以确保数据传送过程的安全性和完整性。

（三）数据审计

LC 系统具备数据审计功能，以检查原始数据的真实性、完整性等。

系统数据审计包括原始交易数据审计和数据统计对账两种方式。

1. 原始交易数据审计

对于车票交易数据，终端设备一方面通过设备寄存器进行数据累计，另一方面以交易明细数据的形式存在，两种数据均经过 SC 上传到 LC。LC 对两种数据进行相互核对，并生成相应的数据审核统计报告。

2. 数据统计对账

LC 对处理的交易数据进行统计并将结果下发到 SC，由 SC 负责与 LC 进行审核对账。同时 LC 接收 ACC 下发的对账统计报文。对账方对接收的统计数据进行审核，对于异议数据可以发起异议审查。

数据统计对账可在数据传输层面和业务统计层面进行：

（1）数据传输层面对账是指数据发送方和接收方对结算日内的文件传输总数、交易总数进行比对。

（2）业务统计层面对账是指对账双方按照交易类型（售、补、消费等）或者结算类型（正常、可疑、调整）进行数据统计，并审核差异。

在进行对账时，按照先数据传输统计对账，在确保双方数据发送和接收一致的前提下，进行业务统计对账。

五、参数管理

参数管理界面如图 6-28 所示。

系统通过参数的形式来控制整个 AFC 系统的运作。LC 可以生成线路内部参数，也可以接收 ACC 下传的参数。LC 下发参数至 SC，并由 SC 转发到各终端设备。

（一）参数下载

1. 参数下载更新

1）设备主动下载更新

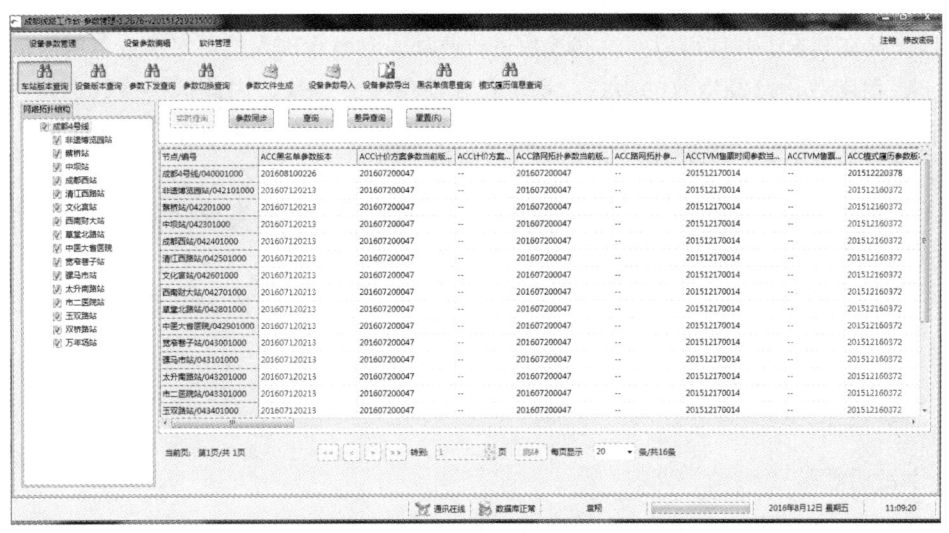

图 6-28　参数管理界面截图

设备在运营开始、设备上电重启、通信中断恢复由设备主动获取上级系统的参数版本（通过参数版本控制文件比较），如果不一致，则下载最新的参数文件。

2）用户强制下载更新

操作员在参数管理工作站通过向设备发送参数下载命令，设备在收到命令后向上级系统同步参数版本。

LC 系统负责与线路各车站计算机进行参数同步，车站计算机负责与各终端设备同步。若参数下载失败，系统予以警告提示，操作员可选择通过移动介质进行人工离线下载。

LC 系统提供参数下载的处理报告，包括需下载的参数、成功下载设备、未成功下载的设备等内容。

（二）参数维护

系统参数根据其属性来进行分类、维护及管理。参数管理人员可以查看、打印及修改参数。LC 能自动生成参数修改记录。参数可设定生效日期和时间，也可设置为立即生效。

1. 参数分级管理

AFC 系统根据参数的属性对其进行分类管理，分为路网级参数（ACC）及线路级参数（LC）。ACC 级参数由 ACC 参数管理员进行维护，线路级参数（LC）由线路参数管理员进行维护。

2. 参数状态分类

系统在进行参数维护时，根据参数存在形态的不同，分为当前参数、草稿参数、将来参数、历史参数。

（1）草稿参数为参数的草稿形式，还没有被下载，未被确认为正式版本，可以被修改。任何授权操作员在其未下载前可以对这些参数进行改动，参数管理人员可对参数草稿进行删除。

（2）当前参数指已经生效的参数。系统正在使用这套参数，因此这些参数不允许修改。在线路内只能有一个当前参数版本。系统应确保只有一个版本的参数在系统中生效，参数一旦生效，将被"冻结"，不能进行任何修改及删除。

（3）将来参数被定义为将在设定的将来时间生效。同一参数类别只能具有一个将来参数版本，这些参数不允许修改及删除。

（4）当有新的参数版本被使用为当前参数后，原有当前参数成为历史参数，历史参数不能删除。

六、安全管理

（一）密钥管理

AFC 系统密钥体系满足建设部颁布的相关标准和规定。一票通密钥由 ACC 统一生成，一卡通密钥要公交卡公司统一生成并维护。LC 对应用在本线路的密钥进行管理和认证，并能满足网络化运营的需求。

1. 单程票安全机制

单程票芯片选用 Mifare® UltraLight，单程票的安全机制设计主要达到以下目标。

1）防止伪造的车票

为防止对车票的伪造，在单程票的数据结构中设计了车票认证码（简称为 MAC1）。车票认证码是使用认证密钥对车票的唯一性身份特征信息加密获得的，在车票编码时写入，在车票的整个生命周期中不再修改。加密算法使用 3DES 算法。

2）防止对车票数据进行非法改写

为保证交易过程的安全性，防止对车票数据的非法改写，对单程票内交易过程数据采用交易过程认证码（简称 MAC2）进行保护。MAC2 的生成也使用 3DES 算法，与 MAC1 的生成方法类似。但加密使用的数据和密钥都不同。生成 MAC2 使用的数据为交易过程数据，包括交易流水号、交易时间、交易金额、交易设备号、交易类型等。生成 MAC2 所使用的密钥为交易数据认证密钥。

2. 储值票（CPU 卡）密钥管理

储值票采用 CPU 卡，参照建设部的密钥体系处理。

3. 交易安全性

所有票卡交易记录使用交易认证码（TAC）进行认证。交易认证码是将交易数据中的关键要素（字段）组合，通过PSAM卡内的TAC密钥加密后生成的。交易认证码附加在交易记录的数据之后，组成完整的交易记录。交易认证码将在ACC通过加密机进行校验。如果交易记录在传输过程中被篡改，其交易认证码就无法通过ACC的认证，该笔交易将被ACC拒绝或列入可疑账。

（二）权限管理

1. 权限设置管理

LC系统根据不同的系统、设备进行不同的权限设置，并对各管理人员、操作人员、维修人员进行权限管理。

LC授权管理员能设置不同的用户组，同一用户组具有相同的操作权限属性。同时，用户组可根据需要增加。

2. 权限使用管理

车站及终端设备操作员权限在LC设置完成后通过参数下发到各终端设备，终端设备可以进行离线登录和认证。LC各管理工作站用户权限保存在LC数据库服务器中，通过在线方式认证。

用户只能在指定的终端登录，但一个用户可以分配多个指定终端。

所有用户只能在账号有效日期内登录，账号有效期由LC授权管理员设置。在账号失效前，登录时显示警告信息。

用户只可连续进行3次登录尝试。账号被锁定后必须通过LC授权管理员激活才能重新使用。

操作员在参数设置的时间段内未对设备进行操作，设备应自动注销其登录，自动注销的时间可以由LC设置。

3. 用户登录操作审计

所有操作员的登录及注销信息记入操作日志并向LC发送相应的记录。

LC授权管理员可以查询及检查系统内各设备的登录及操作情况。

七、系统管理

（一）时钟同步

LC主服务器从ACC获取标准时钟，并为本线路AFC设备提供统一时钟。

LC具备时钟同步功能，时钟信息从LC下传到SC。当SC时钟与LC下传的时钟不同时，应可自动更正为下传的时钟，并将该信息上传到LC。系统所有设备在规定时间间隔（可通过参数设定)、重新开启或在运营开始时,均能自动进行时钟同步。LC 的时钟精度应满足 AFC 系统的运营需求。

超过规定时钟差异(可通过参数设置)需记录,并上传至 LC。

在 SC 启动、通信中断恢复或在运营开始时同步系统时钟。

只有在 SC 与车站设备单机运行时,方可修改其时钟,SC 及车站设备应可设定修改时钟的权限并记录相应修改信息。

(二)网络管理

网络管理系统主要管理 AFC 系统中的各主机服务器系统、工作站、以太网交换机及磁盘阵列等计算机和网络设备,并能在线监控 UPS 电源的工作状态,具有故障统计及报警功能。

(三)日志管理

LC 系统具备日志管理功能。日志记录系统软硬件运作过程中产生的各种事件,包括系统运行事件、应用软件运行事件、安全事件、异常事件等。

LC 系统可对日志进行分类管理,并对所有事件分级别处理。

(四)系统审计

LC 接受 SC 上传的系统审计事件信息,并记录在 LC 子系统内部发生的审计事件。审计信息以操作日志或设备事件的方式发送并记录。

1. 系统审计的内容

1)设备访问及系统活动审计

LC 对所有设备的访问及系统的活动进行审计,记录访问设备的人员、时间、活动内容、与车票相关的设备动作情况等信息。

2)用户登录/注销审计

LC 记录所有远程及本地用户的登录、注销,包括不成功的登录尝试,检查系统操作员权限管理的正确性,通过登录记录发现系统是否存在操作员多处登录或尝试取得高级权限的行为。

3)文件传输审计

LC 对文件的上传、下载信息进行审计。系统记录下载的文件名、下载目的地、下载时间、完成时间、重试次数、操作状态等信息。

4)数据操作审计

LC 系统对如重要文件参数被修改、受保护文件被删除、授权或者受保护对象的安全属性被修改等数据操作信息予以记录。

(五)后台维护

1. 诊断

LC 系统提供自诊断工具,当 LC 出现异常时,可以根据自诊断工具的自诊断信息快速定位到异常情况的位置，并根据故障代码查找故障原因，为故障的检测和快速维修提供保障。

自诊断工具诊断的内容包括硬件及软件两方面：

（1）其中硬件自诊断包括：驱动器、网络、输入输出接口、处理器、存储器及外围硬件设备；

（2）软件自诊断包括：LC 系统及应用软件的功能模块、软件使用、软件参数配置等。

2. 内务处理

为使系统的磁盘空间达到最佳的可用性，LC 系统对系统数据进行内务处理。内务处理的内容包括：

（1）系统数据文件的定期归档和清理；包括日志审计文件、临时文件、业务数据文件等。

（2）数据库过期数据归档和临时表数据的清理；对于超过设定保存时间周期的数据进行归档然后清理，对于系统在结算统计时使用的临时表则直接清理。

（六）备份和恢复

LC 系统提供在线备份及恢复功能。对关键数据、文件及系统平台应进行备份及恢复的处理功能。

对于各种数据依据其关键程度、数据量确定不同的备份方式及备份周期。在备份结束后，对备份内容进行检查，确保在故障后能成功恢复被备份的数据。

1. 备份物理架构

在物理架构上选择网络附加存储架构（Network Attached Storage，NAS），将磁带驱动器及磁带库放在网络中心服务器上实现 LAN 备份，能够满足 AFC 数据备份管理不断变化的功能。

2. 备份策略

备份策略指确定需备份的内容、备份时间及备份方式。如表 6-4 所示。

表 6-4　LC 系统的备份策略

序号	数据类型	备份周期	备份方式
1	系统平台	周备份	完全备份
2	业务数据文件	每周	完全备份
		每天	差量备份
3	系统日志及审计文件	每天	完全备份

第三节 ACC 系统

第一目 ACC 系统概述

城市轨道交通网络由多条轨道交通线路构成。由于城市轨道交通建设投资巨大等原因，路网建设往往需要吸引多元的投资主体；此外，由于运营管理机制等原因，网络的运营往往需要按线路划分不同的运营主体。因此，一个大规模的城市轨道交通网络中呈现出利益主体多元化的现象。进入网络化运营阶段之后，特别是实施"一票换乘"条件下，乘客可以以一张票跨越多条线路到达目的站，无需在换乘站再次购票和刷卡，乘客出行的路径很难得知，因此产生了如何将票务收入在不同经济贡献主体之间进行清算和分配的清分问题。

随着轨道交通线网的建设，为了方便乘客出行，保证乘客无障碍换乘，票务系统首先要解决的就是车票在各线路的互联互通问题，实现这一步的关键，就是必须首先统一车票发行及路网参数。网络化运营往往需要按线路划分不同的运营主体，在上面的基础上，再实现各运营主体之间的票务收益清分。除此之外，再增加运营管理和决策支持功能，真正实现支持路网化运营管理的 AFC 系统。这就是建立 ACC 系统的意义所在。ACC 系统的功能定位如图 6-29 所示。

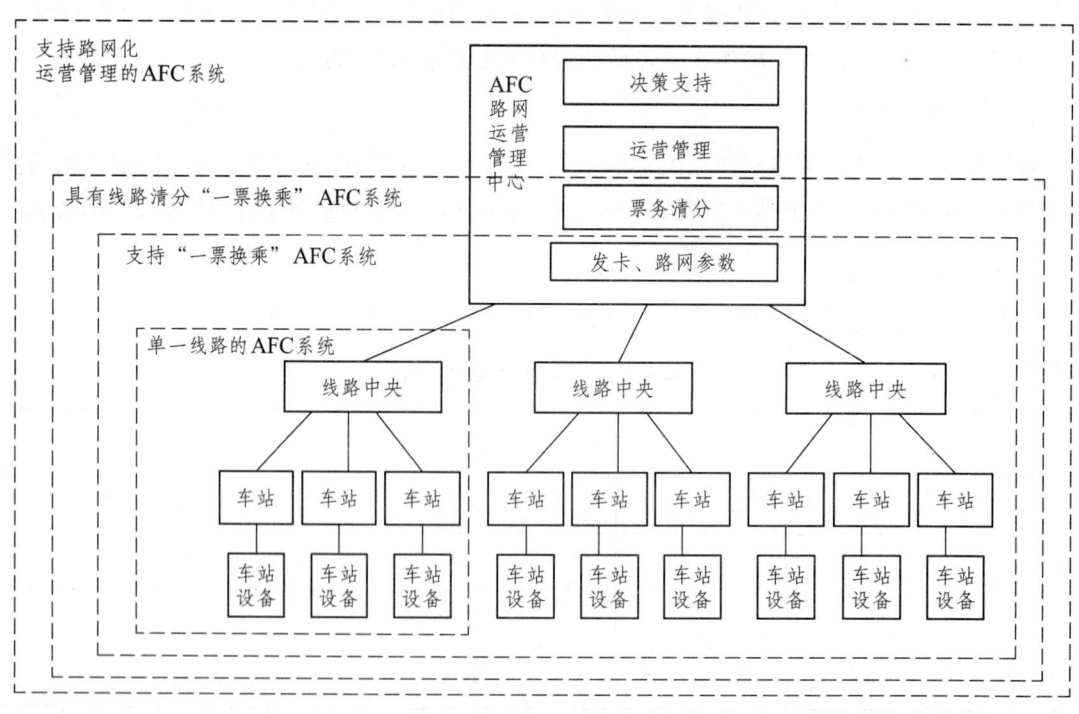

图 6-29 ACC 功能定位示意图

第二目 ACC 主要架构

ACC 主要架构如图 6-30 所示。

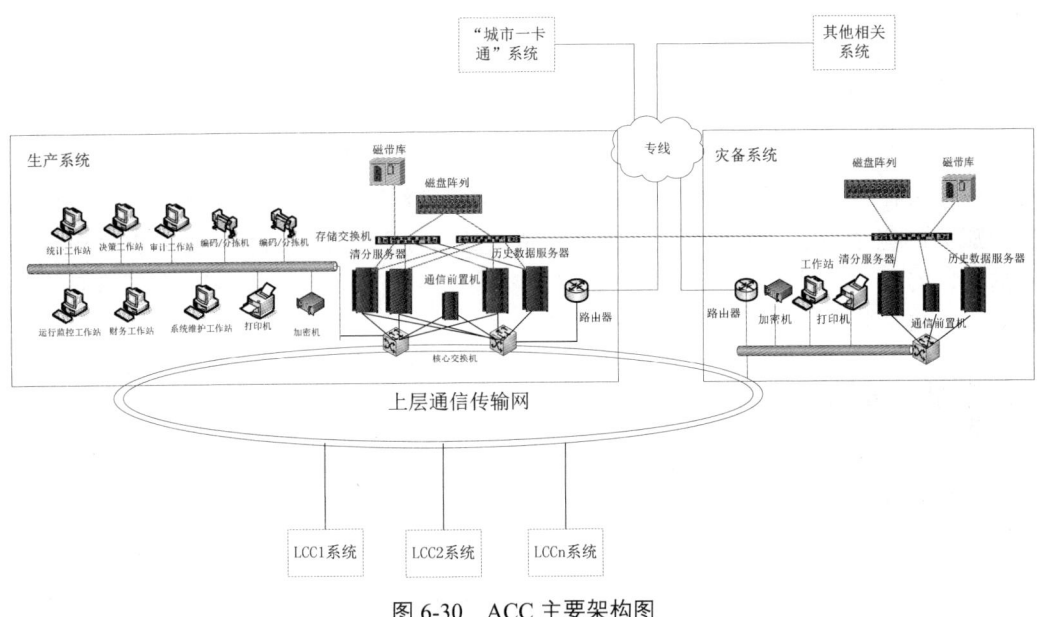

图 6-30 ACC 主要架构图

第三目 ACC 所含子系统及主要功能

一、中央清算子系统

中央清算子系统是 ACC 的核心系统，ACC 的核心功能是为轨道交通运营商提供清算管理服务，并代表轨道交通各运营商与公共交通一卡通公司进行清算，并完成对各线路交易数据的采集、分析、审计、处理、转发或存储，以及历史数据的存储、管理和查询处理；从业务需求而言，清算管理包括以下重点：

（1）处理轨道交通专用票的交易数据。
（2）处理城市通卡及其他第三方支付的交易数据。
（3）票款、票卡处理服务费用结算、对账。
（4）运费收入清分、对账。
（5）运营商账务管理。
（6）统计报表、信息服务等功能。

基于 ACC 的定位，ACC 支持多运营商、多发卡商、多售票代理、独立清算的商业模式。对轨道交通各线路、城市通卡、银联、各移动运营商等进行快速、有效和正确的清分，并能对降级运营模式下的票务交易和其他可疑或非正常的票务交易进行清分或处理；制定与维护清分规则，进行交易欺诈预警；提供统一的对外部系统的数据交换接口和对账、结账处理功能，以准实时方式把清分数据发送给各相关线路及相关系统。

二、密钥管理子系统

密钥体系首先应根据系统应用的网络特点和业务的安全需求，确定密钥的算法和密钥的种类；由算法和种类进行密钥体系的存储载体和生成过程控制的设计；再通过密钥应用发行和安全服务的应用功能，完成密钥体系在轨道交通清分系统范围内作为安全支撑平台的实现。这样，就一个密钥体系而言，具备了安全逻辑及实施流程的完整闭环，体系自身具有一定的开放性和安全性。

三、票务管理子系统

票务管理子系统负责管理与监控车票编码分拣机对轨道交通各类票卡的初始化、赋值与分拣、个性化票卡制作以及票卡的库存管理、账户管理、票卡跟踪、员工票及黑名单管理等。成都市轨道交通各线的车票编码分拣机（E/S）集中设置在ACC，由票务管理子系统统一管理，用于对轨道交通线网内使用的各类票卡进行初始化编码、赋值、重编码、清零、分拣、编码验证和注销。

票务管理子系统具备AFC系统财务审核、稽查功能，机器账与手工账的对比审核，票卡历史交易跟踪查询等。

票务管理子系统具备对记名卡（或地铁专用卡）的注册登记功能、查询、年审功能。

地铁专用卡的注册登记功能模块需具备录入专用卡卡号、姓名、单位、证件号、有效日期、上次年审日期等需要管理的内容。

四、运营管理子系统

运营管理子系统可对成都轨道交通各条线路 AFC 系统进行统一的运营管理，主要包括参数管理、权限管理、日志管理、时间管理、运营模式管理、设备管理等，如表6-5所示。

表6-5 运营管理子系统

序号	功能分类1级	功能分类2级	主要功能
1	参数管理	参数类型	参数应根据其属性来进行分类、维护及管理
		参数维护	系统中的参数以四种形式存在：参数草稿、将来参数、现在参数、历史（过去）参数

续表

序号	功能分类1级	功能分类2级	主要功能
1	参数管理	参数下发	ACC保存有系统参数的所有版本,包括下级设备的参数版本列表,ACC系统能将所设置的当前及将来参数表下载到各设备
		参数版本查询	ACC可以查询线路所有设备的当前参数版本情况
2	权限管理	—	系统能制定ACC软件模块的访问权限,采用模块化设计,对每一个系统功能模块进行唯一编号,并根据操作员的功能职责进行分组,再对分组进行权限分配(包括查询、打印、导出、设置等),从而保证系统安全、简化用户管理、方便模块扩充
3	日志管理	—	系统记录自身的所有故障信息(如时钟错误、外围设备故障、通信故障等)和登录用户的操作信息(如系统重新开关机、用户登录/注销、备份/恢复操作、参数改变和授权等)
4	自动诊断功能	—	系统具备自动诊断功能,协助维修人员快速发现及确认故障
5	时钟管理	—	ACC负责完成轨道交通线网内所有AFC系统设备的时钟同步
6	运营模式管理	—	在出现故障、灾害时,ACC可根据具体情况,向某个车站或某条线路或某几条线路的AFC系统下达降级运营模式指令,使其进入降级运营或紧急放行模式
7	客流监视	—	ACC能集中、统一、实时监视各线路、各车站客流及车票处理情况
8	车站票务管理	—	ACC系统能通过车站票务管理系统来实现对全线网车站的现金管理、车票管理和发票管理,提高车站票务信息录入的准确性和高效性,为轨道交通运营商提供及时、准确的各类统计、差异分析数据
9	设备管理	—	ACC完成对轨道交通线网内所有AFC系统设备的注册管理、认证管理及数据审核
10	票价及运距管理	—	运营管理子系统根据单线相邻车站站间距数据,自动生成线网任意站之间的距离,且具备根据线网图自动生成票价表,并且可人工调整,可灵活设置运营站点和暂不开放站点,可生成任何相邻站间距离

五、数据交换子系统

ACC 系统与其他互联系统间的所有数据交换全部经由数据交换系统完成。数据交换系统对内制定轨道交通各线统一的数据接口规范，设置通信服务器，完成 ACC 与 LC、SC 的数据交换；对外设置数据交换服务器，作为 ACC 与外部系统之间进行数据交换的平台，数据交换服务器与外部网络之间设路由器（具防火墙功能）。

六、报表管理子系统

报表管理系统根据每日收益清算结果，生成总体的或各运营商、各线路的财务、客流、收益及其他相关的统计分析报表，并提供查询服务，不但支持对各类标准报表的查询，也支持对各种交易清单、客户服务明细、参数记录等的查询。

承包人需在设计联络期间详细说明 ACC 的报表类型、格式、内容、数量、报表开发的工具或技术、报表生成的形式和流程、报表存储和查询的实现方式、ACC 投入运营后加入新开发报表类型的条件和实现方式；并预留二次开发的接口，以便发包人在后期根据需要对报表进行二次开发。提出 ACC 报表设计标准的组成部分和主要内容；详细描述和说明 ACC 可供查询的其他信息的具体定义和实现方式。

七、系统管理子系统

系统管理子系统功能如表 6-6 所示。

表 6-6　系统管理子系统功能

序号	功能分类1	功能分类2	主要功能
1	运作管理	系统运作日志管理	ACC 对系统软硬件运作过程中产生的各种事件进行记录、分类、分级管理，对不同级别的事件显示不同的颜色以及不同的报警方式
		数据库运行管理	系统采用菜单驱动及图形化方式实现对数据库运作监控管理。主要包括：数据库空间监控管理、内存监控管理、CPU 利用率监控
		故障管理	当 ACC 出现异常现象时，用户能对驱动器、网络、输入输出口、处理器、存储器、外围硬件设备、系统软件、应用软件的使用和配置进行故障检测、系统检查
		系统审计	系统具有审计跟踪所有的设备访问及重要系统的活动的功能，审计信息应包括时间、人员、活动内容、设备状态等信息
		系统备份与恢复	ACC 系统提供在线备份及恢复功能。能对关键数据、文件及系统平台进行备份及恢复处理

续表

序号	功能分类1	功能分类2	主要功能
2	设备管理	—	设备管理针对包括网络线路、网络设备、服务器、工作站、存储设备、操作系统、数据库、应用软件、中间件在内的整个系统的运行状况、可用性和有效性进行监控和管理;自动发现系统中的管理对象和自动进行故障探测、诊断及事件报警
3	网络管理	—	系统采用菜单及图形化驱动实现对ACC系统内网络的监控管理,对网络监控包括对网络设备状态及网络数据传输状态的监控、网络断点的监测
4	安全管理	—	安全管理采用入侵检测、访问控制、防火墙、病毒防护等安全性措施以防止或阻止非授权的访问或活动
5	软件管理	—	具备对ACC所有应用软件的管理功能,如软件版本、运行环境、安装路径、配置文件、部署时间等的管理

八、检测子系统

ACC检测中心,负责对路网AFC系统设备和对读卡器等关键部件和票卡的检测,并负责对外部系统的并网测试。在ACC检测中心,为ACC的模拟测试应用提供应用测试平台,检测中心配置模拟清分服务器、模拟通信服务器、模拟数据交换服务器、模拟报表服务器、模拟多功能服务器以及网络设备。检测中心使用的各种测试密钥卡可由密钥系统生成,测试票卡可由制票中心生产,检测中心也可通过外置读卡器生成测试卡。

九、异地容灾子系统

考虑到ACC在整个成都市轨道交通线网AFC系统中的重要地位和对清分数据安全可靠的高要求性,对ACC系统进行异地容灾。在对系统网络关键服务器以及通信链路进行冗余热备的同时,在规定地点配置一套ACC异地容灾系统。

容灾系统采用数据级,设置清分数据服务器、历史数据服务器和磁盘阵列、磁带库及相应的工作站,与ACC之间通过千兆以太网通道互联。

正常情况下,ACC和容灾系统的备份功能均处于运行状态,ACC数据库按照预先制定的备份规则进行数据全备份和增量备份,并以镜像复制的方式或事务复制的方式将ACC数据库复制到容灾系统数据库。容灾要求实现无数据丢失方案。

当ACC的数据服务器发生故障,产生故障服务器上的应用会自动快速切换到冗余热备的服务器上;当发生灾害等导致整个ACC系统瘫痪时,容灾系统会马上监测到异常情况,及时向管理员发送各种警报,并根据系统自动判断或由人工启动相应容灾预案;当ACC的计算机网络系统修复后，容灾系统将数据复制回 ACC，并将应用切换回 ACC，容灾系统重新回到备份状态。

十、不间断电源系统

ACC 及容灾系统所有主要设备均通过 UPS 供电，具备 UPS 监控和报警功能。

第四目　ACC 主要设备

ACC 主要设备及其功能如表 6-7 所示。

表 6-7　ACC 主要设备及功能

序号	名 称	功 能
1	中央清算子系统	
1.1	清分数据服务器（中央数据库，Cluster）	两台清分数据服务器以集群运行，实现在线互为备份，在其中一台服务器故障时，另一台服务器能接管及运行所有的任务，接管过程自动进行，无须人工干预
1.2	历史数据服务器	完成历史数据的存储、管理和查询处理等功能
1.3	磁盘阵列	存储清算系统数据
1.4	磁带库	备份清算系统数据
2	密钥管理子系统	
2.1	加密机	加密机接入到中央交换机，根据密钥系统导入的 TAC 计算密钥，负责对交易数据进行 TAC 码计算
2.2	密钥工作站	负责生成各种专用密钥，完成对密钥的分发和管理，制作各类母卡
2.3	SAM 卡读写器	密钥传输
2.4	密钥管理服务器	负责密钥后台认证
2.5	充值认证服务器	负责充值后台认证
3	票务管理子系统	
3.1	票务管理服务器	票务管理后台计算
3.2	票务管理工作站	票务管理日常操作
3.3	决策分析工作站	查询和决策分析
3.4	个性化制卡设备及工作站	制作个性化票卡（包括员工票）
3.5	票卡清点机	清点票卡数量

续表

序号	名称	功能
3.6	票卡清洁机	清洗票卡
3.7	编码分拣工作站	对地铁票卡进行编码分拣
3.8	发卡工作站	发行地铁专用票
4	数据交换子系统	
4.1	通信服务器	处理 ACC 与其他互联系统之间的数据交换包括与外部系统和内部系统之间的数据交换
4.2	数据发布服务器	发布清分系统相关数据
4.3	入侵检测设备	检测外部数据访问安全
4.4	硬件防火墙	负责清分系统数据安全
5	其他系统	
5.1	UPS 电源	为 ACC 系统设备提供稳定、不间断的电力供应

第五目　ACC 清分算法简介

一、票款清分方法

票款清分是清分系统的核心功能，指清分系统根据清分规则表、服务费率表，在运营商、清算商、发行商、代理商之间，将交易数据按照不同运营单位统计应收和应付账款，形成清分数据，并在此基础上，根据服务费率表，生成各运营商、代理商、发行商、清算商的服务费、代理费等。

票款清分主要包括乘客在各运营商的线路范围内进行乘车消费、售卡、充值等业务时发生的费用的分配。通过结合既定的清分规则，清分系统可以算出每一类、每一笔交易金额在各个运营商、售票代理商、票卡发行商以及 ACC 之间的分配情况。本节以乘车消费交易为例，简单介绍票款清分的方法。

进入网络化运营阶段之后，乘客从一个起始站点(Origin)到另一个目的站点(Destination)之间可能存在多条有效路径，结合其路径运营模式可分为：单路径单运营主体、单路径多运营主体、多路径单运营主体和多路径多运营主体四种。多路径多运营主体是指 OD（Origin-Destination）间有多条有效路径，并且其中有路径涉及多家运营主体，该情况下的清分方法包含了前三种运营模式。

（一）单路径清分

乘车消费指乘客持票在 AFC 系统乘车出闸时，AFC 系统在乘客票卡上进行扣费，并产生一笔扣费交易记录。乘客在整个乘车途中经过的线路可能属于不同的线路运营商，在出闸扣费时产生的金额也就应该分配到所有对该乘客所经过的车站拥有经营管理权的运营单位，因此，一笔扣费金额可能涉及多个运营商，如图6-31所示。

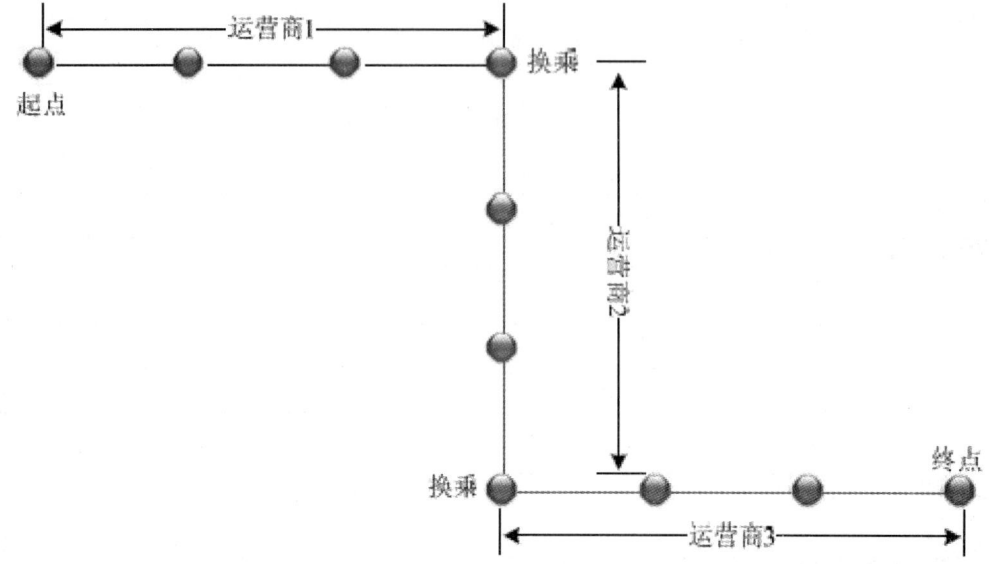

图6-31 涉及多个运营商的乘车线路示意图

根据途径的各个运营商的车站数不同、途径距离不同等因数，各个运营商在扣费金额的分配比例上也各不相同。如图6-31所示的乘车途径，各运营商的分配比例分别如图6-32所示。

起始线路	起始车站	运营商	终止线路	终止车站	分帐比例	参数版本
01	12	01	02	04	0.30	2007060801
01	12	02	02	04	0.43	2007060801
01	12	03	02	04	0.27	2007060801

图6-32 多运营商分账比例表截图

清分系统在对出闸扣款类交易进行处理时，先按照不同的乘车途径进行分类、统计，计算出所有不同乘车途径的累计消费总额，如图6-33所示。

在对各类乘车途径的消费交易进行统计后，结合既定的清分规则，根据运营商对扣费金额总计乘以分账比例，计算出各个运营商在该类乘车途径消费中应分得的账款。具体处理过程如图6-34所示。

进站线路	进站站点	出站线路	出站站点	交易金额
01	06	03	02	3.00
01	06	03	02	4.00
03	08	01	14	2.00
02	07	02	03	6.00
03	08	01	14	5.00
02	07	02	03	4.00
01	06	03	02	5.00

按进出站分类、汇总

进站线路	进站站点	出站线路	出站站点	**金额总计**
01	06	03	02	**12.00**
02	07	02	03	**10.00**
03	08	01	14	**7.00**

图 6-33　按照进出站分类、汇总示意图

进站线路	进站站点	出站线路	出站站点	金额总计
01	06	03	02	12.00
02	07	02	03	10.00
03	08	01	14	7.00

运营商	运营日期	清算日期	笔数	金额
运营商一	2007-4-2	2007-4-3		
运营商二	2007-4-2	2007-4-3		
运营商三	2007-4-2	2007-4-3		
…				

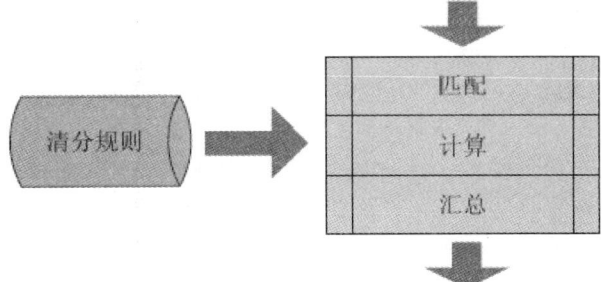

图 6-34　根据清分规则计算运营商收入示意图

计算出各运营商的应分账款后,根据该类乘车途径的出站站点,可以知道该笔款项是归谁所有,进而可以计算出各运营商应分别支付给其他运营商的收入所得。

（二）多路径清分

实际运营过程当中,可能存在一条乘车途径涉及相同运营商的多个换乘站的情况,如图6-35所示。

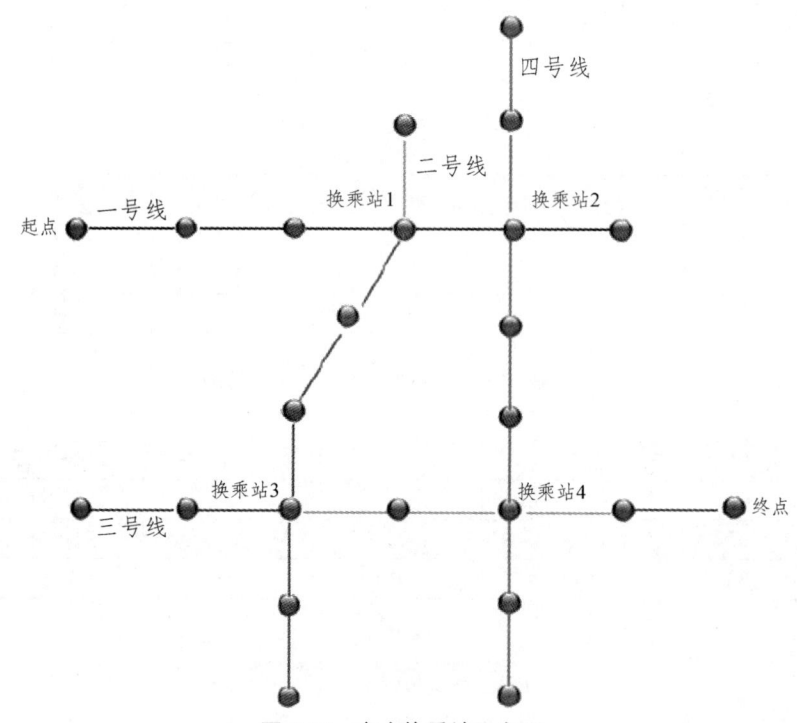

图 6-35 多个换乘站示意图

乘客从起点出发去终点的路径可以有两条,这两条线路分别经过不同的换乘站：
起点→换乘站 1→换乘站 2→换乘站 4→终点；
起点→换乘站 1→换乘站 3→换乘站 4→终点。

针对上述情况,清分系统根据地铁业主需求、结合清分模型、结合实际运营过程中相同乘车路径下途径不同换乘站的概率综合算出各个乘车途径的加权重,并与经过不同换乘站时的各套清分比例进行融合,从而为每一条乘车途径都唯一确定一个分账比例,便于票款清分时的处理。

二、清分规则表

ACC 系统通过设置"清分规则表"实现单一交易金额在任意一种情况下的多运营商分账。

表 6-8 清分规则表模型

名 称	代 码	备 注
日期类型	Date_Type	工作日、周末、特殊节假日
日期	Day	周一至周五
时间段	Time	表示一天中的各个时段，0～23
起始站	O_Station	乘车消费具有方向性，即：A→B ≠ B→A
目的站	D_Station	
票卡类型	Card_Type	票卡类型
交易类型	Trac_Type	包括：乘车消费、支付罚金、手续费等
运营商	SP_No	在 AFC 系统中独立核算的运营商
分账比例	Clear_Factor	运营商在交易中所占的比例，以 0～100 表示
有效起始日期	Start_Date	该参数的有效期
有效截止日期	End_Date	
版本号	Edition_No	该参数的版本

通过在上表中登记轨道交通路网中任意两个车站之间（具方向性）可能涉及的运营商的分账比例，即可解决不同情况下多运营商交易分账的要求。根据交易记录中的出入站信息和交易时间，在分账参数表中检索对应的一条或多条参数记录，即可计算出该笔交易的收入该分给哪几个运营商和各个运营商所应收的金额。

对于储值票、单程票等普通票种，可快速、简单地应用清分规则模型就可计算出线路运营商在本次交易上的收益，如图 6-36 所示。

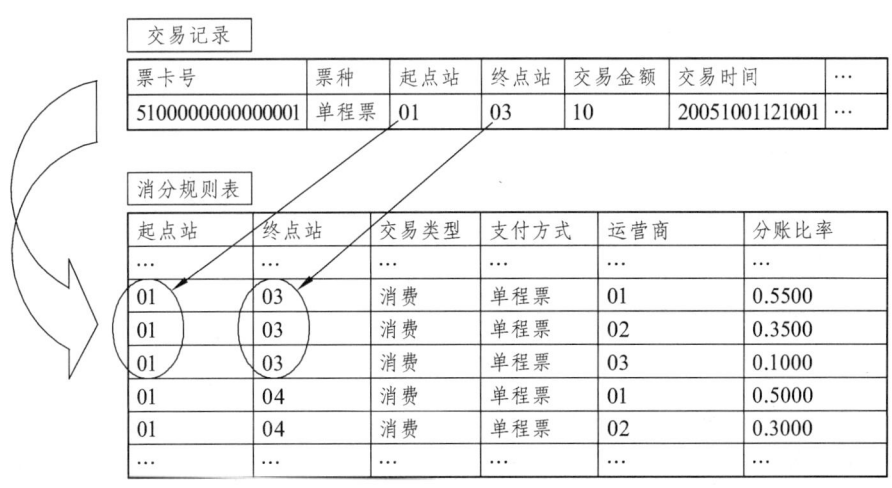

图 6-36 车票消费清分示意图

票卡号为 5100000000000001 的单程票从起点站 01 进，从终点站 03 出，交易金额为 10 元，清分处理时，可根据其起点站、终点站、票种等在清分规则表中查找对应的清分分配参数，即可计算运营商收入，方法如下：

运营商 01 的收入=10 × 0.5500 = 5.5（元）；
运营商 02 的收入=10 × 0.3500 = 3.5（元）；
运营商 03 的收入=10 × 0.1000 = 1.0（元）。

三、影响清分的因素

路网状况信息包括：路网结构、运营里程、换乘模式、换乘次数；站与站之间的距离；换乘站的位置；换乘站的换乘步行时间。

各线路服务质量包括：线路运营时间、发车间隔、车厢舒适度、车站客流量，乘客对运营主体的偏好。

四、清分规则

清分规则及算法是清分模型和算法制定的重要依据和关键步骤，是确定乘客在线网中的出行路径选择规则，目前轨道交通 AFC 业界通常依据以下几种规律或是其中几种的结合。

（1）最短时间规则：乘客从起点到终点，经由不同换乘车站，选择所用时间最短的路径。

（2）最短路径规则：乘客从起点到终点，经由不同换乘车站，选择经过站点最少的路径。

（3）最少换乘规则：乘客从起点到终点，经由不同换乘车站，选择换乘次数最少的路径。

（4）最低票价规则：乘客从起点到终点，经由不同换乘车站，选择花费票价花费最少的路径。

（5）人工预置规则：乘客从起点到终点，经由不同换乘车站，选择事先人工定义好的路径。

（6）自动调整规则：根据乘客的进出站点及使用的乘车时间，综合考虑以上清分规则及乘客乘车习惯自动判断乘客的乘车路径。

综上所述，对于无障碍"一票换乘"的城市轨道交通网络的票务清分，一般包括基于路网规模的清分方法和基于乘客出行路径的清分方法。

（一）基于路网规模的清分方法

按照路网中各个运营主体营运的线路规模（运营里程）的比例，对整个路网的票务收入进行清分。该方法简单易行，但这种静态模型不考虑各个运营主体所提供的服务对整个路网客运周转贡献的差异，不能客观地反映各个运营主体应得的收益，在精确度、合理性上都存在明显缺陷。

(二)基于乘客出行路径的清分方法

1. 最短路径法

在路网规模不大、结构简单、清分精度要求不是很高的条件下,最短路径算法可以作为票务清分计算的可行方案,但显然考虑 OD 间多路径出行更切合实际。最短路径法实际上是多路径清分方法的特例。

2. 多路径选择法

基于乘客出行的城市轨道交通多路径概率选择清分方法,需要考虑旅行时间、换乘便利性、运营时间、发车间隔、拥挤程度、营运里程等清分影响因素,通过模拟乘客在城市轨道交通网络中的出行行为,计算出各 OD 对中相关运营主体完成的客运周转量,并以此为基础进行票务收入的清分。

比如,"基于乘车里程和换乘次数的权重比例法"就是选择乘车里程和换乘次数作为指定参数。首先计算得到线网中每个 OD 对中所有可能的路径,并计算每条路径的权值,优选出权值在合理范围内的一条或多条有效路径,再计算每个 OD 对中各条有效路径的权重。最后,根据设计的算法公式计算每条有效路径的每个路段(对应不同的运营商)的权值,即各路段的里程,并依据路段权值计算该路段所在路径上的比例,再将路段比例与路径比例相乘、汇总,即可得到各运营商在一个 OD 的分配比例。

第六目　密钥管理系统

一、密钥体系综述

密钥体系首先应根据系统应用的网络特点和业务的安全需求,确定密钥的算法和密钥的种类;由算法和种类进行密钥体系的存储载体和生成过程控制的设计;再通过密钥应用发行和安全服务的应用功能,完成密钥体系在轨道交通清分系统范围内作为安全支撑平台的实现。这样,就一个密钥体系而言,具备了安全逻辑及实施流程的完整闭环,体系自身具有一定的开放性和安全性。

轨道清分系统中的密钥体系为:基于集中式管理的,采用对称认证算法的密钥体系。

二、密钥种类

根据业务应用的安全要求及票种票制的规划要求,结合集中式对称密钥算法的特点,轨道清分系统的密钥体系中,密钥种类有:

(一)总控类

(1)轨道交通主控密钥(Mkey)。

（2）主控密钥的传输保护密钥（MTransKey）。

（二）业务类

（1）票卡发行根密钥（TMKey）。
（2）票卡发行根密钥的传输保护密钥（TMTransKey）。
（3）票卡交易验证根密钥（TACKey）。
（4）票卡交易验证根密钥的传输保护密钥（TACTransKey）。
（5）联网机构及用户的应用根密钥（APPKey）。
（6）联网机构及用户应用根密钥的传输保护密钥（APPTransKey）。

总控类密钥由多组无关的随机数字（通常为 4 组 8 字符的业主领导人密码），通过固定的转换过程生成，应用类根密钥由总控类密钥在硬件加密机内对一串随机密钥进行加密产生，并保存在加密机内部指定索引位置，该过程可确保业务类根密钥生成时，只有加密机内部才存有业务类根密钥明文，保证了密钥生成过程的安全性；应用类密钥一般采用多组，增加应用一级的系统抗攻击能力。

通常将这两类密钥称为主密钥，一经生成即刻保存到加密机或相应的主密钥卡中，并通过加密机的备份机制，将所有根密钥备份到 USBKey 中，应保证不会以明文形式出现在系统的任何应用软件进程中，仅在加密机和密钥卡的物理硬件内参与相关的安全计算。

三、密钥载体

最初建立密钥体系所用的领导人密码在确保总控根密钥卡及应用类根密钥生成完毕，并且导出到 USBKey 进行备份后，可立即销毁。

轨道清分系统票卡终端应用所需的 SAM 卡及操作人员身份卡由密钥管理系统发行应用中进行制作，根据具体应用的安全需求分为发卡母卡（ESAM 卡）、ISAM 卡、PSAM 卡、操作员卡。

（一）发卡母卡（ESAM 卡）

用户卡发卡母卡，存放着从业务总控卡中导出的票卡发行根密钥及其传输保护密钥，用于轨道清分系统中各类用户票卡中的密钥分散。

（二）充值 ISAM 卡

充值 SAM 卡，存放着从业务总控卡中由票卡发行根密钥分散导出的充值应用主密钥、票卡交易验证根密钥，用于在充值时认证车票、控制车票充值交易的安全性。ISAM 卡不能用于消费操作。ISAM 卡置于充值读写器中。

（三）PSAM 卡

轨道交通网消费 SAM 卡，存放着业务总控卡由票卡发行根密钥分散导出的消费应用主密钥（PTMKey）、票卡交易验证根密钥，在车票（包括单程票、储值票等）消费过程中控制交易的安全性。PSAM 卡不能用于对单程票的售票、储值票的充值操作。

四、密钥管理系统构成

（一）密钥管理工作站

密钥管理工作站运行密钥管理软件，主要功能为：
（1）终端配置信息维护。
（2）应用根密钥维护。
（3）授权限额及状态维护。
（4）SAM 卡注销。
（5）SAM 卡应用发行查询等。

（二）SAM 卡制卡设备

SAM 卡制卡设备连接 SAM 卡读写器及加密机的计算机。

（三）加密机

加密机的主要功能包括：
（1）生成密钥。
（2）保存密钥。
（3）安全计算。

总之，密钥管理系统的主要功能是提供各种密钥的生成机制和加密算法，并将生成的密钥存储在具有密钥导出功能的 CPU 智能卡，即 SAM（Security Access Module）卡中。

密钥的发行采用梯级生成、下发方式，即由上级生成下一级所需的各种子密钥，并以卡片的形式，采用线路加密的方式传递给下一级，极大地提高了系统的安全性和应用的方便性。

第四节 AFC 网络系统

第一目 AFC 网络构成

AFC 系统网络由以下部分组成：
（1）ACC 系统局域网。
（2）各线路 LC 系统局域网。

（3）各车站 SC 系统局域网。
（4）LCC 与各车站 SC 的共享型数据传输通道。
（5）LCC 与 ACC 系统局域网间点对点型的数据传输通道。

其网络构成如第一章图 1-3 所示。

ACC 系统局域网和各线路 LC 系统局域网之间的数据传输通道由通信专业提供，各线路 LC 系统局域网和各车站 SC 系统局域网之间的数据传输通道由通信专业提供。

ACC 计算机系统与城市通卡清算中心系统的通信传输网络采用公网，需提供所需通信传输网的网络端口，并采取措施保证数据传输的安全。

ACC 系统局域网和线路 LC 系统局域网至少为 1000Mbps 以太网。车站 AFC 局域网为 100Mbps 工业环形以太网。整个网络采用基于交换方式的网络结构，冗余设计，具有自愈合功能，当发生链路断点时，环网可以快速自动恢复正常工作。并且星-环形网络结构易于扩展，组网灵活。

AFC 系统网络采用如图 6-37 所示的拓扑结构。

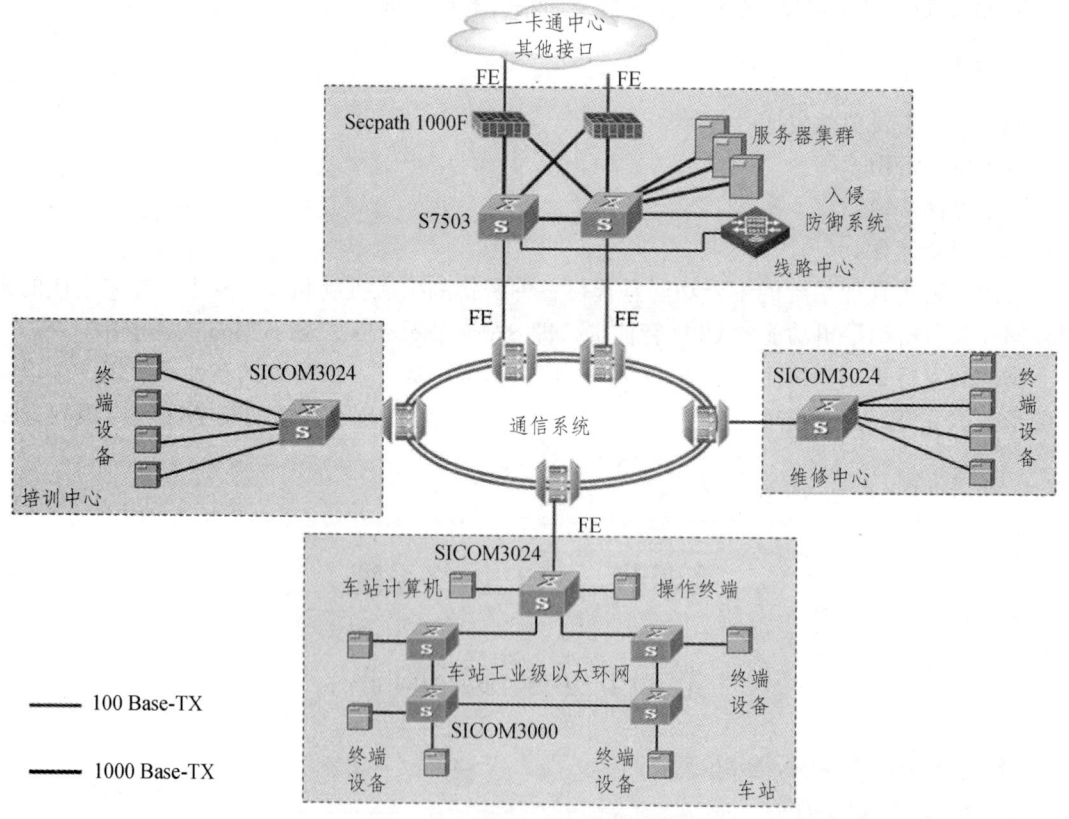

图 6-37　AFC 系统网络拓扑结构图

第二目 AFC 系统车站网络

AFC 系统车站网络采用星-环形的网络拓扑结构（见图 6-38 所示），配以支持环网功能的交换机，使用网络传输介质将多个交换机组成环形网络，这样构成了环网部分（也可称为主干部分）；各计算机工作站或 AFC 终端设备分别就近接入环网上的各交换机，这样就构成了网络的星形拓扑部分。

环网中的交换机包括一个主交换机（如上图中的 SICOM3024）和多个终端设备交换机（如图 6-37 中的 SICOM3000）。按照国际标准化组织（ISO）的开放系统互连模型（OSI），环网中的主交换机也称为三层交换机，相对应的，环网中的终端设备交换机被称为二层交换机。

三层交换机布置在车站的 AFC 设备房内，通过通信专业提供的网络与 LC 网络连接，另外本车站的车站 SC 服务器、其他工作站也接入该交换机。

二层交换机安装在站厅的部分终端设备内，位置相近的一组终端设备根据设备数量，可以配置一个（或多个）二层交换机，安装在其中一台 AFC 终端设备内，本组的终端设备接入该二层交换机的终端设备端口。

二层交换机端口分为环网端口（用于连接主干环网，端口数量 2 个，接口类型可以是 RJ45 口或者是光口）和终端设备端口（用于接入计算机或 AFC 终端设备，端口数量一般为 6 个，接口类型是 RJ45 口）。

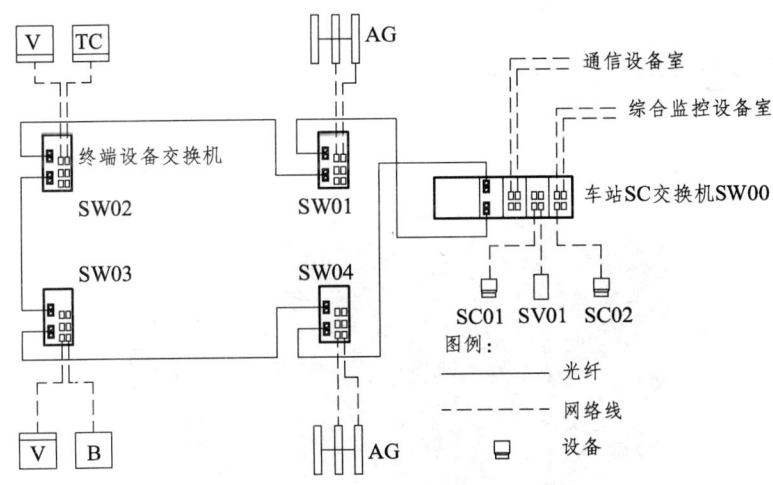

图 6-38 车站星-环形网络接线示意图

环形网络（主干部分）的传输介质可以是光纤或双绞线，还可以是光纤与双绞线组成的混合介质网络。在部分线路车站网络中，就是使用的光纤与双绞线组成的混合介质网络。其原则是：如果两个交换机间的距离超过双绞线的最大传输距离，则该网段就使用光纤传输介质，且对应的交换机环网端口也使用光纤端口，否则，就可以使用带 RJ45 端口的交换机以及双绞线作为主干网络传输介质。在部分线路的环形网络中，终端设备组之间的网段采用混合传输介质，而其他线路的车站环形网络全部采用光纤传输介质。在部分线路的环形网络中，终端设备组之间的网段采用混合传输介质，而其他线路的车站环形网络全部采用光纤传输介质。

终端设备与二层交换机的连接均使用双绞线作为传输介质。

为了保证车站网络的稳定性，车站所有交换机的配电均采用 UPS 电源供电。但各线路情况不同，UPS 电源可能是 AFC 设备维修室内的 AFC 系统自带 UPS 设备；也可能是车站综合 UPS 系统提供的电源。

第三目　东土系列交换机

用户可根据需求，选购东土系列交换机不同的模块组合，构造出以下三种情况的环网。

（1）环形网络全部采用双绞线作为传输介质，则终端设备交换机及车站主交换机的环网端口均采用双绞线介质端口，即 RJ-45 口。

（2）环形网络全部采用光纤作为传输介质，则终端设备交换机及车站主交换机的环网端口均采用光纤端口。

（3）环形网络混合采用双绞线和光纤作为传输介质，则除了选用上述两种端口的交换机外，还要选用第三种配置的交换机，它的两个环网端口，一个是光纤端口，一个是 RJ-45 口，且这样配置的交换机需要成对出现。

一、东土系列终端设备交换机

东土系列终端设备交换机如图 6-39 所示。

图 6-39　东土 SICOM3000 交换机

左面交换机，环网端口为 2 个 RJ45 口；右面交换机，环网端口为 2 个光口。两个交换机的终端设备端口：6 个 RJ45 口。交换机的环网端口分别与其他交换机的环网端口连接，构成车站的环形网络；AFC 终端设备接入就近的交换机上的终端设备网络端口，通过车站 SC 交换机与 SC 服务器实现网络通信。

二、东土系列 SC 交换机

东土系列 SC 交换机如图 6-40 所示。

图 6-40　东土 SICOM3024 系列交换机

第四目　赫斯曼系列交换机

赫斯曼 RSB20-0800M2M2 系列交换机组成的环形网络，只支持光纤传输介质一种情况，其光纤端口连接如图 6-41 所示。

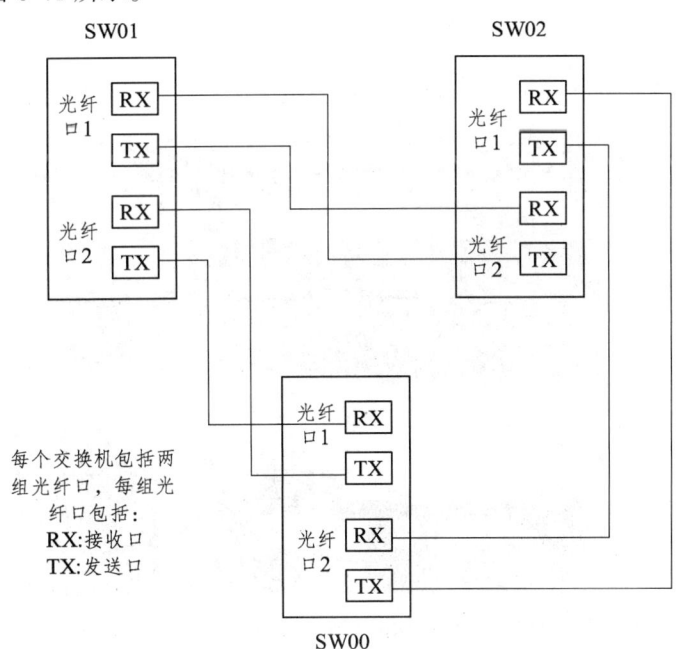

图 6-41　环网交换机光纤端口连接示意图

一、赫斯曼系列终端设备交换机

型号规格：赫斯曼 RSB20-0800M2M2。其前面板如图 6-42 所示。

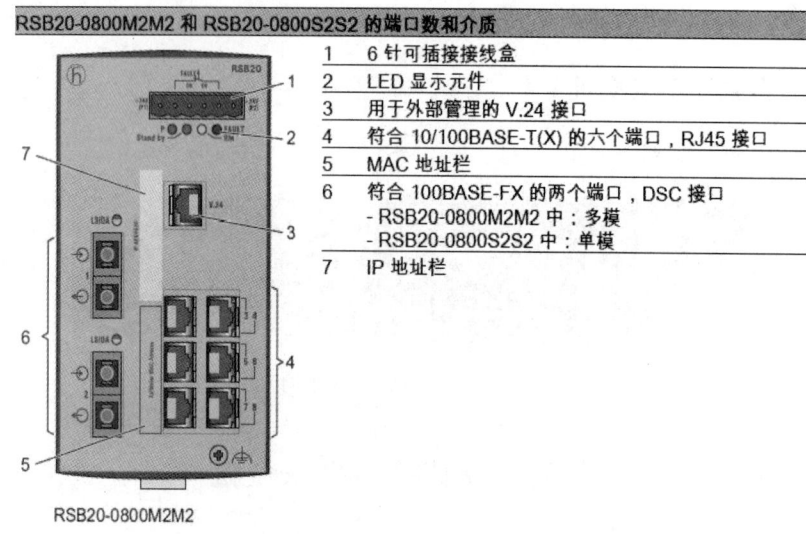

图 6-42　赫斯曼 RSB20-0800M2M2 前面板图

二、赫斯曼系列 SC 交换机

型号规格：赫斯曼 PowerMICE MS4128-L3EHC。其安装接线图如图 6-43 所示。

图 6-43　赫斯曼 PowerMICE MS4128-L3EHC 交换机安装接线图

图 6-43 中，最左边的模块为交换机的基本模块，其上面的指示灯显示了交换机的整体工

作情况,其余四个小模块为介质模块,为不同的接入介质选择了不同的端口。第一个为光纤介质模块,它与其他二层交换机一道,通过光纤介质组成环形网络;其他三个同为双绞线介质模块,每个模块提供四个 RJ-45 端口。

第五节　AFC 系统时钟同步

AFC 系统是一个封闭式的计程计时的计费系统,因此在 AFC 系统内的各设备上保持统一的时钟信息是非常重要的。该项功能在 AFC 系统内称为时钟同步。

第一目　时钟同步工作原理及策略

AFC 路网各节点采用 SNTP(Simple Network Time Protocol)协议自上而下进行系统时钟同步,ACC 系统以通信系统为时钟源获取时钟同步信息,ACC 系统作为整个 AFC 路网系统的时钟源,LCC、SC、SLE 分别向所属的上级节点进行时钟同步。各级节点的 SNTP 服务器使用 UDP123 端口对下端设备提供时钟同步服务。

SNTP 协议使用单播进行工作,即下级节点(例如 LCC)主动发送请求到上级节点(ACC)指定的时钟服务同步服务器,然后从服务器获得准确的时间、来回时延和与服务器时间的偏差。在时钟偏差介于参数规定的最小值和最大值之间时,下级节点修正本系统时钟;若时钟偏差小于时钟同步最小时间差,下级节点不作任何动作;若时钟偏差大于时钟同步最大时间差,下级节点不修正其系统时间,并发出时钟报警信息。

AFC 系统时钟同步层次图如图 6-44 所示。

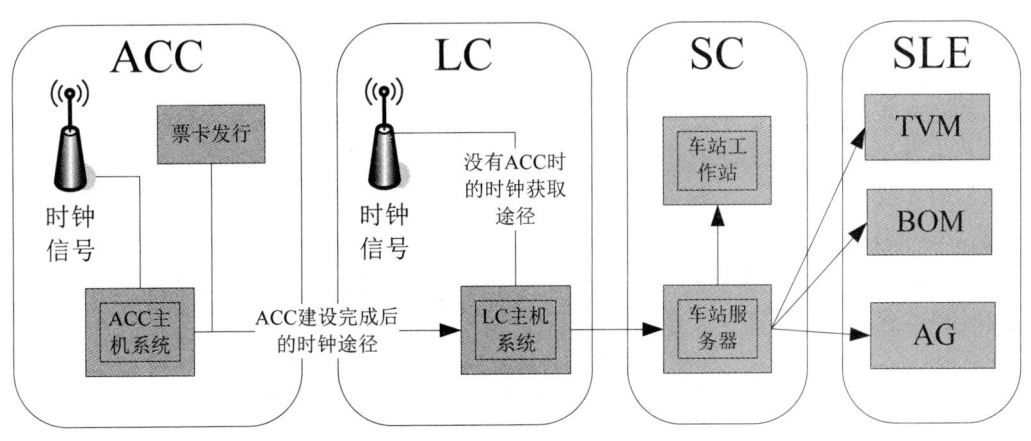

图 6-44　AFC 系统时钟同步层次图

第二目 时钟同步参数设置

规定时间间隔（T），即每隔该时间间隔，客户端与服务器端进行一次时钟比较。

时钟同步可以设置进行时钟调整的阀值$\{n, m\}$，即客户端与服务器端时钟差值：

如果低于n，系统默认为客户端与服务器端时钟同步，将不进行调整。

如果高于m，客户端时钟不进行调整，但客户端必须上报时钟错误事件信息到服务器端，服务器端进行报警提示。

如果介于n和m之间，客户端修改时钟，并记录日志，并通知服务器端。

AFC系统中所有的系统和设备都以自己的通信上级作为时钟源。具体的同步内容列表如表6-9所示。

表6-9 时钟同步内容表

编号	系统（设备）	时钟源	同步触发条件
1	ACC	通信系统或GPS	规定时间间隔同步
2	LC	ACC成立前LC时钟源为通信系统或GPS ACC成立后LC时钟源为ACC	设备重启； 规定时间间隔同步； 收到ACC的同步命令
3	SC	LC	设备重启； 规定时间间隔同步； 运营开始、运营结束； 收到LC的同步命令
4	SLE	SC	设备重启； 规定时间间隔同步； 运营开始、运营结束； 收到SC的同步命令

案 例

一、案例名称

AFC系统车站网络通信故障。

二、案例现象

2014年X月X日23：39分，XXX站AFC系统车站网络（如图6-45所示）突发通信故障，导致部分AFC终端设备离线，通过工班人员的现场处置，恢复了车站AFC设备的网络通信，避免对当日该车站票务结算造成影响。

三、案例分析

当晚，工班人员在现场检查发现交换机（SW01）信号指示灯不亮，检查设备房光纤连接情况，发现主交换机（SW00）上的一根光纤线插接松动，重新拔插、紧固光纤连接线后，离线设备均恢复正常。

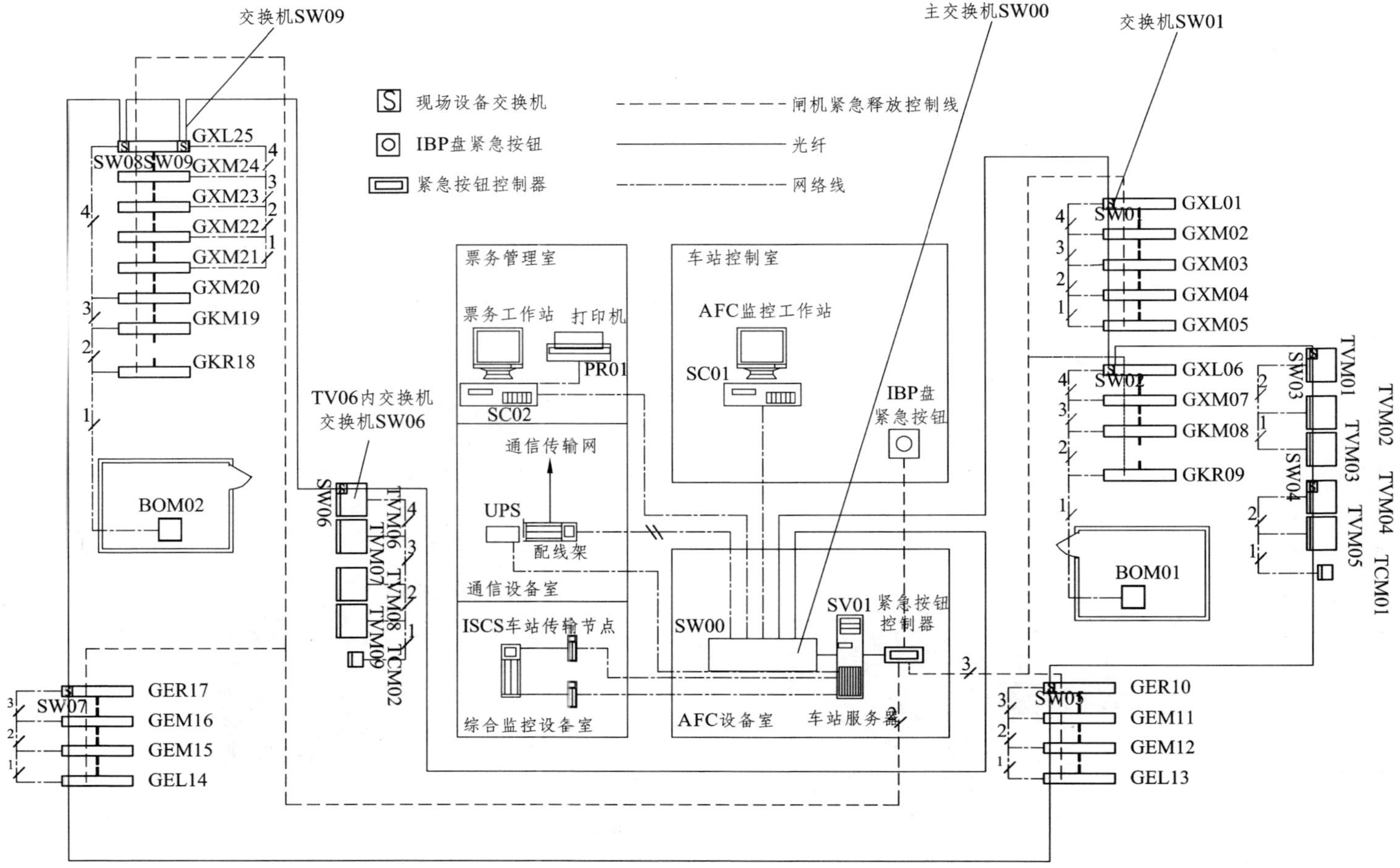

图 6-45 该车站网络系统图

针对事发现场故障及处理情况，车间专工判断车站光纤环网还存在一处断点。次日，AFC 专工及工班人员到现场进行进一步检查，发现以下情况：

（1）左侧站厅顶端闸机内交换机 SW09 和 TV06 内的交换机 SW06，各有一个光纤端口状态灯（"LS/DA"指示灯）熄灭。如图 6-46 所示。

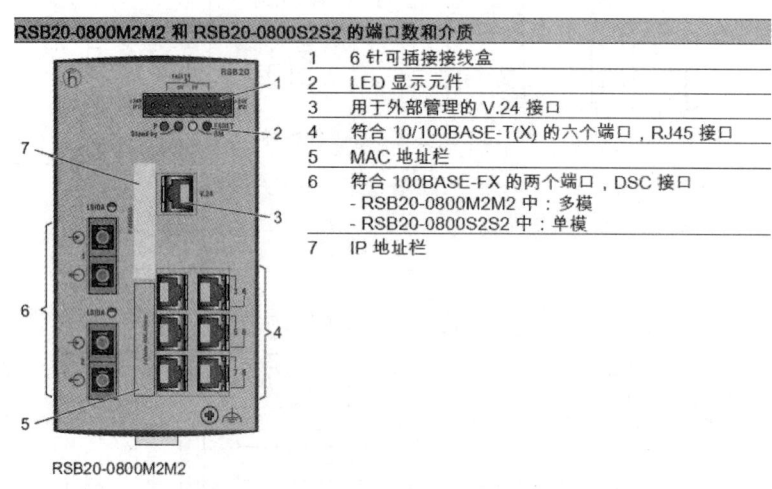

图 6-46　赫斯曼二层交换机面板图

（2）在 AFC 设备房内的主交换机的主模块上的 RM 灯（Redundancy Manager，主模块面板上第二行、第一列状态灯）显示黄色，证实环网还有断点。如图 6-47 所示。

图 6-47　赫斯曼三层交换机面板图

（3）AFC 专工及工班人员在检查 TV06 内部交换机和光纤跳线时，发现跳线被折损。如图 6-48 所示。

图 6-48 光纤跳线破损图

（4）随后更换光纤跳线。更换后，TV06 内的交换机（SW06）的一个光纤端口和 SW09 的对应光纤端口，其指示灯均呈黄色闪烁状，AFC 设备房内主交换机的主模块上的 RM 灯恢复正常显示（绿色），车站环网恢复正常。

初步分析：网络系统采用具有冗余功能的"星-环形"网络设计，环形网络使用光纤或光纤与双绞线混合介质将一个主交换机和多个终端设备交换机串联起来，AFC 终端设备以"星形"方式连入终端设备交换机上，主交换机和终端设备交换机均支持环网功能，主交换机上有一对接口连入上级网络。环网的最大功能就是当环形网络上出现一个断点时，网络通信能迅速在断点两侧最近的交换机上愈合，提高了网络通信的可靠性。也就是只有环网上出现两个断点时，才有可能导致两个断点之间、孤岛一侧的终端设备与上级的通信联系中断。如图 6-49 所示。

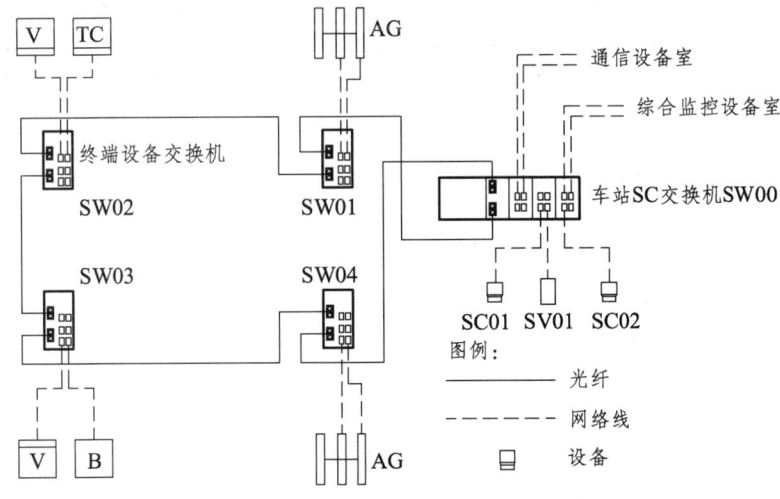

图 6-49 车站网络系统示意图

综合分析现场工班人员对当时故障的描述及处置措施，可以得出如下结论。

1. 环网故障原因分析

当晚终端设备离线故障发生时，该车站光纤环网存在两处断点。第一处断点（SW00 的光纤端口 1 连接松动，对应的交换机为 SW01，两交换机对应端口指示灯均熄灭）先前已存在，由于环网的冗余特性，暂时不影响设备的网络通信；在当日 23：23 分左右，车站人员在盘点 TV06 时，拉出、推进 TV06 内的纸币模块，导致早已破损的光纤跳线内芯彻底断裂，突发第二个断点（TV06 内的交换机 SW06 的一个光纤端口，与其对应的交换机为 SW09，两交换机对应端口指示灯均熄灭），造成两个断点之间、靠近主交换机一侧的 AFC 设备（TV06-TV09 和 TCM02）在线，其他设备均离线。现场工班人员在排查中，找到并处理了第一处断点（设备房内的主交换机的光纤端口 1 的光纤跳线头与该端口连接不牢），利用环网的冗余功能使得所有设备均恢复在线，但第二处断点仍然存在。因此车间专工及工班人员次日赴现场对故障进行进一步检查、分析，找到了第二个断点的真正原因，彻底排除了车站环网故障。

2. 光纤跳线破损原因分析

TVM 设备内部的纸币模块在被处理卡币故障或盘点时，可以沿导轨推进或拉出。因此推断：车站或维护人员操作时，纸币模块侧面的白色导向轮将 TVM 门边上的竖向线槽盖板撞落，线槽内的光纤跳线滑落下来，落在纸币模块运动区域内，在纸币模块推进或拉出时，被反复挤压、拉拽，跳线逐步损坏，在当日 23：23 分左右，车站人员在回收纸币时，最终导致该跳线内芯折断，形成第二个突发断点，导致环网上的部分 AFC 设备离线。

3. 故障总结

（1）工班人员巡检工作不到位，未能通过交换机状态指示灯及时发现环网上的第一个断点。

（2）承包商对设备内部的设计不尽合理，导致部件之间在空间上存在干涉，纸币模块被推动时，线槽盖容易被撞落；维保人员在检修工作中没有及时整理露在线槽外的线缆，光纤跳线长时间被反复挤压、拉拽，最终导致该跳线折损。

四、整改措施

（1）收集、编写 AFC 系统车站网络的技术资料，包括网络系统构成、网络 IP 规划、网络介质、设备电源配线、交换机接线及状态检查等知识，组织工班人员学习，指导工班人员进行检查和故障识别。

（2）要求工班人员对各车站的主交换机和终端交换机状态指示灯进行一次彻底排查。经过工班人员排查，发现另外 3 个车站均有类似情况，并完成整改。

（3）在检查的同时，工班人员对设备内的线槽、线缆进行整理，将容易被撞击的线槽盖用扎带绑紧。或对纸币模块进行调整，减小对线槽的撞击。对于已缺失线槽盖的，可以将内部线缆理顺、扎紧，避免线缆被刮蹭。

（4）在以后的维保中，无论是对交换机状态指示灯的日常巡检，还是对线缆的整理工作，都必须要求工班人员落到实处。

复习思考题

1. AFC 系统的车站计算机网络采用什么拓扑结构？它的特点和优点是什么？
2. 简述车站二层环网交换机的安装位置和它上面端口的特点。
3. AFC 系统采用什么时钟源？时钟同步的目的是什么？时钟同步的方式和策略是什么？
4. 车站紧急按钮控制器的功能是什么？实现闸机扇门紧急释放有几种方式？

延伸阅读——磁盘阵列

一、磁盘阵列概述

RAID 是英文 Redundant Array of Independent Disks 的缩写，翻译成中文意思是"独立磁盘冗余阵列"，有时也简称磁盘阵列（Disk Array）。

简言之，RAID 是一种把多块独立的硬盘（物理硬盘）按不同的方式组合起来形成一个硬盘组（逻辑硬盘），从而提供比单个硬盘更高的存储性能和提供数据备份技术。组成磁盘阵列的不同方式成为 RAID 级别（RAID Levels）。

数据备份的功能是在用户数据一旦发生损坏后，利用备份信息可以使损坏数据得以恢复，从而保障了用户数据的安全性。在用户看起来，组成的磁盘组就像是一个硬盘，用户可以对它进行分区，格式化等等。总之，对磁盘阵列的操作与单个硬盘一模一样。不同的是，磁盘阵列的存储速度要比单个硬盘高很多，而且可以提供自动数据备份。

RAID 技术的两大特点：一是速度、二是安全，由于这两项优点，RAID 技术早期被应用于高级服务器中的 SCSI 接口的硬盘系统中，随着近年计算机技术的发展，PC 机的 CPU 的速度已进入 GHz 时代。IDE 接口的硬盘也不甘落后，相继推出了 ATA66 和 ATA100 硬盘。这就使得 RAID 技术被应用于中低档甚至个人 PC 机上成为可能。RAID 通常是由在硬盘阵列塔中的 RAID 控制器或电脑中的 RAID 卡来实现的。

RAID 技术经过不断发展，现在已拥有了从 RAID 0 到 6 七种基本的 RAID 级别。另外，还有一些基本 RAID 级别的组合形式，如 RAID 10（RAID 1 与 RAID 0 的组合），RAID 50（RAID 0 与 RAID 5 的组合）等。不同 RAID 级别代表着不同的存储性能、数据安全性和存储成本。但我们最为常用的是下面的几种 RAID 形式。

（1）RAID 0。
（2）RAID 1。
（3）RAID 10。
（4）RAID 5。

二、RAID 0

即 Data Stripping 数据分条技术，以条带形式将 RAID 组的数据均匀分布在各个硬盘中。RAID 0 可以把多块硬盘连成一个容量更大的硬盘群，可以提高磁盘的性能和吞吐量。RAID 0 没有冗余或错误修复能力，成本低，要求至少两个磁盘，一般只是在那些对数据安全性要求不高的情况下才被使用。

RAID 0 的工作方式如图 6-50 所示：系统向四个磁盘组成的逻辑硬盘（RADI 0 磁盘组）发出的 I/O 数据请求被转化为 4 项操作，其中的每一项操作都对应于一块物理硬盘。从图中可以看到：通过建立 RAID 0，原先顺序的数据请求被分散到所有的四块硬盘中同时执行。

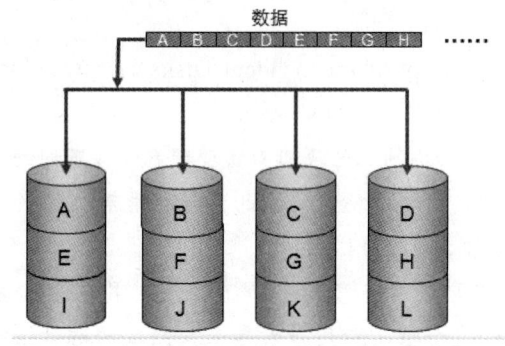

图 6-50　RAID 0 的工作方式

从理论上讲，四块硬盘的并行操作使同一时间内磁盘读写速度提升了 4 倍。但由于总线带宽等多种因素的影响，实际的提升速率肯定会低于理论值，但是，大量数据并行传输与串行传输比较，提速效果显著显然毋庸置疑。

RAID 0 的缺点是不提供数据冗余，因此一旦用户数据损坏，损坏的数据将无法得到恢复。

RAID 0 具有的特点，使其特别适用于对性能要求较高，而对数据安全不太在乎的领域，如图形工作站等。对于个人用户，RAID 0 也是提高硬盘存储性能的绝佳选择。

三、RAID 1

RAID 1 称为磁盘镜像（DISKMirroring）：把一个磁盘的数据镜像到另一个磁盘上，在不影响性能情况下最大限度地保证系统的可靠性和可修复性，具有很高的数据冗余能力；但磁盘利用率为 50%，故成本最高，多用在保存关键性的重要数据的场合。RAID 1 的操作方式是把用户写入硬盘的数据百分之百地自动复制到另外一个硬盘上。

RAID 1 的工作方式如图 6-51 所示。当读取数据时，系统先从 RAID1 的源盘读取数据，如果读取数据成功，则系统不去管备份盘上的数据；如果读取源盘数据失败，则系统自动转而读取备份盘上的数据，不会造成用户工作任务的中断。当然，我们应当及时地更换损坏的硬盘并利用备份数据重新建立 Mirror，避免备份盘在发生损坏时，造成不可挽回的数据损失。

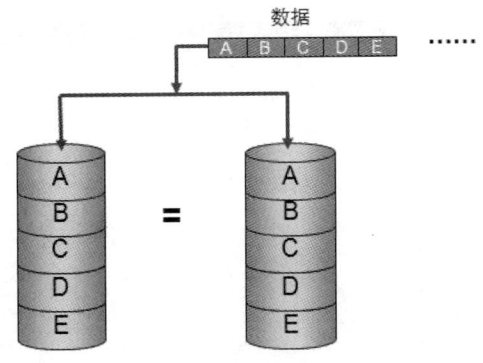

图 6-51　RAID 1 的工作方式

RAID 1 具有以下特点：

（1）RAID 1 的每一个磁盘都具有一个对应的镜像盘，任何时候数据都同步镜像，系统可以从一组镜像盘中的任何一个磁盘读取数据。

（2）磁盘所能使用的空间只有磁盘容量总和的一半，系统成本高。

（3）只要系统中任何一对镜像盘中至少有一块磁盘可以使用，甚至可以在一半数量的硬盘出现问题时系统都可以正常运行。

（4）出现硬盘故障的 RAID 系统不再可靠，应当及时的更换损坏的硬盘，否则剩余的镜像盘也出现问题，那么整个系统就会崩溃。

（5）更换新盘后原有数据会需要很长时间同步镜像，外界对数据的访问不会受到影响，只是这时整个系统的性能有所下降。

（6）RAID 1 磁盘控制器的负载相当大，用多个磁盘控制器可以提高数据的安全性和可用性。

四、RAID 5（分布式奇偶校验的独立磁盘结构）

RAID 5 是一种存储性能、数据安全和存储成本兼顾的存储解决方案。以四个硬盘组成的 RAID 5 为例，其数据存储方式如图 6-52 所示。Ap 为 A1，A2 和 A3 的奇偶校验信息，其他以此类推。RAID 5 不对存储的数据进行备份，而是把数据和相对应的奇偶校验信息存储到组成 RAID5 的各个磁盘上，并且奇偶校验信息和相对应的数据分别存储于不同的磁盘上。当 RAID5 的一个磁盘数据发生损坏后，利用剩下的数据和相应的奇偶校验信息去恢复被损坏的数据。

RAID 5 可以理解为是 RAID 0 和 RAID 1 的折中方案。RAID 5 可以为系统提供数据安全保障，但保障程度要比 Mirror 低而磁盘空间利用率要比 Mirror 高。RAID 5 具有和 RAID 0 相近似的数据读取速度，只是多了一个奇偶校验信息，写入数据的速度比对单个磁盘进行写入操作稍慢。同时由于多个数据对应一个奇偶校验信息，RAID 5 的磁盘空间利用率要比 RAID 1 高，存储成本相对较低。

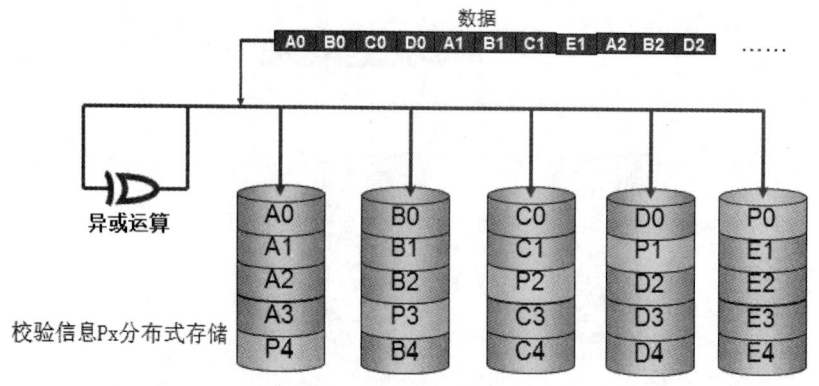

图 6-52 RAID 5 的工作方式

五、RAID10

RAID10 也被称为镜像阵列条带。是将镜像和条带进行两级组合的 RAID 级别,第一级是 RAID1 镜像对,第二级为 RAID 0。RAID10 也是一种应用比较广泛的 RAID 级别。其工作方式如图 6-53 所示。

和 RAID0 一样,数据跨磁盘抽取;和 RAID1 一样,每个磁盘都有一个镜像磁盘。RAID10 提供 100%的数据冗余,支持更大的卷尺寸,但价格也相对较高。对大多数只要求具有冗余度而不必考虑价格的应用来说,RAID10 提供最好的性能。使用 RAID10,可以获得更好的可靠性,因为即使两个物理驱动器发生故障(每个阵列中一个),数据仍然可以得到保护。RAID10 需要 $4+2n$ 个磁盘驱动器($n \geq 0$),而且只能使用其中一半(或更小,如果磁盘大小不一)的磁盘用量,例如 4 个 250 G 的硬盘使用 RAID10 阵列,实际容量是 500 G。

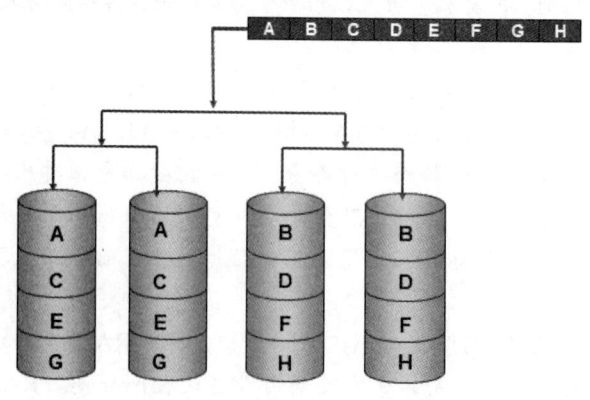

图 6-54 RAID10 的工作方式

六、RAID 总结

表 6-10 对几种形式的 RAID 进行了总结。

表 6-10 RAID 总结

序号	项目	RAID 0	RAID 1	RAID 5	RAID 10
1	别名	Striping（条带,没有冗余）	Mirroring（镜像）	Distributed Data Guarding（分布式数据保护）	Mirroring（镜像）+ Striping（条带）
2	可用硬盘空间	100%	50%	67%～93%	50%
3	可用硬盘比例	n	$n/2$	$(n-1)/n$	$n/2$
4	最少硬盘个数	2	2	3	4
5	是否具有冗余性	否	是	是	是
6	是否允许同时损坏1个以上的硬盘	否	可以，如果一个镜像中的2块硬盘没有同时损坏	否	可以，如果一个镜像中的2块硬盘没有同时损坏
7	阵列读性能	高	高	高	高
8	阵列写性能	高	中	低	中
9	相对成本	低	高	中	高
10	优点	极高的读写效率，速度快，由于不存在校验，所以不占用CPU资源，部署简单	提供了很高的数据安全性和可用性，100%的数据冗余，设计、使用简单，不作校验计算，CPU占用资源少	高读取速率，中等写速率，提供一定程度的数据安全。	高读取速率，高写速率，较校验RAID而言，写开销最小。至多可以容许 n 个硬盘同时损坏($2n$ 个硬盘组成的 RAID 10 阵列)
11	缺点	无冗余，通常和其他RAID级别混合使用，不适合用于关键数据环境	空间利用率只有1/2，相对于单个硬盘，无法提高写性能	RAID 组里单块硬盘的故障，会导致其他硬盘读写性能大幅度下降	只有1/2的硬盘利用率

RAID 级别的选择有三个主要因素：可用性（数据冗余）、性能和成本。如果不要求可用性，选择 RAID0 以获得最佳性能。如果可用性和性能是重要的而成本不是一个主要因素，则根据硬盘数量选择 RAID 1。如果可用性、成本和性能都同样重要，则根据一般的数据传输和硬盘的数量选择 RAID5。

第七章　AFC系统工程施工及与其他专业的接口

【本章学习重点】

本章主要介绍AFC系统工程施工的工程图纸内容和用途，以及施工中的管线敷设和设备安装技术要求，还对AFC系统与其他主要系统的技术接口进行介绍。

第一节　AFC系统工程图纸

第一目　施工图

施工图，是表示工程项目总体布局，建筑物、构筑物的外部形状、内部布置、结构构造、内外装修、材料作法以及设备、施工等要求的图样。施工图具有图纸齐全、表达准确、要求具体的特点，是进行工程施工、编制施工图预算和施工组织设计的依据，也是进行技术管理的重要技术文件。

施工图一般由工程项目的设计单位绘制，通过审查后，主要供施工单位按照图纸进行设备安装，也可以供工程项目的其他相关单位使用。

一套完整的AFC系统施工图，一般以各站点（或各子系统安装地点）为单位单独成册，每册应至少包括以下内容：

一、车站AFC系统设备平面布置图及综合管线图

设备平面布置图及综合管线图（见图7-1）以车站站厅（或站台）及设备区平面布局为基础，从图中可以得出以下信息：

（1）各组AFC设备的类型、编号，设备的实际安装位置及与周边设施的关系。
（2）AFC线槽敷设的实际位置，线槽检修口、出线口的位置，站厅配电箱的实际位置。
（3）各段线槽敷设线缆的类型及数量等。

二、车站AFC系统配电及接地系统图

车站AFC系统配电及接地系统图如图7-2所示，从图中可以得出以下信息：

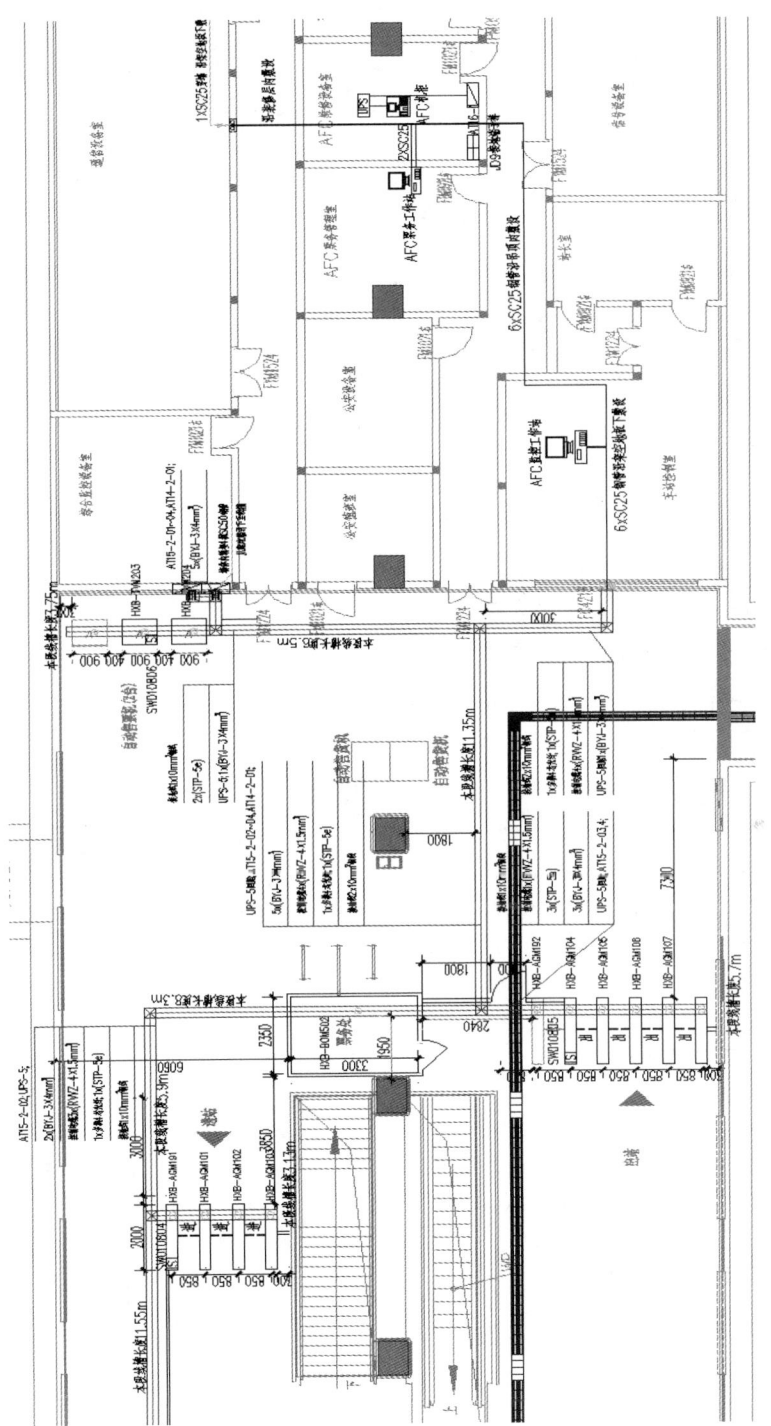

图 7-1 车站 AFC 系统设备平面布置图及综合管线图(局部)

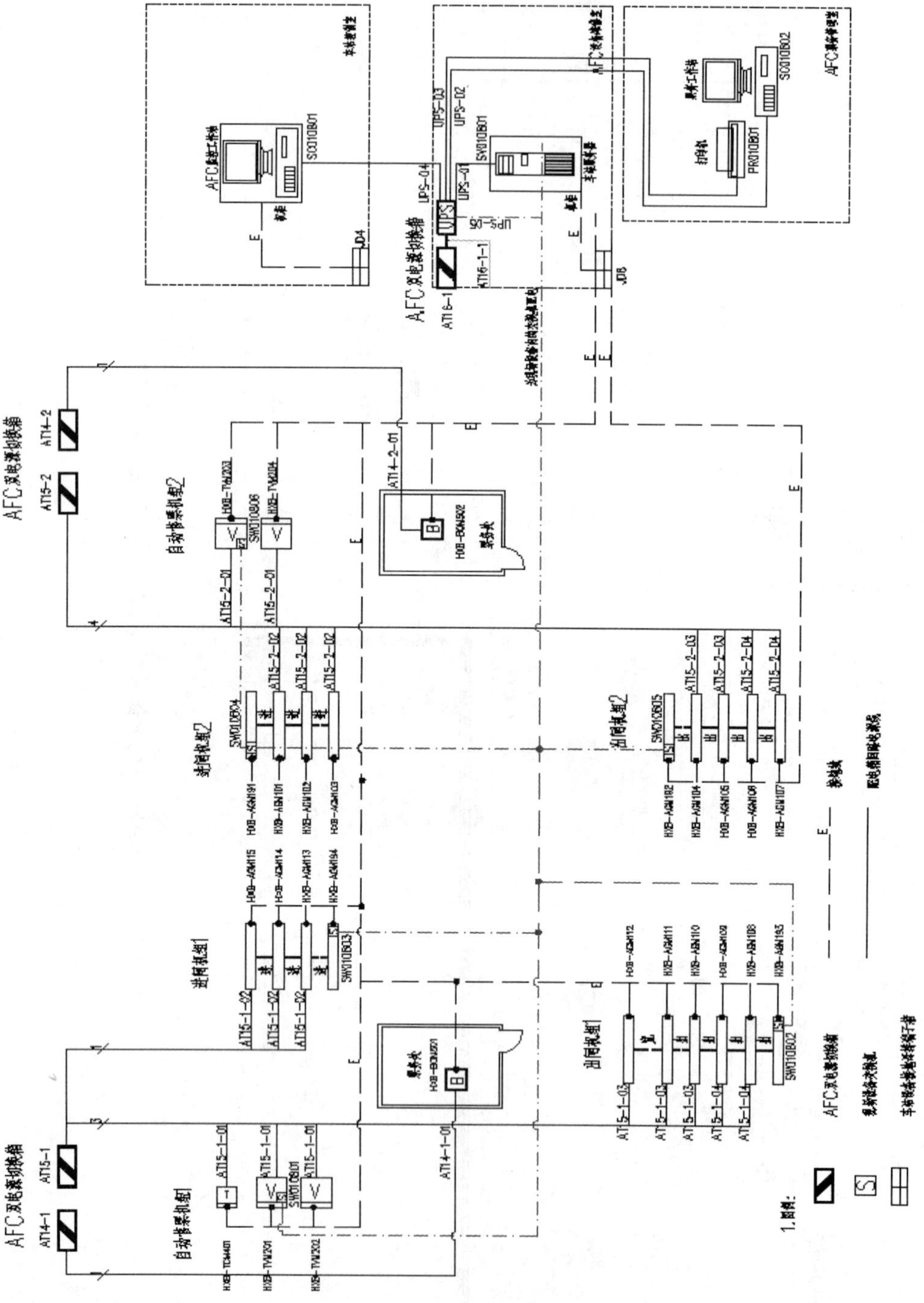

图 7-2 车站 AFC 系统配电及接地系统图

（1）各组设备之间的相互位置。

（2）所有AFC设备的配电情况及接地方式，如每台设备接入了哪台配电箱，哪些设备接在同一个供电回路上。

（3）另外图中红色虚线还表示了设备现场的二层交换机的电源配电情况，二层交换机均使用AFC设备维修室内UPS作为供电电源，除此外，车站服务器、三层交换机、工作站、紧急控制器等也使用AFC设备维修室内UPS作为供电电源。

三、车站AFC系统网络系统图

车站AFC系统网络系统图如图7-3所示，从图中可以得到以下信息：

（1）各组设备之间的相互位置。

（2）设备现场二层交换机的实际安装位置，如每台交换机实际安装在哪一台设备内。

（3）车站星-环形网络的组成情况，如哪一部分环网使用了光纤介质，哪一部分使用的是双绞线介质，每台交换机各接入了哪些终端设备。

（4）闸机设备紧急释放控制线的接线方式，该紧急控制线从车站AFC设备房内的紧急按钮控制器上分组引出，到达每组闸机，在每组闸机内的设备之间采用并联方式连接。

四、其他图纸

除此之外，还有车站AFC系统设备房平面布置图，其主要包括车站AFC系统设备房内的设备布局及安装技术要求等内容，另外还有施工图设计说明、设备材料及工程数量表、线缆明细表等图纸。

第二目 竣工图

竣工图，就是在竣工的时候，由施工单位按照施工实际情况绘制的图纸，因为在施工过程中难免有修改，为了让客户（建设单位或者使用者）能比较清晰地了解工程中建筑、管线的实际走向和设备的实际安装情况，国家规定在工程竣工之后施工单位必须提交竣工图。

由于竣工图反馈了在实际施工过程中的变更情况，所以它最能真实、准确、系统地反映工程实体，它就像工业产品的说明书，产品使用、维修管理离不开它。由于建设工程隐蔽部位较多，不能像有些机械、仪表产品那样，使用过程中有什么问题，可以拿来给技术人员看看，也可以拆开检查维修，这些常常是建设工程所办不到的，要解决问题就只得靠竣工图及竣工资料。因此，在对建设工程和地下设施科学管理中，以及工程竣工后的设备保养和维护，竣工图就显得十分重要。

总之，竣工图包含的总体内容与施工图一致，只是更真实、准确地反映了实际情况，可以认为是施工图的更新版，它主要用于后续设备维保及设备改造等工作。

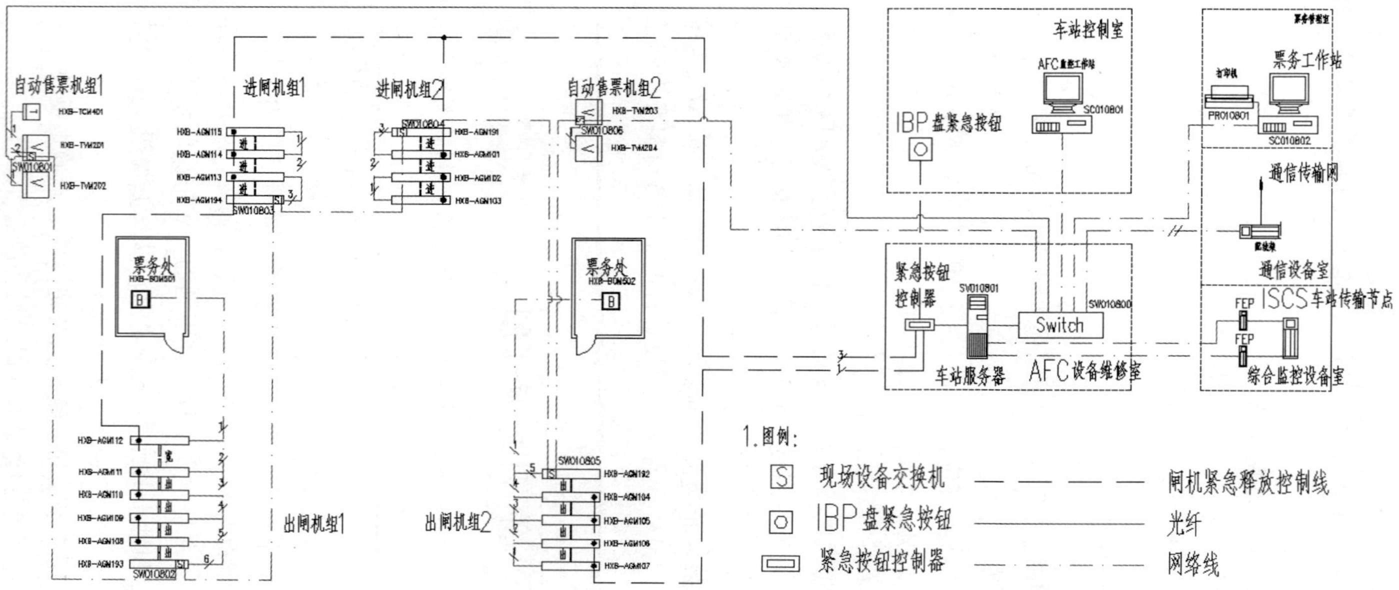

图 7-3 车站 AFC 系统网络系统图

第二节 AFC 系统车站设备施工

第一目 供电与接地

动力及照明系统在控制中心（OCC）、车站站厅、车站 AFC 设备室、车辆段数据灾备室、车辆段培训室及维修管理室为 AFC 系统提供一级负荷电源（见图 7-4 所示），在车辆段为 AFC 维修及检修设备提供二级负荷电源。

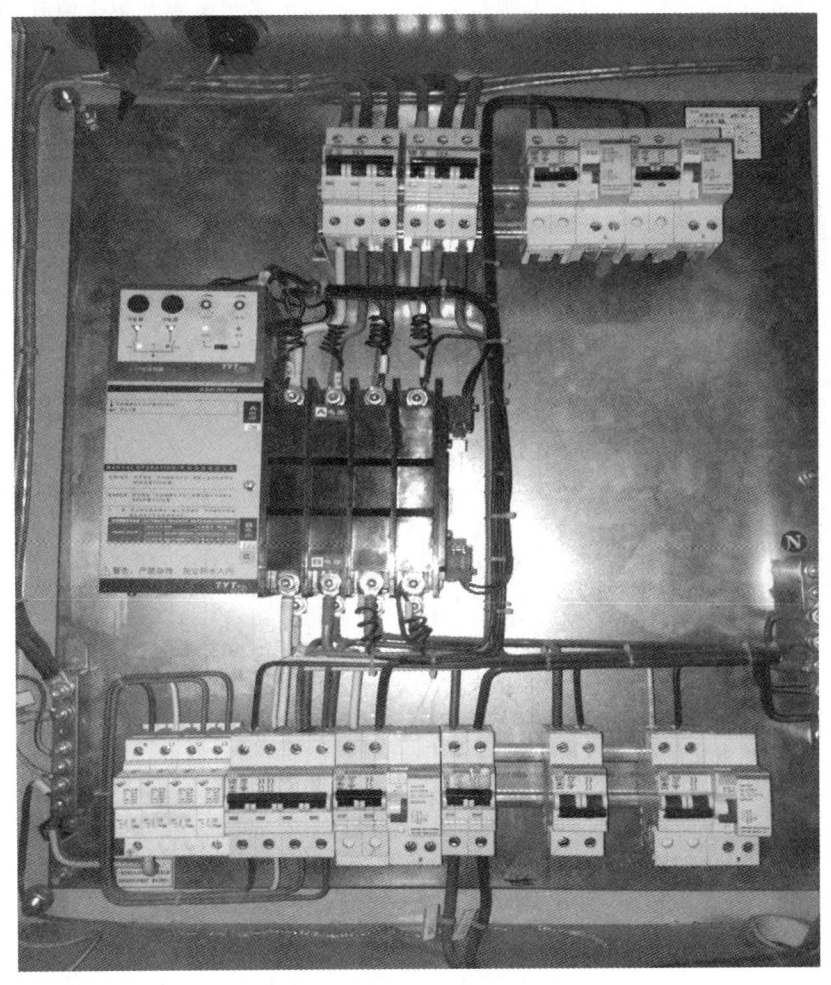

图 7-4 一级负荷电源配电箱图

AFC 系统各设备需求的额定电压一般为 AC 220 V，但由于部分子系统需要配置输入电压为 AC 380 V 的 UPS，因此，动力及照明系统为 AFC 系统设备提供的电源技术要求根据各线路和用电需求位置的实际情况而定，可能是为单相 AC 220 V 电源，也可能是 AC 380 V，电压波动范围为-15%～10%，频率为 50×（1±4%）Hz。

动力及照明系统在控制中心、车站、车辆段提供综合接地，接地电阻不大于 1 Ω，在各 AFC 设备室提供接地端子排（箱）。

一、车站站厅 AFC 终端设备的配电

在车站建设阶段，动力及照明系统根据 AFC 专业设备的用电需求，在车站站厅的不同区域墙壁上安装多个配电箱，内设双电源切换开关，并预留多组电源开关来控制 AFC 终端设备。安装在车站站厅的 AFC 终端设备，根据其位置分组接入车站站厅的各配电箱内。

单台 AFC 终端设备内部配置 UPS 电源，在断电情况下能保证设备完成最后一笔交易的处理和数据保存，以免数据丢失。站厅 AFC 终端设备配电系统如图 7-5 所示。

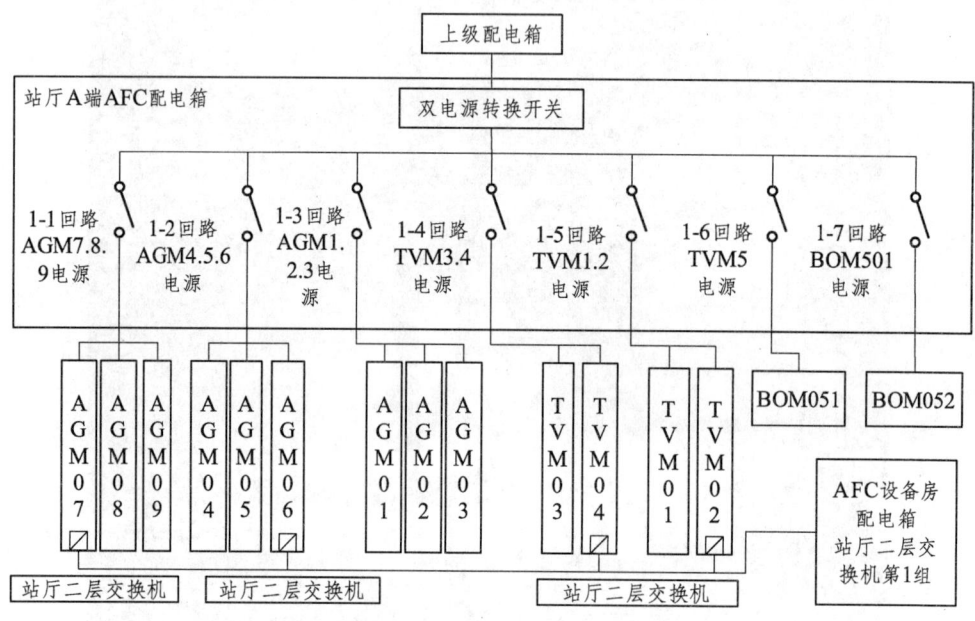

图 7-5 站厅 AFC 终端设备配电系统示意图

二、车站 SC 系统设备的配电

车站 SC 系统设备主要包括安装在 AFC 设备房内的 SC 服务器、三层交换机、紧急控制器等设备和车控室、票务管理室内的工作设备，以及安装在站厅 AFC 终端设备内部的二层交换机等设备。为保证车站 SC 系统的上述设备可靠运行，避免意外停电对设备造成停机影响，车站 SC 系统设备统一使用 UPS 电源供电。但由于各线路的设计差异，UPS 电源配置存在两种情况：第一种情况是由通信系统建立的综合 UPS 电源系统（安装在通信机房内）为 SC 系

统设备供电；第二种情况，每个车站的 SC 系统自行配置 UPS 电源系统（安装在 AFC 设备房内）来供电。但在同一条线路内，各车站 AFC 系统 UPS 供电方式均保持一致。AFC 设备房配电系统如图 7-6 所示。

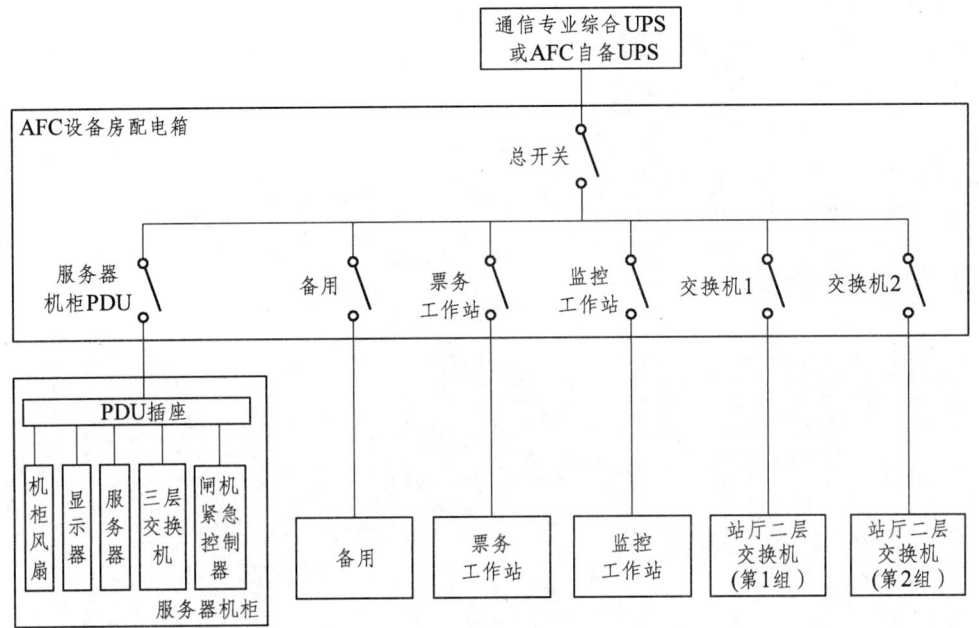

图 7-6　AFC 设备房配电系统示意图

第二目　AFC 站厅管线、设备安装

一、管线安装方式及要求

（一）管线安装方式

AFC 系统在站厅站台统一采用预埋电缆的方式，站厅一般地面装修层高度为 150 mm，其中 AFC 线槽可用高度为 100 mm，电缆槽尺寸为 300 mm（宽）×80 mm（高），站台一般地面装修层高度为 100 mm，电缆槽尺寸为 300 mm（宽）×50 mm（高）。个别特殊地段，如站台层地面装修层为 100 mm 高（含地板），采用预埋 ϕ50 钢管处理。现场施工图如图 7-7 所示。

用 2 mm 厚度的不锈钢把电缆槽分隔成通信线缆、电力电缆的子槽道，并与电缆槽焊接固定。

为便于电缆安装和维修，电缆槽一般每隔 20m 设一检修盒，转弯处设接线盒，尺寸均为 300 mm×300 mm；TVM、TCM、闸机、票务处下均设出线孔，尺寸为 200 mm×200 mm。在每个出线盒、电缆槽出线孔位置上的地面装修设有可揭开AFC箱盒的盒盖和金属保护边框。

在两端站厅不连通的车站，敷设两根多模光纤沿连接两端站厅的通信槽道接入两端的AFC网络交换设备。

图7-7 车站AFC设备线槽敷设施工

站厅公共区AFC墙壁式配电箱采用嵌入式安装，底部距地面1.3 m，自配电箱底部向下至电缆槽，在墙内垂直预埋足够数量的钢管或线槽。

从站厅电缆槽至车站控制室防静电地板下设足够数量的钢管或线槽。

从车站控制室至AFC票务管理室和AFC设备维修室在垫层预埋足够数量的钢管或线槽（按远期设备布置预留线槽）。

（二）管线安装具体要求

电缆应能避免高温或燃烧所导致的危险。工程中使用的光电缆的外护套应是绝缘、低烟、无卤、阻燃的。

要求线槽采用不锈钢线槽，为全密封结构，可通过锁扣开启盖子，线槽之间采用亚氟焊焊接连接，要求没有毛刺。

垂直线槽要与各层的水平桥架连接，并且要与各配线间机柜上端的线槽连接；线槽转弯处应采用弧线形弯头，以免发生线的弯度太小，引起的损伤。

要求施工单位根据国家标准，确保线缆铺设的可能性，清除管内毛刺和垃圾，并在管内留有穿线所需的引导钢丝。

为了确保穿线顺利，在线管排放中，要求根据建筑规范在管线分支、连接、转弯处设过线盒。

水平线槽和垂直梯架连接处，及水平线槽和管线各连接处须配以相应规格的分支附件，不能断接，以保证线路路由的弯曲自如以及线路的安全；若管线长度不够，需加套管时，应加外套，不能加内套。

所有线槽在线缆安装完毕后，全部要求使用锁扣封闭，以防鼠害；金属线槽必须通过接地线互联；所有线槽安装完成后两端需密闭，以防止线槽积水。

必须使用不同颜色的标签对布线部件进行正确标注。插座标签要选择易读字体，字号的大小以距离 1 m 处可以认读为准。线槽及光缆必须加注标签。机架、机柜和配线架亦应加注标签以方便管理。

系统配线有明敷和暗敷两种，所有线缆一律穿镀锌钢管或不锈钢线槽，明敷管线表面一律涂防火漆，明敷管要求横平竖直、整齐美观。暗敷线槽要求管路短、畅通、弯头少，每隔 20 m 设置一个接线盒。

线管的选择，按设计图选择管材种类和规格，且按线管内所穿导线的总面积（连外皮），不超过管子内孔截面积的 40%的限度进行选配。

为便于管子穿线和维修，在管路长度超过下列数值时，中间应加装接线盒或拉线盒，其位置应便于穿线。管子长度每超过 40 m、无弯曲时；长度每超过 25 m、有一弯时；长度每超过 15 米、有两个弯时；长度每超过 10 m、有三个弯时。

线管的固定、线管在转弯处或直线距离每超过 1.5 m 应加固定夹子。

电线线管的弯曲半径应符合所穿入电缆弯曲半径的规定。

凡有沙眼、裂纹和较大变形的管子禁止使用于配线工程。

线管的连接应加套管连接或丝扣连接。

接线箱或接线盒应加盖。

线管的分支处应加分线盒。

二、设备安装要求

（1）确定设备安装位置时，要提前预估安装孔位与装修层内线槽的相对关系，避免出现地脚螺栓安装在线槽上方的情况。

（2）安装自动售票机、自动验票机时，设备后方应留有操作和维修空间，设备距站厅离壁墙/柱子装修完成面的净距不少于 900 mm，自动售票机后维护门开启角度能达到 180°，而不受周边其他固定物影响。自动售票机、自动验票机设备间净距为 400 mm。安装自动检票机时，应避免其维护门等活动部件被周边栏杆等构筑物阻挡的情况，而影响设备操作和维修。

（3）站厅自动售票机和自动验票机后不应设置消防栓箱，以免影响消防设备的使用。站厅公共区 AFC 设备上方尽量避免设置通风空调的风口、冷凝管，以免空调冷凝水滴到设备上导致设备元器件烧坏。

（4）设备安装好以后，设备底座与地面要用防水胶进行密封。

第三节　AFC 与其他系统的技术接口

地铁工程是一项投资规模大、影响范围广、专业学科多的大型建设项目。地铁工程涉及的专业技术涵盖了城市规划、土木工程、机电设备、信息技术及环境保护等 30 多个学科领域，在这些专业学科之间，存在着相互关联、相互约束的关系，需要进行互相协调、密切配合，以保证实现各项规划设计要求，充分发挥地铁工程的整体功能。各专业之间的协调和匹配问题称为技术接口问题。对技术接口进行科学、有效的管理，对于确保工程建设进度、防范工程风险和控制投资规模具有重要的意义。

计算机行业中的接口概念，在硬件上通常是指计算机设备之间为了相互传输数据而制定的传送标准、通信协议以及连接设备；在软件上则指在不同的计算机软件系统之间进行数据交换的标准程序或协议数据格式。

地铁技术接口的定义为：把地铁工程涉及的各个专业学科视为许多个系统，技术接口是指相互关联的系统与系统之间，其关联关系的定义和描述，关联关系包括系统之间的相互技术要求和约束条件，以及系统之间的界面划分。即技术接口是各个专业学科之间相互技术要求和匹配条件的定义和说明。这些专业不但包括了建筑、机械、电气、计算机等属于"硬件"的学科，而且还包含了诸如交通规划、客流预测、环境保护、工程概算等属于"软件"的学科，与计算机行业的接口概念相比，技术接口的应用范围更广，所起的作用更大。

技术接口文件是技术接口管理的重要依据，包含了众多专业的相互接口要求。建立接口文件需要许多单位的协作努力，协调确认接口要求是一个逐步完善的过程，接口信息变化还需要进行动态监控。因此，技术接口管理是一项复杂的系统工程。

除此以外，在建设期间各系统之间的技术接口，还间接规定了各系统承包商应承担的接口工作。在系统建成投入正式运行后，原有的技术接口也间接演变成划分各系统维保单位工作界面的重要依据。因此系统维保人员熟悉本系统与其他系统之间的技术接口，对开展维保工作具有重要意义。

下面介绍 AFC 系统与其他主要系统之间的技术接口。

第一目 与时钟系统的接口

ACC 系统建成之前,各线路 LC 系统分别从通信时钟系统一级母钟提取时钟信号,再在各自线路内逐级将时钟信号同步到 SC 和 SLE。

ACC 系统建成之后,ACC 从通信时钟系统一级母钟提取标准时间信号,同步清分系统时钟,并为线路 AFC 系统、容灾系统提供时钟同步信号,时钟信息作为 ACC 与 LC 系统之间交换的数据类型之一被同步到各线路 LC 系统(包含既有线路和新建线路),再逐级同步到 SC 和 SLE。

一、物理接口示意图

AFC 系统与时钟系统(CLK)的接口界面如图 7-8 所示。

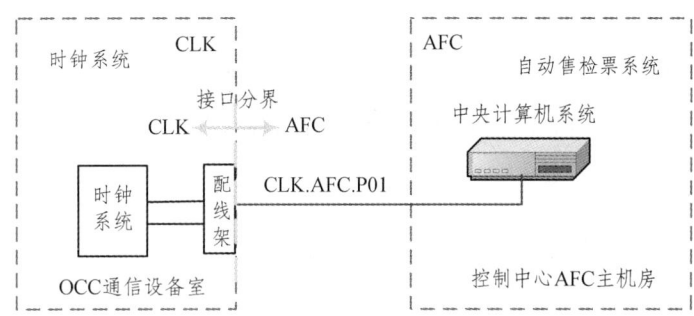

图 7-8 AFC 系统与时钟系统接口界面图

二、接口功能

时钟系统的接口如表 7-1 所示。

表 7-1 时钟系统接口表

接口编号	接口功能说明	接口类型	数量	接口位置
CLK.AFC.P01	时钟系统提供标准时间信息。AFC 系统接收时间信息,使各 AFC 系统设备时钟同步。时钟精度要求到 MS。	RS422 数据接口	1	中央通信设备室

第二目 与通信传输系统的接口

一、物理接口示意图

通信传输系统与 AFC 系统的接口界面如图 7-9 所示。

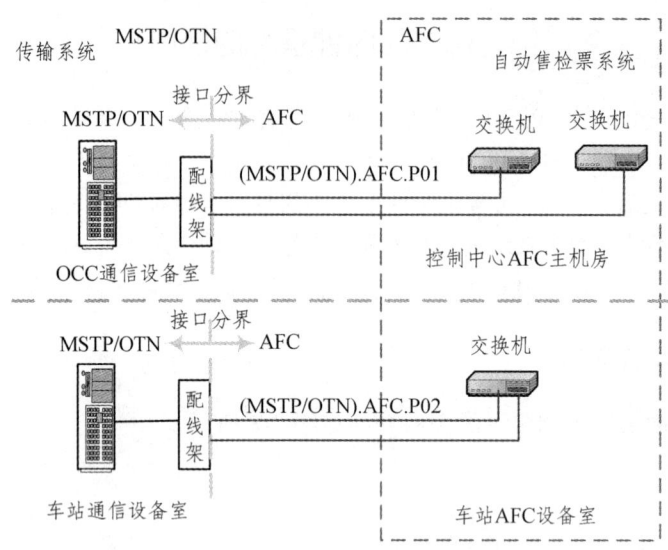

图 7-9 AFC 系统与通信传输系统接口界面图

二、接口功能

通信传输系统的接口如表 7-2 所示。

表 7-2 与通信传输系统接口表

接口编号	接口功能说明	接口类型	数量	接口位置
MSTP/OTN.AFC.P01	通信传输系统为 AFC 系统控制中心中央计算机系统提供共享型 100Mb/s 数据传输通道。通信传输系统可实时监视传输通道性能特征,包括业务流量、故障告警等	以太网数据接口开放的软件通信协议	2	OCC 通信设备室
MSTP/OTN.AFC.P02	通信传输系统为 AFC 系统车站计算机系统提供共享型 100Mb/s 数据传输通道。通信传输系统可实时监视传输通道性能特征,包括业务流量、故障告警等	以太网数据接口开放的软件通信协议	2	车站通信设备室

第三目　与综合监控系统的接口

一、物理接口示意图

综合监控系统（ISCS）和 AFC 系统之间的接口划分如图 7-10、图 7-11 所示。

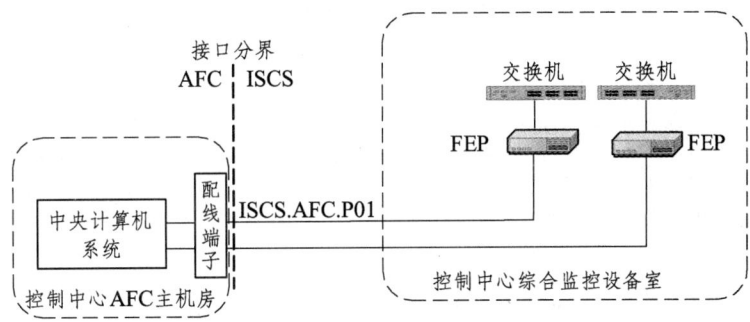

图 7-10　AFC 与控制中心 ISCS 接口界面图

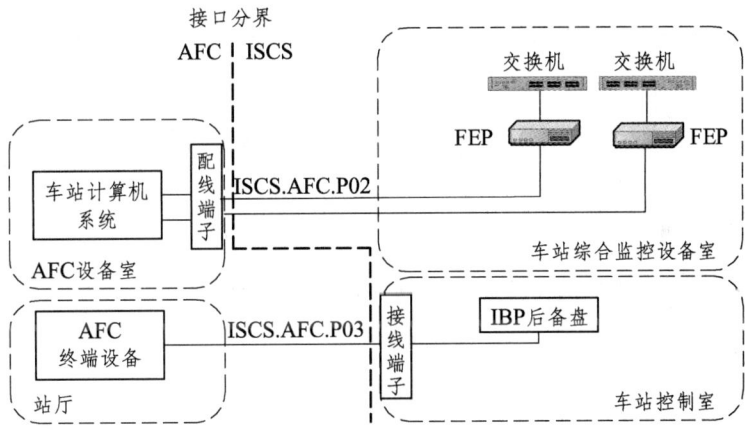

图 7-11　AFC 与车站 ISCS 接口界面图

二、接口功能

综合监控系统接口如表 7-3 所示。

表 7-3　综合监控系统接口表

接口编号	接口功能说明	接口类型	数量	接口位置
ISCS.AFC.P01	AFC 系统提供全线客流信息及有关的运营报表信息。ISCS 实现信息收集	以太网数据接口开放的软件通信协议	2	控制中心 AFC 设备室

续表

接口编号	接口功能说明	接口类型	数量	接口位置
ISCS.AFC.P02	ISCS监视自动售检票设备状态、车站客流量及提供故障报警。监控AFC模式控制。AFC系统执行ISCS发出的模式控制的启/停命令及传送模式的状态给ISCS	以太网数据接口开放的软件通信协议	2	车站AFC设备室
ISCS.AFC.P03	紧急情况下通过人工按下IBP紧急按钮发出释放命令，执行闸机释放。火灾情况下ISCS自动发出联动指令，AFC系统执行火灾联动情况下的闸机释放	硬线接口	按需提供	车站控制室

第四目 与综合UPS系统的接口

一、物理接口示意图

AFC系统与综合UPS系统在控制中心的接口界面如图7-12所示。

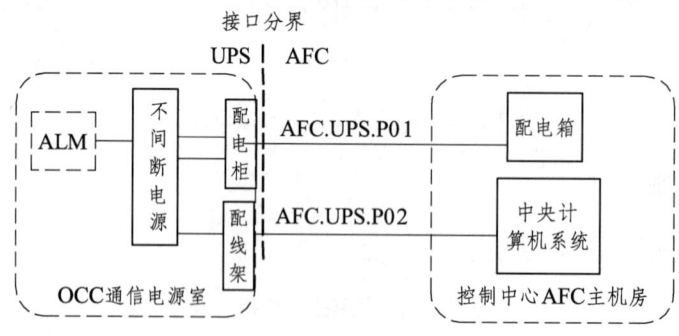

图7-12 AFC系统与控制中心综合UPS系统接口界面图

AFC系统与综合UPS系统在车站的接口界面如图7-13所示。

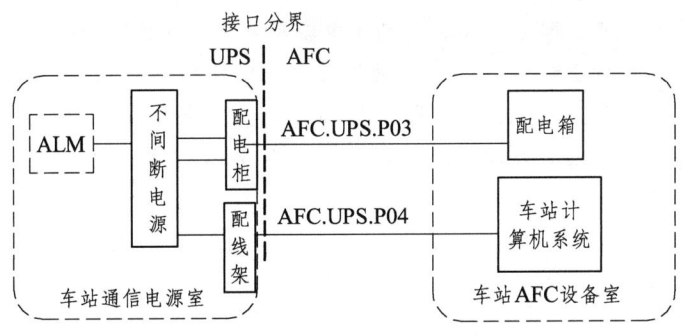

图 7-13 AFC 系统与车站综合 UPS 系统接口界面图

二、接口功能

综合 UPS 系统接口如表 7-4 所示。

表 7-4 综合 UPS 系统接口表

接口编号	接口功能说明	接口类型	数量	接口位置
AFC.UPS.P01	提供 AFC 系统的供电，UPS 后备时间及所需容量满足 AFC 接入负载的需求	—	1 回路	OCC 通信电源室
AFC.UPS.P02	向自 AFC 系统提供 UPS 电源的有关状态信息	RS422 接口或 RJ45	1	OCC 通信电源室
AFC.UPS.P03	提供 AFC 系统的供电，UPS 后备时间及所需容量满足 AFC 接入负载的需求	—	1 回路	车站通信电源室
AFC.UPS.P04	向 AFC 系统提供 UPS 电源的有关状态信息	RS422 接口或 RJ45	1	车站通信电源室

案 例

一、案例名称

车站 AFC 设备房 UPS 故障

二、案例现象

××××年×月×日运营时段，×××车站所有闸机扇门突然紧急释放，站务人员引导乘客从边门进站、人工检票出站。

AFC 抢修人员在现场发现车站 AFC 设备房 UPS 发生故障，无电源输出，导致后端负载

（SC 服务器、紧急控制器、网络交换机）均无电源输入，且 UPS 无法正常启动，抢修人员本着"先通后复"的应急处置原则，逐台对闸机紧急控制回路进行切除（拔除 PCM 控制板的 M3 端子），恢复闸机正常运行；由于设备房 UPS 无法正常启动，又采用绕开故障 UPS、直接给后端负载设备供电的临时处理方式，开启 SC 服务器、紧急控制器、网络交换机电源，保证车站正常的客运服务。

在当日车站运营结束后，AFC 设备维修人员更换故障 UPS，重新恢复电源接线，车站 SC 系统全部恢复正常运行。

三、案例分析

抢修人员在第一时间逐台切除闸机紧急控制回路，临时恢复闸机运行，但是对闸机逐台进行处理，需要花费较长时间，仍然会影响车站正常的客运服务。

UPS 故障后，导致 SC 服务器、紧急控制器、网络交换机均不能工作，车站终端设备进入孤岛运行。为了避免设备长时间孤岛运行，必须恢复车站网络和服务器运行，需要对故障 UPS 进行隔离，即采用接线端子将 UPS 原电源输入线和输出线直接对接的方式，来保证后端负载供电。由于 UPS 输入、输出电源线的线径既粗，出线又短，且接线部位贴近地面，不便于接线操作，还存在很大的安全隐患，处理时间较长，影响车站客运服务。

上述应急处置，只是在运营时段故障发生时的应急措施，当 UPS 维修完成后，还需要在非运营时段开始全面恢复工作，工作量较大，风险仍然存在。

在这种情况下，需要一种更好的方式，来解决当 UPS 故障时，能够快速恢复后端负载设备的供电，尽可能地减少对车站客运服务的影响。

四、整改措施

为车站 AFC 设备房 UPS 增加维修旁路单元，来快速隔离故障 UPS，恢复对后端设备供电，可简化应急处置工作，极大降低对车站客运服务的影响。

UPS 维修旁路单元，也称为 UPS 并机输出配电单元（简称 POD 单元），它是所用 UPS 的配套设计产品，主要目的是达到 UPS 的冗余配置。例如：在 1+1 并机系统中，实际只有 1 台 UPS 的负载能力，另 1 台为冗余供电。最主要的优点是，由于 POD 配置有维修旁路开关和专用的电源连接线缆，并采用插接方式连接，对故障 UPS 进行隔离和拆卸操作非常方便。也就是说，当 UPS 发生故障后，可以通过 POD 上的旁路开关，快速将 POD 置为维修旁路，把故障的 UPS 隔离，并拆卸下来维修，并且 POD 与 UPS 之间的连接都是专用的电源插座，而不使用压线端子排，所以连接和断开操作非常方便。其接线示意图如图 7-14 所示。

对该型号 UPS 加装 POD 单元的技术改造已经完成。改造后，若 UPS 故障，维修人员只需简单地通过开关切换操作，在极短时间内即可隔离故障 UPS，利用 POD 的维修旁路功能保证后端负载供电并正常工作。更换 UPS 时，通过拔掉 POD 与 UPS 之间的专用线缆插座、取下被隔离的 UPS 进行维修或更换，并且不会影响后端负载的正常运行，这样操作快速、方便、安全，可大大降低对车站客运服务的影响，以及连接或断开 UPS 电源线缆时存在的风险。

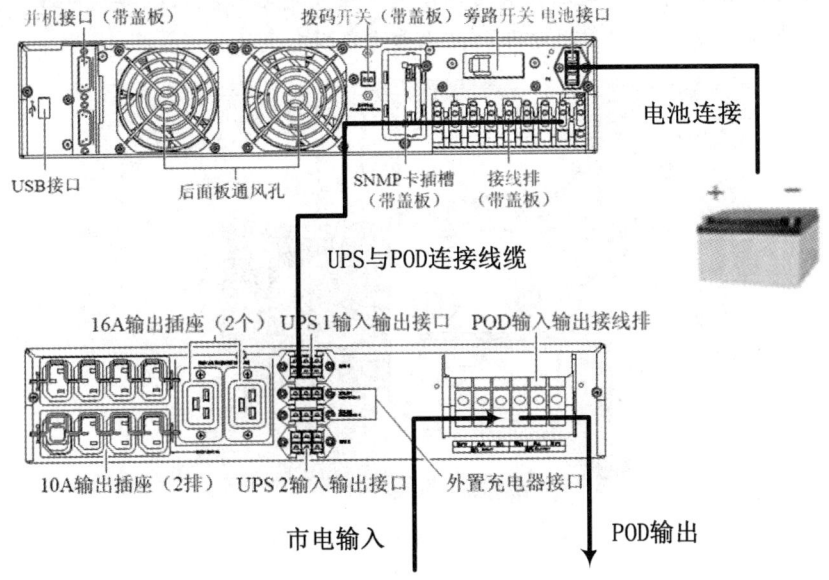

图 7-14 UPS 及 POD 接线示意图

复习思考题

1. 对 AFC 系统工程中使用的光缆、电缆外护套的防火性能有何要求?
2. 为什么 AFC 系统的线槽要分隔成通信线缆、电力电缆的子槽道,且用不锈钢隔板分开?
3. 在 AFC 系统工程图纸中,一套车站施工图纸主要包括哪些部分内容? 简述各自作用。
4. 各系统之间的技术接口主要包括哪些内容?
5. AFC 系统主要与哪些外部系统有技术接口?

延伸阅读——自动转换开关电器

自动转换开关电器,即 ATSE(Automatic Transfer Switching Equipment),是由一个(或几个)转换开关电器和其他必需的电器组成,用于监测电源电路、并将一个或几个负载电路从一路电源自动切换到另一路电源的电器。电气行业中简称为"双电源自动转换开关"或"双电源开关"。

ATSE 主要用在紧急供电系统,将负载电路从一个电源自动换接至另一个(备用)电源的开关电器,以确保重要负荷连续、可靠运行。其外观如图 7-15 所示。

自动转换开关的工作原理为:双电源开关同时接入两路独立的电源,一路为"常用电源",另一路为"备用电源",当"常用电源"正常时,则投入"常用电源",当"常用电

309

源"失压、欠压、缺相时，双电源开关自动断开"常用电源"投入"备用电源"，当"常用电源"恢复正常时，返回至"常用电源"，此称为自投自复。

图 7-15 自动转换开关外观图

安装有自动转换开关的配电箱为双电源切换箱，其系统如图 7-16 所示。

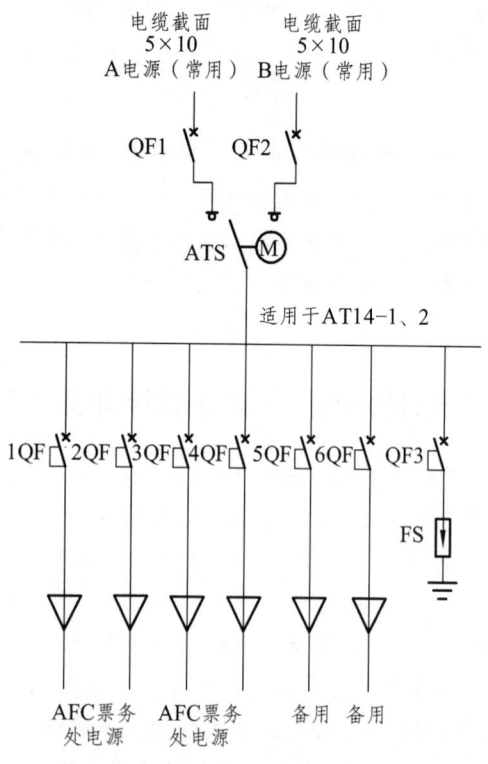

图 7-16 双电源切换箱系统图

ATS—双电源开关；FS—浪涌保护器；QF1～3—断路器；1～6QF—断路器

自动转换开关前面板如图 7-17 所示。

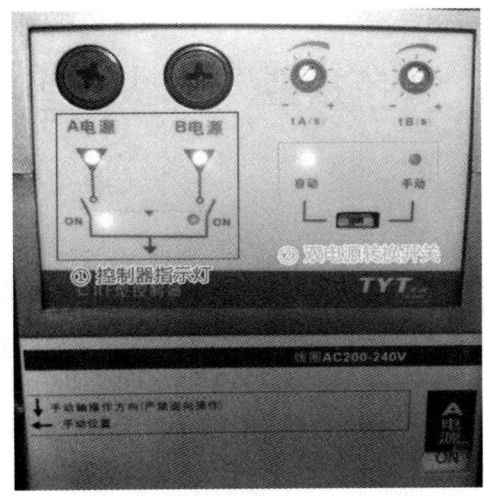

图 7-17　自动转换开关前面板图

各指示灯状态说明如下。

（1）对应"A 电源"灯亮（绿色）表示：A 电源进线端有电。

（2）对应"B 电源"灯亮（绿色）表示：B 电源进线端有电。

（3）对应"A 电源"的"ON"灯亮（绿色）表示：已投入 A 电源。

（4）对应"B 电源"的"ON"灯亮（绿色）表示：已投入 B 电源。

（5）对应"自动"的灯亮（绿色）表示：ATSE 处于自动控制状态。

（6）对应"手动"的灯亮（绿色）表示：ATSE 处于手动控制状态。

双电源切换箱内部在正常情况下，应同时满足以下条件。

（1）QF1、QF2、QF3 断路器须处于合闸位置。

（2）双电源开关第一排 A、B 电源指示灯点亮，及第二排双电源投入指示灯之一点亮，双电源开关转换开关应处于"自动"位置。

第三部分 故障处理

第八章 故障处理

【本章学习重点】

本章重点介绍故障诊断处理方法、重大故障定义及处理原则,举例说明在发生重大故障时如何按照处理原则进行故障处置。

第一节 设备故障处理方法

AFC 设备的故障处理是一门综合性技术,既要掌握设备的工作原理和基本结构,还需要有丰富的理论联系实际的经验,在有理论知识的基础上,结合现场实际进行全面分析,判断并且善于变换思路,采用多种灵活的检查处理方法,使设备故障化难为易,从而在较短时间内排除故障,保证设备正常运行。

第一目 故障诊断方法

口问、眼看、耳听、鼻闻、手摸、表测六种诊断方法,简单地讲就是通过"问、看、听、闻、摸、测"来发现设备的异常情况,从而找出故障原因和故障所在的部位。

一、口问

当一台设备的电气系统发生故障后,检修人员应和医生看病一样,首先要了解详细的"病情"。即向设备操作人员了解设备使用情况和故障发生的全过程。

如果故障发生在有关操作期间或之后,还应询问当时的操作内容以及方法、步骤。总的来讲,了解情况要尽可能详细和真实,这些往往是快速找出故障原因和部位的关键。

二、眼看

(1)看现场:根据所问到的情况,仔细查看设备外部状况或运行工况。如设备的外形、颜色有无异常:电气回路有无烧伤、烧焦、开路、短路,机械部分有无损坏以及开关、刀闸、按钮插接线所处位置是否正确,改过的接线有无错误,更换的元件是否相符等:还要观察信号显示和仪表指示等。

（2）看图纸和资料：必须认真查阅与产生故障有关的电气原理图和安装接线图,应先看懂原理图,再看接线图,以"理论"指导"实践"。看懂熟悉有关故障设备的电气原理图后,分析一下已经出现的故障与控制线路中的哪一部分、哪些电气元件有关,产生了什么毛病才能有所述现象。接着,再分析决定检查哪些地方,逐步查下去就能找出故障所在了。

三、耳听

细听设备运行中的声响。设备在运行中会有一定噪声,但其噪声一般较均匀且有一定规律,噪声强度也较低。带病运行的设备其噪声通常也会发生变化,用耳细听往往可以区别它和正常设备运行是噪声之差异。利用听觉判断故障,虽说是一件比较复杂的工作。但只要本着"实事求是"的科学态度,从实际出发,善于摸索规律,予以科学的分析,就能诊断出设备故障的原因和部位。

四、鼻闻

利用人的嗅觉,根据设备的气味判断故障。如过热、短路、击穿故障,则有可能闻到烧焦味,火烟味和塑料、橡胶、油漆、等受热挥发的气味。

五、手摸

用手触摸设备的有关部位,根据温度和震动判断故障。如设备过载,则其整休温度会上升;如局部短路或机械摩擦,则可能出现局部过热"如机械卡阻或平衡性不好,其振幅就会加大。

另外,实际操作中还应注意遵守有关安全规程和掌握设备特点,掌握摸（触）的方法和技巧,该摸的摸,不能摸的切不能乱摸。手模用力要适当,以免危及人身安全和损坏设备。

六、表测

用仪表仪器对电气设备进行检查。根据仪表测量某些电参数的大小,经与正常数据对比后,来确定故障原因和部位。

第二目 故障处理方法

设备故障可分为两类,一类是显性故障,即故障部位有明显的外表特征,容易发现。如电路板过热、冒烟、焦糊味,接头松动,运转部件声音异常、震动大、活动不灵活等。另一类是隐性故障,没有外表特征,不易发现,如接插件接触不良、电子元件针脚虚焊等。

因此，处理故障应在初步感官诊断的基础上，根据故障设备的电路原理，结合自身经验，周密思考，科学判定故障原因和部位。常用的设备故障处理方法有四个。

一、分析法

根据设备的工作原理、控制原理和控制线路，结合初步感官诊断故障现象和特征，定位故障所属模块或部件，分析故障原因。

二、开路法

开路法也叫断路法。如设备电源模块给其他多个模块供电，采用此法，就是甩开与电源模块的后级负载，使其空载。若空载时仍不能正常工作，则故障在电源模块；如工作正常，则故障可能在后级负载，然后通过逐级增加负载的方式，判断到底是哪个模块发生了故障。此法主要用于检查过载、低压故障，对于电子电路中的工作点漂移、频率特性改变也同样适用。

三、替代法

替代法也叫替换法，即对有怀疑的电器元件或零部件用正常完好的电器元件或零部件替换，以确定故障原因和故障部位。采用替代法时，一定要注意用于替代的电器应与原电器规格、型号一致，导线连接正确、牢固，以免发生新的故障。

四、对比法

把故障设备的有关参数或运行工况和正常设备进行比较。某些设备的有关参数往往不能从技术资料中查到，设备中有些电器零部件的性能参数在现场也难于判断其好坏，如有多台电气设备时，可采用互相对比的办法，参照正常设备进行调整或更换。

第二节　重大故障处理

AFC 系统设备直接面向乘客提供售检票服务，在城市轨道交通众多系统设备当中，它是重要的客运服务设备。虽然在设计、建设阶段，已经从系统架构、设备质量及数量上做了充分考虑来提高了系统的可靠性和稳定性，但是由于多种不确定因素，仍然存在同一时间大面积设备故障的风险，如果发生大面积设备故障，势必会对客运服务造成重大影响，因此 AFC 系统重大故障的应急处置管理是非常重要的。对于车站终端设备的大面积故障的应急处置则是重中之重。

每个车站的各类终端设备在数量上都做了冗余设计，设备与设备之间可以说是相互独立的，每台设备还具有"孤岛"运行能力（不包含储值卡的联网充值功能）及降级模式，虽然每台设备硬件发生个性故障在所难免，但多台设备硬件同时发生共性故障的可能性很小。导致 AFC 设备故障的原因，除了设备硬件因素，还有业务软件、各类运行参数等因素。为了满足运营需求的变化、票务规则的调整带来的设备运行参数的调整，设备业务软件的升级是不可避免的。软件缺陷和参数错误两者中的任何一种问题，都会造成大面积的设备共性故障。故障较轻时，终端设备能够运行，但售检票的实现效果不正确，比如票价参数配置错误，如果造成多收乘客车费，势必会引起乘客纠纷，反之，又会造成运营方票务收入的损失；故障严重时，可能导致车站所有 AFC 终端设备退出服务，车站客运服务不能正常进行，影响广大乘客的正常出行，势必会带来巨大的社会负面影响。

另外 AFC 系统是终端设备和车票相互作用的一个系统，如果某个批次的车票在生产时存在缺陷，未经全面测试，一旦发行出去，也会造成很大的社会负面影响。

因此，对于软件、参数升级和新票种使用存在的风险，应该在正式实施之前，进行全面的测试，比如软件、参数升级，应首先在内部的测试环境进行测试，通过后，再选择线路的某一个车站进行分级测试，首先选择 1 或 2 台设备进行测试，然后逐步扩大到全站设备，经过一段时间的测试确保无问题后，最后再在全线实施升级，最大限度地降低升级带来的风险。

另外 AFC 系统的运行也依赖于外部的其他系统，比如通信传输网络系统以及供电系统，这些系统一旦出现问题，特别是供电系统，也会全面影响车站的终端设备运行。

因此当发生重大故障时，及时定位故障原因，并实施应急处置，是至关重要的。

第一目　AFC 系统重大故障分类

一、车站级重大故障

（1）同一车站一定数量比例的自动售票机发生故障。
（2）同一车站一定数量比例的进站闸机发生故障。
（3）同一车站一定数量比例的出站闸机发生故障。
（4）同一车站所有 BOM 发生故障。
（5）全线一定数量比例的车站服务器未向中央计算机传输数据。
（6）车站级供电故障。
（7）某一个或多个票种在某个车站内使用异常。

二、线路级设备重大故障

（1）AFC 系统故障导致线路级系统全部功能失效。
（2）AFC 线路中央系统故障导致车站级设备重大故障。
（3）线路级参数错误、时钟同步错误。

（4）线路级系统通用设备及数据库故障。

（5）线路级供电故障。

（6）某一个或多个票种在线路一定数量比例及以上车站内使用异常。

三、线网级重大故障

（1）线网级参数错误、时钟同步错误。

（2）线网级系统通用设备及数据库故障。

（3）线网级供电故障。

（4）某一个或多个票种在线网所有车站内使用异常。

第二目 重大故障处理原则

AFC 系统重大故障抢修工作应遵守以下原则。

一、安全原则

安全第一，保证乘客、地铁员工人身安全。

二、"先通后复"原则

尽快恢复系统的基本功能或在最短时间内修复 1~2 台简单故障设备，尽快降低故障等级。

三、"请求上报"原则

故障无法处理，现场处置小组立即请求技术支援，并由 AFC 调度上报部门管理人员，不能无故拖沓延期上报。

四、"先主后次"原则

优先恢复直接服务乘客的终端设备，保障顺序依次为闸机、半自动售票机和自动售票机；之后恢复车站计算机和线路中央计算机系统。

五、"优先级别"原则

在中央控制级和现场控制级两个级别同时发生两个以上的控制系统故障时，抢修优先级别顺序是：车站、线路、线网。

六、"保障最低客运服务"原则

（1）确保每一个付费区均有保证基本功能的进/出站闸机。

（2）确保每一个非付费区均保证基本功能的半自动售票机。

（3）确保每一个非付费区有保证基本功能的自动售票机。

第三节　应急处置典型案例

第一目　车站一组或多组固力保闸机扇门全开

故障现象：车控室 IBP 盘未动作、未损坏且车站无火情的情况下，一组或多组固力保闸机扇门全开。

处置目的：尽快恢复故障闸机正常运营，保障车站客运服务。

处置办法：在短时间无法查找出线路断路点的紧急情况下，为达到先通后复的故障处理，可将每台闸机的 PCM 控制板的 M3 端子拔除（见图 8-1 所示），临时恢复扇门功能，保证车站正常客运服务，待故障点查明再作进一步处理。

图 8-1　固力保机芯 PCM 板 M3 端子图

第二目　AFC 设备维修室艾默生 UPS 故障（已加装 POD 单元）

故障现象：UPS 故障、无电压输出，导致车站服务器、紧急控制器、SC 交换机断电。

处置目的：尽快恢复断电的车站服务器、紧急控制器、SC 交换机正常运行，保障车站客运服务。

处置办法：

（1）断开 POD 模块上的 UPS1 输入开关与 UPS1 输出开关，然后闭合 POD 模块上的维修旁路开关即可。这样在不改变后端负载接线的情况下，即可向后端负载供电，可及时恢复车站服务器、紧急控制器、SC 交换机正常运行，保障车站客运服务。加装 POD 单元后的 UPS 系统如图 8-2 所示。

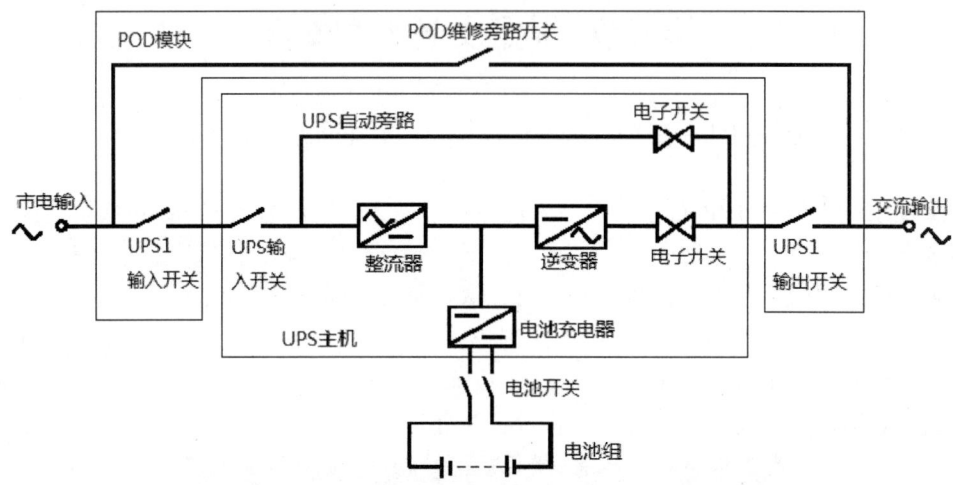

图 8-2　加装 POD 单元后的 UPS 系统图

（2）更换故障 UPS。（更换故障 UPS 时，不会对后端负载造成停电影响。）
（3）UPS 更换完毕后，开启 UPS 步骤为：
①闭合 UPS 电池开关。
②闭合 POD 模块上的 UPS1 输入开关、UPS1 输出开关。
③闭合 UPS 主机上的输入空开，UPS 主机上市电、旁路指示灯亮。
④断开 POD 模块上的维修旁路空开。
⑤按下 UPS 开机按钮，UPS 由市电旁路转为市电逆变供电。
⑥断开 UPS 输入空开，UPS 由市电逆变转为电池逆变供电（用于测试电池逆变供电）。
⑦闭合 UPS 输入空开，UPS 恢复市电逆变供电。

案　例

一、案例名称

XX 市轨道交通自动售检票系统故障

二、案例概况

XXXX 年 XX 月 XX 日上午早高峰时段，某市轨道交通 X 号线 AFC 系统全线瘫痪，导致进出站闸机全部无法使用。同一时段，其他线路部分站点也出现类似故障。由于恰逢工作日早高峰时段，多线同时发生 AFC 设备故障导致数十万人出行受到影响，车站客流拥堵情况严重。

事发后，轨道交通运营方启动应急预案，多个站点启用人工发售纸质票，票价统一为线网最低票价。但由于车站人工售票亭及站务人员有限，人工售票的效率远不能满足大量乘客集中购票的需求，后续部分车站采取直接放行乘客的方式疏散车站客流。

经专业技术人员紧急处理，事发1h后故障排除，设备恢复正常运行。

三、原因分析

该次故障经设备检查，原因为AFC系统参数下发错误，导致全线进出站闸机读写器死机，全线闸机设备无法使用。

四、应对措施

1. 现场票务、客流应急组织

故障发生后，轨道交通运营方为保障运营畅通，立即启动应急预案。在沿线各车站售票点及进、出闸机处，增派了工作人员，疏导站内乘客，加大车站广播通报力度，引导乘客通行。对已购买单程票的乘客，引导其由专用通道进入车站付费区，提醒其在目的车站专用通道处回收单程票；对无法购票进站及持卡未能刷卡进入付费区的乘客，由车站工作人员引导至车站临时售票点，购买纸质单程票，经专用通道进、出车站；针对部分进站时已刷卡未能刷卡出站的乘客，在抵达目的车站后，引导其由专用通道出站，提醒其下次搭乘时，到车站票亭进行更新；对于个别大客流车站，为避免站内过度拥堵，站务人员引导进站乘客直接由专用通道进入付费区，没有要求乘客购票。

2. 设备现场处置及管理

设备抢修人员和各专业工程师赶赴现场后立即查找故障原因，按照相应的应急处置程序进行抢修，同时将应急处理措施报告部门生产调度，按照应急报送流程进行报送。

票务管理部门负责人及管理人员接到调度指挥中心抢修指令后，分别立刻赶赴相关故障现场，了解情况，掌握故障发生时间、原因、影响范围等，及时向上级部门报告故障处理的最新进展情况。

3. 官方媒体致歉

轨道交通运营方通过官方微博及时发布故障原因，向市民表达歉意，并表示"下一步我们将加强设备维护管理，提高客运服务质量，更好地服务广大乘客"。

五、经验总结

通过该事故案例可以看出，AFC系统设备故障所带来的社会影响十分巨大。为避免轨道交通票务系统发生类似事故，需要加强各项施工作业（包含系统参数下发、程序升级等）的质量管控；梳理AFC系统故障应急预案，针对不同类型的故障，制定相应的处置程序（包括车站现场的客运组织、设备故障维修处置等）。

复习思考题

AFC系统重大故障的处理原则有哪些？

第四部分　新技术应用

第九章　新技术在 AFC 系统中的应用

随着城市轨道交通建设里程的不断增加和运营水平的日益提高，人们搭乘轨道车辆可享受到越来越便捷的出行服务，但同时也存在车厢拥挤、换乘路线长以及购票充值不便等多种问题。作为面向乘客的服务系统，传统 AFC 系统的应用存在一些问题，已不能完全满足使用需求。随着移动互联网的崛起，智能手机的普及，电子票据的使用已经非常方便，为了给人们提供更快捷、简便的乘行服务，运用互联网+的思维，打造智慧地铁，提高设备使用效率，降低地铁运营成本是大势所趋。

一、传统 AFC 系统面临的主要问题

1. 现金及实体车票管理难度大、成本高

从运营管理的角度来说，现金购票导致繁重的硬纸币清点工作、繁琐的钱款核算流程、高昂的设备采购和维护成本，实物票卡编码分拣、库存调配需要消耗大量的人力物力，且票卡容易流失；从乘客的角度看，现金操作涉及零钱问题，高峰期购票充值需要排队，不仅浪费出行时间，也影响出行体验。

2. 系统结构复杂，维护难度成本高

在城市轨道交通形成线网并建立了专门的轨道交通票务清分系统后，传统的每条线路都建设 1 个 AFC 线路中心系统的做法，不仅大大增加了硬件投资，也占用了大量资源，导致资源利用率低，且线路中心分散不便于维护和管理。

国内大部分 AFC 系统的设备维保数据应用还处于较低水平。一方面是设备故障数据未实现自动采集，人工录入的故障数据存在不全、不细、不实的问题，无法如实反映设备状态，对设备维保指导意义不大；另一方面是数据的分析自动化水平还不够，现在轨道交通运营商的运营生产管理系统对 AFC 设备故障，只能查询，没有自动分析功能，更达不到对数据进行分析并给出设备维保建议的程度。在设备数量大幅增加的背景下，人工分析已不能满足设备维保需求。

二、新技术在 AFC 的应用展望

移动支付与云技术是解决以上问题的有效方法，它是一种基于互联网的计算技术，通过

这种共享软硬件资源和信息的方式，可以按需提供计算资源和其他设备。基于云技术平台的AFC系统实现了虚拟支付购票，克服了传统购票模式的诸多问题，同时也可以获得除客流数据、交易数据以外更多的用户数据，为大数据分析提供了条件。

1.云技术在 MLC/NCCC 系统的应用

对于 AFC 线路中心和清分中心来说，传统的基于 UNIX 小型机和关系型数据库的大数据处理系统正在向基于分布式处理（分布式并行计算、分布式数据库）的云技术解决方案过渡。AFC 应用服务器主要完成系统数据接口、数据传输、数据处理及其他系统管控工作，因数量较多，需求不定，AFC 虚拟化平台将其统一部署在云平台上，可做到配置灵活、易于扩展、便于维护管理，并实现系统的高可用功能。在轨道交通 AFC 领域，利用云计算的虚拟化技术可实现集中的多线路中心（Multiple Lines Center, MLC）的构建，同时可以合并 MLC 与 ACC 构建线网管控清分中心（Network Control Clearing Center, NCCC），建立 1 个基于城市的私有云平台，在逻辑上保留每条线路的虚拟线路中心与虚拟 ACC，以实现各线路中心系统的全部功能。这一做法既提升了硬件资源的利用率，实现了集中管理，又减少了系统维护的工作量，同时可大大减少应用服务器的硬件成本。

2. 移动支付与云技术在自动售票机和闸机上的应用

云闸机是在云服务的基础上搭建，结合闸机本地计算资源和云端后台计算资源共同构建闸机系统，既具备脱机运行条件，也具备云端数据处理和同步功能，可以充分利用云端资源快速处理第三方支付系统的交易数据，实现二维码支付等不同支付介质的快速加入，同时可以采用云存储与本地存储相结合，实现交易数据追踪与审计，通过云端系统实现自我诊断。

云售票机可以不再内置现金管理模块，采用电子现金和第三方支付平台付款，可有效缩短大客流情况下购票时间，简化购票流程，减少现金管理压力，实现灵活多变的购票取票方式。同时可以提供完善的统计和审计功能，实现设备远程诊断，远程部署管理功能，最大限度地降低设备故障率。现金模块配置的减少，不仅可以减少建设成本，而且可以提高票务运营、设备维保的效率，降低运营成本。乘客通过手机应用，购买虚拟化的电子车票，直接刷手机进出地铁站，可以降低实体车票采购、制作、流通的管理成本，虚拟化车票还可以促进乘车凭证的实名制登记与管理，提高城市轨道交通安全性。

3. AFC 大数据的应用

在大数据时代，大数据最核心的价值就在于对海量数据进行存储和分析。AFC 系统数据主要包括客流数据、票卡数据、设备状态数据、运营模式数据及联机数据等。其中，票卡及票库数据为票卡购买和线网化票卡调配提供依据，设备状态数据为设备维护与检查提供实时信息。在进行大数据分析挖掘时，可根据不同的需求建立数学模型，分析挖掘 AFC 系统有价值的信息，提升 AFC 系统的信息化、智能化程度。客流数据作为应用方向最广的重要数据，既为公共交通乘客错峰出行提供了数据支持，又为车站有效加强非付费区的客流组织能力，减少机场、高铁、码头、长途车站等地铁接驳枢纽的排队购票时间，有效降低公共交通出行的旅行拥堵率等提供了分析依据。同时也为运营方有效掌握突发客流提供预警信息，并确保在线列车调度能够及时响应。未来，客流数据可实时提供给乘客，使得乘客可在手机 APP 上进行站点客流信息查询、行程用时信息查询，并获得最短、最快、最舒适的路径；也可提前了解路网客流状况，自行避开大客流拥堵时段；还可以在换乘站提前接到换乘提醒。

大数据对 AFC 维保的意义在于两方面。一是通过技术手段将运营商的运营生产管理系统与 AFC 系统对接，在保证系统安全的前提下，实现数据的自动采集，形成 AFC 维保的大数据。将车站 AFC 监护系统的设备故障状态自动上传，生成记录，实现在线监测。或者在现有的 AFC 系统上开发出设备故障采集系统，实时查看并记录设备故障状态，形成记录。二是在运营生产管理系统或是 AFC 分析软件里增加大数据分析功能，达到一定条件时，能自动生成检修工单，指导维保部门进行专项检修。

总之，新技术在 AFC 系统的应用，顺应了互联网与移动支付技术发展的潮流，不仅拥有云计算带来的灵活和高效，而且能缓解现金交易和实体车票存在的弊端，符合目前倡导的低碳经济、绿色经济理念。大数据应用正在不断推进，智慧地铁的蓝图正在一步步地变为现实。

复习思考题答案

第一章 基础知识

1. 要点：(1) 可靠性高：非接触式 IC 卡与读吸气之间无机械接触避免了由于接触读写而产生的各种故障。此外，非接触式卡表面无裸露芯片，无须担心芯片脱落，静电击穿，弯曲损坏等问题，既便于卡片印刷又提高了使用速度。(2) 操作方便：由于非接触通信，读写器在 8 cm 左右范围内就可以对卡片操作，所以不必插拔卡，非常方便用户。非接触式卡使用时没有方向性。(3) 防冲突：非接触式卡中有快速防冲突机制，能防止卡片之间出现数据干扰。(4) 加密性能好：非接触式卡的序列号是唯一的，制造厂家在产品出厂前已将此序列号固化，不可再更改。非接触式卡与读写器之间采用双向验证机制，即读写器验证 IC 卡的合法性，同时 IC 卡也验证读写器的合法性。(5) 可以适合于多种应用：非接触式卡的存储器结构特点使它一卡多用。能运用于不同系统，用户可更具不同的应用设定不同的密码访问条件。

2. 要点：黑名单车票是指因某种原因导致该车票被系统禁止使用的车票。黑名单车票包括：遗失公务票（员工票、车站工作票等）、存在恶意舞弊行为的车票、员工离职后未上缴的员工票、因特定原因不再继续使用但又无法全面回收的票卡等。

3. 要点：AFC 系统由于采用封闭式的票务管理模式，因此使用闸机和隔离栏杆将车站站厅公共区划分为付费区和非付费区。(1) TVM、TCM 布置在非付费区，乘客可在此区域通过 TVM 购买单程票或对储值卡进行充值，或者使用 TCM 查询自己的票卡信息。(2) AGM 布置在付费区与非付费区的分隔带上。乘客持有效车票经过进站闸机检票后，即可从非付费区进入付费区，开始旅程，到达目的车站后，再持车票经过出站闸机检票后，离开车站。(3) BOM 也布置在付费区与非付费区的分隔带上，主要目的是一台 BOM 设备可同时对处在付费区或非付费区的不同乘客服务，比如对于非付费区的乘客，可进行兑换零钱、人工售卖单程票、人工充值、非付费区的车票更新等乘客事务，而对于付费区的乘客，主要可进行付费区的车票更新等乘客事务。

4. 要点：设备全局 ID 由 9 位数字构成，包括线路号（2 位）、车站代码（2 位）、设备类型代码（2 位）和设备序列号（3 位）四部分，各部分位数不足时，前面加 0。并且要求设备全局 ID 不能出现重复。

5. 要点：线路：2 号线；车站代码：27；设备类型：双向闸机；IP 地址：10.2.27.108；设备铭牌：TWG108。

第二章　自动售票机

1. 要点：主要外部接口：显示器接口（VGA、LVDS、），串口（RS-232）、并口（打印口）、USB口、键盘鼠标口（PS/2）、网口（LAN）、音频口（AUDIO）、I/O接口、电源接口。工控机主要使用串口（RS-232）来控制其他主要模块？

2. 要点：纸币传送装置，纸币检测传感器（纸币鉴币器），数据模块（the datamodule），纸币箱座（钱箱支架），纸币箱。

纸币钱箱的特点是具有双锁功能，在现金管理上具有很高的安全性。拉出和打开钱箱需要使用不同的钥匙。只有两把钥匙共同作用时才可打开钱箱取出所保存的现金。当钱箱从自动售票机的存放座上取走时，钱箱的入闭口能自动关闭，操作人员无法接触到钱币，并且只有用箱盖锁开启一次钱箱箱盖后，钱箱才能再次插入纸币箱座。

3. 要点：硬币识别器（鉴别硬币真伪和币值，根据鉴别结果将硬币分拣至不同的通道）；

循环找零箱（在未到达最大容量时，存放乘客投入的硬币，用于实现循环找零）；

后备找零箱（存放站务人员加入的硬币，在循环找零不足的情况下，实现后备找零）；

硬币回收箱（当循环找零箱内硬币达到上限时，存放乘客投入的硬币；在硬币模块执行盘点功能时，用于存放从后备找零箱、循环找零箱盘出的硬币）；

硬币暂存器（乘客投入的硬币经识别后，临时存放在硬币暂存器，当乘客取消本次交易时可实现原币奉还）；

硬币分币器（用于存放硬币识别器识别和接受的多余币种硬币，如果交易成功，则送至硬币回收箱，如果交易被取消，则送至找零口。将循环找零箱或后备找零箱送来的硬币运送至找零口，以实现找零功能）；

硬币模块控制板（接收工控机的命令，控制硬币模块各部件动作，实现硬币模块的所有功能，并将模块状态反馈给工控机）。

4. 要点：情况1：如果采用循环找零：硬币循环找零箱>给币漏斗>找零口；

情况2：如果采用后备找零：硬币后备找零箱>给币漏斗>找零口。

5. 要点：主要包括：出卡机构、调位机构、传送机构、升降机构、发卡电机、传送电机、升降电机、传感器、电磁铁、到位开关、控制板、票箱、废票箱等。

出卡电机功能：驱动出卡机构完成出卡功能；传送电机功能：带动传送机构的传输皮带将票卡送到读写区完成读写，后根据指令将票卡送出或回收。升降电机功能：带动升降机构上下运动为出卡机构完成供票功能。

6. 要点：使用移动支付替代现金支付，可省掉纸币、硬币识别过程以及找零过程，改善乘客的支付体验，提高支付效率；降低自动售票机TVM的研制和采购费用，从而节约新线的建设成本；降低设备维保人员的工作量，减少车站运营维护成本；减少实体单程票的使用量，可以降低车票采购、制作、流通的管理成本；减少车站现金的管理压力；虚拟化车票可以促进乘车凭证的实名制登记，提高城市轨道交通安全性。

第三章 自动检票机

1. 要点：一个剪式闸机通道由左右两个机壳构成，一个通道所属的模块分设在左右两个机壳内，分别称为主机构、从机构。N 个通道连续布置构成闸机组时，相邻通道的主机构和从机构合设在一个机壳内部，则称为中间机，总共需要 N+1 台闸机设备（机壳）。相邻通道的两组闸机扇门采用沿通道方向前后错位的布局形式，可以缩减中间机的机壳厚度，这样，在相同长度的范围内可以增加闸机通道的数量，提高乘客的通行能力。

2. 要点：红外对射传感器发射端只有两根电源线，多个发射端之间采用并联方式，安装在闸机通道无主控单元的一侧内；每个接收端有两根电源线和一根信号线，电源线为并联方式连接，而每个接收端需要通过其状态和物理位置来反映乘客的通行状态，因此每个信号线必须单独连接到PCM板上，因此接收端一侧的连线较多，为了连线方便和节省成本以及避免信号衰减，接收端宜安装在闸机通道的主控单元一侧内。

3. 要点：两种方式。第一种：正常运行方式。电机转动，通过变速箱提供转矩力给连接杆，连接杆传递运动到转动臂，转动臂通过支撑电磁铁的磁力吸合固定吸盘从而连接到门扇臂，带动门扇做开启或关闭运动。

第二种：紧急释放方式：正常情况下，电机输出动力给中间传动机构，带动扇门做来回运动，在扇门关闭状态时，扭力弹簧被压缩变形，弹簧端将弹簧力施加在安装在门扇臂的螺栓上。一旦断电，电磁铁会断开和固定吸盘的吸合，弹簧力驱使门扇臂反转打开。

4. 要点：非正常运营模式包括：进出站次序免检模式、车费免检模式、乘车时间免检模式、日期免检模式、紧急模式。

目的是：如果由于地铁原因，导致车票出现如超时、超程、车票过期、车票进出站标识不匹配的情况，如果车站闸机仍然按照原来的判断规则对这些车票进行合法性检查，则这个范围内的车票都不能正常通过闸机。为了最大限度地让 AFC 系统设备能自动地处理车票，可以根据具体情况，对车站设备下发对应的模式命令，在一定时间段内降低闸机对车票合法性判断的条件，来减少对乘客出行的影响。比如由于列车晚点导致乘客车票超时情况，可对闸机下发超时免检模式，则超时车票可顺利通过闸机。在车站发生火灾等危及乘客人身安全的情况，则可直接下发紧急模式命令，闸机扇门全部释放，让乘客快速出站，保证乘客人身安全。

第四章 票房售票机

1. 验票、售票、充值、补票、异常处理、退卡、记名车票申请、挂失、车票查询、其他乘客事务处理。

2. 要点：（1）对于在非付费区持未出站车票。（2）在付费区持未进站车票。（3）在付费区持超时车票。（4）在付费区持超程车票。

3. 要点：（1）乘客刷卡后没有在扇门关闭前通过闸机。（2）乘客刷卡后闸机通行机会被其他乘客误用。（3）乘客之间并闸通行。（4）车票在闸机上处理成功（包括单程票已经被回收的情况），但由于扇门故障，导致扇门未开启、乘客不能正常过闸。

第五章　自动验票机和便携式验票机

1. 要点：一个完整的计算机系统由硬件系统和软件系统两大部分组成。计算机硬件主要由五大部分组成：运算器、控制器、存储器、输入设备和输出设备；硬件提供计算机系统的物质介质。计算机软件包括系统软件和应用软件两大类。软件主要是指让计算机完成各种任务所需的程序。

第六章　SC、LC、ACC 系统

1. 要点：AFC 系统的车站计算机网络采用星-环形网络拓扑结构。

特点：环形网络配以支持环网功能的交换机，使用网络传输介质将多个环网交换机连接成环形主干网络。各环网交换机安装在车站的部分终端设备内，其他终端设备接入就近环网交换机的网络端口，构成星型连接，实现网络通信。

优点：当环网中某一段传输介质出现断点或某个交换机发生故障，则在介质断点或故障点两侧的其他环网交换机能够将网络自动愈合，并在极短时间内恢复正常通信。如果是交换机故障，只会影响连接在该交换机上的终端设备的网络通信。并且星-环形网络易于扩展，组网灵活。

2. 要点：二层环网交换机安装在站厅的部分终端设备内部。二层环网交换机的端口分为环网端口（用于连接主干环网，端口数量 2 个，接口类型可以是 RJ45 口或者是光口）和终端设备端口（用于接入工作站计算机或 AFC 终端设备，端口数量一般为 6 个，接口类型是 RJ45 口）。

3. 要点：时钟源：AFC 系统采用通信时钟系统一级母钟作为时钟源，来获取标准时钟同步信息。

目的：时钟系统是城市轨道交通运行的重要组成部分，其主要作用是为众多系统的运行及管理提供统一的标准时间信息。AFC 系统是一个覆盖全线网的计程计时的全自动收费系统，使用时钟同步的方式，可以在 AFC 系统内的各设备上保持统一、准确的时钟信息，以保证整个接入系统网络中的设备能正常有序的运营。

时钟同步的方式：ACC 系统从通信系统获取时钟同步信息，作为整个 AFC 路网系统的时钟源，LCC、SC、SLE 分别向所属的上级节点进行时钟同步。SNTP 协议使用单播进行工作，即下级节点（例如 LCC）主动发送请求到上级节点（ACC）指定的时钟服务同步服务器，然后从服务器获得准确的时间、来回时延和与服务器时间的偏差，实现时钟同步。

时钟同步策略是：在时钟偏差介于参数规定的最小值和最大值之间时，下级节点修正本系统时钟；若时钟偏差小于时钟同步最小时间差，下级节点不作任何动作；若时钟偏差大于时钟同步最大时间差，下级节点不修正其系统时间，并发出时钟报警信息。

4. 要点：紧急按钮控制器发送的紧急信号不经过车站计算机控制或闸机控制器的处理，以避免因车站计算机或闸机控制器的失效而引起该紧急信号不能被闸机机芯及时处理的情况发生，可以保证在车站出现紧急情况时，开启闸机扇门，让乘客快速通过闸机离开车站，以保证乘客安全。

实现闸机扇门紧急释放有4种方式：（1）由车控室的紧急放行控制器发出紧急放行信号到闸机上。（2）由车站计算机通过网络向闸机发出紧急放行命令。（3）FAS接口让闸机处于紧急释放状态。（4）人工切断检票机电源方式开启闸机扇门。

第七章　AFC系统工程施工及与其他专业的接口

1. 要点：要求工程中使用的光缆、电缆外护套应是绝缘、低烟、无卤、阻燃的。

2. 要点：按照布线技术规范，在同一线槽内的通信线缆和电力电缆，应分类布置；对于交流电源线路，应用隔板与信号线路隔开敷设。主要原因是：①网线内传输的是弱电信号，电源线里面传输的是强电。强电流通过导线时会产生磁场，磁场会对网线的弱电信号产生干扰，导致网线信号不正常，严重的会影响网线正常通信。②存在安全隐患：如果电源线和网线有破损，两种线的铜芯碰到一起，强电流串进网线，会造成连接的电脑等设备烧毁，严重时会引起火灾。

3. 要点：主要包括：

（1）车站AFC系统设备平面布置图及综合管线图。

（2）车站AFC系统配电及接地系统图。

（3）车站AFC系统网络系统图。

（4）车站AFC系统设备房平面布置图。

4. 要点：主要包括：接口的物理位置、数量、类型，以及接口主要实现的功能。

5. 要点：时钟系统，通信传输系统，综合监控系统，综合UPS系统。

第八章　故障处理

1. 要点：（1）安全原则：安全第一，保证乘客、地铁员工人身安全。

（2）"先通后复"原则：尽快恢复系统的基本功能或在最短时间内修复1~2台简单故障设备，尽快降低故障等级。

（3）"请求上报"原则：故障无法处理，现场处置小组立即请求技术支援，并由AFC调度上报部门管理人员，不能无故拖沓延期上报。

（4）"先主后次"原则：优先恢复直接服务乘客的终端设备，保障顺序依次为闸机、半自动售票机和自动售票机；之后恢复车站计算机和线路中央计算机系统。

（5）"优先级别"原则：在中央控制级和现场控制级两个级别同时发生两个以上的控制系统故障时，抢修优先级别顺序是：车站、线路、线网。

（6）"保障最低客运服务"原则：①确保每一个付费区均有保证基本功能的进/出站闸机。②确保每一个非付费区均保证基本功能的半自动售票机。③确保每一个非付费区有保证基本功能的自动售票机。

参考文献

[1] 赵时旻. 轨道交通自动售检票系统[M]. 上海：同济大学出版社，2007.

[2] 王瑛. 自动售检票系统检修工[M]. 北京：中国劳动社会保障出版社，2014.

[3] 邓先平，陈凤敏. 我国城市轨道交通 AFC 系统的现状及发展[C]. 2004 年首届城市轨道交通自动售检票系统技术应用研讨会，2004.

[4] 上海申通地铁集团有限公司轨道交通培训中心. 城市轨道交通自动售检票系统. 北京：中国铁道出版社，2013.

[5] 高新现代智能系统股份有限公司. 成都地铁 1 号线自动售检票系统技术资料. 2010.

附录一 名词解释

1. 自动售检票系统　automatic fare collection

基于计算机、网络、数据库、智能卡、自动控制等技术实现售票、检票、计费、收费、结算、统计全过程的自动化系统。

2. 车票/卡　ticket /card

用于城市轨道交通系统乘行，并能实现正确收费的乘行凭证。

3. "一卡通"车票　one through card

指用于城市公交、轨道交通、出租汽车、轮渡等乘行的具有储值功能的消费载体，简称IC储值卡或储值卡，俗称交通卡。

4. "一票通"车票　one through ticket

用于城市轨道交通系统乘行，并能实现不出站换乘不同线路的乘行凭证。本系统所指"一票通"车票为薄卡型非接触式集成电路（IC）卡，包括单程票和轨道交通运营中用于专门用途的其他票种如计次票、旅游票、纪念票等车票。

5. "一卡通"清算系统　public traffic clearing house system

发行和管理公共交通卡，并对公共交通卡票款进行清算的系统。

6. "一票通"清分系统　rapid transit clearing house system

发行和管理轨道交通"一票通"车票，并对车票票款进行结算的系统。

7. 线路中央计算机系统　line central computer system

管理与控制城市轨道交通线路自动售检票系统的计算机系统。

8. 车站计算机系统　station computer system

管理车站级的票务、运行、客流等的计算机系统。

9. 车站终端设备　station level equipment

安装于各轨道交通线路车站，并进行车票发售、进站检票、出站检票、充资、验票分析等读写交易处理的终端设备。

10. 初始化　initialization

在IC卡车票投入运行前，为保证其在自动售检票系统正常使用，由IC卡发行机构对其进行初始化格式、应用信息写入及发行的过程。

11. 付费区　pay area

指在车站内由进站检票机与出站检票机及护栏所围成的封闭区域,包括运营的列车车厢内区域。

12. 非付费区　non-pay area

付费区以外的区域。

附录二　常用术语缩写表

缩写	英　文	中　文
ACC	AFC Clearing Center	清分中心
AFC	Automatic Fare Collection	自动售检票系统
AGM/AG	Automatic Gate Machine	自动检票机
BOM	Booking Office Machine	票房售票机
COM	COMmunication System	通信服务器（线路中心后台服务系统）
E/S	Encoder/Sorter	车票编码分拣机
GUI	Graphic User Interface	图形用户接口
IAS	Income Audit System	收益审计系统
LCC/LC	Line Central Computer System	线路中央计算机系统
LEMS	Line Equipment Monitor System	线路中心设备监控系统
MMS	Maintenance Management System	设备和维修管理系统
MOM	Message Oriented Middleware	面向消息的中间件
OMS	Operating Management System	运营管理系统
PCA	Portable Card Analyzer	便携式验票机
SAM	Security Access Module	安全存取模块
SC	Station Compute	车站计算机
SCS	Station Computer System	车站服务器（车站后台服务系统）
SEMS	Station Equipment Monitor System	车站设备监控系统
SLE	Station Level Equipment	车站现场设备
STMS	Station Ticket Management System	车站票务管理系统
TCM	Ticket Checking Machine	自动验票机
TMS	Ticket Management System	票务管理系统
TVM	Ticket Vending Machine	自动售票机
UPS	Uninterrupted Power System	不间断电源系统
USB	Universal Serial Bus	通用串行总线
CSC	Contactless Smart Card	非接触式 IC 卡

续表

缩写	英文	中文
CT	Commemorative Ticket	纪念票
DES	Data Encryption Standard	数据加密标准
EMC	Electro Magnetic Compatibility	电磁兼容性
SCR	Station Control Room	车站控制室
ET	Employee Ticket	员工票
FCSW	Fiber Channel Switch	光纤通道交换机
ISCS	Integrate Supervision Control System	综合监控系统
KMS	Key Management System	密钥管理系统
LAN	Local Area Network	局域网
MaxTTR	Max Time To Repair	完成一项维修作业所允许的最长时间
MCBF	Mean-Cycles Between Failure	平均无故障次数
MTBF	Mean-Time Between Failure	平均无故障时间
MTBSF	Mean-Time Between ServeFailure	运营中故障平均间隔时间
MTT	Mass Transit Ticket	轨道交通专用车票
MTTR	Mean Time To Repair	平均故障恢复维修时间
OCC	Operating Control Center	运营控制中心
IBP	Integrate Backup Panel	综合后备盘
RG	Reversible AGM	双向自动检票机
SJT	Single Journey Ticket	单程票
SVT	Store Value Ticket	储值票
TOKEN	Simplified CSC SJT	圆形筹码式单程票
TST	Test Ticket	测试票
UPS	Uninterrupted Power Source	不间断电源
R/W	Reader/Writer	读写器
ECU	Electronic Control Unit	主控单元
RAID	Redundant Array of Independent Disks	磁盘阵列
OD	Origin-Destination	乘客一次乘车进站点与出站点的乘车路径